EROS UND ABENDLAND

ALFRED RIBI

EROS UND ABENDLAND

GEISTESGESCHICHTE DER BEZIEHUNGSFUNKTION

PETER LANG
Bern · Berlin · Bruxelles · Frankfurt am Main · New York · Oxford · Wien

Bibliografische Information Der Deutschen Bibliothek
Die Deutsche Bibliothek verzeichnet diese Publikation in der Deutschen Nationalbibliografie; detaillierte bibliografische Daten sind im Internet über ‹http://dnb.ddb.de› abrufbar.

ISBN 3-03910-243-5

Hochfeldstrasse 32, Postfach 746, CH-3000 Bern 9
info@peterlang.com, www.peterlang.com, www.peterlang.net

Printed in Germany

Inhaltsverzeichnis

1. Einführung ins Thema 9
2. Der Eros in der Antike 31
3. Der Einbruch des Christentums in die Welt der Antike 65
4. Umwandlung des antiken Eros im frühen Christentum 83
5. Der verwundete Heiler 99
6. Das Hohelied der Liebe 139
7. Eine alchemistische Paraphrase zum Hohelied 157
8. Die Göttin Natura 183
9. Die Kreuzzüge 189
10. De Amasio ad Amasiam: Abälard und Heloise 207
11. Die Tannhäuser-Sage 245
12. Francesco Colonna: Hypnerotomachia Poliphili:
    Le Songe de Poliphile 263
13. Undine 299
14. Das Problem der schlafenden Venus
    der Chymischen Hochzeit 321
15. Nachträgliche Gedanken zum Thema Eros 331

Literaturverzeichnis 351

Index 361

Summary 379

Omnia vincit Amor;
et nos cedamus Amori.

Vergil, Bucolia VIII, 50

1. *Einführung ins Thema*

Wenn im Folgenden das Thema Eros behandelt wird, bin ich dem Leser zuerst eine Erklärung schuldig, was damit gemeint sei. Warum verwende ich ein griechisches Fremdwort und nicht unser vertrautes Wort 'Liebe'? Weil unter diesem Wort jeder etwas anderes versteht und meint, er habe damit '*die* Liebe' bezeichnet. Er ist sich nicht bewusst, dass man in jedem Lebensalter andere Erfahrungen damit macht, und man selbst im hohen Alter im Rückblick nicht fassen kann, was das Wort alles als Erfahrung umfasst. Wenn einer zu seinem Partner/in sagt: "Ich liebe dich", so drückt er damit ein Gefühl aus, das er zu kennen vermeint, dessen Ab- und Hintergründe eigentlich nicht auszuloten sind. Davon gibt man sich kaum Rechenschaft, sondern ist überzeugt, dass man eben etwas ganz Wichtiges ausgedrückt habe. Sicher hat man das getan, sogar in ungeahntem Ausmass. Das Lateinische hat zwei Ausdrücke, nämlich 'amor' und 'caritas'. 'Amor' ist die Liebe aus Neigung und Leidenschaft, 'caritas' dagegen die Liebe aus Achtung, Ehrfurcht, Bewunderung. Caritas kommt von 'carus' = hoch im Preis, teuer, wert, schätzbar, geschätzt. Caritas ist also die Liebe, die sich dann einstellt, wenn man jemand schätzt, also die Hochachtung, die Wertschätzung oder die Anhänglichkeit gegen den Ehepartner oder die Eltern. Im Griechischen gibt es eine ähnliche Unterscheidung zwischen 'Eros', der in etwa dem 'amor' entspricht, und 'Agapē', was der 'caritas' entspricht. Im griechischen Neuen Testament ist Liebe stets Agapē. Im Lateinischen gibt es noch den Ausdruck 'cupido' (von cupio = begehren), was den Trieb des Begehrens, der Leidenschaft, der Begierde, sogar der Sucht, den tierischen Trieb, die Lust, den Begattungstrieb, die Brunst bezeichnet.[1]

1 K.E. Georges: Ausführliches lateinisch-deutsches Handwörterbuch, s.v. amor, caritas, cupido.

Der Leser, der sich durch diesen linguistischen Abschnitt gemüht hat, wird den Ausruf der Diotima in Plato's Symposion (202D):

> Ein grosser Dämon [ist Eros], lieber Sokrates; denn alles Dämonische ist eben das Mittelglied zwischen Gott und Mensch"

verstehen.

> Welche Aufgabe hat es denn? – Dolmetsch und Bote zu sein von den Menschen bei den Göttern und von den Göttern bei den Menschen, von den einen für ihre Gebete und Opfer, von den andern für ihre Befehle und ihre Vergeltung der Opfer, und so die Kluft zwischen beiden auszufüllen, so dass durch seine Vermittlung das All sich mit sich selber zusammenbindet [...] Nämlich nicht unmittelbar tritt die Gottheit mit dem Menschen in Berührung, sondern durch seine Vermittlung geht aller Verkehr und alle Zwiesprache der Götter mit den Menschen im Wachen wie im Schlafe. Und wer dieser Dinge[2] kundig ist, der ist ein dämonenbeseelter (und daher dem Höheren zustrebender), wer aber irgend eines anderen in Künsten oder Gewerben kundig ist, der ist bloss ein handwerksmässiger Mann.[3]

Was Diotima dem Sokrates zu erklären versucht, ist die Tatsache, dass Eros die Beziehungsfunktion nicht bloss zwischen den Geschlechtern, sondern im Leben überhaupt als Beziehung zwischen Mensch und Gott darstellt. Wenn einer im Leben seine Arbeit mit Liebe oder gar Begeisterung tut, dann ist Eros der Motor.

Eros als Dämon[4] ist viel mehr als was man modernerweise unter 'Erotik' versteht und wenn immer ich das Wort gebrauche, so ist es in der antiken umfassenden Bedeutung. Als Dämon oder Gott bezeichnet er etwas Transzendentes, was unser Bewusstsein und unseren Willen übersteigt (von transcendere). Mir ist deshalb das *Gebot* der Liebe im Neuen Testament unverständlich. Ich kann doch nicht einem Menschen einen anderen hinstellen und ihm befehlen, ihn zu lieben.[5] Ist

2 Scil. Weissagekunst, Kunst der Priester, Wahrsagerei, Zauberei

3 Platon, Sämtliche Werke I, S. 699.

4 Zum Bedeutungsgehalt von Dämon in der Antike siehe: A. Ribi: Was tun mit unseren Komplexen, S. 124f.

5 Matth 5,43; 19,19; 22,39; Mk 12,31.33; Rm 13,9; Gal 5,14; Jak 2,8.

er mein Feind, so hasse ich ihn instinktiv, wie alle Tiere ihre Feinde aus dem Selbsterhaltungstrieb heraus hassen. Den Feind zu lieben ist ein *opus contra naturam*. Da die Heilige Schrift in einem kompensatorischen Verhältnis zum Alltagsleben steht, ist das Gebot als Auftrag zu verstehen, der nicht direkt und natürlich erfüllt werden kann. Bevor ich mich nicht intensiv mit dem Problem auseinandergesetzt habe, kann ich nicht, wie viele fromme Leute, behaupten, meine Feinde lieben. Liebe ist ein *spontanes Phänomen*, das sich einstellt, wo es, besser wo die Götter, will/wollen. Oft stellt es sich bekanntlich gerade dort ein, wo man es nicht möchte: Die Tochter verliebt sich in den Mann, der den Eltern durchaus nicht passt oder der Psychotherapeut verliebt sich in die Patientin oder umgekehrt! Wir haben den Eros nicht im Griff, im Gegenteil: *Wir sind im Griff des Eros!*

Eros ist aber auch eine psychische Funktion, eine Begabung. Als Funktion entwickelt sie sich im Laufe des Lebens je nach der Wichtigkeit, die man ihr zumisst. Es gibt Menschen mit einem grossen angeborenen Potenzial an Bezogenheit und die ihr im Leben einen wesentlichen Platz einräumen. Fast regelmässig wählen sie einen karitativen Beruf. Aber man kann den Satz nicht umkehren, denn nicht alle Angehörigen karitativer Berufe sind "grosse Liebende", sondern oft "hilflose Helfer".[6] Wie MARIE-LOUISE VON FRANZ anhand des Kindheitstraumes (unterirdische Inthronisation des Phallus) gezeigt hat, war C. G. JUNG prädestiniert zu einem übermenschlichen Mass an Liebesfähigkeit[7], was sich nicht nur auf die Menschen bezog, sondern auf die ganze Schöpfung.

Man fragt sich, weshalb nicht allen Menschen wenigstens ein mittleres Mass an Liebe eigen sei? Wenn man in unsere Welt blickt, scheint uns eher das Gegenteil zu bestehen. Man hört von Kriegen und Attentaten und vom unsäglichen damit verbundenen Leiden. Warum hat der Schöpfer, der ja als "lieber Gott" angerufen wird, die Welt in Hinsicht der Liebe so mangelhaft geschaffen? Wenn man realisiert, wie die Menschen sich im Alltag, im Beruf, in der Wirtschaft und im Privaten bekämpfen, im Kleinen wie im Grossen, kommt einem Faust's Verzweiflung in den Sinn angesichts seiner Verführung Margaretens:

6 A. Guggenbühl: Die Macht als Gefahr beim Helfer.
7 C. G. Jung: Sein Mythus in unserer Zeit, S. 32.

Mich fasst ein längst entwohnter Schauer,
Der Menschheit ganzer Jammer fasst mich an.[8]

Warum nur werden wir selbst durch die Liebe ins Böse verstrickt? Wie konnte ein liebender Gott zulassen, dass Liebe und das Böse so nahe beieinander, ja ineinander verflochten sind? Die Antwort der Gnostiker war, weil es ein defizienter Schöpfer (Demiurg) war. Befriedigt uns diese Antwort heute noch? Brauchen wir nicht eine tiefer schürfende Antwort nach dem Sinn der Verquickung von Gut und Böse im Eros? Warum können die Menschen nicht einträchtig zusammenleben und die Früchte einer herrlichen Schöpfung geniessen? Hat der alte HERAKLIT am Ende doch Recht, dass der "Krieg der Vater aller Dinge" sei?[9] Sind wir nicht endgültig aus dem Paradies harmonischer Liebe hinausgeworfen? War es sogar notwendig, vom Baume der Erkenntnis von gut und böse zu essen (Gn 3), weil uns diese Unterscheidung erst verantwortungsbewusst gemacht hat?

Abb. 1: Die Melusine als Naturdämon verletzt das kollektive christliche männliche Bewusstsein.

8 Faust I, Kerker vers. 4408–4409.
9 Die Vorsokratiker griechisch/deutsch, übersetzt von Jaap Mansfeld, S. 258–259, Nr. 50.

Mit dem Bereich der Liebe sind grundlegende Menschheitsfragen verbunden. Wie kann sich jemand erkühnen, an dieses Gebiet zu rühren? War nicht C.G. JUNG weiser, wenn er in seinen Erinnerungen schreibt:

An dieser Stelle drängt sich mir die Tatsache auf, dass es neben dem Feld der Reflexion [Logos] ein anderes, mindestens ebensoweit, wenn nicht weiter sich erstreckendes Gebiet gibt, in welchem das verstandesmässige Begreifen und Darstellen kaum etwas findet, dessen es sich bemächtigen könnte. Es ist das Feld des Eros. Der antike Eros ist sinnvollerweise ein Gott, dessen Göttlichkeit die Grenzen des Menschlichen überschreitet und deshalb weder begriffen noch dargestellt werden kann. Ich könnte mich, wie so viele andere vor mir es versucht haben, an diesen Daimon wagen, dessen Wirksamkeit sich von den endlosen Räumen des Himmels bis in die finsteren Abgründe der Hölle erstreckt, aber es entfällt mir der Mut, jene Sprache zu suchen, welche die unabsehbaren Paradoxien der Liebe adäquat auszudrücken vermöchte. Eros ist ein *"kosmogonos"* [Welterschaffer], ein Schöpfer und Vater-Mutter aller Bewusstheit. Es scheint mir, als ob der Conditionalis des Paulus "und hätte der Liebe nicht" aller Erkenntnis erste und Inbegriff der Gottheit selber wäre. Was immer die gelehrte Interpretation des Satzes "Gott ist die Liebe" sein mag, sein Wortlaut bestätigt die Gottheit als *"complexio oppositorum"*.

Meine ärztliche Erfahrung sowohl wie mein eigenes Leben haben mir unaufhörlich die Frage der Liebe vorgelegt, und ich vermochte es nie, eine gültige Antwort darauf zu geben. Einmal habe ich geredet, darnach will ich nicht mehr antworten.[10] Es geht hier um Grösstes und Kleinstes, Fernstes und Nahestes, Höchstes und Tiefstes, und nie kann das eine ohne das andere gesagt werden. Keine Sprache ist dieser Paradoxie gewachsen. Was immer man sagen kann, kein Wort drückt das Ganze aus. Von Teilaspekten zu sprechen ist immer zuviel oder zuwenig, wo doch nur das Ganze sinngemäss ist. Die Liebe "trägt alles" und "duldet alles" (1 Cor XIII,7). Dieser Wortlaut sagt alles. Man könnte ihm nichts beifügen. Wir sind nämlich im tiefsten Verstande die Opfer oder die Mittel und Instrumente der kosmogonen "Liebe". Ich setze dieses Wort in Anführungszeichen, um anzudeuten, dass ich damit nicht bloss ein Begehren [cupido], Vorziehen, Begünstigen, Wünschen und ähnliches meine, sondern ein dem Einzelwesen überlegenes Ganzes, Einiges und Ungeteiltes. Der Mensch als Teil begreift das Ganze nicht. Er ist ihm un-

10 Hiob XXXIX, 34f.

> terlegen. Er mag Ja sagen oder sich empören; immer aber ist er darin befangen und eingeschlossen. Immer hängt er davon ab und ist davon begründet. Die Liebe ist sein Licht und seine Finsternis, deren Ende er nicht absieht. "Die Liebe höret nimmer auf", auch wenn er mit "Engelszungen redete" oder mit wissenschaftlicher Akribie das Leben der Zelle bis zum untersten Grunde verfolgte. Er kann die Liebe mit allen Namen belegen, die ihm zu Gebote stehen, er wird sich nur in endlosen Selbsttäuschungen ergehen. Wenn er ein Gran Weisheit besitzt, so wird er die Waffen strecken und *ignotum per ignotius* [das Unbekannte durch das Unbekanntere] benennen, nämlich mit dem Gottesnamen. Das ist ein Eingeständnis seiner Unterlegenheit, Unvollständigkeit und Abhängigkeit, zugleich aber auch ein Zeugnis für die Freiheit seiner Wahl zwischen Wahrheit und Irrtum.[11]

Nach diesen tiefsinnigen Ausführungen JUNGs erscheint es mir vermessen, mich an dieses Thema zu wagen. Meine Aufgabe ist nicht, das Wesen des Eros darzustellen, sondern die *Einstellung zum Eros im Abendland.* Dieses Thema hat mich mein Leben lang begleitet und umgetrieben. Ein Grossteil des Leidens wurde in meinem Leben durch dieses Thema verursacht. Dieses Leiden und ein innerer Auftrag sind mein Alibi für die Kühnheit, mich an dieses Thema zu wagen. Obwohl ich mich seit Jahrzehnten damit befasse, musste ich warten, bis ich die Schwelle zum achten Lebensjahrzehnt überschritten hatte, um einen einigermassen umfassenden Überblick zu haben. Ich werde mich aber nicht dazu versteigen, das Thema nur annähernd vollständig darstellen zu wollen. Der Leser möge mir daher verzeihen, wenn er im folgenden Aspekte oder Literatur, die ihm wichtig scheinen, nicht behandelt findet. Er kann das meiner Inkompetenz, vielleicht aber eher meiner Begrenzung zuschreiben. Obwohl JUNG schreibt, nur das "Ganze sei sinngemäss", muss ich mich damit begnügen, gewisse, mir wichtig erscheinende Teilaspekte zu beleuchten. Wegen der Paradoxie der Liebe möge der Leser von mir keine Verhaltensrezepte erwarten, denn was für den einen richtig ist, kann für den andern völlig falsch sein; und was im einen Augenblick richtig ist, kann im nächsten völlig verkehrt sein.

11 Erinnerungen, Träume, Gedanken von C.G. Jung. Herausg. von Aniela Jaffé, S. 355–356. Abkürzung im folgenden: ER.

Dem Umstand, dass Eros ein Gott oder Daimon ist, versuche ich dadurch Rechnung zu tragen, dass ich vorwiegend Material aus dem Unbewussten sprechen lasse (Mythen, Erzählungen).

Das hat den Vorteil, dass ich weniger in Gefahr gerate zu meinen, das Wesen des Eros zu erfassen. Für eine Kultur, deren Gott "die Liebe ist", ist in dieser Frage automatisch die Beziehung zu diesem Gott mit eingeschlossen. Es sollte daher niemandem gleichgültig sein, wie er in seinem Leben diese Frage löst. Wenn JUNG das Wort 'Gott' verwendet, so nie als eine theologische Definition, sondern als "der höchste Wert, der unser Leben leitet". Wie schon PAULUS sagt, gibt es solche, "denen Gott der Bauch ist" (Phil 3,19).

Viel häufiger sind aber jene, deren Gott *die Macht* ist. Das ist verständlich, da Allmacht ein Attribut Gottes ist. Doch Macht und Liebe sind sich gegenseitig ausschliessende Gegensätze.

> Denn wo Liebe ist, da herrscht nicht die Macht des einzelnen, und wo die Macht des einzelnen ist, da herrscht keine Liebe,

schreibt JUNG.[12] Es mutet paradox an, dass keine Zivilisation so wie die christliche, das Prinzip der Macht bis in die fernsten Winkel der Welt getragen hat und gleichzeitig an einen Gott der Liebe glaubt. Aber was frommt es zu glauben, wenn dieser Gott nicht eine innere Wirklichkeit geworden ist? Im Namen dieses Gottes haben die christlichen Missionare den Naturvölkern unsere Geiseln Alkoholismus, Geschlechtskrankheiten und den Materialismus gebracht, der sie an den Rand des Aussterbens brachte. Sie haben ihre Kultur zerstört und ihnen ein fremdes Gottesbild aufgepfropft, das nicht ihre, sondern unsere Laster kompensieren sollte.

Das Gottesbild entsteht stets aus dem kollektiven Unbewussten eines Volkes oder einer Zivilisation. Wenn im Christentum der "Gott der Liebe" so betont ist, muss man annehmen, dass diese Zivilisation hier ein besonderes Problem hat. Das wird zwar meist nicht zugegeben, sondern von den Theologen so dargestellt, als sei alles in Ordnung, da wir ja an diesen Gott glauben. Glaube an einen Gott hat doch

12 Das Typenproblem in der Dichtkunst. Gesammelte Werke (Abkürzung: GW) 6 § 408.

wohl nur dann einen Sinn, wenn man sich verpflichtet fühlt, seine Werte im eigenen Leben zu verwirklichen. Wir können uns nicht bloss mit einem hehren Gottesbild brüsten. Davon scheint mir unsere Zivilisation noch weit entfernt zu sein, dass wir anderen Kulturen in diesem Bereich etwas voraus hätten. Im Gegenteil sind wir darin noch bedenklich rückständig und sollten dort mit unserer "Entwicklungshilfe" ansetzen. Das historisch nachzuweisen ist das Thema dieses Buches. Aber es will nicht nur Mängel und Fehlentwicklungen blosslegen, sondern auch positive Ansätze in der europäischen Geistesgeschichte aufzeigen, welche die Mängel zu kompensieren versuchten. Doch die heutigen Theologen wissen nicht mehr, dass die Heilige Schrift nicht so sehr von bewussten Änderungen, sondern vom Geheimnis spricht. Damit ist eine Wandlung im Unbewussten gemeint, die man nicht rational bewirken kann. Dass eine solche Wandlung überhaupt einsetzen kann, dazu braucht es einen emotionalen Schock, das Realisieren, worin wir stecken und in welcher Richtung wir gehen

Die Geschichtsschreibung im Abendland war in erster Linie auf die äusseren Tatsachen ausgerichtet, also extravertiert. JUNG hat uns eine introvertierte Geschichtsbetrachtung gelehrt, nämlich die grossen Umwälzungen im menschlichen Geist zu beachten. Von dort hat alles menschliche Handeln und Denken seinen Ursprung. Dort gelten allerdings andere Gesetze als im Bewusstsein, wo die Kausalität vorherrscht. Wir können nicht begründen oder gar voraussagen, welche Geistesströmung durch welche andere gefolgt sein wird. Erst im Nachhinein erkennen wir die innere Logik. Es ist äusserst faszinierend, die Geschichte sozusagen von der Nachtseite her aufzurollen. Vom Leser verlangt das eine Anpassung, die nicht jeder zu leisten vermag. Er muss seinen bisherigen Standpunkt um 180° ändern. Seine Anstrengung wird jedoch reichlich belohnt durch eine neue lebendige Sicht auf seine eigene Vergangenheit. Diese kann ihm nicht gleichgültig sein, hat doch seine Gegenwart darin ihre Wurzeln. Um das Heute verstehen zu können, müssen wir zu unseren Wurzeln zurückkehren.[13] Nur so können wir erkennen, warum wir da stehen, wo wir heute sind und was daran gut oder allenfalls verkehrt ist.

13 A. Ribi: Die Suche nach den eigenen Wurzeln.

Die Liebe zeigt sich im Alltag des einzelnen darin, dass er seine Gegensätze zusammen zu halten vermag. In dieser Hinsicht sind wir noch völlig unentwickelt. Unsere Kultur ist noch zu sehr in Schwarz-Weiss-Malerei befangen. Man glaubt noch, man müsse nur den "rechten Weg" gehen, dann würde alles gut. Man weiss noch viel zu wenig, dass wir gegensätzliche Wesen sind: Weder gut noch böse, sondern beides. Es genügt nicht, das im Prinzip zu wissen, sondern wir müssen unsere hellen und unsere dunklen Seiten genau kennen und zu beiden stehen. Durch das Christentum ist man versucht, sich einseitig nur mit der hellen Seite zu identifizieren. Was geschieht aber dann mit dem Schatten?[14] Ein abgespaltener Schatten ist nicht ein erledigtes Problem, ganz im Gegenteil: Er wird herrenlos, autonom und treibt sein Unwesen ohne von einem Individuum gezügelt zu sein. Gerade die Forderung nach Vollkommenheit (Matth 5,48) und nach Gutsein (Matth 12,35) im Christentum erzeugt, weil man dieses Ziel gar nicht erreichen kann, eine Unbewusstheit des Schattens. Der unbewusste christliche Schatten ist es, der so manches Naturvolk aus dem Paradies gejagt und seine Kultur zerstört hat. Wir sollten aufhören, uns einseitig mit einem der Gegensätze zu identifizieren. Wir sind nicht so geschaffen, dass wir das ungestraft tun könnten. Das Christentum ist nicht antiquiert. Aber es sollte seine Botschaft neu verstehen. Wenn es auf dem Gutsein und der Vollkommenheit insistiert, so muss man sich fragen, was damit *kompensiert* wird? Und man sollte sich Rechenschaft geben, dass das keine leichten Aufgaben sind, die man mit ein bisschen gutem Willen erledigen könnte. Was 2000 Jahre Christentum nicht zustande gebracht haben, wird der Einzelne wohl nicht in seinem Leben so leicht verwirklichen können. Wir sollten mehr Respekt vor der Grösse dieser Aufgaben haben. Heute geht es nicht mehr um Vollkommenheit und Gottähnlichkeit, sondern um Vollständigkeit und Menschlichkeit. Die Aufgabe der Theologie ist es, die Botschaft der neuen Zeit anzupassen. Darum bedeutet die Forderung nach Gutsein erst die Auseinandersetzung mit all dem, was dies verhindern will, das heisst mit dem Schatten. Wenn ich diesen nicht kenne, kann ich lange

14 C.G. Jung: Der Kampf mit dem Schatten. GW 10 § 444f.

gut sein wollen, aber etwas macht alles zunichte. JUNG vermutet, dass der Verfasser der Apokalypse derselbe wie jener der Johannesbriefe sei. Er schreibt:

> Man könnte sich unter dem Johannes der Apokalypse wohl kaum eine geeignetere Persönlichkeit vorstellen, als den Verfasser der *Johannesbriefe*: dieser bekennt, dass Gott Licht und "keine Finsternis in ihm ist" [1 Joh 1,5]. (Wer sprach denn davon, dass in Gott etwas Finsteres sei?) Immerhin weiss er, dass, wenn wir sündigen, wir bei Gott einen Fürsprecher brauchen, nämlich Christus, das Sühnopfer [2,1–2], obschon uns die Sünden um seinetwillen bereits vergeben sind. (Warum brauchen wir dann einen Rechtsbeistand [Paraklet]?) Der Vater hat uns seine grosse Liebe geschenkt (wo sie ihm doch durch ein Menschenopfer abgekauft werden musste!), und wir sind die Kinder Gottes. Wer aus Gott gezeugt ist, begeht keine Sünde [3,9]. (*Wer* begeht *keine* Sünde?) Er predigt die Botschaft der Liebe. Gott selbst ist die Liebe. Vollkommene Liebe vertreibt die Furcht. Aber er muss vor falschen Propheten und Irrlehrern warnen, und er ist es, der das Kommen des Antichristus ankündigt [2,48 f. u 4,3]. Seine bewusste Einstellung ist orthodox, aber ihm ahnt Böses. Er könnte leicht böse "Träume haben", die nicht auf seinem bewussten Programm angemerkt sind. Er spricht so, wie wenn er nicht nur einen sündlosen Zustand, sondern auch eine vollkommene Liebe kennte. [...] Johannes ist etwas zu sicher, und darum riskiert er eine Dissoziation. Unter solchen Umständen nämlich entsteht im Unbewussten eine Gegenposition, die einmal in Gestalt einer Offenbarung ins Bewusstsein durchbrechen kann. Die Offenbarung wird, wenn sie erfolgt, die Form eines mehr oder weniger subjektiven Mythus haben, weil sie unter anderem die Einseitigkeit eines individuellen Bewusstseins kompensiert.[15]

Die ambivalente Struktur des Gottesbildes ist den Theologen entgangen. Dabei gäbe es in der Heiligen Schrift genügend Hinweise dafür.

> Die *Apokalypse*, die mit Recht am Ende des Neuen Testamentes steht, greift über dieses hinaus in eine Zukunft, die mit allen apokalyptischen Schrecken in greifbarer Nähe steht,

schreibt JUNG.[16]

15 Antwort auf Hiob. GW 11 § 698.
16 l.c. § 734–735.

> Der Faden, an dem unser Schicksal hängt, ist dünn geworden. Nicht die Natur, sondern der "Genius der Menschheit" hat sich den fatalen Strick geknüpft, mit dem er sich jederzeit exekutieren kann. Es ist dies nur eine andere "façon de parler", als wenn Johannes von "Zorn Gottes" spricht.
>
> Leider haben wir kein Mittel, uns zu vergegenwärtigen, wie sich Johannes [...] mit dem Doppelaspekt Gottes auseinandergesetzt haben würde. Es ist wohl ebensogut möglich, ja sogar wahrscheinlich, dass ihm kein Gegensatz auffiel. Es ist überhaupt erstaunlich, wie wenig man sich mit numinosen Gegenständen auseinandersetzt [...] Die Numinosität des Gegenstandes erschwert dessen denkerische Behandlung, indem die Affektivität immer mit in Frage kommt. Man ist pro et contra beteiligt, und "absolute Objektivität" ist hier noch seltener zu erreichen als anderswo.

Das Problem eines Gottes der Liebe stellt sich in diesem Licht natürlich ganz anders, als man es bis anhin genommen hat. Bisher hat man sich bei diesem Gottesbild beruhigt. Wenn man aber zur Einsicht gelangt, dass das erst die *eine Seite* des Bildes ist und die andere, je einseitiger hell, um so dunkler sein muss, vergeht die selbstgefällige Ruhe.

> Die Paradoxie Gottes zerreisst auch den Menschen in Gegensätze und liefert ihn einem anscheinend unlösbaren Konflikt aus. Was geschieht nun in einem derartigen Zustand? [...] Immer handelt es sich dabei um die Zusammensetzung des Hellen und des Dunkeln. [...] Es ist dieselbe Frage, die auch den heutigen Menschen bedrückt. [...] Dagegen ist es [das Problem] ihm [dem modernen Menschen] psychologisch akut geworden, und deshalb hat in dieser Angelegenheit der psychologische Arzt das Wort, mehr als der Theologe [...] Der Arzt ist durch die Probleme der Neurosentherapie, oft sehr gegen seinen eigenen Willen, gezwungen worden, das religiöse Problem sich genauer anzusehen.

schreibt JUNG.[17] Tatsächlich leidet der einzelne fast immer am Gegensatzproblem, nur ist ihm oft der eine der Gegensätze nicht bewusst. Wir bekommen nicht mehr von Kindesbeinen an die selbstverständliche und offensichtliche Tatsache mit, dass die Welt gegensätzlich ist. Wenn man im Leben darauf stösst, wirkt es wie eine Offenbarung. Wir merken zu wenig, dass diese Gegensätzlichkeit die Voraussetzung jeg-

17 l.c. § 738.

licher Bewusstwerdung ist. Wir realisieren es deswegen zu wenig, weil unser Bewusstsein auf Eindeutigkeit basiert und alles Widersprechende ins Unbewusste abschiebt, um die Priorität des Bewusstseins zu sichern. Damit verfallen Energiebeträge dem Unbewussten und regen dieses zu seiner kompensatorischen Tätigkeit an.

Man weiss gar nicht, wozu es gut sein soll, die Gegensätze im Bewusstsein zusammen zu halten. Diese verursachen ihm nur unerträgliche Spannungen. Man weiss nicht, dass eben gerade diese Spannungen das Unbewusste zur transzendenten Funktion anregen, die darin besteht, ein die Gegensätze vereinigendes Symbol zu produzieren. Dieses Symbol übersteigt (transzendiert) die Ebene der unvereinbaren Gegensätze und bringt ein Symbol hervor, in welchem sie enthalten sind. Ein Beispiel aus der Alchemie mag dies veranschaulichen: König und Königin stehen für die Gegensätze und der königliche Sohn ist das Vereinigungsprodukt. Das ist die eigentümliche Funktion des Unbewussten, welcher das Bewusstsein nicht fähig ist. In diesem gibt es kein Drittes *(tertium non datur)*, das über den Gegensatz hinausführen könnte. Wenn jemand nur im Bewusstsein lebt, bleibt ihm kein anderer Weg, der unerträglichen Spannung der Gegensätze zu entkommen, als einen von ihnen zu verdrängen. Alles Verdrängte ist auch projiziert. Das ist der bequemste Weg: Man findet den unannehmbaren Gegensatz in seiner Umwelt! Damit wird das Umfeld vergiftet: Man wittert Feindseligkeiten und Intrigen bei den Menschen seiner Umgebung. Die Beziehung zu seinen Mitmenschen verliert ihre naive Natürlichkeit.

Alle diese Vergiftungserscheinungen eines gestörten Zusammenlebens kann nur die *Wiederherstellung des Eros* heilen. Denn die Nichtbewältigung des Gegensatzproblems führt in einen Teufelskreis von Verdrängung und kompensatorischer Gegenreaktion des Unbewussten. Um die Gegensätze beisammen zu halten, braucht es die Liebe. Sie ist das Band, das mir ermöglicht, auch meine abstossendsten Seiten zu akzeptieren: Ich hatte ja keine Wahl, sondern sie wurden mir in die Wiege gelegt oder durch das Schicksal auferlegt. Es ist eine Demut gegenüber diesen Mächten, dass man nicht der Stärkere ist, der über Annehmen oder Ablehnen entscheiden könnte. Die *starke Persönlichkeit* nur erträgt es, dass sie in ihren höchsten Idealen und Ambitionen relativiert und kritisiert wird. Eine schwache Persönlichkeit muss ständig um den Erhalt ihrer Persona kämpfen. Das Eingeständnis der eigenen Gegensätzlichkeit kratzt bedenklich am schönen Lacküberzug einer idealisierten Persönlichkeit. Das ist der Grund, weshalb es immer nur die wenigen sind, die sich dem Problem der Gegensätze stellen. Denn es ist auch ein lebenslanges Werk: Sobald das eine Gegensatzproblem überwunden ist, wird dahinter das nächste sichtbar. Deshalb braucht es auch die *Ausdauer*, eine Qualität, die ebenfalls den Eros charakterisiert.

Der Antagonismus zwischen dem Gegensatzproblem im Bewusstsein und dem Eros stammt daher, dass jede Bewusstwerdung auf dem Auseinanderreissen der Gegensätze basiert, also auf Unterscheidung. Diese ist im Grunde das Vaterprinzip des Bewusstseins. JUNG bezeichnet im Einklang mit den Alchemisten das männliche Bewusstsein als solar mit dem Begriff des Logos und das weibliche als lunar mit dem des Eros. Dabei versteht er

> unter "Logos" das Unterscheiden, Urteilen und Erkennen und unter "Eros" das In-Beziehung-Setzen. Beide Begriffe gelten ihm als intuitive Anschauungen, welche *nicht* genau oder erschöpfend definiert werden können, was vom wissenschaftlichen Standpunkt aus zwar bedauerlich, vom praktischen aus dagegen eher wertvoll ist, da beide Begriffe ein ebenso schwer zu definierendes Erfahrungsgebiet einigermassen kennzeichnen.[18]

Eros und Logos sind sozusagen Chiffren für ein grosses Erfahrungsgebiet, wobei ersteres die vorherrschende Domäne der Frau, letzterer jene des Mannes ist.

> Während für die Auffassung des gewöhnlichen Mannes die Liebe im eigentlichen Sinne mit der Institution der Ehe zusammenfällt und es jenseits der Ehe nur noch die Ehebrüche oder die konkrete Freundschaft gibt,

schreibt JUNG[19],

18 Mysterium coniunctionis I. GW 14/I, § 218.
19 Die Frau in Europa. GW 10 § 255.

ist für die Frau die Ehe keine Institution, sondern eine menschliche, erotische Beziehung: wenigstens möchte sie das glauben. [...] sie stellt sich unter der Ehe eine ausschliessliche Beziehung vor, deren Ausschliesslichkeit sie um so leichter ertragen kann, ohne sich tödlich zu langweilen, als sie, sofern sie Kinder oder nahe Verwandte hat, mit diesen in ebenso enger Beziehung stehen kann wie mit dem Gatten. Dass sie mit jenen keine Sexualbeziehung hat, will insofern gar nichts bedeuten, als es ihr auf Sexualbeziehung sowieso viel weniger ankommt als auf seelische Beziehung.

Es ist daher etwas misslich, dass ich als Mann mich anheischig mache, über den Eros zu schreiben. Ich behaupte aber nicht, darüber erschöpfende Aussagen zu machen, sondern bloss einen möglichen Ausblick darauf zu geben. Eine Frau würde dieses Buch bestimmt ganz anders schreiben. Der Mann hat in seiner weiblichen unbewussten Seite (Anima) Zugang zum Eros. Diese Art des Zuganges ist natürlich vom direkten, bewussten der Frau verschieden.

Der Eros gehört für den Mann zum Schattenland und verwickelt ihn in weibliches Unbewusstes, in "Seelisches",

schreibt JUNG weiter.[20] Mir hat der Eros im Leben so viele Streiche gespielt, dass ich nicht umhin konnte, mich intensiv mit dem listigen Buben auseinander zu setzen. Das sachliche Interesse meines Logos genügte dafür nicht. Ich musste mich in ein Gebiet wagen, das die meisten Männer eher scheuen. Viele Ehen scheitern daran, dass der Mann die Einstellung hat, nach der Hochzeit sei sein neuer sozialer Status ein für allemal besiegelt, und er könne sich wieder seinem Beruf zuwenden. Für die Frau hingegen beginnt jetzt erst ihr Leben im eigentlichen Sinne mit Beziehung. Sie erwartet jetzt Aufmerksamkeit von Seiten des Mannes und ist bereit, für die wachsende Familie zu sorgen. Die Männer sind dann erstaunt, wenn sie nach Jahren eine unzufriedene Gattin bemerken, der sie doch materiell alles geboten haben, was ihnen möglich war. Sie verstehen nicht, dass die Frau nicht in erster Linie das Materielle, sondern den Eros suchte. Viele Frauen,

20 l.c. § 256.

die im Eigentlichen frustriert sind, weichen dann tatsächlich auf das Materielle aus, um die Ehe zu erhalten. Das sind jene mit Schmuck behängten unglücklichen Frauen in der zweiten Lebenshälfte.

Besonders kritisch wird die Situation einer solchen Ehe, wenn die Kinder erwachsen und selbständig sind. Dann stellt sich die Frage der Beziehung zwischen den Eheleuten erneut, was man allgemein viel zu wenig weiss. Dann ist nämlich die Situation eine ganz andere als in der jungen Ehe. Der Mann hat sich meist im Beruf etabliert und ist in verantwortlicher Position völlig davon absorbiert. Die Ehefrau dagegen hat ihre Pflicht, die Kinder aufzuziehen hinter sich gebracht und schaut nach dem Sinn ihres weiteren Lebens aus. Viele Frauen, die den Sinn nicht in einer erneuerten intensiven Beziehung finden, steigen wieder in einen Beruf ein, was nicht verwerflich, aber nicht das eigentliche Ziel ist. Viele Frauen, die ihren Sinn für die zweite Lebenshälfte nicht finden, drängen ihre Kinder zur Heirat, damit sie an den Enkelkindern das gewohnte Werk weiterführen können. Sie verpassen damit eine Lebenschance, nicht nur in der Rolle der Mütterlichkeit aufzugehen, sondern ihre Weiblichkeit zu verwirklichen. In unserer extravertierten Gesellschaft ist der Weg des Mannes viel deutlicher vorgezeichnet als jener der Frau. Nicht, dass die Frau nur in der Familie sich verwirklichen könnte, auch im Beruf kann sie das, falls sie den für sie bestimmten findet. Auch im Beruf ist der Eros bei Krankenschwestern, Ärztinnen, Psychologinnen und karitativen Organisationen ein dankbares Betätigungsfeld. Ja, es gibt wohl keinen Beruf, wo sich nicht der weibliche Eros segensreich auswirken könnte. Das war letztlich der Grund für die Gleichstellung der Geschlechter, weil einer einseitig männlich ausgerichteten Gesellschaft der Eros fehlt. Doch jene Pionierinnen, die sich in Politik und Wirtschaft die ersten Positionen errungen haben, zeichneten sich nicht vornehmlich durch ihren Eros aus. Sie nahmen die bisher den Männern vorbehaltenen Stellungen in männlicher Haltung ein, als ob es gälte zu beweisen, dass sie ebenso tüchtige "Männer" seien. Damit blieb der Eros, das weibliche Element, ein weiteres Mal draussen. In dieser Hinsicht bleibt in der Zukunft noch viel zu tun.

Der Eros kann sich in verschiedenen Formen manifestieren: Zunächst ist er einfach – neben der rein sexuellen Betätigungsform – psychische Energie, die zur Aktivität drängt. Der Tatendrang kann die Sexualität völlig unterdrücken, was zur Impotenz bei Sportlern und Managern führt. Im Normalfall ist es aber Liebe zur Tätigkeit und zum Beruf, die den Alltag lebenswert macht, wo der Beruf nicht ein notwendiges Übel zum Verdienen des Lebensunterhaltes ist. Dann ist Eros ein Drang zu einer Beschäftigung am und für den Mitmenschen. Ich habe eine Arztgehilfin erlebt, die hingebungsvoll für ihren Chef arbeitete, ohne ein intimes Verhältnis mit ihm zu haben. Diese Form des Eros findet sich vorwiegend bei Frauen, die jegliche Tätigkeit in Bezug zum Menschen machen. Eine höhere Form des Eros ist die schöpferische Tätigkeit. Denn Sexualität meint im Grund stets das Hervorbringen von etwas Neuem. Der schöpferische Mensch wird oft von unerklärlichem sexuellem Drang überfallen, bis er merkt, dass damit keineswegs sexuelle Abenteuer gemeint sind, sondern eine Neuschöpfung. So kann sich der Eros hinter Uneigentlichem verstecken. Es bedarf sorgfältiger Beobachtung, um die geheime Intention des Eros zu verstehen. Ich habe auch gesehen, dass sich dort die Sexualität in den Vordergrund drängt, wo eine tiefere Beziehung fehlt. Das kann auch in Ehen vorkommen.

Die vielgepriesene *Familie* ist oft eine Brutstätte für Neurosen. Wenn die Eltern ihre Probleme nicht bewusst machen und verarbeiten, "vererben" sie diese auf psychischem Weg unweigerlich ihren Kindern. Das Elend im Leben vieler Menschen entwickelt sich unter dem Deckmantel der Familie. Aus Scham und Stolz wird nicht darüber geredet, sondern nach aussen das Bild von Unbescholtenheit aufrecht erhalten. Oft ist es simples Unvermögen, das zum entsetzlichsten Leiden führt. Es gibt zwar Ausbildungsstätten für alle möglichen Berufe, aber für das, was am meisten not täte, nämlich einen Lehrgang für Eheleute und für Eltern, ist undenkbar. Man kann das nur durch schmerzhafte Erfahrungen im Leben selber lernen und nicht mittels eines noch so guten Psychologiebuches. Das ist die Aufgabe, die das Leben jedem Einzelnen stellt und an der seine Persönlichkeit wächst. Das kann durch gar nichts anderes ersetzt werden als durch das gelebte Leben. Wer davor zurückschreckt und sich nicht getraut, Fehler zu begehen, wird neurotisch. Denn man lernt nur aus seinen Fehlern. Das bewusst und intensiv gelebte Leben selber ist unser Lehrmeister.

Den Eltern kann man keinen Vorwurf für begangene Fehler machen, wenn man nicht selber bewusster mit den eigenen Kindern umgehen kann. Die Kinder sind sozusagen das Lehrstück der Eltern im Leben. Wer das beklagt, muss nicht den Eltern die Schuld zuweisen, sondern dem Schöpfer. Die Schuld, die man von den Eltern zu übernehmen hat, kann man an den eigenen Kindern abtragen und sie um Verzeihung bitten für den ihnen angetanen Tort. Es ist eine *tragische Schuld*, eine unausweichliche, die sich auch mit dem besten Willen nicht vermeiden lässt. Macht man an den eigenen Kindern nicht die gleichen Fehler, wie die eigenen Eltern mit uns, so macht man dafür andere. Man sollte deshalb mit Schuldzuweisungen sowohl an die Eltern wie an die Kinder aufhören, denn sie vergiften bloss die Beziehungen. Das Leiden allerdings sowohl der Eltern an den Kindern wie der Kinder an den Eltern muss ernst genommen werden. Es gibt kein Leben ohne Leiden (I never promised you a rosegarden!). Das Leiden ist der Motor der psychischen Entwicklung, und diese ist der Sinn des Lebens, die Selbstverwirklichung.

Jeder Mensch ist ein Experiment der Natur, schreibt JUNG. Diese hat ein Individuum mit seinen einmaligen Gaben ausgestattet und in eine Umwelt gesetzt, die es nicht wählen konnte. Die Aufgabe besteht darin, mit diesen Randbedingungen das Beste zu machen. Es gibt unendlich viele Möglichkeiten, doch nur *eine* wird verwirklicht und das ist die Einmaligkeit eines Lebens. Jedes Leben ist ein *Unikat*, sofern es nicht im Sumpf der Kollektivität versinkt. *Das* macht den Wert des Lebens aus und nicht die Tatsache, wie wenig Fehler einer gemacht hat. Von der Schule her lernt man möglichst keine Fehler zu machen. Aber wer Neues lernt, wer sich getraut, Neuland zu betreten und die ausgetretenen Pfade der Routine zu verlassen, *muss* Fehler machen, denn sie sind sein Lehrmeister. Statt Fehler könnte man in theologischer Ausdrucksweise "Sünden" sagen, dann wird es pointierter. JUNG hat die Beichte in der katholischen Kirche als einen sehr wichtigen Faktor der Bewusstwerdung erkannt.[21] Sie zwingt den Menschen, bewusster zu leben, aber sie entlastet ihn auch von der Bürde seiner unvermeidlichen Fehler.

21 GW 4 § 431 f.

Die Beziehung zwischen Mann und Frau, wenn sie eine erste Verliebtheit und Faszination überdauert, ist eine der schwierigsten Aufgaben im Leben. Es gibt keinen grösseren Gegensatz als Mann und Frau. Da die Gegensätze sich abstossen und bekämpfen, musste der Schöpfer die Liebe erschaffen, damit sie überhaupt zusammenkommen. So äusserte sich JUNG sinngemäss. In der Alchemie werden die Gegensätze als Mann-Frau, König-Königin, Sonne-Mond, Hahn-Henne, Hund-Hündin symbolisiert. Die Schwierigkeit besteht einerseits in der äusseren Gegensätzlichkeit, andererseits aber darin, dass der Mann seine innere Frau nicht kennt und die Frau ihren inneren Mann. Diese inneren Persönlichkeitsanteile schieben sich unversehens zwischen die äussere Beziehung und führen zu jenen Verblendungen, die zum "Kampf der Geschlechter" Anlass geben. Diese Verblendungen sind wiederum ein Trick der Natur, den Menschen zu grösserer Bewusstheit zu führen. Fällt er nicht herein und lässt sich sofort scheiden, sondern arbeitet er daran, sein inneres Bild vom äusseren Objekt zu unterscheiden, dann bleibt nicht nur die äussere Beziehung möglicherweise erhalten, sondern der Mensch gewinnt eine Beziehung zu seinem Unbewussten. Dadurch erwartet er weniger von seinem Mitmenschen, sondern lebt mehr aus seinen eigenen Ressourcen.

Diese Dinge sind im allgemeinen viel zu wenig bekannt. Es besteht keine Kultur des Eros. Mann und Frau stehen ihren Schwierigkeiten hilflos gegenüber und wissen nicht, wie sich mit ihnen auseinanderzusetzen. Sie geben zu früh auf bevor sie sich von einer Fachperson beraten liessen. Erst wenn die Situation unausstehlich geworden ist, suchen sie einen Familientherapeuten auf. Dann ist es meist zu spät und eine Scheidung unvermeidlich. Viel früher müsste das Problem erkannt und in Einzeltherapie Hilfe beansprucht werden, weil die psychische Entwicklung des Einzelnen ins Stocken geraten ist.

Man weiss auch nicht, wie man sich miteinander auseinandersetzen muss, sondern streitet sich, wobei beide unbewusst werden und fügt sich gegenseitig körperliche oder seelische Wunden zu, die schlecht heilen. Die Kultur zu streiten, wobei für beide etwas Positives herausschaut, fehlt. Streit ist nämlich nicht unbedingt negativ, sondern reinigend und fördernd zur Bewusstwerdung. Es gibt Leute, meist sind es Gefühlstypen, die ein grosses Harmoniebedürfnis haben und jeden

EMBLEMA XXX. *De ſecretis Naturæ.* 129

Sol indiget lunâ, ut gallus gallinâ.

EPIGRAMMA XXX.

O Sol, ſolus agis nil, ſi non viribus adſim,
Ut ſine gallinæ eſt gallus inanis ope.
Auxiliúmque tuum præſens ego luna viciſſim
Poſtulo, gallinæ gallus ut expetitur.
Quæ natura ſimul conjungi flagitat, ille eſt
Mentis inops, vinclis qui religare velit.

R Avi-

Abb. 2: Symbolisierung der Gegensätze als Sonne und Mond, als Mann und Frau, als Hahn und Henne, die einander bedürfen.

Streit meiden. Sie wissen nicht, dass ein Streit nicht der Weltuntergang ist, und stecken lieber selber ein bis sie explodieren oder krank werden. Streit kann insofern reinigend wirken, als die Emotionen sichtbar und abreagiert werden. In unserer Kultur gilt emotional zu werden noch weit herum als Schwäche und wird deshalb gemieden. Das heisst nur, dass die Emotionen verdrängt werden und dann an einem Ort auftreten, wo sie gar nicht entstanden sind. Das typische Beispiel ist der Vater, der "geladen" vom Geschäft abends heimkehrt und die Kinder wegen Nichtigkeiten prügelt. Typisch ist auch die Mutter, die den ungerechten Vater nicht zurechtweist aus Angst, das Gewitter würde sich dann über sie entladen. Wäre die Beziehung zwischen Vater und Mutter intakt, dann wäre die Zurechtweisung des Vaters zur richtigen Zeit und in der richtigen Weise möglich. In diesen scheinbaren Alltäglichkeiten bewährt sich die eheliche Beziehung, nicht im Bett. Aber der Mann ist blind dafür, und die Frau zu ängstlich.

Ich möchte mit diesem Buch den Frauen Mut machen, das Feld des Eros zu behaupten und gegen die Männer zu verteidigen. Die kluge Frau merkt dann, dass sie durch ihr Verhalten dem Mann sehr viel davon beibringen kann, wo er noch unterentwickelt ist. Sie tut das weder durch Belehrung noch durch Bücher, sondern allein durch ihr Beispiel. Der Stolz des Mannes will doch seine Unterlegenheit nicht zugeben. Darum macht es die instinktsichere Frau über das Unbewusste des Mannes. Hat die Frau Söhne, so bekommen diese erst recht im Laufe ihrer Entwicklung eine lebendige Lektion über Eros mit, die ihnen für ihr ganzes Leben hilft. Das wird ein Prozess von Jahrzehnten oder Jahrhunderten benötigen, bis so mehr Eros-Kultur in der westlichen Zivilisation Einzug hält.

Ich verwende absichtlich nicht das Wort Liebe, sondern Eros, weil es zu Missverständnissen führen könnte. Wir führen das Wort Liebe all zu oft im Munde. Bekanntlich redet man von dem am meisten, was man selber nicht kann. Jeder, der das Wort verwendet, glaubt, er bezeichne etwas allgemein Bekanntes und merkt nicht, dass er nur das ausdrückt, was ihm bisher bewusst geworden ist. Eine Mutter meint, ihr Kind zu lieben, wenn sie es verwöhnt. Dabei ist Verwöhnen ein Liebesersatz für jemand, der nicht wirklich lieben kann. Das ist der verwöhnenden Mutter jedoch nicht bewusst und man kann sie dafür nicht schelten. Die Liebesfähigkeit ist wie die psychische Entwicklung eine Funktion, die sich durch das ganze Leben hin entwickelt. Wenn man glaubt, man wüsste es jetzt, wird man das Jahre später als lächerlichen Irrtum korrigieren. Es ist ein Prozess, der sowohl im Einzelnen wie in unserer Kultur nie abgeschlossen ist, sofern man ihn unterstützt. Der schlimmste Irrtum ist der Stillstand. Diese Funktion geht deshalb immer weiter, weil sie ein integraler Bestandteil des Selbst, der ganzheitlichen Persönlichkeit ist. Sie bindet die disparaten Teile der Persönlichkeit zu einem Ganzen zusammen. Wenn wir merken, wie widersprüchlich wir als Person sind, wie wenig sich die einzelnen Facetten zu einem einheitlichen Ganzen runden wollen, muss man ob der Funktion des Eros staunen. Sie vollbringt das Wunder, dass selbst der "hässlichste Mensch" (Nietzsche, Zarathustra) in uns und unsere weibliche, respektive männliche Seite sich mit der bewussten Persönlichkeit zu einem harmonischen Ganzen fügen können. Die Pflege des Individuationsprozesses ist eigentlich die Pflege des Eros, beides geht Hand in Hand. Je mehr Menschen sich der Pflege ihrer eigenen Entwicklung annehmen, desto grösser wird die Eros-Kultur im Ganzen. Doch wird die Pflege der eigenen Individuation noch weit herum als egoistisch und egozentrisch missverstanden. Dieses Missverständnis entspringt dem inneren Widerstand gegen diesen mühevollen Prozess. Denn er ist im Grunde genommen nichts anderes als die Gottessuche mittelalterlicher Mystiker im modernen nüchternen psychologischen Gewand. Es geht eben gerade *nicht* darum, das Ich zu verhätscheln. Im Gegenteil geht es darum, jene gefürchteten und verabscheuten Einsichten über das, was ich auch bin, zuzulassen. Diese Offenheit für das, was ich durchaus nicht sein möchte und dennoch bin, ermöglicht erst die Verwirklichung des Bibelwortes "Liebe deinen Nächsten wie dich selbst" (Matth 5,43). Denn den Nächsten zu lieben fällt einem nicht so schwer wie sich selber zu lieben. Und zwar ist mit dieser Eigenliebe, die doch so verpönt ist, nicht das gemeint, womit ich mich vor aller Welt brüsten möchte, sondern das, was ich vor aller Welt verbergen möchte, wofür ich mich schäme, wo ich mich nackt fühle (Gn 3,10). Diese Eigenliebe ist so schwierig, dass die Natur ihr den höchsten Preis ausgesetzt hat, nämlich die Gottähnlichkeit (Gn 3,22).

Wir müssen uns erst bewusst werden, dass wir mit dem oft gebrauchten, abgenutzten Wort 'Liebe' etwas höchst Unbekanntes benennen. Wenn uns diese Einsicht gekommen ist, können wir offenen Sinnes das nun Folgende aufnehmen und uns im Labyrinth des Eros einen Weg suchen. Wer glaubt, er wüsste schon, was Liebe sei, soll das Buch ruhig aus der Hand legen und warten, bis ihn das Schicksal in eine Sackgasse führt, aus der er nur durch eine vertiefte Beschäftigung mit dem Eros findet.

2. Der Eros in der Antike

Wollte man dieses weit gefasste Thema umfassend darstellen, müsste man eine Enzyklopädie schreiben, wozu ich mich völlig ausserstande fühle. Trotzdem habe ich den Titel so weit gefasst, um anzudeuten, dass ich einen allgemeinen Eindruck vom Eros in der vorchristlichen Zeit vermitteln möchte. Diese "Spots" auf gewisse Aspekte können und wollen nicht vollständig, sondern bloss typisch sein. Sie stehen für eine ganze ausführliche Beschreibung einzelner Phänomen.

Der Eros in der Antike stellt den Hintergrund dar, auf welchem sich später das Christentum mit seinem ihm eigenen Verständnis entwickelte. Das Eine ist ohne das Andere nicht verständlich, weil das Christentum eine Reaktion auf die geistige Situation der Antike darstellt.[1]

In den letzten Jahrzehnten hat die Erforschung der Sexualität in der Antike Fortschritte gemacht. Man hat die antiken Quellen kritischer unter die Lupe genommen. Die Schriftsteller sind ausnahmslos Männer gewesen, die das Thema nur vom männlichen Standpunkt aus beleuchten und über die Putzsucht und den Tand der römischen Frauen klagen. (Worüber hätten wohl weibliche Schriftstellerinnen im Alten Rom geklagt?). Die philosophierenden Schriftsteller schildern nicht die aktuellen Zustände, sondern wollen diese bessern. In der Komödie werden Anspielungen auf menschliche Schwächen gemacht, wie man sie beim Andern, nicht bei sich selbst, vermutet. Bis weit in die Kaiserzeit hinein wissen wir nur etwas über das Leben römischer Notablen, die übrigen Menschen (wohl die Mehrzahl) waren der Erwähnung nicht wert. Aus diesen Gründen war das traditionelle Bild der "Zustände im Alten Rom" einseitig und eine unwillkürliche Übertreibung. Die in den Ausgrabungen von Pompeji, einer Provinzstadt, vorgefundenen Verhältnisse spiegeln nicht jene von Rom.

1 A. Ribi: Zeitenwende.

Das Altertum hatte eine sehr entspannte Einstellung zur Sexualität und zum Eros. Obwohl man einen Unterschied zwischen beiden machte, nahm man beide eher spielerisch. Die Sexualität galt als angenehmer und willkommener Aspekt der Lebensfreude, wovon man sich in den Ausgrabungen von Pompeji ein zutreffendes Bild machen kann. In der römischen Antike wurde dem Lebensgenuss eine immer grössere Bedeutung zugemessen, was die philosophierenden Schriftsteller zu kompensieren versuchten. Die klassische Schilderung der "Sittengeschichte Roms" von LUDWIG FRIEDLÄNDER gibt ein lebhaftes und eindrückliches Bild. Darin wird deutlich, welch verheerenden Einfluss die Sklaverei auf die Entwicklung des Eros hatte. Durch das Halten von Sklaven wurde die Sexualität zu einem "Konsumgut", wie wir heute sagen würden, das überall ohne Aufwand zu haben war. Nicht nur die Männer nutzten die Anwesenheit der Sklavinnen, um sexuelle Bedürfnisse jederzeit befriedigen zu können, auch die Ehefrauen nahmen sich die gleiche Freiheit.[2] Die Sexualität wurde so zu einem billigen Gut, das überall leicht zu haben war, ganz abgesehen von den zahlreichen Bordellen.[3] Die Klage über die Sittenlosigkeit der römischen Frauen ist alt, aber wohl auch einseitig. Bei AUGUSTUS' Eifern gegen die Ehelosigkeit berief man sich im Jahre 18 v. Chr. im Senat auf die Zuchtlosigkeit der Frauen, und HORAZ' pathetische Deklamationen wie PROPERZ' schmerzliche Klagen stimmen mit den frechen Scherzen OVIDS überein: dass in Rom Frauentugend nicht zu finden sei. "Die an Sünde reiche Zeit", sagt HORAZ in einer seiner feierlichen Staatsoden [liber III,6], "hat zuerst Ehe, Familie und Haus befleckt. Aus dieser Quelle fliessend hat sich das Unheil über Staat und Volk ergossen."[4] Eher, heisst es bei PROPERZ, vermöchte man die Meeresfluten zu trocknen und mit Menschenhand die Sterne vom Himmel zu reissen, als unsere Frauen am Sündigen zu hindern. Frauentreue gibt es im fernen Osten, wo die Witwen wetteifern, sich auf den Scheiter-

2 L. Friedländer: Sittengeschichte Roms, S. 252.

3 Siems, A.K. herausg.: Sexualität und Erotik in der Antike: W. Kroll: Römische Erotik. S. 70ff.

4 Horaz: Werke S. 124: fecunda culpae saecula nuptias / primum inquinavere et genus et domos: / hoc fonte derivata clades / in patriam populumque fluxit.

haufen des Gemahls zu stürzen. Hier sind die Gattinnen treulos und keine unter ihnen eine Euadne oder Penelope.[5] Keusch, sagt OVID, seien nur die Frauen, um die niemand geworben habe, und gar zu ländlich und mit den Sitten unbekannt der Mann, der über eine untreue Gattin zürne. "Ähnliche Klagen wiederholen sich dann in späteren Zeiten immer von neuem", schreibt FRIEDLÄNDER.[6]

Im antiken Rom herrschte eine für uns fast unglaubliche Freizügigkeit oder sollte man nicht eher Natürlichkeit sagen, der Sexualität gegenüber. Davon zeugen auch die zahlreichen erotischen Figürchen und Darstellungen auf Mosaiken. Sexualität war den Römern etwas, welches das Leben anziehend machte. Die Dichter spiegeln ja nicht den römischen Alltag wieder, sondern wollen unterhalten oder erbauen. Auch ihre Kunst ist von erfrischender Natürlichkeit und Offenheit bis Künstlichkeit und hatte deswegen einen Nachhall bis in die Renaissance hinein. Die brünstigen Kentauren, lüsternen Silenen und Satyrn sind bei PETER PAUL RUBENS (1577–1660) wieder auferstanden.[7] Der nackte Körper erregte keinen Anstoss, im Gegenteil wurden die Genitalien mit einer obszönen Geste noch betont, die in der christlichen Kunst zur schamhaften Verhüllung degenerierte.

In jüngster Zeit wurde darauf hingewiesen, dass die durchschnittliche Lebenserwartung im römischen Reich um 117 n.Chr. 20 bis 30 Jahre betrug; alte Menschen mit weissen Haaren waren die Ausnahme. Die Kindersterblichkeit betrug 20%. 5–10% der schwangeren Frauen starben bei der Entbindung. SENECA schreibt (De matrimonio):

> Wenn die Gattin gut und sanft ist, und in diesem Fall ist sie eine *avis rara* (seltener Vogel), seufzen und stöhnen wir mit ihr, wenn sie niederkommt, und wir quälen uns, wenn sie in Gefahr gerät.[8]

5 Porperz: Elegien Buch 3,13.
6 l.c. S. 149.
7 München, Alte Pinakothek.
8 Aline Rousselle: Der Körper und die Politik. Zwischen Enthaltsamkeit und Fortpflanzung im Alten Rom, in: Geschichte der Frauen.
G. Duby und Michelle Perrot herausg. Bd. 1. Antike. Schmitt-Pantel, Pauline herausg. Kap. 6, S. 326ff.

Die Votivgaben von Wickelbabies aus Holz oder Stein geschnitzt und all die Zaubersprüche und Gebetsformeln auf Papyrus und anderem Material bezeugen, wie sehr man sich um die Sicherheit des Fötus, des Neugeborenen oder der Kinder sorgte. Man glaubte eben, die Seele habe Schwierigkeiten, sich in der Materie festzusetzen, sie komme und gehe unentschlossen. Die Erzählung von Demeter, die ihre in die Unterwelt entrückte Tochter suchte, berührte sowohl römische wie frühchristliche Frauen tief wegen ihrer verstorbenen Kinder, und der Gedanke an die Auferstehung fand Anklang. Syrische Tonfigürchen nach dem Modell der Umarmung von Amor und Psyche stellen das Wiedersehen von Mutter und Tochter dar. Auch liebten die Frauen Demeter in der Rolle der Amme für das Kind des Königs von Eleusis, dem sie Unsterblichkeit verleihen wollte. Sie fühlten sich auch der Isis verbunden, die ihren zerstückelten Sohn und Gemahl Osiris suchte und beweinten ihn mit der Göttin am 28. Oktober.

Im römischen Reich wurden die Mädchen mit 12 Jahren verheiratet. Diese Sitte beruhte auf der Vorstellung, dass die Vagina verschlossen sei und das Menstrualblut nicht abfliessen könne, wenn das Mädchen nicht zuvor defloriert worden sei. Diese Sitte breitete sich schliesslich über das ganze römische Reich aus. Die Frage nach der Jungfräulichkeit, wie sie später im Christentum so wichtig wurde, war aus naheliegenden Gründen obsolet.

Von der ehrbaren Römerin sah man nichts als ihr Gesicht; sie zeigte sich nur verschleiert. Christinnen trugen, ungeachtet ihres Status, den Schleier (1 Kor 11,10) als Zeichen der Unterwürfigkeit und Signal sexueller Zurückhaltung, weil eine nichtverschleierte Frau zudringlichen Männern ausgesetzt war.

Die römische Ehefrau musste drei, die Freigelassene (Konkubine) vier Kinder geboren haben, um Schenkungen entgegen nehmen zu können und damit der Mann sein Erbe antreten konnte.[9] Die musterhafte Gattin schlug ihrem Mann selber die Trennung vor, wenn sie keine Kinder bekam, denn das war der Zweck der Ehe. Wenn die legitime Ehefrau die vom Gesetz (Augustus!) geforderte Anzahl Kinder zur Welt gebracht hatte, übte sie sexuelle Enthaltsamkeit, wofür sie gelobt

9 A. Rousselle l.c. S. 347ff.

und bewundert wurde. In der Kaiserzeit konnten sich Frauen höherer Gesellschaftskreise aufgrund ihrer Enthaltsamkeit philosophischen Studien und Reflexionen widmen. Der wichtigste Wandel im Leben der Frauen bestand in der Idee, dass die Männer in ihrem Eheleben die gleiche Selbstbeherrschung praktizieren wie ihre Frauen und sich ihren philosophierenden Ehefrauen gegenüber treu erweisen. Denn früher dienten die einen Sklavinnen der Fortpflanzung, die anderen dem Vergnügen ihres Herrn, was sich bis ins 6. Jh. n. Chr. fortsetzte. Allerdings waren schon Zweifel aufgekommen, dass leichtere und schwerere Liebschaften des Herrn mit der jungen Sklavin die Stimmung in manchem Hause gestört haben.[10] Wenn sich der *pater familias* zu sehr in eine Konkubine verliebte, konnte er seine Würde verlieren, welche für den Römer das wichtigste Attribut seiner Männlichkeit war. Denn seine mächtige Stellung innerhalb der Familie, wo er unumschränkter Herrscher war, verdankte er seiner überlegenen Haltung, zu welcher er von Kindsbeinen an erzogen wurde. So erlernten alle Knaben die Redefiguren, die der Anwalt oder Politiker brauchte; ja, die Rhetorik entwickelte sich zum Gesellschaftsspiel. Bis zum Tode des Vaters blieb der Sohn unter der *potestas* des *pater familias.* Ohne seine Einwilligung konnte er keinen Vertrag schliessen, keinen Sklaven freilassen und kein Testament machen. Ohne seine Einwilligung war ihm jede Karriere versperrt.[11]

Die Römer hatten zu ihren Göttern eine freundschaftliche Beziehung. Jeder konnte sich die Verehrung jenes Gottes wählen, der ihm zusagte. Wenn er sich etwas von ihm wünschte, war es eine Art Handel, bei dem er ihm für den glücklichen Fall etwas versprach *(do ut des)*. Das Verhältnis des christlichen Gläubigen zu seinem Gott basiert auf der römischen Familienstruktur des *pater familias.* Im 1. Jh. v. Chr. hat sich der römische Ehemann als Staatsbürger zu verstehen, der seinen bürgerlichen Pflichten genügt. Hundert Jahre später versteht er

10 J. Vogt: Von der Gleichwertigkeit der Geschlechter in der bürgerlichen Gesellschaft der Griechen, in: A.K. Siems: Sexualität und Erotik in der Antike, S. 125.

11 P. Veyne: Das römische Reich, in: Geschichte des privaten Lebens. Ph. Ariès und G. Duby herausg. 1 Bd. Vom Römischen Imperium zum Byzantinischen Reich. P. Veyne herausg., S. 33 ff.

sich als Gatte, der seine Frau offiziell respektiert. Die Stoa predigte unermüdlich die neue Moral des Ehepaares, die darin bestand, dass niemand zu herrschen verdiene, der sich nicht selber zu beherrschen vermöge. Das galt allerdings bloss für 1/20 oder 1/10 der Bevölkerung, nämlich für die Wohlhabenden und Kultivierten. Nach der älteren Moral war Heiraten eine Pflicht des Bürgers. Die neue dagegen sagte, wenn man ein guter Mensch sein wolle, dürfe man nur miteinander schlafen, um Kinder in die Welt zu setzen; der Stand der Ehe diene nicht den Freuden der Venus. Nach dieser Moral ist die Frau eine Freundin. Sie war ohnehin ein grosses Kind, mit dem man schonend umgehen musste. Nichts war den Römern fremder als die biblische Vorstellung, dass Mann und Frau "ein Fleisch" (Gn 2,24; Matt 19,5.6; Mk 10,8) sein und bleiben sollen. Die Liebe zwischen Gatten erschien als glückliche Fügung oder Zufall, denn die beiden wurden bereits als Kinder von den Eltern verheiratet. Die Stoa erklärte dann das liebende Paar verbindlich zum Ideal (Seneca, Plinius). Die Ursache dieser Wandlung war *nicht* die stoische Philosophie, sondern die Pflichten des Menschen gegen sich selbst und gegen seinesgleichen wurden zunehmend an die Institutionen gebunden.[12] Jeder römische Senator verkörperte in seiner Person ein Stück der Grösse Roms und des römischen Weltregimentes. Die innere und teilweise auch die äussere Politik Roms in den letzten Jahrhunderten der Republik war im Wesentlichen Familienpolitik.[13] Die Ehe war ein Institut zur sozialen Regulierung der Geschlechtsbeziehungen und eine ökonomische Institution.[14]

Ich habe mit der jüngeren römischen Geschichte der Erotik begonnen, weil die Verhältnisse in Griechenland etwas komplizierter sind: Da spielen die Homoerotik und das Hetärentum eine wichtig Rolle.[15] Im "Leben des Archytas" beschreibt POLYARCHOS, dass das von den Ethikern errichtete Tugendgebäude der menschlichen Natur zuwider sei:

12 P. Veyne l.c. S. 48–57.
13 W. Kroll: Römische Erotik, in: A.K. Siems: Sexualität und Erotik in der Antike, 79.
14 B. Gladigow: Römische Erotik, in: A.K. Siems, S. 330.
15 H. Licht (Pseudonym für P. Brandt): Sittengeschichte Griechenlands. Neu bearbeitet von H. Lewandowski.

> Die Natur selbst verlange, dass wir die Lust zur Maxime unseres Lebens machen. Die möglichste Erhöhung des Lustgefühls sei das Ziel jedes vernünftigen Menschen, aber das Verlangen nach Lust zu unterdrücken bedeute weder Vernunft noch Glück, sondern beweise nur, dass der so Handelnde das Wesen und die Bedürfnisse der menschlichen Natur nicht kenne.[16]

Das dürfte wohl übertrieben oder nur in wohlhabenden Kreisen so verwirklicht worden sein. Grundlegend anders ist sicher die *Stellung der Frau in der antiken griechischen Kultur.*

Die zentrale Funktion der Ehe war die Erzeugung und das Aufziehen von Kindern. In der ersten Hälfte des 5. Jahrhunderts vor Christus musste der Vater ein Athener Bürger und die Mutter eine freigeborene Frau sein und die Ehe in der staatlich sanktionierten Form geschlossen werden. Dann waren die ihr entsprossenen Kinder ordentliche Mitglieder des Oikos, des Hauswesens im engeren und weiteren Sinne. Durch die Zugehörigkeit zu einem Oikos hatten sie eine feste Position im Gemeinwesen.[17] Aufgabe des Paares war die Verwaltung des Hausstandes, während die Ordnung im Hause allein der Frau zufiel. Es geht um den Fortbestand der Familie und die optimale Bewirtschaftung des Besitzes. Der Mann besorgt die produktiven Arbeiten des Anbaus und der Gewinnung der lebensnotwendigen Nahrung und der Rohstoffe. Die Frau ist für die Aufzucht und Erziehung der Kinder, die Nahrungszubereitung und die Verarbeitung der Wolle, die Herstellung von Stoffen und das Anfertigen der Kleider zuständig. Die griechische Ehefrau war rechtlich unmündig und abhängig. Sie besuchte als Mädchen keine Schule, sondern lernte das Notwendige von ihrer Mutter. Sie soll in strenger Abgeschiedenheit aufwachsen, um ihre Jungfräulichkeit zu bewahren. Im Alter von 14 oder 15 Jahren wurde sie verheiratet. Die Männer dagegen heirateten erst mit 30 Jahren, wenn sie den Oikos vom Vater übernahmen. Dieser Altersunterschied hatte zur Folge, dass der Mann die geistig-seelische Entwicklung der Frau gestaltete. Ihr Leben spielte sich ausschliesslich im Haus ab. Sie be-

16 H. Licht, l. c. S. 39.

17 Carola Reinsberg: Ehe, Hetärentum und Knabenliebe im antiken Griechenland, S. 32.

wohnte den *gynaikônitis*, den verschliessbaren Frauentrakt im Obergeschoss des Hauses, zu dem nur Verwandte und Bedienstete Zutritt hatten. Die Frauen nahmen weder an Gastmählern teil, noch empfingen sie Gäste. Bei EURIPIDES heisst es:

> Denn für eine Frau ist Schweigen und Bescheidenheit das Beste, so wie draussen unerwähnt bleiben.[18]

Der Grund für diese Abschirmung der Frau gegen die Aussenwelt liegt in der Vorstellung, Frauen seien lüstern. Der Seher Theiresias, der angeblich zeitweise die Gestalt einer Frau annehmen konnte, behauptet, die Frau habe zehnmal soviel Genuss beim Liebesakt wie der Mann. In der Komödie ist ein Topos die liebestolle Frau. Da in der klassischen Zeit die Liebe als eine Art Krankheit, eine Raserei galt, wurde die Beherrschung der Triebe gefordert. Weil sich der Sexualtrieb nicht leicht unterdrücken liess, sondern sich um so stärker bemerkbar machte, wurde er auf die Frauen projiziert, denen man ethisches Niveau der Mässigung und Enthaltsamkeit nicht zutraute. Die Ehe war kein Monopol für die Sexualität: Für den Mann war das voreheliche Geschlechtsleben eine Selbstverständlichkeit, wogegen die Frau wegen der Erfordernisse des sozialen Systems keine Möglichkeit zu ausserehelichem Geschlechtsverkehr hatte. Für beide bestand sexuelle Freizügigkeit, die jedoch nur der Mann praktisch nutzen konnte. Es konnte oft vorkommen, dass die Frau kaum mehr vom Manne berührt wurde, wenn der Zweck der Schwängerung erfüllt und mehrere Kinder geboren waren. Die schriftlichen Zeugnisse darüber, ob der viel zitierte Satz des Demosthenes den realen Verhältnissen entspricht, lassen uns im Stich:

> Wir haben Hetären zum Vergnügen, Konkubinen für die Bedürfnisse des Alltags und Ehefrauen, um legitime Kinder zu zeugen und eine zuverlässige Aufsicht über das ganze Hauswesen zu haben.[19]

Im Laufe des 5. Jahrhunderts mehrten sich bei Dichtern und Philosophen die Stimmen gegen diese Ungerechtigkeit, indem der Druck auf

18 l.c. S. 42.
19 l.c. S. 44.

den Mann zunahm, freiwillig auf seine sexuellen Vorrechte zu verzichten und nach der Heirat sein aussereheliches Sexualleben aufzugeben. EURIPIDES entdeckt mit den Frauenfiguren seiner Dramen (Alkestis) die Ehe als menschliche Verbundenheit und Liebe, welche auf der ethischen Ebenbürtigkeit der Partner beruht. Im utopischen Staat PLATONs werden beide Geschlechter zum öffentlichen Dienst an der Gemeinschaft und zur Übernahme politischer Verantwortung herangezogen. Das Verhältnis von Mann und Frau wird allerdings noch immer nur funktional verstanden. Selbst bei ARISTOTELES ist die geistig-seelische Beziehung der Eheleute bloss Philia (Freundschaft) und nicht Eros. Erst im mittleren 4. Jahrhundert und stärker dann im Hellenismus treten Grabinschriften auf, die auf Gleichklang von Ehe und Liebe hinweisen.

Es besteht ein grosser Gegensatz zwischen dem aufwändigen Zeremoniell der Hochzeit und dem völligen Fehlen der Darstellung ehelicher Intimitäten. Ich kann das nur so verstehen, dass die Hochzeit und die Ehe ein heiliger Akt, respektive Institution war, während die aussereheliche Sexualität völlig profan und keinerlei Tabus unterworfen war. Für uns Spätgeborene ist es immer wieder überraschend, mit welcher Freizügigkeit die Sexualität dargestellt wird, jedoch ausschliesslich mit Hetären, Prostituierten oder anderen Halbweltfrauen, mit denen sich die Männer beim Symposion oder im Bordell amüsierten. Der Geschlechtstrieb wird von PLATON als natürlich und notwendig bezeichnet (Rep. 8, 559 C), als ein Bedürfnis, das wie Hunger oder Durst seine Befriedigung fordert. Die Zeugung von Nachkommen war dagegen ein heiliger Akt und den Augen der Öffentlichkeit entzogen. Die eheliche Sexualität diente offensichtlich der Zeugung von Nachkommen und nicht der Abreaktion des Triebes.

Diesem Zweck diente das von den Griechen so gepflegte *Hetärenwesen*. Die Auffassung von diesem Phänomen hat sich in den letzten zwei Jahrhunderten sehr gewandelt. Wurde sie in frühen Darstellungen als gebildete Gefährtin (= Hetaira) des Mannes idealisiert, so beachtet man heute mehr ihre abhängige, rechtlose Stellung als Unterhalterin der Männer bei ihren Symposien.[20] Jene einflussreichen klugen

20 C. Reinsberg S. 80f.

Frauen, die Gefährtinnen berühmter Staatsmänner (Perikles-Aspasia) oder Philosophen (Epikurschüler Metrodor-Leontion) waren, stellen wohl eine verschwindende Minderheit dar, aber wurden in der Literatur verewigt, gegenüber jenem Heer von Mitzecherinnen und Beischläferinnen.

> Während die Bordellprostitution nicht mehr beachtet und geschätzt wurde als möglicherweise heutzutage,

führt Frau REINSBERG aus[21]

> war die gehobene Prostitution das eigentliche Hetärentum, unverzichtbarer Teil bürgerlichen Gesellschaftslebens. Es war nicht die schnelle Bedürfnisbefriedigung, welcher der einzelne im Bordell nachging, sondern die anspruchsvollere Unterhaltungserotik vor allem auf Gesellschaften, die der griechischen Prostitution den Rang verschaffte und den nachhaltigen Ruhm eintrug. Die Hauptform arrivierter Geselligkeit und zugleich Inbegriff griechischer Männerunterhaltung war das *Symposion*, wo ehrbare Frauen nicht zugelassen waren. Symposien waren Gastmähler, bei denen im Anschluss an ein Essen in ausgelassener Runde und nach einem Komment getrunken wurde. Neben, im anspruchsvollsten Falle, philosophischen Gesprächen [vgl. Platons Dialoge] fanden Tanz, Gesang und Spiele statt. Symposien boten regelmässig auch erotisches Entertainment durch weibliche Zechgenossen, mit denen man plaudern, scherzen, spielen und schliesslich auch sexuell verkehren konnte. Diese Symposien waren die wesentlichen Aktionsfelder der Hetären. Hier wie auch in der übrigen Öffentlichkeit, die den Gattinnen und Bürgertöchtern weitgehend verschlossen war, übernahmen Hetären als Begleiterinnen, Gesellschafterinnen und Mitspielerinnen den Part einer Ersatzfrau, die die gebotenen Vergnügen teilt und den Genuss durch Unterhaltungskünste ihrerseits erhöht.

Diese klare Trennung in ehrbare Bürgersfrauen und erotische Gefährtinnen weist psychologisch auf eine typische Erscheinung des Matriarchats hin. In diesen – und es besteht noch heute um die Küsten des Mittelmeeres herum – zerfällt das Bild des Mannes von der Frau in zwei Hälften. Das eine ist die fast göttliche Mutterfigur, das andere die

21 l.c. S. 87.

erotische Gespielin. Auf diese Zweiteilung des Animabildes des Mannes wurde erst in den letzten Jahrzehnten in der Fachliteratur aufmerksam gemacht, sie ist aber ein jahrtausendealtes ubiquitäres Phänomen. Überall, wo eine starke bewusste oder unbewusste Bindung an die Mutter und infolgedessen ein überhöhtes Bild von ihr besteht, zerfällt das Bild des Mannes von der Frau in ein hohes, himmlisch idealisiertes, pseudogöttliches und ein niedriges, erdhaftes, obszönes, profanes. Das ist keine Prärogative der alten Griechen, sondern kann auch bei modernen Männern beobachtet werden. Ich hatte einen gebildeten Ingenieur als Patienten, der mit einer netten, ansprechenden Frau verheiratet war und Kinder hatte. Obwohl die Ehe harmonisch war, fühlte er sich erst durch Frauen vom "Hürlitypus" sexuell angezogen.

Die Frau als Mutter ist dann eine göttlich überhöhte Gestalt, die nicht durch die "schmutzige" Sexualität verunreinigt werden darf. Eine Frau kam in meine Sprechstunde, die mit einem Italiener aus bestem aristokratischen Hause verlobt war. Sie beklagte, dass er und seine ganze Familie zwar äusserst zuvorkommend zu ihr seien, aber keine sexuellen Annäherungen von ihrem Bräutigam ausgehen würden. Sie wusste aber, was er ihr nicht verheimlichte, dass er mit Prostituierten Umgang hatte wie alle seine Altersgenossen. Das kam ihr als Schweizerin so sonderbar vor, dass sie sich nicht getraute, ihn zu heiraten, sondern die Verlobung auflöste.

Der Eros kann sich so nicht entwickeln, wenn das Animabild zweigeteilt ist. Dann ist es bei der Mutter Verehrung, Hochachtung oder Anhänglichkeit *(caritas)* und bei der Hetäre Lust, Spiel und Vergnügen *(cupiditas)*. Die Beziehung besteht einerseits in der Pflege der Familie und andererseits in unverantworteter wechselnder Oberflächlichkeit. Das sind alles Formen, die in jedem Alltagsleben vorkommen, die gar nicht abwegig sind, denen aber die Tiefe des Eros fehlt. Die Griechen haben wunderbare Worte für den Eros gefunden, aber das, was sie lebten, entsprach nicht dem, was sie sagten. Für den jungen Mann ist das Symposion ein Experimentierfeld zur Einführung ins Erwachsenenleben. Für die Frau gab es soweit wir wissen, keine ähnliche Möglichkeit. Ihr waren Bildung und öffentliches Leben nicht zugänglich. Ihre Tugend bestand in ihrer Funktion als Hausmütterchen und im Weben und Spinnen. Die rechtlosen Dirnen hatten es nicht besser, obwohl sie in der Öffentlichkeit auftraten. Ihren Verdienst mussten sie dem Zuhälter oder der Bordellmutter abliefern, mussten den Männern zu Willen sein und waren zudem oft Unfreie. Die Sklavenhaltung spielte auch im alten Griechenland eine Rolle, obwohl man davon weniger hört, als bei den Römern.

Der Hellenismus brachte eine Aufwertung des Individuums, die mit einer Verminderung der Diskriminierung der Frau einher ging.[22] Die geschilderten Verhältnisse bestanden in dieser einseitigen Ausprägung nur über eine relativ kurze Zeitspanne im 5. und 4. Jahrhundert v. Chr., aber das Grundmuster erhielt sich über Jahrtausende.

Zur Erhöhung der Mutter gehört psychologisch ein anderes Phänomen, das wir im alten Griechenland ausgeprägt finden: die Päderastie (Knabenliebe). Da die Kinder, besonders die Jungen, in der Familie keine männliche Erziehung mitbekamen, ergänzte die Päderastie diese Lücke. In den aristokratischen Kreisen Athens wurde grosser Wert auf die körperliche Ertüchtigung gelegt, wofür die Buben in die Palästra, den Sportplatz, zu einem Paidotriben, einem Sportlehrer, geschickt wurden. Dort wurden sie von diesem trainiert in altersgemäss gestaffelten Disziplinen. Die Anwesenheit vieler nackt turnender Knaben ermöglichte den Männern, die über genügend Freizeit verfügten, dem begehrten Jungen zu begegnen.[23] Päderastie war deshalb ein Phänomen der Athener Oberschicht. Das Liebesbegehren ging vom älteren Mann aus, dem Erastés. Als Erómenos, Geliebter, kamen nur Knaben zwischen 12 und 18 Jahren, also vor Auftreten der Körperbehaarung in Frage. Das Verhältnis war ein pädagogischer Eros, indem der Knabe, der *Pais*, am Älteren ein Vorbild fand, der ihn in die männlichen Tugenden *(Aretē)* von Jagd und der Bewährung im Kampf, Tapferkeit und Einsatzwille einführte. Für den *Erastes* galt es dem geliebten Knaben das gesellschaftliche Ideal der *Kalokagathia* (Schön- und Gutsein) nahe zu bringen. Das Liebesverhältnis war ein lebenslanges, auch wenn es mit der Geschlechtsreife aufhörte, ein sexuelles zu sein. Das sexuelle zur Verfügungstehen des *Eromenos* war die Gegengabe des *Pais*. Darüber, worin diese Dienste des *Eromenos* bestanden,

22 A. Ribi. Zeitenwende, S. 63.
23 C. Reinsberg, S. 179.

schweigen die Quellen bis in hellenistische Zeit oder drücken sich nur allgemein aus. Dieser Bereich gehörte offensichtlich zur Intimsphäre und nicht an die Öffentlichkeit, wenn man bedenkt, wie freizügig das Treiben mit Hetären dargestellt wurde. Es handelt sich auch hier um einen tabuisierten Bereich, der wie die Ehe sakralen Charakter aufweist.

> Denn man erwäge nur, dass es für schöner gehalten wird, öffentlich zu lieben als heimlich, und zwar vorzüglich die Edelsten und Besten, wenn sie auch viel hässlicher sind als die anderen, und dass ferner dem Liebhaber eine ganz ungemeine Aufmunterung von allen zuteil wird, gar nicht als ob er etwas Schändliches tue, und dass es für schön gilt, den Geliebten für sich zu gewinnen, und für schimpflich, ihn nicht zu gewinnen, und dass die Sitte dem Liebhaber verstattet hat, zur Erreichung dieses Zweckes unter allgemeiner Billigung wunderliche Dinge zu begehen, die, wenn jemand sie bei der Verfolgung und Ausführung irgend eines anderen Zweckes in Anwendung bringen wollte, die grössten Vorwürfe einernten würde; denn, wenn er, um Geld von jemandem zu erlangen oder Ehrenstellen oder sonstigen Einfluss, dergleichen tun wollte wie die Liebhaber gegen ihre Geliebten, demütige und flehentliche Bitten an sie zu richten, ihnen Eide zu schwören, des nachts vor ihren Türen zu liegen und zu jedem sklavischen Dienste, wie kein wirklicher Sklave, bereit zu sein: so würde er von Freunden und Feinden hiervon zurückgehalten werden, indem diese ihm Kriecherei und knechtische Gesinnung vorwerfen [...] Dem Liebenden aber steht dies alles wohl an, und es wird ihm von der Sitte zugestanden, dies ohne Schande zu tun, wegen der Herrlichkeit des Zieles, welches er dadurch zu erreichen sucht,

heisst es bei PLATON.[24]

Während für den *Pais* eine erzieherische Funktion in solchen Liebesverhältnissen lag, ist es für den *Erastes* eine Differenzierung und Unterwerfung unter die Macht des Eros. Solches konnte er sonst nirgendwo erfahren, da selbst die athenische Bürgerin dem Manne überlegen war. Die Diskrepanz zwischen dem *Pais* und dem *Erastes* wird dadurch noch vergrössert, dass ersterer beim Sexualverkehr völlig unbeteiligt zu sein hatte, wollte er nicht als Strichjunge verschrien wer-

24 Das Gastmahl 182 C–183 B.

den. Die offizielle Päderastie war nur zwischen athenischen Bürgern möglich, also etwas Aristokratisches.

In der seelischen Entwicklung des Mannes kann man oft eine vorpubertäre Phase homophilen Verhaltens feststellen als eines Fortdauerns der hermaphroditischen Phase des Knabenalters. Eine derartige Phase kam der Päderastie möglicherweise entgegen, obwohl die Forderung, dass der *Pais* beim Akt unbeteiligt sein soll, dagegen spricht. Solche vor- und pubertäre homophile Phasen führen oft zu zarten romantischen Beziehungen, meist aber mit Gleichaltrigen. Einige Jungen bleiben darin verhaftet und haben nach vollendeter Geschlechtsreife oft Beziehungen mit älteren Männern, welche sie in die Erwachsenenwelt einführen. Aber alle diese bei uns gängigen Verhaltensmuster sind profan und verlaufen nicht wie bei den Griechen in streng geregelten Formen, so dass sie nur von ferne damit verglichen werden können. Die Päderastie ist im Grunde eine Überhöhung und Verherrlichung der Adoleszentenphase, des Übergangs von der Kindheit zum Erwachsenenalter. Der *Erastes* wird bei diesen Übergangsriten zu einer Art Psychopompos (Seelenführer), der dem Jugendlichen beim Übergang hilft. Der *Pais*, der bisher nur die mütterliche Fürsorge erfahren hat, erfährt hier männlichen Eros.

Ich habe oben vom Matriarchat rund ums Mittelmeer gesprochen. Damit meine ich nicht eine so ausgeprägte und strukturierte Einrichtung wie sie von JOH. JAC. BACHOFEN[25] ursprünglich beschrieben wurde. Ich meine damit jenes soziale und psychologische Vorherrschen der älteren Frauen aus dem Hintergrund. Obwohl die Männer die öffentliche Bühne beherrschen, ziehen die Frauen wie unsichtbar im Hintergrund die Fäden. Die klassische griechische Kultur scheint patriarchal, indem in Politik und Justiz die Männer die Rechte hatten. Die wirkliche Macht kann trotzdem bei den Müttern liegen, denn jeder Mann war einmal ein Knabe und dem alleinigen Regime seiner Mutter im *Oikos* ausgeliefert bis er ins Alter kam, wo er in die Palästra geschickt wurde. SARAH B. POMEROY[26] fragt sich in ihrem sehr lesenswerten Buch, ob diese athenischen Frauen, die ins Haus gebannt waren, nicht

25 zit bei C. G. Jung, Seminar: Kinderträume, S. 116
26 Frauenleben im klassischen Altertum, S. 139f.

völlig frustriert waren und weshalb trotzdem so viele tapfere, kräftige, kluge, weltgewandte Frauen in der Literatur aufträten? Mir scheint gerade im Umstand ihres Auftretens in der Literatur, die ihren Stoff aus den Mythen gestaltete, ein Beweis zu liegen für ihre Dominanz im Unbewussten. Die Mythen schildern bekanntlich den unbewussten Hintergrund einer Kultur. Ich glaube nicht an das Konstrukt eines bronzezeitlichen Matriarchats bloss wegen der vielen Fruchtbarkeitsidole, die man gefunden hat. Ich meine, dass sie Ausdruck einer Verehrung der Fruchtbarkeit der Mutter Erde und der menschlichen Mutter als Voraussetzung für Wohlstand sind. Die archaische Kultur war auf sie zur Sicherung des Lebens angewiesen. Der Kampf der Geschlechter im Athen des 6. bis 4. Jahrhunderts v. Chr. mag eine Auseinandersetzung mit dem Einfluss der mehr patriarchal bestimmten *Dorier*, könnte aber auch eine unbewusste Gegenreaktion im Gefolge des Aufkommens des Denkens sein. Das Auftreten der Philosophie bedeutet schliesslich auch nicht, dass alle Athener wie Sokrates lebten, sondern ist ein Hervortreten des patriarchalen Prinzips. Ich möchte Patriarchat und Matriarchat nicht als feste Institution verstanden wissen, sondern als Tendenzen, mehr das väterliche, respektive das mütterliche Prinzip zur Geltung zu bringen. In der modernen feministischen Wissenschaft werden diese beiden meines Erachtens viel zu abstrakt behandelt als Unterdrückung des weiblichen, respektive männlichen Prinzips. Beide sind in jeder Psyche vorhanden und wichtig. Selbstredend ergänzen sie einander nicht nur, sondern konkurrenzieren sich auch. Die Amazone ist die Ergänzung zur Hetaira. Sie ist das unbewusste Komplement zur Gefährtin des Mannes, selbstbewusst, kriegerisch, unabhängig, ephebenhaft. Sie ist eine Erfindung der Fantasie und wurde in zahlreichen Bildwerken dargestellt. Sie entspricht eben einem archetypischen Bild von Weiblichkeit wie TONI WOLF sie beschrieben hat. Überhaupt sollte man sich stets vor Augen halten, dass es verschiedene Frauentypen gibt. Wenn die athenische Frau der klassischen Zeit vorwiegend in der Mutterrolle war, so gab es solche, die sich darin völlig aufgehoben fühlten und sich entfalten konnten. Man darf auch nicht vergessen, wie TONI WOLF sehr schön darlegt, dass die anderen Funktionen in jeder Frau, wenn auch in unterschiedlichem Mass, vorhanden sind. War eine athenische Bürgersfrau zwar nicht gerade der geborene Muttertypus, konnte sie doch im Aufziehen der Kinder ihre Entfaltung auf eine ihr gemässe Art finden. In der feministischen Literatur besteht die Gefahr, dass man frühere Zustände zu sehr am heutigen weiblichen Bewusstsein misst. *Die Weiblichkeit ist in unserer Kultur einem grossen Wandel unterworfen.* Frauen der Wissenschaft können sich dieser säkularen Wandlung nicht entziehen und sind als Kulturhistorikerinnen so wenig wie früher ihre männlichen Kollegen "das Mass aller Dinge".[27]

Jeder kann die Zustände früherer Zeiten nur bis zu einem gewissen Grad erfühlen. Man muss daher mit Wertungen sehr vorsichtig sein. Zudem kann man Menschen in uns Heutigen merkwürdig anmutenden Verhältnissen nicht als unglücklich, frustriert und voller Hassgefühle bezeichnen, weil sie doch nichts anderes kannten. Glücklicherweise kann sich der Mensch in alle möglichen Verhältnisse schicken, wenn er nur darin einen Sinn findet. Die Ehefrau im klassischen Athen musste nicht weit gehen, um für ihr Leben einen Sinn zu finden. In unserer Zeit des Kampfes der Frau für gleiche Rechte müssen wir uns besinnen, dass die Frau nicht ihre Erfüllung im männerähnlichen Leben findet, sondern in dem ihren Anlagen entsprechenden. Deshalb finden wir in der Literatur die verschiedensten Frauentypen von der zögerlichen Ismene in SOPHOKLES' Antigone bis zur maskulinisierten Titelheldin. Sie alle verkörpern archetypische Frauen, mit welchen sich die Zuschauer je nach Geschmack identifizieren konnten. In diesem Sinn sucht man vergeblich nach *dem* griechischen Idealtypus der Frau. Die Tragödien spiegeln eben nicht die realen äusseren Verhältnisse ebenso wenig wie die Komödien, die von der Überzeichnung leben. Zweifellos waren die Blutsbande im alten Griechenland sehr stark, wie übrigens in den meisten archaischen Kulturen, da von ihnen das Überleben abhing. Antigone ist eine typische Vaterstochter, die streitbar alles weiblich-mütterliche als schwach ablehnt. Sie stellt nicht etwas für die griechische Kultur Typisches, sondern einen ubiquitären Frauentypus dar. Mit ihrer reichen Literatur hat die griechische Kultur alle wesentlichen Typen von Frauenleben beschrieben. Es lohnt daher mehr, diese Literatur zu lesen als manche modernen psychologischen Bücher

27 Sexualität und Erotik in der Antike, A.K. Siems herausg.

über Frauenfragen. Dort ist pulsierendes Leben in seiner ganzen Mannigfaltigkeit, die sich nicht auf einen kurzen Nenner bringen lässt.

Man muss sich jedoch klar sein, dass die Tragödien, denen mythologischer Stoff zugrundeliegt, fast sakralen Charakter hatten und an Festen über viele Stunden zelebriert wurden, nicht die persönliche Meinung des Autors zu Frauenfragen wiedergeben. EURIPIDES ist weder ein Frauenhasser, noch ein Frauenfreund, sondern der Dichter mythologischer Stoffe. Wie er zu den Frauen stand, lässt sich daraus nicht ableiten. Die mythologischen Stoffe in dichterischer Wiedergabe veranschaulichen die Hintergrundsvorgänge der Psyche und haben religiösen Charakter. Sie sind die treibenden Kräfte des Schicksals.

Es ist mehr als gewagt, die Exponenten der Mythen, die Götter, einer personalistischen Psychoanalyse zu unterziehen. Im Prinzip stellen Götter Archetypen dar und übersteigen daher das Persönliche sowohl wie das Bewusste. Deshalb ist es gefährlich, ihren Bedeutungsgehalt mit wenigen Worten fassen zu wollen. Noch viel gefährlicher ist es, aus dem Charakter der Götter auf die menschlichen Verhältnisse schliessen zu wollen. Für den antiken Menschen standen die Götter weit über und jenseits der menschlichen Massstäbe. Weder hatte Zeus bei seinen Verhältnissen mit menschlichen Frauen die männliche sexuelle Freizügigkeit der Griechen zum Vorbild, noch diese jene: quod licet Jovi, non licet bovi (was dem Jupiter erlaubt ist, ist nicht auch dem Ochsen erlaubt). Das Verhalten der Götter wurde als gegebene Tatsache jenseits menschlicher Moral hingenommen. Der Sterbliche konnte darin allenfalls seine heimlichsten Begehren und Wünsche wiederfinden. Erst eine Mentalität, für welche diese Mythen nicht mehr lebendig sind, kann sie moralisch kritisieren. Dabei muss man sich bewusst sein, dass sie zwar nicht mehr als ganze, aber in vielen Teilen auch bei uns noch lebendig sind. Am Beispiel der Frau Venus werde ich ihr Überleben über die Jahrhunderte aufzeigen.

Meine Aufgabe kann es nicht sein, dem Leser einen Abriss der griechischen Mythologie zu vermitteln, diese Dinge sind allbekannt oder können in leicht erreichbaren Büchern nachgelesen werden. Ich beschränke mich auf die wichtigsten Figuren, die auch in der Geschichte des Abendlandes wieder auftauchen und zum eisernen Bestand der Geistesgeschichte gehören.

"Am Anfang war die Nacht" erzählt KARL KERENYI.[28]

> Sie war ein Vogel mit schwarzen Flügeln. Befruchtet vom Wind legte die Urnacht ihr silbernes Ei in den Riesenschoss der Dunkelheit. Aus dem Ei trat der Sohn des wehenden Windes, ein Gott mit goldenen Flügeln, hervor. Er wird Eros, der Liebesgott, genannt; das ist aber nur *ein* Name, der lieblichste unter allen Namen, die dieser Gott trug.

Er heisst auch Phanes, der Scheinende, der alles ans Licht bringt, was im Weltenei verborgen lag. Im Ei befanden sich auch Okeanos und seine Schwester Tethys, in ständiger Kohabitation, von denen Orpheus singt:

> Der schönfliessende Okeanos begann als erster mit der Hochzeit; freite er doch seine Schwester Thetis, die von derselben Mutter wie er geboren war.[29]

Eros ist somit ein Urgott (Protogonos). Ohne seine Wirkung ist Leben einfach undenkbar. Er ist die stärkste Macht für die Bewusstwerdung (Phanes). Mit ihm erscheint erst das Licht über der Schöpfung. Sein Werk ist nicht erst die Fortpflanzung, sondern die Entstehung der Welt überhaupt, denn das Bewusstsein ist der zweite Schöpfer.[30] Dieses ist das Urprinzip und der Sinn jeglicher Schöpfung.

> An sich war Eros ein angesehener alter Gott, der in Thespiai in Boiotien und in Parion in Mysien verehrt wurde. Trotz der beliebten Verbindung des Paares "Venus und Cupido" in der antiken Literatur hat Eros, ausser im späten Kult, nicht das geringste mit Aphrodite zu tun; auch die Schriftsteller der voralexandrinischen Zeit bringen beide kaum zusammen. Obwohl Eros bei Hesiod Aphrodite begleitet, ist er nicht ihr Sohn, sondern eine alte kosmogonische Kraft, was er auch in der theologischen und philosophischen Spekulation bleibt. An allen Orten, wo seine Verehrung von Bedeutung war, ist er ausgesprochen die Gottheit der Anmut junger Männer und Knaben, für welche die Griechen be-

28 Die Mythologie der Griechen. Die Götter- und Menschheitsgeschichten, S. 22f.

29 Die Vorsokratiker, übers. Von W. Capelle, S. 36.

30 A. Ribi: Zeitenwende, S. 53.

> kanntlich sehr empfänglich waren. In hellenistischer Zeit jedoch wurde die romantische Liebe zwischen den Geschlechtern, nicht die blosse Begierde, zum Thema der Literatur, wie denn die meisten der berühmten Liebesgeschichten erst aus dieser Zeit stammen. Eros gewann dadurch an Bedeutung, verlor aber gleichzeitig seine Würde. Denn während er vorher im allgemeinen als ein schöner junger Athlet gebildet wurde – sein berühmter Bogen stammt erst aus dem 4. Jahrhundert v. Chr. –, stellte man ihn jetzt mit Vorliebe als ein hübsches Kind dar, als einen kleinen geflügelten Bogenschützen, kapriziös und Unheil stiftend, der sich daran erfreut, seine Zauberkraft durch das Abschiessen unsichtbarer Pfeile gleicherweise auf Götter und Menschen wirken zu lassen. In der Literatur erscheint er daher meist spät und an untergeordneter Stelle, eine Figur im göttlichen Ränkespiel, die Verliebtheit erzeugen soll.[31]

Die Tatsache, dass der ursprüngliche Eros der Gott junger Männer und Knaben war, ist ein weiteres Indiz dafür, dass die Päderastie im Grunde einen religiösen Hintergrund hatte. Sobald die Literatur sich dieser Figur annahm, bekam sie einen eher spielerischen Charakter, welcher dem Gegenstand überhaupt nicht gemäss ist. Im Märchen von Amor und Psyche des APULEIUS dagegen scheint der ursprüngliche Charakter des anmutigen jungen Gottes wieder durch, allerdings ist er dort Sohn der Venus, was eine späte Erscheinung ist.

> Eros ist bei Homer nur die Begier, nicht einmal besonders häufig die sinnliche Brunst, sondern vornehmlich das Verlangen nach Essen und Trinken; auch von dem Drange sich auszuweinen wird es gesagt. In Thespiai war er ohne Zweifel der Gott, der Vieh und Menschen zur Zeugung trieb und die Fruchtbarkeit bewirkte. Ein roher Stein war sein Symbol. Das wäre ein bedeutungsloser Lokalkult geblieben, wenn er nicht dem Hesiodos den Anstoss zu seinem Eros gegeben hätte, der dem Elemente, zunächst der Erde, die Kraft zu zeugen und zu gebären verleiht, was dann die spätere Kosmogonie, noch die des Parmenides, weiterbildet. Der thespische Eros würde trotzdem vergessen sein, wenn nicht durch die Thespierin Mnasarete, die als Hetäre Phryne hiess, der Eros des Praxiteles dorthin gekommen wäre. Nun war durch dieses Bild der Gott der Ruhm von Thespiai, dem zu Ehren auch Erotidia gestiftet wurden. Ganz unabhängig davon haben die Dichter, seit sie von ihren eigenen Gefühlen redeten,

31 J.J. Rose: Griechische Mythologie. Ein Handbuch, S. 119–120.

den Eros als den Herrn ihrer Liebesleiden und -freuden in wechselnden Gestalten eingeführt, als Jungstier oder als über die Blumen hinwandelnden, also geflügelten Knaben, als Schlange. [...] Wo der Eros das Handeln eines Menschen bestimmt oder an einem Menschen gekennzeichnet werden soll, ist er in Gestalt eines geflügelten Knaben gegenwärtig. Wenn der Griff eines Spiegels eine züchtige Mädchenfigur ist, fliegen über ihr zu beiden Seiten des Rundspiegels oder der Kapsel zwei Eroten. Aber es erscheinen auch geflügelte Jünglinge, die wir darum Eroten nennen, weil sie selbst die Knabenschönheit wiedergeben wollen, der der *paidikò érôs* gilt. Eroten dieser Art kann es zahlreiche geben; der Gott scheint dabei vergessen. [...] so sieht man ihn überall, hört von ihm und spricht von ihm aller Orten. Das nimmt dem Lied des Euripides nicht die Wahrheit, in dem der Chor des Hippolytos sich beschwert, dass Eros, den er wegen seiner Allmacht Sohn des Zeus nennt, keinen Kult erfährt. Dabei ist es geblieben. Aus den Eroten der Vasenmalerei sind die geflügelten *putti* geworden, die uns wohl am häufigsten in allen möglichen Darstellungen der folgenden Jahrhunderte begegnen und in der Renaissance und weiter, wenn sie vornehmer gehalten sind, Genien heissen, häufiger noch die Flügel teils behalten und Engel vorstellen, teils flügellos als *putti* den Künstlern unentbehrlich sind. Daneben aber bemächtigt sich das Denken der platonischen Akademie des Eros, die tiefsinnigsten Gedanken über das Sehnen und Streben der Menschenseele weihen ihn zum Mittler zwischen Sinnenwelt und dem Reiche der göttlichen Schöne und Wahrheit. Auch da setzt das Spiel an und neue Mythen und Märchen erwachsen. So hat Eros in den verschiedensten Gestalten, auch umgesetzt in Amoretten und Engel und Genien, dauernd weitergelebt und wird nicht sterben.[32]

Eros ist also ursprünglich ein chthonischer Gott, zu dem die Flügel schlecht passen, die er später erhält und die ihn als geistigen Faktor kennzeichnen. Als Stein wird auch der Gott HERMES verehrt, später als Stein mit einem bärtigen Männerkopf und auf halber Höhe einem erigierten Phallus: die Herma. Das ist die "kyllenische Art" der Kultmale. Mythologisch besteht eine enge Verflechtung mit Eros, von dem es heisst, Hermes habe ihn mit Artemis am Boibeissee gezeugt.[33] Es

32 U. von Wilamowitz-Moellendorf: Der Glaube der Hellenen II, S. 178–179.

33 K. Kerényi: Die Mythologie der Griechen. Götter- und Menschheitsgeschichten, S. 169.

heisst auch, Hermes sei schamlos erregt worden, als er die Göttin – bald Persephone, bald Brimo geheissen – erblickte. In jener Gegend gilt Hermes auch als Sohn dieser Göttin. Hermes und Aphrodite waren auch die Kinder des Uranos, des nächtlichen Himmels, und der Hemera, der Tageshelle. Ihr Sohn sei Eros gewesen. Es wird auch erzählt, ihr Sohn sei zur Quelle der Nymphe Salmakis gekommen, die ihn verführen wollte. Er wies sie jedoch zurück, doch als er ins Wasser stieg, umarmte sie ihn und wurde mit ihm eins; daraus wurde Hermaphroditus, ein weiblicher Knabe. Auch Pan ist ein Sohn des Hermes. Seine Mutter, die Nymphe des Dryops erschrak dermassen, als sie ihr lärmendes und lachendes Wunderkind mit Ziegenfüssen und Hörnern geboren hatte, dass sie floh. Hermes nahm seinen Sohn eilends zum Olymp und setzte ihn neben Zeus. Alle Unsterblichen, besonders aber Dionysos, fanden an ihm Gefallen. Er führt den Reigen der Nymphen in der Nacht, führt den Morgen herauf und verfolgte die Nymphe Syrinx, die sich in ein Schilfrohr verwandelte, aus welchem Pan seine berühmte Hirtenflöte verfertigte.

Ein anderer Sohn des Hermes, aber auch sein Vater, war Priapos, der phallische Gott der Städte Priapos und Lampsakos. Es heisst auch, er sei der Sohn der Aphrodite, die jedoch dieses missgestaltete Kind mit grosser Zunge, mächtigem Bauch und übermässigem Phallus, verleugnet. Auch von Phanes, einer anderen Bezeichnung des Eros, heisst es, er habe einen überdimensionierten Phallus gehabt. Es gibt zahlreiche solche phallischen Götter im Machtbereich der Zeugung und Fruchtbarkeit. Silene und Satyrn mit spitzen Ohren und Pferdeschwanz, phallisch, mit ausgelassenen Gebärden sind Begleiter des Hermes oder Dionysos und der Nymphen, die häufig Ammen von Göttern und Helden waren. Sie alle waren die phallischen Begleiter der grossen Göttin in Tanz und Umzug.

In diesen Zusammenhang gehört auch DIONYSOS, der viele Parallelen zu den Genannten aufweist. Er ist der jüngste Sohn des Zeus und der sterblichen Semele, aber auch der unsterblichen Persephone, der Tochter der Demeter, die einen Teil ihres Daseins in der Unterwelt verbringt. Daher wird sein Vater auch Hades genannt, und er ist ein Chthonios (Unterirdischer). Dieser Vater ist wohl kein anderer als Zeus Katachthonios, der unterirdische Zeus. Sein Sohn hiess auch Zagreus, der grosse Jäger, wie auch sein Vater hiess. Dieser war mehr der Zeus der Frauen, wogegen der Olympier ein Zeus der Männer war. Dionysos ist nicht nur der Weingott mit dem Kantharos, dem grosshenkligen Weingefäss, sondern wird auch als bärtige Maske dargestellt. Zeus und Dionysos waren Schlange und Stier charakteristisch. Der Mutter der Persephone und später dieser selbst, seiner eigenen Tochter, habe er in Schlangengestalt beigewohnt. Von den Orphikern wird erzählt, dass die Hochzeit und die Geburt in einer Höhle stattgefunden habe, jene der drei Nachtgöttinnen und des Phanes, von dem wir als anderem Namen des Eros hörten. Nach einer anderen Erzählung habe Demeter ihre Tochter Persephone in einer Höhle auf Sizilien versteckt und von ihren beiden Schlangen bewachen lassen. Während diese Wolle spann, näherte sich ihr Zeus in Gestalt einer Schlange und zeugte mit ihr den Gott, welcher der sechste Weltherrscher werden sollte. In einer späteren Darstellung sitzt das göttliche Kind in der Höhle auf dem Thron umtanzt von zwei Kureten mit gezückten Schwertern, während eine Frau dem männlich erregten Kind den Spiegel hinhält.[34]

In der Geschichte der Orphiker vergingen sich die Titanen, die Erdentsprossenen, an diesem Kind, das sie beim Spiel überraschten, in sieben Stücke zerrissen und in einen Kessel auf dem Dreifuss warfen. Dieses Mahl müsste als kannibalisch bezeichnet werden, wenn die Hörner des gebratenen Kindes nicht auf ein geopfertes Zicklein oder Kälblein hinweisen würden. Nach der einen Erzählung sammelte Demeter die Glieder des zerrissenen Dionysos, ähnlich wie Isis jene des von Seth ermordeten Osiris in Ägypten. Darunter sei in der griechischen Geschichte die Entstehung des Weinstockes zu verstehen. Die Orphiker nannten Dionysos selbst Oinos, "Wein". Es wird auch so erzählt, dass die gekochten Glieder des Gottes verbrannt wurden und aus der Asche der Weinstock entstand. In allen Erzählungen fehlte ein Glied (wie bei Osiris), das eine Göttin in einem Korb versteckte. Zeus nahm es zu sich. Es wurde behauptet, es sei das Herz des Dionysos, des "kradiaios Dionysos" gewesen. Das Wort wird von *kradia* "Herz", aber auch von *krade*, "Feigenbaum" abgeleitet. Der Korb war ein *liknon*, eine Getreideschwinge, die in festlichen Umzügen auf dem

34 Kerényi, l.c. S. 243f.

Kopf getragen wurde, worin unter Früchten verborgen gewöhnlich ein aus Feigenholz gefertigter Phallus als Bild des Dionysos Liknites lag. Dieser wurde von den Frauen am Parnass immer wieder "erweckt".

Dionysos war in erster Linie der Gott der Frauen, bei dessen Verehrung kein Mann zugegen sein durfte. Die Frauen, die "Mänaden", die "Wütenden", waren die Vertreterinnen der Göttinnen. Sie rannten, begleitet von Flöten, Pauken und Tamburinen, und schwärmten in den Bergen. Frauen, die sich diesem Treiben entzogen, wurden von Dionysos selber schwer bestraft.[35]

Es wird auch von der Vermählung der Aphrodite mit Dionysos erzählt, deren Sohn bald Priapos, bald Hymenaios, bald Hermes Chthonios hiess. Dionysos erhielt die Beinamen Orthos, der "Aufrechte", oder Enorches, "der mit den Testikeln", selten der "Phallische", auch Dyalos, der "Zwitter", was sich auf seine hermaphroditische Natur bezieht. Als Iakchos oder Bakchos wurde er als das göttliche Kind in den eleusinischen Mysterien verehrt.[36]

Diese verwirrenden mythologischen Geschichten, die auf regionale Unterschiede zurückgehen, auf die ich nicht eingegangen bin, weisen uns auf die Auffassung der alten Griechen von jenen psychologischen Tatbeständen hin, die uns hier interessieren. Ihnen galt alles für göttlich, das heisst übermenschlich, autonom, dem sich der Mensch ausgeliefert fühlte. Wir sprechen heute von Trieben oder Instinkten und meinen, wir hätten es damit naturwissenschaftlich gefasst. Doch ausser dem Umstand, dass wir diese auch im Tierreich finden, ist damit noch nichts erklärt. Die Mythen schildern diesen Tatbestand viel anschaulicher und differenzierter. Sie sind die Naturwissenschaft der Antike, wo die Natur noch von allerlei Wesen bevölkert war. Uns ist dieser "Animismus" abhanden gekommen. Dafür sind wir Gefangene unserer Biologie und Biochemie geworden. Was hilft es uns im Umgang mit den Trieben, zu wissen, dass diese hormonal gesteuert sind? Wir sind ihnen trotzdem weitgehend ausgeliefert. Eine religiöse Auffassung derselben jedoch anerkennt ihre Überlegenheit und weiss um zahlreiche Riten, die Götter gnädig zu stimmen. Wie oft kamen Leu-

35 Kerényi, l.c. S. 253.
36 Kerényi, l.c. S. 264f.

te zu mir in Verzweiflung, weil sie sich in eine Person verliebt hatten, die entweder ihre Liebe nicht erwiderte oder welches die "falsche Person" war. Hier täte eine religiöse Haltung not, die weiss, dass nicht wir das Schicksal bestimmen, sondern die Götter. Aber man kann sie fragen, warum sie einem dieses Los zugeteilt haben und bekommt vielleicht eine Antwort in einem Traum oder einer Meditation. Denn sobald man darin einen Sinn zu erkennen vermag, kann man es annehmen. Überhaupt haben wir verlernt, auf den Wink des Schicksals zu achten. Mit unserem Slogan "Wo ein Wille ist, ist ein Weg" glauben wir den Willen der Götter beugen zu können, anstatt sich ihm zu beugen. Damit entgeht uns etwas Zentrales für unser Leben, nämlich die Führung. Eine religiöse Haltung beschränkt sich nicht auf die sonntägliche Andacht, sondern durchzieht das ganze Leben. Damit ist nicht einfach eine Schicksalsergebenheit und Passivität gemeint, sondern das Berücksichtigen des göttlichen Winkes. Das lateinische 'religio' bedeutet "die rücksichtliche Beachtung", die gewissenhafte Berücksichtigung, die auf einem inneren Gefühl beruhende gewissenhafte Sorgfalt.[37] Die Mythen spiegeln eine derartige Haltung allen natürlichen Funktionen gegenüber, welche nicht wir erfunden haben, sondern die vom Schöpfer in uns gelegt wurden.

Die erotischen Götter haben alle einen unterirdischen Aspekt, was wohl nichts anderes bedeuten kann, als dass sie aus dem Unbewussten in seiner physisch-körperlichen Gestalt stammen. Es gibt ein körperliches Unbewusstes, das unsere vegetativen Körperfunktionen steuert und das sehr weit vom Bewusstsein entfernt und daher kaum bewusstseinsfähig ist. Dieses funktioniert autonom und unabhängig davon, ob wir seiner bewusst sind, zum Beispiel auch im Schlaf. Das ist ein Segen, dass unsere inneren Organe ihre Arbeit verrichten, ohne dass wir uns darum zu kümmern brauchen. Die sexuellen Funktionen stehen in dieser Hinsicht zwischen bewusst und unbewusst. Sie haben einen instinktiven unbewussten Pol, der den Vorgängen des Körpers verhaftet ist, und einen geistigen, der dem Bewusstsein näher steht. Das wird an der männlichen Erektion deutlich. Nur wenige Männer bringen rein wil-

37 K.E. Georges: Ausführliches Lateinisch-Deutsches Handwörterbuch, s.v. religio. Bd. 2, Sp. 2293.

lentlich eine Erektion zustande. Sie brauchen dazu äussere Reize, die autonom wirken und reflektorisch eine Erektion erzeugen. Es können auch innere Bilder sein, die sie auslösen. Der Wille spielt nur in der Hinsicht, ob die Reize oder Bilder zugelassen werden.

Die Mythen oder die Statuen stellen die Götter mit erigiertem Phallus dar. Der Phallus ist das Kultobjekt, während der Penis das anatomische Objekt ist. Das macht einen grossen Unterschied. Der Phallus, dem Penis nachgebildet, ist das Symbol der Fruchtbarkeit, der Potenz, der Männlichkeit, der Macht und der Zeugungskraft. Das Symbol in der Definition von C. G. JUNG[38] ist der bestmögliche "Ausdruck für das noch Unbekannte". Je allgemeiner verbreitet dieses Stück ist, um so allgemeiner ist auch die Wirkung des Symbols, denn es rührt in jedem die verwandte Saite an. Da das Symbol des Phallus so nahe beim anatomischen Objekt liegt, versteht jedermann seine Bedeutung. Wenn man sie jedoch versucht, in Worte zu fassen, merkt man, wie unzulänglich diese sind. Die Bedeutung des Symbols geht weit darüber hinaus. Deshalb braucht es das Symbol, das vom Unbewussten in seiner Tiefe ahnungsvoll erfasst wird. Man ahnt vielleicht etwas davon, wenn man bedenkt, dass dieses Organ fähig ist, Leben zu zeugen, eine wahrlich göttergleiche Funktion! Daher stammt das Mana dieses unscheinbaren Organs. Deshalb gilt ihm in allen Kulturen göttliche Verehrung.

Wir wähnen uns aufgeklärt, weil wir die Physiologie des Sexualorgans kennen. Wir vergessen dabei völlig, dass wir es im Leben immer mit dem Symbol zu tun haben, wenn wir von ihm fasziniert oder erschreckt sind.[39] Der Mann, der unter psychischer Impotenz leidet, erlebt sein Glied nicht als anatomisches Organ, sondern als mächtigen Fetisch, der sein Eigenleben hat. Allen Willensanstrengungen zum Trotz verhält es sich autonom. Das wussten die Alten und brachten all diesen Dingen eine heilige Scheu entgegen. Das ist eine ihrer Macht in unserem Leben viel angemessenere Haltung als unsere moderne des "nichts als...".

38 GW 6 § 825.

39 D. Fehling: Phallische Demonstration, in: A.K. Siems, Sexualität und Erotik in der Antike, S. 282.

Nicht umsonst errichtete am Beginn der modernen Tiefenpsychologie SIGMUND FREUD dem Sexus ein ewiges Denkmal, obwohl auch er ihn nur biologisch fasste. Der Umstand, dass er selber das Opfer dieses Gottes war, zeigt, dass er ihn unterschätzt hatte. Seine eigene Faszination hätte ihn eines besseren belehren können. Wo immer wir von etwas ergriffen, fasziniert, in den Bann gezogen oder erschreckt werden, handelt es sich um etwas Göttliches oder Dämonisches[40], ob wir das so nennen oder nicht. Es ist daher besser, dass wir wie die Alten unser Knie vor diesen Mächten beugen und unsere Unterlegenheit ihnen gegenüber uns eingestehen. Denn sie haben nicht nur den biologischen Sinn der Arterhaltung, sondern gehen weit darüber hinaus auf alle Bereiche unseres Lebens.

Einen gewissen Einblick geben die zwar späten, kaiserzeitlichen Carmina Priapea, die Gedichte an Priapos. Auf lange Strecken sind sie einfach frivol. Seit der Zeit Alexanders des Grossen ist seine Verehrung nicht mehr auf Lampsakos beschränkt, sondern in der ganzen Oikumene des Mittelmeerraumes verbreitet. Nicht nur in Bordellen wird er als mächtigste Gottheit (praestantissimum numen), als goldene Statue, verehrt[41], sondern er ist ein Vegetationsgott, dessen Macht die Fruchtbarkeit ist, der gewisse Ähnlichkeiten mit Pan hat, welcher mehr den Herden zugehört als den Fluren. Er wird von Seefahrern und Fischern um günstiges Geleit und gute Fahrt angerufen, von Wanderern als Wegweiser. Die meist hölzernen Priapus-Figuren ähneln den ebenfalls in Erektion gestalteten steinernen Hermen am Wegrand. Priapus wehrt den "bösen Blick" ab und bewacht die Gärten und Weinberge gegen schädliche Tiere und Diebe. Er verkörpert die Lebenskraft und Zeugung und regt durch seine Statur zu dieser an. Er erteilt in Liebessachen Rat und handelt auch selbst. Er erscheint auf Grabmonumenten. Eine römische Inschrift nennt ihn *morbis et vitae locus* (Ort des Todes wie des Lebens). Die Sichel, die er trug, wird in der Antike auf seine Funktion eines Enders des Lebens gedeutet, wie er Erzeuger desselben ist. Schliesslich wird er als Pantheus zum Allgott, der alle Übel abwehrt, das Gute herbeiführt, Reichtum und Frieden stiftet, sogar Erde und Meer erschafft.

40 A. Ribi: Was tun mit unseren Komplexen.
41 B. Kytzler: Carmina Priapea, S. 7f.

Obwohl in der griechischen Antike die erotischen Götter ihre Funktion in Bild und Mythus so ungehemmt zur Schau stellten, darf man nicht glauben, dass es in diesem Bereich keine Tabus gegeben habe. Im Gegenteil: Tabus bestehen immer dort, wo es sich um einen göttlichen Bereich handelt. Der antike Mensch erlebte ihn ganz anders als der moderne.

> Eros war verbunden mit der Erfahrung unwiderstehlicher Gewalt über den Menschen, über sein Gefühl und seinen Willen, seinen Geist wie seinen Körper,

schreibt BERNHARD KYTZLER in seiner Einleitung zu den Carmina Priapea.[42]

> Selbst Aphrodite, die Göttin der Liebe, spricht im homerischen Aphrodite-Hymnus, als sie sich dem Menschen Anchises hingibt (Vers 130), nicht von ihrer Liebe oder ihrem Gefühl, sondern von dem unausweichlichen Zwang, dem sie sich ausgeliefert sah: Ananke treibt sie, die Unsterbliche, in die Arme des sterblichen Mannes – so wie Aphrodite ihrerseits Helena mit harten Worten in das Bett des verachteten Paris treibt, als diese sich weigern will.[43] In der Ilias ist zwar eine Frau, Helena, der Ausgangspunkt der kriegerischen Auseinandersetzung, und es ist wiederum eine Frau, Briseis, die dem Achill von Agamemnon genommen wird und so Anlass zum "Zorn" des Helden Achilleus wird und damit zum strukturbildenden Thema des ganzen Heldenliedes führt. Aber es ist stets die gekränkte Ehre, die im Mittelpunkt des Erlebens steht, nicht das Liebesleid der Trennung, und wenn vom Beilager mit Briseis die Rede ist, dann wird nicht in den Worten der Leidenschaft gesprochen, sondern das homerische Epos spricht von "Themis", dem in der Satzung der Menschen festgefügten Brauch, der Sitte, die nun einmal herrscht zwischen Mann und Frau. Themis und Ananke, gesetzter Brauch und unausbleiblicher Zwang – das sind die Wirklichkeiten, die im frühen Europa als Eros erfahren und ausgesagt werden.

Überall, wo wir dem Zwang erliegen, ist etwas Göttliches oder Dämonisches am Werk. Ich habe früher PLATON zitiert, der im Symposion Eros einen Daimon nannte. Damit meint er nicht etwas Nega-

42 l. c. S. 28.
43 Ilias 3, 413 ff.

tives, wie wenn wir von einem Dämon sprechen, sondern etwas schlechthin Übermächtiges, wie es auch im Vers der Dichterin SAPPHO (7. Jh. v.) zum Ausdruck kommt:

> Gliederlösender Eros treibt wieder mich um, süss-bitter, unzähmbar, ein wildes Tier.[44]

Dichter haben die Wirkung des Eros viel besser besungen, als Worte es tun können. Wissenschaftlich kann man ohnehin seine Wirkung auf den Menschen nicht beschreiben. Jetzt müsste eine Anthologie aus den antiken Dichtern folgen, um das explizit darzustellen, was die Mythen, die ich oben herangezogen habe, andeuten. Das würde natürlich den Rahmen dieser Arbeit bei weitem sprengen. Eine kleine Blütenlese soll dennoch einen Eindruck vermitteln.

HESIOD in seiner Theogonie (120 ff.) singt:

> Eros zugleich, er ist der schönste der ewigen Götter,
> Lösend bezwingt er den Sinn bei allen Göttern und Menschen
> Tief in der Brust und bändigt den wohlerwogenen Ratschluss,
> Aus dem Chaos entstanden die Nacht und des Erebos Dunkel,
> Aber der Nacht entstammen der leuchtende Tag und der Äther.[45]

Das ist das zentrale Thema: *Eros ist ein Lichtbringer*, der aus dem Chaos und der Unterwelt das leuchtende Licht des Tages bringt. Deshalb heisst er, wie wir schon mehrfach hörten, auch Phanes, der Scheinende. *Der Eros ist die stärkste Triebfeder der Bewusstwerdung* und zwar nicht nur in Form einer Beziehung zwischen zwei Menschen, sondern überhaupt. Das will es bedeuten, wenn er als kosmogonos, Weltschaffender, bezeichnet wird. Denn das Bewusstsein ist ein zweiter Schöpfer, indem Welt nur insoweit besteht als ein Ich sie wahrnimmt.[46] Der Eros führt in eben diese Konflikte, die zur Bewusstwerdung notwendig sind. Es ist daher völlig verkehrt, wenn sich Paare scheiden las-

44 M. Treu: Sappho, S. 95.
45 Annemarie und W. Leibbrand: Formen des Eros. Bd. I: Vom antiken Mythos bis zum Hexenglauben, S. 31.
46 C.G. Jung: Die psychologischen Aspekte des Mutterarchetypus. GW 9/I § 177.

sen, sobald Schwierigkeiten auftreten und die Harmonie gestört ist. Aber man weiss nicht, wie man sich auseinandersetzen soll, um bewusster zu werden. Man hat zu wenig psychologische Kenntnisse und gibt zu schnell auf. Bewusstwerdung ist ein beschwerlicher Prozess und kein Morgenspaziergang. Deshalb wird Eros als süss-bitter bezeichnet. Aber im Menschen drängt etwas zur Bewusstwerdung, dem er sich nur zum eigenen Schaden zu entziehen sucht. Eros bedeutet immer Schicksal. Man kann sich ihm nicht nur halbherzig hingeben.

Abb. 3: Die Melusine als jener gekrönte Naturgeist durchbohrt Adam im Paradies, wodurch die Ureltern veranlasst werden, das Gebot zu übertreten.
Aus: Barbara Obrist: Les Débuts de l'imagerie Alchimique (XIVᵉ–XVᵉ siècles), fig. III 29, Munich, Bayerische Staatsbibliothek, cgm 598 (M).

THEOKRIT singt in den Idyllen[47]:

> Unholdin Aphrodite, der Menschen böser Feind,
> denkst du, weil heut' ich sterbe, sei heute meint letzter Tag?

Der Tod ist, wie wir oben sahen, mit Eros verbunden, ohne dass klar wurde, weshalb. Jetzt versteht man schon eher, weil der Liebeskranke in seiner bisherigen Bewusstseinseinstellung sterben muss. Jede Erweiterung des Bewusstseins ist der Tod des bisherigen. So klagt ARCHILOCHS[48]:

> In Sehnsucht lieg ich jammervoll, ganz entseelt, – auf der Götter Geheiss von entsetzlichen Schmerzen,
> Durchbohrt bis tief in mein Gebein.

ARCHILOCHOS blühte um 650 v. Chr. und stammte aus Paros. Nur in den alten Dichtungen wird Eros so ernsthaft besungen, in späterer Zeit wird er frivoler und spielerisch dargestellt. Immerhin redet LUKREZ (94–55 v. Chr.) noch von der *"alma Venus"*, der segenspendenen Venus (auch nährend, fruchtbar, wohltätig, hold, lieb, gütig, labend, erquickend). HORAZ (65–8 v. Chr.) nennt sie *"mater saeva Cupidinum"*, grausame Mutter der Begierden (oder des Amor) "fachet das Herz aufs neu mir zu Flammen empor, die ich erloschen hielt" *(finitis animum reddere amoribus)* (Oden I, 19).[49] CATULL (84–54 v. Chr.) gibt der Ambivalenz bewegten Ausdruck:

> Odi et amo, quare id faciam, fortasse requiris. Nescio, sed fieri senti et excrucior.
>
> Hassen und lieben zugleich muss ich. Wie das? Wenn ichs wüsste!
> Aber ich fühls, und das Herz möchte zerreissen in mir.

dichtet MÖRIKE es nach.[50]

47 L. Pollmann: Die Liebe in der hochmittelalterlichen Literatur Frankreichs, S. 17.

48 L.c. S. 15.

49 Horaz: Sämtliche Werke S. 38–39.

50 W. Weber: Liebe, Liebe. Gedichte der Antike, S. 36–37.

In der Antike war der Eros eine zwingende Naturgewalt, der sich der Mensch weitgehend ausgeliefert fühlte. Fraglos begegnete ihm darin der Daimon, dem er in Bild und Mythen Ausdruck seiner schicksalbestimmenden Gewalt gab. Diese nötigte ihm den Respekt ab. Mit Riten und Opfergaben konnte sich der Mensch dem Würgegriff dieser Mächte entwinden. Erst im Römischen Weltreich wird die Beziehung zu diesen Mächten spielerisch. Bei OVID (Ars amatoria) wird Amor zu einem beherrschbaren Spiel. Der *foedus amoris* (Liebesbund) ist im römischen Bereich der klarste Ausdruck zwischenmenschlicher Beziehung, dem das *servitium amoris* (Liebesdienst) und *obsequium* (Hingabe) gilt.

Diese Götter wirkten im christlichen Abendland noch lange nach, wenn sie auch gewisse Metamorphosen durchmachten. Viele wurden dämonisiert. Oder umgekehrt, nahm Christus bei den Künstlern der italienischen Renaissance die Züge Amors und Apollos an. Gerade Amor erfreute sich einer langen Tradition. Bei den Emblematikern im Gefolge Alciatis wird er auf einem Wagen von Löwen gezogen, die er gezähmt hat, was heissen soll, dass die Kraft der Liebe unwiderstehlich sei.[51] In der Hand hält er einen Fisch und eine Blume, was bedeutet, dass er Land und Meer seine Gesetze gibt. Der Blitz zerschmettert Amors Waffen und Flügel, was ihn nur stärker werden lässt. Doch auch hier tritt Amor seine Attribute Pfeil und Bogen bald an das Jesuskind ab, das damit die Herzen durchbohrt. Das Mittelalter fand in OVIDs Metamorphosen die Heilige Schrift wieder und seine *Ars amatoria* wurde im 13. Jahrhundert eifrig von frommen Nonnen gelesen.[52] Die heidnischen Gestalten wurden im Mittelalter einfach “moralisiert” und “christianisiert”. Aus Cupido wird der Verkündigungsengel und aus Minerva die Jungfrau Maria. Das ist auch richtig so, denn die Archetypen sind weder an Zeit noch Ort gebunden und kommen überall wieder vor.

Einen Aspekt römischer Dichtung wollen wir nicht übersehen, nämlich dass viele ihrer Dichter “ihr Mädchen” besingen. Man weiss nicht genau, ob ihr Mädchen eine reale Geliebte oder eine Fiktion (Animabild) war. Sie gibt ihnen jedenfalls Anlass, alle Emotionen der

51 A. Henkel und A. Schöne: Emblemata Sp. 385: Potentissimus Affectus Amor (Bild).

52 J. Seznec: Das Fortleben der antiken Götter, S. 83.

Liebe mit dem ständigen Auf und Ab zwischen Gewähren und Versagen, zwischen Hoffnung und Enttäuschung darzustellen. Mir scheint das im Hinblick auf den viel späteren Minnesang ein wichtiges Vorspiel zu sein. Wenn CATULL (87–54 v. Chr.) seine Lesbia, PUBLIUS OVIDIUS NASO (43 v. – 17. n. Chr.) seine Corinna und SEXTUS PROPERTIUS (47–15 v. Chr.) seine Cynthia besingen, spielt es keine Rolle, ob sie je als Person existiert haben. In ihren Dichtungen beschreiben sie die allgemein-menschliche Erfahrung an der Geliebten. Dieser kollektiven Erfahrung in persönlicher Form Ausdruck zu verleihen, bedeutet eine Differenzierung des Eros. Die hohe Gestalt der Aphrodite-Venus inkarniert sich in einem menschlichen Wesen. Dadurch rückt sie dem Bewusstsein näher, verliert ihren zwanghaft-triebhaften Charakter zum Teil und wird menschlicher.

PROPERZ hat das erste Buch seiner Gedichte Cynthia gewidmet. Doch sie kommt auch in den anderen Büchern vor und liegt seiner ganzen Dichtung zugrunde.

> Ich war frei und gedachte bei ledigem Lager zu leben
> Amor hat mich getäuscht, als er mir Frieden versprach.
> Warum verweilt diese Schönheit in Menschengestalt auf der Erde?
> Juppiter, ich versteh' nicht, was du früher geraubt!
> Blond ist ihr Haar, und schlank ist ihr Arm, und stattlich ist alles.
> Schreitet sie, ist sie es wert, Juppiters Schwester zu sein
> Oder auch Pallas, die grad' zum Altar in Ithaka wandelt,
> Gorgos Haupt auf der Brust, das von den Schlangen umringt...[53]

Das Zwanghaft-schicksalshafte des Triebes scheint nicht nur hier, sondern bei den meisten römischen Dichtern durch. VERGIL nennt in seiner Bucolia (VIII, 50) Amor improbus, was schelmisch, arg, boshaft, ungerecht, frech, schamlos bedeutet und seine Mutter Venus grausam:

53 R. Helm: Properz Gedichte (Elegien) II,2, S. 67: Liber eram et vocus meditabar vivere lecto, at me composita pace feffelit Amor. Cur haec in terris facies humana moratur? Juppiter, ignosco pristina furta tua. Fulva coma est longaeque manus, et maxima toto corpore, et incedit vel Jove digna soror, aut cum Dulichias Pallas spatiatur in aras Gorgonis anguiferae pectus operta comis.

Jener schelmische Knabe und grausam auch du Mutter.
Alles besiegt Amor und wir fügen uns dem Amor. (Buc. X, 77).[54]

Derartige Äusserungen haben in der westlichen Geistesgeschichte ein lang anhaltendes Echo hinterlassen, auch wenn das aufblühende Christentum diese antiken Götter aufs Schärfste bekämpfte. Es konnte aber die grundlegenden archetypischen Motive nicht völlig unterdrücken, wie wir noch sehen werden, da sie dem Menschen eigen sind.

54 L. Pollmann, l.c. S. 25: improbus ille puer; crudelis tu quoque mater. Omnia vincit Amor; et nos cedamus Amori.

3. *Der Einbruch des Christentums in die Welt der Antike*

Das Christentum hat sich wunderbarerweise aus unansehnlichen Anfängen in wenigen Jahrhunderten zu einer Weltmacht entwickelt, die das Gebäude der antiken Kultur zum Einsturz brachte. Dabei hat es sich nicht grundsätzlich gegen die römische Kultur gestellt. Vielmehr war es eine Revolution von unten, der nicht privilegierten Bevölkerungsschicht. Eine Kultur, die ihre materielle Blüte dem Sklaventum verdankt, ist dem Untergang geweiht wie ein Baum, dem die Wurzeln fehlen. Die Beziehungen zum Untergrund fehlten dem Hellenismus. Wie ich in meinem Buch "Zeitenwende" gezeigt habe, bahnten sich im kollektiven Unbewussten jener Zeit Gegenströmungen gegen jene oberflächliche Sattheit der römischen Oberschicht an, die nicht aufzuhalten waren. Die Religion, die ohnehin bei den Römern nie eine besondere Tiefe erlangt hatte, war keine bestimmende Macht im Weltreich. Dieses wurde mehr durch eine ausgeklügelte Administration und ihr Rechtssystem zusammengehalten. Die Philosophie war nur für eine dünne Oberschicht wegweisend im Leben. Das Christentum hat viele dieser Unterströmungen zusammengefasst, so dass sie zu einem unwiderstehlichen Strom anschwollen, dem die bewusste Kultur nicht stand zu halten vermochte. In den ersten Jahrhunderten gab es noch keine Dogmatik, was dem Christentum erlaubte, verschiedene Strömungen aufzunehmen und sich den wechselnden Gegebenheit anzupassen. Es gab so jener Erlösungssehnsucht Ausdruck, welche die unteren Volksschichten ergriffen hatte. Die römische Religion hatte ihren irrationalen Aspekt verloren und sich der Philosophie angenähert, indem sie Mythen und Götter allegorisch auffasste. Die römischen Knaben mussten neben Rhetorik ihre Mythologie lernen, an die längst niemand mehr glaubte. Dadurch entstand ein Vakuum im Bereich des Irrationalen, das die Magie auszufüllen trachtete. Der Wunderglaube charakterisiert den Hellenismus.

Eines der zentralen Motive ist die Naturfeindlichkeit des Christentums, welches dieses mit dem Neuplatonismus teilt.[1] Das andere grosse Thema, das diese Periode von der Antike unterscheidet, ist die Verteufelung der konkreten Wirklichkeit und der Materie.[2] Der Eros, besonders in seinem körperlichen Aspekt, fiel unter diese beiden Problemkreise. Im erwähnten Werk habe ich dargelegt, welches der Sinn der Weltflucht in der Geistesgeschichte ist. Man erkennt diese Bestrebung schon daran, dass im griechischen Neuen Testament dort, wo von der Liebe die Rede ist, stets das Wort Agapē und nie Eros verwendet wird. Agapē ist Nächstenliebe. Im Griechischen wurde das Wort für die Beziehung unter Verwandten verwendet. Paulus verwendet das Wort als 'Bruderliebe', während Eros für ihn Begierde 'Brunst' bedeutet. Im Alten Testament kommt Eros stets im Sinne von 'buhlen, Unzucht treiben' vor. Das weist auf eine starke Abwertung dessen hin, was die alten Griechen unter Eros verstanden, was ich im vorhergehenden Kapitel dargestellt habe.

Da Eros Himmel wie auch Hölle umfasst, wollte sich das Christentum davon nur den unverfänglichen Teil nehmen. Liebe ist jedoch ganzheitlich. Man kann sich nicht bloss einen Teil davon nehmen und den Rest zurückweisen. Das Christentum hat sich damit riesige unlösbare Probleme eingehandelt, die beim einzelnen zur Neurose führen, dem Uneinssein mit sich selbst. Ich spreche hier ganz allgemein von "dem Christentum", ohne auf allfällige Unterschiede innerhalb desselben einzugehen.

Anhand von ausgewählten Zitaten aus den frühen Kirchenvätern möchte ich dem Leser einen Eindruck von diesem Sinneswandel geben.

ORIGENES, der originellste Denker der frühen Christenheit, schreibt in seiner Homelie über das Hohelied:

> Es gibt eine körperliche Liebe, die vom Satan kommt und eine andere Liebe des Geistes, die ihren Ursprung in Gott hat. Niemand kann im Besitz beider sein.[3]

1 A. Ribi: Zeitenwende, S. 29; X. Wassmann: Der Tod des grossen Pan.

2 A. Ribi, l.c. S. 43.

3 O. Rousseau: Origène: Homélies sur le Cantique des Cantiques, Sources Chrétiennes, No. 37 bis, p. 74–75: est quidam amor carnis a Satana veniens, alius amor spiritus a Deo exordium habens, et nemo potest duobus amoribus possideri.

An dieser Stelle wird die eine Liebe in zwei auseinandergerissen: die körperliche und die geistige. Schon Paulus sagt: "Denn wer auf sein Fleisch sät, wird vom Fleisch Verderben ernten; wer aber auf den Geist sät, wird vom Geist ewiges Leben ernten" (Gal 6,8).[4] Die fleischliche Liebe ist Eros, die geistige Agapē. Diese ist eine ekstatisch aufsteigende Bewegung zu Gott. Die Überwindung des Konkretismus ist ein Bewusstseinsfortschritt. Gerade im Hohelied, das ursprünglich ein Hochzeitslied war, bringt die symbolische Auffassung eine Erweiterung des Verständnisses. Braut und Bräutigam werden darin zur Seele und zu Gott. Die Seele entwindet sich der konkreten Realität, um sich in der *unio mystica* Gott zu vermählen. Das ist eine sehr fortschrittliche Auffassung, die in der Folge wieder aufgegeben wurde zugunsten einer Vermählung von Kirche und Christus. Eine solche Interpretation – und sie ist die gängige geblieben – steht zwischen Konkretismus und Spiritualität. Das Hohelied wurde wegen seines mystischen Charakters stets als Krönung des Mysterium coniunctionis (Geheimnis der Gegensatzvereinigung) verstanden. Ich werde später noch auf das Hohelied eingehen.

Die Interpretation des Hoheliedes wie sie Origenes gegeben hat, wurde für alle folgenden Auslegungen wegweisend. Man versteht, warum sich die Kirchenväter so vehement gegen den Konkretismus der Antike gewandt haben, um einen geistigen Aufstieg zu inaugurieren.

AMBROSIUS, der Bischof von Mailand und Lehrer des AUGUSTINUS, sagt:

> Darin scheint mir die Vorliebe für die Liebe im Geiste zu sein, der Eros dagegen ist eine schwüle Brunst durch die Hitze des Körpers und des Sinnes.[5]

Statt *agapē* erscheint hier das lateinische *caritas*, die aus Hochachtung entspringende Liebe, und *dilectio*, das Lieben aus Achtung. Beides sind sanfte Ausdrücke, die heftige Emotionen meiden. Das war ein zentrales Anliegen der Lebensführung des SOKRATES, heftige Emotionen

4 Alle Bibelzitate stammen aus der Zürcher Bibel.

5 Expos. Ev. Sec. Luc. X, 176 (PL 15, 1848 C: In quo videtur mihi dilectio habere animi caritatem, amor quemdam aestum conceptum corporis ac mentis ardore.

zu meiden *(Apatheia)*. Emotionen sind Einbrüche des Unbewussten. Die Meidung derselben ist ebenfalls ein Fortschritt in der Bewusstseinsentwicklung. Nur – künstliche Emotionslosigkeit macht noch keinen Weisen. Denn verdrängte Emotionen sind nicht erledigt, sondern bedrängen die Festung des Bewusstseins und unterminieren sie. Im Falle des SOKRATES musste dessen Frau Xanthippe die verdrängten Emotionen ausleben. Dasselbe Phänomen finden wir bei vorbildlichen Frommen. Das Christentum hat alle übermässigen Affekte verurteilt, aber keine Anweisung gegeben, wie man mit ihnen verfahren soll.

AUGUSTINUS, der für die Christenheit massgebliche Kirchenvater schreibt:

> Diese zwei Arten der Liebe, deren eine heilig und deren andere unrein ist; die eine auf den Nächsten gerichtet, die andere auf sich..., die eine ruhig, die andere stürmisch. (De genesi ad Litteram XI, XV, 20).[6]

ANDERS NYGREN[7] wollte die beiden so auseinanderhalten, dass Eros egoistisch und Agapē theozentrisch sei, wohl im Gefolge von AUGUSTIN. Nun, so einseitig ist die Unterscheidung denn doch auch nicht. Für AUGUSTIN ist es eine Forderung:

> Wenn du liebst, liebe umsonst: wenn du wirklich liebst, ist der Lohn der, dass du liebst.[8]

Die beiden Arten der Liebe charakterisiert AUGUSTIN noch schärfer:

> Wie die Begierde nämlich die Wurzel aller Übel ist, so ist die Nächstenliebe die Wurzel alles Guten (Ennar. in Psalm 90, I 8. Corp. Christ. *39*, 1260, 14 ff.)[9]

6 P. Agaësse et A. Solignac: La Genèse au sens littéral en douze livres. Oeuvres de Saint Augustin, vol. 49, 2, p. 260–261: Hi duo amores – quorum alter sanctus est, alter immundus, alter socialis, alter privatus...; alter tranquillus, alter turbulentus.
7 Eros und Agapē. Lund 1930.
8 Sermo CLXV,C,4 (PL 38, 905) zit. Bei Pollmann l.c. S. 45: Si amas, gratis ama: si vere amas, ipse sit merces quem amas.
9 zit. bei Pollmann l.c., S. 43: Quo modo enim radix omnium malorum cupiditas, sic radix omnium bonorum charitas est.

Der Abzug der psychischen Energie (Libido) von den Freuden des Lebens war die Voraussetzung einer Spiritualisierung und Hinwendung zu Gott. Den Menschen der klassischen Antike lag das Göttliche eben gerade in der konkreten Liebe, während das Christentum diese entwertet, um zu einer geistigen Liebe zu gelangen. Beide suchten das Göttliche in der Liebe, wenn auch auf verschiedenen Stufen der Bewusstseinsentwicklung.

Wie weit sich das Christentum von der Mentalität der Alten entfernt hatte, zeigt ein Text aus AUGUSTINs Gottesstaat, wo er über den Kult des römischen Gottes Liber wettert:

> Unter anderem [...] erwähnt Varro, dass an Kreuzwegen Italiens gewisse Liberfeste mit solch zügelloser Schändlichkeit begangen wurden, dass ihm zu Ehren das männliche Zeugungsglied gefeiert wurde, und zwar nicht, um das Schamgefühl wenigstens etwas zu schonen, im geheimen, sondern so, dass die Gemeinheit vor aller Augen sich breit machte. Denn dies Glied, das man schamhaft verhüllen sollte, wurde an den Festtagen Libers mit grossem Gepränge auf kleine Wagen gesetzt und zuerst an ländlichen Kreuzwegen und sodann auch bis zur Stadt herumgefahren. In der Stadt Lavinium aber war dem Liber ein ganzer Monat geweiht, an dessen Tagen alle Leute die schamlosesten Reden führten, bis jenes Glied über den Markt gefahren und wieder an seinem Platze untergebracht war. Dies unehrbare Glied musste die ehrbarste Matrone öffentlich bekränzen. So also musste um des Gedeihens des Samens willen Gott Liber günstig gestimmt, so die Behexung von den Äckern abgewehrt werden, dass man eine Matrone nötigte, öffentlich etwas zu tun, was eine Dirne nicht im Theater hätte tun dürfen, wenn Matronen zuschauten. [...] Die unreine Seele suchte nach Gelegenheiten, die Götter zu vervielfachen, und so musste es dahin kommen, dass sie, von dem einen wahren Gotte wegen ihrer Unreinheit verlassen und in ihrer Gier nach immer grösserer Unreinheit vielen falschen Götzen ausgeliefert, jene gotteslästerlichen Bräuche heilig nannte und sich Scharen unflätiger Dämonen zur Schändung und Befleckung preisgab. (Civ. Dei VII, 21).[10]

Dieser Text zeigt, wie das frühe Christentum die alten Riten nicht mehr symbolisch verstehen konnte. In krudem Konkretismus nimmt AUGU-

10 Aurelius Augustinus: Vom Gottesstaat. W. Thimme übers. dtv-bibliothek 6087, S. 346–347.

STIN das Symbol des Gottes Liber als Penis statt als Phallus und stört sich an solcher Schamlosigkeit. Aber

> Es gibt kein Sexualmotiv, das nicht als religiöses Ritual bekannt wäre und nicht in der Ethnologie seine Entsprechung fände.[11]

Sobald es sich um einen religiösen Ritus handelt, entbehrt jegliches Tun der Obszönität. Der Ritus des Liber ist ganz deutlich als Fruchtbarkeitsritus dargestellt. Wie kommt es denn, dass die Christen ihre Eucharistie feiern konnten, ohne als Menschenfresser verschrien zu werden? Ein typisches Beispiel, dass der Konkretismus noch kaum überwunden war, findet man bei EPIPHANIUS. In den sogenannten "Grösseren Fragen der Maria" berichtet er:

> [Christ] revealed it to her after taking her aside on the mountain, praying, producing a woman from his side, beginning to have intercourse with her, and then partaking of his emission, if you please, to show that "Thus we must do; that we may live." And when Mary was alarmed and fell to ground, he raised her up and said to her, "O thou of little faith, wherefore didst thou doubt?[12]

C.G. JUNG schreibt dazu:

> Es dürfte sich bei diesem Symbolismus wohl um ein ursprünglich visionäres Erlebnis handeln, wie es noch heute in der psychischen Behandlung in ähnlicher Form nicht selten vorkommt. Für den ärztlichen Psychologen liegt darin nichts Erschütterndes. Der Kontext selber weist ja schon den Weg zur richtigen Auffassung. Das Bild drückt ein rational nicht leicht formulierbares Psychologem aus und muss sich daher eines anschaulichen Symbols bedienen, wie der Traum auch verfahren muss, wenn ein mehr oder weniger "abstrakter" Gedanke innerhalb des im Schlafe stattfindenden abaissement du niveau mental sich manifestiert. Bei solchen schockierenden Ausgefallenheiten, an denen die Träume ja keinen Mangel leiden, handelt es sich stets um ein "Gleichsam-als-ob", ausgedrückt in sinnenfälliger Anschaulichkeit, die weder vor Skurrilitäten noch Obszönitäten zurückschreckt. Sie nehmen auf Anstössigkeit

11 A. u. W. Leibbrand l. c. S. 496.
12 F. Williams: The Panarion of Epiphanius of Salamis, Book I, p. 88.

keine Rücksicht, weil sie diese auch gar nicht wirklich meinen. Sie stammeln beim Versuche, den geahnten Sinn, der das Interesse fesselt, auszusprechen.[13]

Selbstverständlich musste das aufkeimende Christentum die heidnischen Götter bekämpfen, um sie zu überwinden. Aber man tat das mit Argumenten, die dem neuen Bewusstsein Abbruch taten. Das Christentum ist halbwegs zwischen Konkretismus und Symbolik stecken geblieben. Wie ich im Buch 'Zeitenwende' nachgewiesen habe, waren es die Gnostiker, die das Evangelium nicht wörtlich, sondern geistig verstanden. *Die Entdeckung der geistig-symbolischen Ebene war der grosse Fortschritt, den das Christentum brachte.* Dieser ist programmatisch ausgedrückt, wenn Jesus vor Pilatus sagt:

Mein Reich ist nicht von dieser Welt (Joh 18,36).

Er weist damit auf ein geistiges Reich hin. Doch zweitausend Jahre Christentum haben noch nicht vermocht, die Wirklichkeit des geistigen Reiches zu erhärten. Noch immer glaubt man, die Bibel wörtlich nehmen zu müssen, obwohl "der Buchstabe tötet, der Geist aber lebendig macht" (2 Kor 3,6). Man hat noch nicht gelernt, die Dinge symbolisch aufzufassen. Beim Besprechen der Träume erlebe ich fast täglich, wie schwierig symbolisches Denken ist. Auch die Kirche sträubt sich gegen eine symbolische Auffassung ihrer alt geheiligten Wahrheiten und verbaut sich so die Möglichkeit, den von ihr beschrittenen Weg zu Ende zu gehen.

Darin liegt meines Erachtens die Sackgasse, in welche das Christentum in der Frage der Sexualität geraten ist: Es hat den *geistigen Aspekt der Sexualität nicht erkannt.* Dieser wäre nämlich die Befreiung der Sexualität aus dem archaischen Konkretismus gewesen. Der Konkretismus ist bei allen psychischen Funktionen die unterste Stufe. Naturvölker können nicht 3 und 4 zusammenzählen, weil es stets 3 Äpfel und 4 Birnen bleiben. Sie abstrahieren nicht von den Früchten. In unserem Alltag haben wir ein hohes Mass an Abstraktion erreicht. Doch in der Religion bleiben wir im Konkreten befangen. Die Keuschheit,

13 Aion. GW 9/II § 315.

das Vermeiden des Sexualaktes, erhielt deshalb ein übermässiges moralisches Gewicht. Im ersten und zweiten Jahrhundert wurde Unkeuschheit neben der Idolatrie von der Vergebung ausgeschlossen und zur Todsünde erklärt.

Ich weiss nicht, wie sehr den ersten Christen bewusst war, dass mit der Inkarnation Gottes in seinem irdischen Sohn eine neue Epoche eingeläutet worden ist. Jedenfalls traten in den ersten Jahrhunderten die verschiedensten asketischen Bewegungen auf. In den ausgeprägtesten Fällen ging es darum, dass der Asket seinen Leib soweit zu unterdrücken vermochte, dass er engelgleich wurde.[14] Diese frommen Männer versuchten auf diese Weise einen Aufstieg in die geistig-himmlischen Bereiche, was eine allgemeine Tendenz im Hellenismus war.[15] Allerdings versuchten Gnostiker, Hermetiker und Alchemisten diesen Aszensus im Geist zu vollziehen. Aus heutiger Sicht erstaunt es, dass der umgekehrte Weg anscheinend nirgends versucht wurde, nämlich die Erhöhung des Körpers. Durch die Inkarnation wurde er doch zum Gefäss für das Göttliche und erfuhr eine Aufwertung. Der Körper wurde zum Stall von Bethlehem (Lk 2,7). Dieser Gedanke lag offensichtlich nicht im Geiste der Zeit, welcher weltflüchtig war. Man versteht daher auch die gleichzeitige Überschätzung der Jungfräulichkeit, des reinen Gefässes, in welchem Christus geboren werden sollte.[16]

Beide Strömungen haben einen nachhaltigen Einfluss auf die weitere Entwicklung des Christentums ausgeübt. Erst in unseren Tagen beginnt die Idee zu dämmern, dass mit dem Christusereignis doch eine Erhöhung des empirischen Menschen verbunden sein könnte. Der Gedanke, dass sich das Göttliche ein für alle Male im irdischen gebrechlichen Menschen niedergelassen hat, scheint noch utopisch.

Die Gnostiker hatten auch in diesem Bereich eine spirituelle Auffassung, was den Abscheu der Kirchenväter erregte. Noch bis in unsere Zeit wurden gewisse Riten gnostischer Sekten als libertinistisch verstanden.[17] IRENAEUS, der Kirchenvater und Gnosisbekämpfer von

14 P. Brown: Die Keuschheit der Engel.

15 A. Ribi: Zeitenwende.

16 Aline Rousselle: Der Ursprung der Keuschheit.

17 W. Förster: Die Gnosis I, S. 400 ff.

Lyon im 2. Jahrhundert, erklärt mit der üblichen Übertreibung der Gegnerschaft:

> Manche sind masslos an die Lüste des Fleisches versklavt und erklären dazu, dass man eben dem Fleischlichen mit Fleischlichem und dem Pneumatischen mit Pneumatischem seine Schuldigkeit tun müsse (Adv. Haer. I 6,3).[18]

Den Gnostikern war die Stelle Johannes 4,24 kostbar:

> Gott ist Geist, und die ihn anbeten, müssen ihn in Geist und Wahrheit anbeten.[19]

Denn Gnosis ist eine *mentis religio* (Geistreligion). Darum war ihnen die materielle Welt relativ unwichtig. Sie mussten bloss Sorge tragen, dass ihre Seele in ihr keinen Schaden nehme oder ihr verhaftet bleibe. Auch das Gespräch mit Nikodemus (Joh 3) war ganz nach ihrem Geschmack, wo Jesus sagt:

> Wenn jemand nicht aus Wasser und Geist geboren wird, kann er nicht in das Reich Gottes kommen (Joh 3,5).

Das Johannes-Evangelium war den Gnostikern deshalb besonders kostbar, weil es das geistige Evangelium im Gegensatz zu den drei synoptischen ist. Jesus sagt: "Wenn ich von den irdischen Dingen zu euch geredet habe, und ihr glaubt nicht, wie werdet ihr glauben, wenn ich von den himmlischen Dingen zu euch rede? (Joh 3,12). Solche Anspielungen gibt es noch zahlreiche:

> Der Geist ist es, der lebendig macht, das Fleisch hilft nichts; die Worte, die ich zu euch geredet habe, sind Geist und sind Leben (Joh 6,63).

In psychologische Sprache übersetzt heisst das: Eine symbolische Auffassung ist belebend, denn sie entlastet die konkrete Realität von den Projektionen. Die christliche Botschaft ist symbolisch zu verstehen, um lebensfördernd zu wirken. Eine symbolische Auffassung ist nicht will-

18 N. Brox: Irenäus von Lyon: Adversus Haereses I, S. 165.
19 A. Ribi: Zeitenwende, S. 311 f.

kürlich, sondern sie ist die notwendige Komplementarität zur äusseren Wirklichkeit. Das ist eben jener

> Geist der Wahrheit, den die Welt nicht empfangen kann, weil sie ihn nicht sieht und nicht erkennt (Joh 14,17).

Wenn Jesus sagt, sein Reich sei nicht von dieser Welt, so weist er kompensatorisch zur äusseren auf die unsichtbare innere Welt hin. Den äusseren Sinnen ist die äussere Welt zweifellos real. Für die Realität der inneren Welt braucht es einen inneren Sinn. Diesen zu finden ist viel schwieriger. Wir sind auch heute noch weit von der "Wirklichkeit der Seele" entfernt. Das Christentum ist nicht nur im Konkretismus der Sexualität, sondern auch in jenem der Moral stecken geblieben. Vielfach wurde die Sexualität zum moralischen Massstab aus einem falschen Verständnis der Geschichte vom Sündenfall. Dort wird nämlich nicht die Sexualität verteufelt, sondern lediglich die Scham entdeckt, obwohl es keine anderen Menschen gab, vor denen sich die Ureltern ihrer Nacktheit hätten schämen müssen.

Zweifellos ist die Sexualität, wie ich oben darlegte, ein stärkster Motor der Bewusstwerdung. Sie ist einer der wenigen Triebe, der sich willentlich bis zu einem gewissen Grad beherrschen lässt. Die Sublimation der Sexualität und die Überführung ihres Energiebetrages ist ein wichtiger Schritt zur Errichtung einer menschlichen Kultur. Die Sexualität spielt dabei eine Vorreiterrolle, ist aber gewiss nicht die einzige Begierde, die unterjocht werden soll, um den Menschen zu zivilisieren. Das Christentum, scheint mir, hat diese Rolle einseitig der Sexualität zugedacht unter Vernachlässigung anderer Leidenschaften. Im frühen Christentum wurde diskutiert, wieviel Lust beim Sexualakt aufkommen dürfe. AUGUSTIN war der Meinung, im Paradies habe sich der *coitus* ohne Lust vollzogen, aus reinem Willen der Seele. Nach THOMAS VON AQUINO (Summa contra Gentiles) richtet sich die Vereinigung von Mann und Frau allein auf die Erhaltung der Art gemäss der göttlichen Ordnung. Für AUGUSTIN hat die Ehe rein sozialen Zweck.[20] Die Gnostiker verzichteten teilweise auf Nachkommenschaft, um die-

20 A. und W. Leibbrand l. c. S. 568 und 624.

ser Welt keinen Tribut zu bezahlen. Nach THOMAS VON AQUINO (Dis. IV, 34) erhielt der Teufel von Gott grössere Macht über den Beischlaf, weil die erste Verderbnis der Sünde, durch die der Mensch Sklave des Teufels geworden ist, durch den Zeugungsakt in den Menschen hineingekommen ist.[21]

Ich habe bis hierher aufgezeigt, wie das Christentum im allgemeinen die Sexualität und den Eros abgelehnt hat in der Meinung, es könnte sich davon nur den "harmlosen" Teil, die Agapē erwählen. Das war so die allgemeine Tendenz, die ich nicht weiter ausführen möchte. Da der Eros eine menschliche Grundfunktion ist, lässt er sich nicht endgültig abwürgen. Und da er mehr, ja weit mehr als nur Sexualität ist, sucht er sich Schlupfwinkel, in denen er sich allen Unterdrückungen zum Trotz betätigen kann. Denn je mehr er unterdrückt wird, in umso primitiveren Formen manifestiert er sich. Je mehr Freiheit man ihm lässt, umso mehr differenziert er sich. Denn auch im Eros gibt es verschiedene Stufen der Differenzierung. In der Antike wurden der Eros und die Sexualität wohl mehrheitlich unbewusst gelebt, weshalb sie zwanghaften Charakter aufwiesen. Wenn die Sexualität in frommen Kreisen den Kirchenvätern gemäss ohne Lustempfindung gelebt wurde, so ist das zwar ein Bravourstück christlicher Askese, aber der geistige Sinn wurde völlig verfehlt. Dieser besteht nämlich beim Menschen im Gegensatz zu den meisten Tieren gerade nicht im Geschäft der Fortpflanzung, sondern in der *Vereinigung der Gegensätze*. Wenn die Sexualität von den frühen Kirchenväter dieser geistigen Dimension beraubt wird, ist sie künstlich auf ein tieferes Niveau hinunter gedrückt worden. Selbst bei Tieren beobachtet man, wie ADOLF PORTMANN[22] gezeigt hat, Rituale der Annäherung, bevor es zum Akt der Begattung kommt. Das zeigt, dass selbst die Natur ein Interesse jenseits und über der Fortpflanzung hinaus hat. Mit anderen Worten ist nicht die Fortpflanzung der ganze Sinn der Sexualität. Oder die Sexualität umfasst weit mehr als die Begattung. 'Wie unnütz', würde man, von einem nur nach Nutzen orientierten Standpunkt, wie ihn die Biologie vertritt, ausrufen! Die Natur leistet sich diesen "Luxus" wohl aus gutem

21 Mall. Malefic. I, 108 zit bei A. und W. Leibbrand l. c. S. 649.

22 Adolf Portmann: Das Tier als soziales Wesen.

Grund. Die Vereinigung der Gegensätze ist ihr offensichtlich schon auf animalischer Stufe ein so wichtiges Anliegen, dass ihr die oft sehr aufwendigen Rituale keine Verschwendung sind. Warum sollte denn der Mensch auf diesen Aspekt der Sexualität verzichten, um freud- und leidenschaftslos die Kontinuität der Spezies zu garantieren?

Die Kirchenväter waren offensichtlich von der Aufgabe der Befreiung des Menschen aus dem Zwang des Triebes derart okkupiert, dass sie den tieferen Sinn der Sexualität in Verbindung mit dem Eros aus den Augen verloren. Man könnte ihre Bemühungen allenfalls als eine Abkehr von der antiken Naturhaftigkeit verstehen. Dann wäre sie für eine gewisse Zeit sinnvoll gewesen. Sie wurde aber zur bis heute gültigen Doktrin, wenn man von gewissen Schwankungen absieht. Man wundert sich nicht mehr, dass mit SIGMUND FREUD und seinen Nachfolgern eine *sexuelle Revolution* einsetzte, die aber, wie wir heute erkennen, nicht zu einer Befreiung und Differenzierung der Sexualität geführt hat. Wegen der nur biologisch-naturwissenschaftlichen Betrachtungsweise der Sexualität verschwand der Eros völlig aus dem Gesichtsfeld. Wir haben heute die Situation, dass es auf sexuellem Gebiet ausser gewissen Straftatbeständen keine Tabus mehr gibt und dass der Eros auf die Stufe "Mitleid" gesunken ist.

Betrachtet man sie im Kollektiven, wo sich unsere vielgepriesene Liebe manifestiert, so wird man gewahr, dass sie sich in undifferenzierten sentimentalen karitativen Aktionen manifestiert. Wo immer eine Katastrophe passiert, sind die Hilfswerke bereit zu helfen, ganz unbesehen, ob diese Hilfe sinnvoll ist. Denn sie kommt irgendwie aus einem schlechten Gewissen, dass es die Andern erwischt hat und nicht uns. Überhaupt tarnt sich alles Soziale als "Liebe", sogar als Nächstenliebe. Man will alle sozialen Unterschiede ausmerzen und brandmarkt sie als soziale Ungerechtigkeiten. Wie wenn eine Nivellierung diese beseitigen würde. Hat nicht der Schöpfer selber die Menschen so verschieden geschaffen, die einen dünn, die andern gescheit, die einen gross, die andern klein, die einen von weisser, die andern von dunkler Hautfarbe etc.? Was gibt uns das Recht, diese gottgewollten Unterschiede als Ungerechtigkeit zu bezeichnen und den Schöpfer zu korrigieren? Nein, das treibende Moment hinter allem Sozialismus ist nicht die edle Nächstenliebe, sondern ein Machtanspruch, der nicht davor zurückschreckt, göttliche Vielfalt ausgleichen zu wollen. Und noch etwas: hinter dem sozialen Ausgleich steht unbewusst das materialistische Axiom: Reichsein = glücklich, armsein = unglücklich. Alle Menschen sollten gleich reich oder arm sein, dann wären alle gleich unglücklich! Das ist unser primitiver Eros. Er ist nicht einmal aus echter Nächstenliebe geboren, denn niemand kann seinen Nächsten lieben, der sich nicht selber annehmen kann. Wir verwechseln "sich selber annehmen" mit Egoismus. Wie undifferenziert! Sich selber annehmen ist eine äusserst anspruchsvolle Aufgabe, der wir noch kaum gewachsen sind. Denn sie besteht darin, uns dort anzunehmen, wo wir es à tout prix nicht können, weil uns vor uns selber ekelt. Dazu braucht es differenzierten Eros.

Weil man sich vor dieser allzu schwierigen Aufgabe fürchtet, flüchtet man in undifferenzierte Nächstenliebe und kommt sich ob des vielen "Guten", das man tut, so nobel vor. Das sind die späten Auswirkungen einer Beschneidung des Eros und der versäumten Differenzierung desselben. Es ist leicht, dem "in der Gosse" zu helfen, denn man glaubt, man sei selber nicht in der Gosse und brauche dem andern bloss die Hand zu reichen und ihn zu sich aus der Gosse zu ziehen. Wenn man aber merkt, dass man selber in der Gosse ist, wird die Aufgabe verdammt unangenehm. Die meisten ziehen es in dieser Situation vor, sich mit den anderen dort zu suhlen und wollen gar nicht herauskommen.

Der Eros ist die einzige Macht, die mir die Kraft verleiht, meinen Schatten anzunehmen. Dieser besteht nämlich nicht in oberflächlichen Schwächen wie wir sie alle kennen. Das ist eine viel zu harmlose Ansicht. Zu diesen Schwächen kann ich jederzeit stehen, auch in der Öffentlichkeit, ohne mich zu schämen. Denn wer hat sie nicht auch! Nein, es sind jene Untugenden, die ich mit aller Anstrengung zu überwinden versucht habe und sie nie überwinden konnte. Sie sind bei jedem Menschen wieder anders und doch das Menschlich-Allzumenschliche, von dem man glaubt, der einzige Mensch zu sein, der ein solches Problem habe. Das ich nicht nur vor der Welt, sondern oft auch vor mir selber verberge, weil es zu peinlich ist.[23] Aber der Schatten wird

23 C. G. Jung: Der Kampf mit dem Schatten. 1946. GW 10 § 444.

sich stets als der Stärkere herausstellen, denn wenn er vom Bewusstsein nicht angenommen wird, wird er sich in peinlichen psychischen oder körperlichen Symptomen oder äusseren Zufällen manifestieren. Man kann sich nur auf eigene Kosten um eine Auseinandersetzung mit ihm drücken, man muss die Zeche selber bezahlen. Wenn man sich schliesslich dieser unangenehmen Herausforderung stellt, ist man voll und ganz beschäftigt, so dass man nicht mehr Zeit und Kraft hat, anderen aus der Gosse helfen zu wollen. Erst wenn man durch dieses Fegefeuer hindurch ist, ist man in der Lage und auch berechtigt, anderen zu helfen.[24] Dann erst weiss man, dass man dem andern die Aufgabe nicht abnehmen, sondern ihm bloss den Weg weisen kann, wie damit umzugehen. Ist es nicht eine Anmassung zu meinen, man müsse dem Mitmenschen alle Steine aus dem Weg räumen? Wer hat sie ihm denn auf den Weg gelegt? Wenn ich es gewesen bin, dann *ist* es *meine Pflicht*, sie zu entfernen! Aber wenn es vielleicht Gott war (Jes 8,14; 1 Pt 2,8), der ihm den Stein als Aufgabe in den Weg legte! Dann habe ich nicht das Recht, ihn wegzuräumen. Gott wird in seiner Allwissenheit schon wissen, weshalb er ihm den Stein in den Weg legte!

Die übertriebene mütterliche Hilfsbereitschaft, die allen Leuten die Schwierigkeiten aus dem Weg räumen will, züchtet bloss verweichlichte, lebensuntüchtige, geschädigte Menschen. Das ist meines Erachtens die Gefahr des Sozialismus. Solche Völker werden früher oder später von Lebenstüchtigen überrannt und weggefegt. Wir haben in unserer verweichlichten Wohlstandsgesellschaft vergessen, dass die Überwindung von Widerwärtigkeiten im Leben den Menschen stählt. Nur ein Volk von lebenstüchtigen Menschen wird die Wechselfälle der Zukunft bestehen. Die Menschen der Konsumgesellschaft fragen stets darnach, was sie vom Leben noch wünschen und erwarten könnten. Sie kommen nicht auf die Idee, dass das Leben etwas von ihnen erwartet. Und zwar sind es nicht die Erwartungen der Leistungsgesellschaft, sondern ganz andere, innere Anforderungen, die erfüllt sein wollen. Dafür braucht es *amor fati*, eine Liebe und Vertrauen zum Leben, was nichts anderes als Gottvertrauen ist.

24 A. Guggenbühl: Macht als Gefahr beim Helfer.

Wer sich nicht selber ganz annehmen kann, ist nicht fähig zu wirklicher Nächstenliebe. Diese wird nämlich oft als Umgehung der schwierigeren Aufgabe benutzt, sich aller dunklen Flecken selber anzunehmen. Das Umgehen der eigenen Schwierigkeiten ist so viel einfacher, und man ist sich erst noch der Anerkennung der Umgebung sicher. Sich selber anzunehmen bedeutet *stilles Heldentum*: kein Aufsehen, kein Applaus der Nachbarn, nichts – nur die innere Gewissheit, das Nötige getan zu haben. Ein solcher Mensch hat auf seine Umgebung eine wohltuende Ausstrahlung, denn er hat die Gegensätze vereint.

Die Vereinigung der Gegensätze ist das zentrale Thema dessen, was C. G. JUNG den *Individuationsprozess* nennt.[25] Bewusstwerdung bedeutet Unterscheidung. Daher finden wir uns in einer Welt vor, die aus lauter Gegensätzen besteht. Das Unterscheiden und damit Bewusstwerden ist die zentrale Aufgabe der ersten Lebenshälfte. Die Krise der Lebensmitte hat auch damit zu tun, dass wir uns in einer tausendfältig aufgesplitterten Welt vorfinden, deren Sinn wir nicht mehr verstehen. Das Kind hat dieses Problem noch nicht, es lebt noch in der sinnhaften Ganzheit. Aber es kann nicht darin bleiben, ein dunkler Drang vertreibt es aus diesem Paradies, um Welt zu schaffen. Doch in der Lebensmitte steht der Mensch plötzlich in einer vielfältigen Welt, deren Sinn er nicht mehr versteht. Jetzt tritt an ihn die Aufgabe heran, die Zerstückelung, die er ist, wieder zusammenzufügen zu einem sinnvollen Ganzen. Den Sinn legt nicht der Mensch in dieses Ganze, sondern liegt in der Ganzheit selber. Nur als Ganzer ist der Mensch sinnhaft wie er es als Kind war. Deshalb muss er wiedergeboren werden (Joh 3,4), als *filius Philosophorum*, wie die Alchemisten sagen. Seine gegensätzliche Vielfalt muss wieder zur anfänglichen Einheit werden, allerdings auf dem höheren Niveau der Bewusstheit. Das scheint der Sinn menschlicher Existenz zu sein. Sie ist die Verwirklichung aller Möglichkeiten, die in ihm angelegt sind, und die damit bewusst werden. Das voll gelebte und bewusst gelebte Leben ist das natürliche Ziel menschlicher Existenz. *Das Band, das die unversöhnlichen Gegensätze zu vereinen vermag, ist allein der Eros.* Denn die echte Vereinigung ist

25 GW 6 § 743 f.

eine Unmöglichkeit für das Bewusstsein. Deswegen geschieht sie nur *deo concedente* (so Gott will). Die Alchemisten haben Methoden beschrieben, wie die Vereinigung zustande gebracht werden kann. Sie ist allerdings auch keine rationale Methode, sondern ein Wunder, ein *Mysterium coniunctionis.* Die moderne Tiefenpsychologie hat die alchemistischen Erfahrungen in ihre Sprache übersetzt und sich zunutze gemacht. Das *vinculum amoris* (Liebesband), das die Gegensätze zu vereinen vermag, ist eine Funktion des Unbewussten, die JUNG die *transzendente* bezeichnet hat, weil sie die Gegensätze übersteigt. Deshalb ist die Entwicklung und Differenzierung des Eros beim Mann die Hauptbeschäftigung der zweiten Lebenshälfte. Viele Männer verstehen diesen Impuls zu konkret und meinen mit ihren Liebesverhältnissen zu dieser Aufgabe beigetragen zu haben. Doch die Aufgabe liegt mehrheitlich im Innern der Psyche. Zwar ist ein Liebesverhältnis eines älteren Mannes mit einer jüngeren Frau für ihn eine Verjüngungskur und Belebung, aber es ist nicht die vom Selbst geforderte Aufgabe. Diese ist wiederum viel subtiler und anspruchsvoller.

Tatsächlich wird das Problem der Bezogenheit beim alternden Mann immer drängender. Seine Aufgabe in der Aussenwelt sollte er zu diesem Zeitpunkt erfüllt haben, aber damit ist es nicht getan. Jetzt tritt ein Thema an ihn heran, dem er sich keineswegs gewachsen fühlt. Deshalb ziehen es viele Männer vor, weiter in der Arbeitswelt ihre Aufgaben über das Pensionierungsalter hinaus zu suchen. Dort fühlen sie sich auf sicherem Boden. Viele verpassen so eine Chance ihres Lebens und sterben zu früh oder versteinern in einseitigen Haltungen. Dieser Aspekt des Alterns ist in der Bevölkerung noch viel zu wenig bewusst. Das Ideal wird als der ewig junge aktive Greis dargestellt. Das ist eine Karikatur dessen, was das Leben fordert.

Das sind einige der Gründe, weshalb ich behaupte, der Eros in den westlichen Kulturen sei unterentwickelt und sentimental. Sentimentalität ist nämlich minderwertiges Gefühl, Gefühlsduselei. Die westlichen Kulturen haben viel zu lange nur den Logos, das diskursive Denken gepflegt. Logos und Eros sind komplementäre Gegensätze. Beide gehören unabdingbar zum Leben. In unserer Kultur war es bis vor kurzem Tradition, dass man die Pflege des Logos als Aufgabe dem Manne und jene des Eros als Aufgabe der Frau zuwies. Jetzt, wo man erkannt haben sollte, dass das Leben vollständig gelebt werden soll, wäre es Zeit, dass beide Geschlechter beide Aufgaben erfüllen. Mit dem Einstieg der Frau ins Berufsleben und ihrem Zugang zu höherer Bildung ist immerhin in der Aussenwelt ein Schritt zu ihrer Differenzierung des Logos getan.[26] Ähnliche Möglichkeiten zur Entwicklung des Eros des Mannes fehlen noch weitgehend, wenn man einmal von den kinderbetreuenden Hausmännern absieht.

An diesen kulturellen Defiziten im Eros trägt das Christentum die Hauptschuld. Nicht dass im Christentum keine Ansätze zur Differenzierung des Eros vorhanden wären (Hohelied, Buch Hiob, Buch Tobit). Nein, die Theologie hat sich allzulange mit der Dogmatik, mit einer widerspruchsfreien Schematisierung religiöser Erfahrung beschäftigt. Erst in den letzten Jahrzehnten ist ein verstärktes Bemühen spürbar zum Verständnis der Mystik. JUNG hat das 1950 verkündete Dogma der Assumptio Mariens als einen Schritt in dieser Richtung begrüsst. Es sind Ansätze zur Entwicklung des Eros zu verzeichnen, aber die Grosskirche ist noch nicht in deren Sog geraten. Meine Kritik gilt der grossen Mehrheit der Christen. Kritik ist gut, um das Bewusstsein für Mangelerscheinungen zu sensibilisieren. Doch im Folgenden will ich das Gewicht mehr auf jene positiven Ansätze zu einer Entwicklung in unserer Kultur legen. Mancher Leser wird überrascht sein, wie viele Ansätze es gegeben hat, die auf der Strecke blieben.

26 C.G. Jung: Die Frau in Europa.

4. *Umwandlung des antiken Eros im frühen Christentum*

Ein halbes Jahrtausend lang haben Griechen und Römer geglaubt, ihre Gesellschaft sei im Verfall begriffen (das dekadente Rom!). Die Verweichlichung war die Folge des Luxus und der Hemmungslosigkeit *(luxuria)*, die darin bestand, dass man sich keinen Wunsch versagte und alles für erlaubt hielt. Wer im alten Rom die Frauen zu sehr liebte und zu sehr der Sinnenlust frönte, bewies, dass er verweichlicht war. Es herrschte ein Männlichkeitswahn, der jedes Vergnügen, jeden Tanz und jede Leidenschaft verdammte. Die Beschäftigung des Einzelnen mit sich selbst war verdächtig. Von Prodikos bis Musenius gefielen sich die Philosophen darin, das paradoxe Lied der "Armut" anzustimmen, welches darin bestand, nicht mehr zu begehren, als man zu einem standesgemässen Leben brauchte.[1] Das Christentum hat das Schlagwort "Armut" wieder aufgenommen, allerdings in einem andern Sinn und daraus einen Kult gemacht. Einerseits war sie als Bedürfnislosigkeit eine Fortsetzung stoischer Mentalität nun im Sinne einer Nachfolge Christi. Anderseits waren 'die Armen' jene Bevölkerungsgruppe, aus welcher sich die Christen rekrutierten. Die Sorge für die 'Armen' wurde im 4. und 5. Jahrhundert zur Hauptbeschäftigung der Christen vornehmer Kreise und führte zum Reichtum der Kirche. Sie war die damalige Form der 'Umverteilung', mit welcher man sich den Himmel verdiente. Der heutige Sozialismus führt diese Rekrutierung von Proselyten und Umverteilung des Reichtums unter anderer ideologischer Flagge fort.

'Bad, Wein und Venus verbrauchen den Körper, aber sie machen das Leben lebenswert', sagt ein römisches Sprichwort. Der Stil römischen Lebens war in den ersten drei Jahrhunderten 'urban': Der städ-

1 P. Veyne: Das römische Reich, in: Geschichte des privaten Leben, 1. Bd., S. 176–177.

tische Adel suchte nur in den Sommermonaten seine Güter auf dem Land auf, an der Natur schätzte man nur die *amoenitas* (Lieblichkeit), die durch Parks und Gärten vermenschlicht war. Stadt hiess Bequemlichkeit *(commoditas)*, öffentliche Bäder und Bauten. Im Gastmahl erfreute sich der Bürger des Erworbenen. Es war eine kleine Feier, die Gäste trugen blumengeschmückte Kopfbedeckungen oder 'Kränze' und waren mit duftendem Öl parfümiert. Von den Gästen erwartete man, dass sie sich zu bestimmten Themen äussern oder aus ihrem Leben erzählen.[2]

Der bacchischen Bilderwelt begegnete man allenthalben, obwohl es für Bacchus keine Heiligtümer gab. Er war ein wohlwollender, wohltätiger Gott, der die Seele besänftigte und friedliche Triumphe feierte. Er war Inbegriff eines Prinzips (Geselligkeit und Freude) an dem das Volk nicht zweifelte, ja wo er sogar zu Christus in Konkurrenz treten konnte (Joh 15,1). Es gab kleine isolierte Gruppen von übersteigerter Frömmigkeit und religiöser Inbrunst, die geheime Riten, Initiationen sowie eine Hierarchie kannten, von der die Frauen nicht ausgeschlossen waren. Vergnügung und Andacht bildeten eine Einheit. Die Götter zu verehren war eine feierliche Form, sich zu vergnügen. Hauptbestandteil jedes Kultes war das Opfer. Jedem Opfer folgte ein Festessen, bei dem das Opfertier auf dem Altar gebraten und dann verzehrt wurde.[3] Man lud die Götter zu Tisch *(invitare deos)*.

Die Badehäuser boten vielfältige Vergnügungsmöglichkeiten. Der schmutzige Bart eines Philosophen galt als Beweis seiner Askese. Die anfänglich bescheidenen Thermen wurden allmählich immer mehr zu Vergnügungspalästen mit Promenaden und Plätzen für Sport und Spiel.[4]

Die Christen wandten sich mehr gegen die Schaulust bei den Kämpfen in der Arena als gegen die Blutrünstigkeit der Spektakel. Das Gerücht von der heidnischen Sinnlichkeit beruht auf einer Reihe traditioneller Fehlinterpretationen. Der echte Lüstling verstiess gegen drei Tabus: Er machte Liebe vor Einbruch der Dunkelheit, im unverdun-

2 P. Veyne l.c. S. 184–187.
3 P. Veyne l.c. S. 189–192.
4 P. Veyne l.c. S. 192–195.

kelten Zimmer, mit einer Frau, die er zuvor völlig entkleidet hatte.[5] Päderastie, die wie erwähnt bei den Griechen eine grosse Rolle spielte, war bei den Römern gang und gäbe, eine lässliche Sünde, über die man witzelte, es war ein nervenschonendes Vergnügen.

Das Heidentum der Griechen und Römer kannte weder Erlösung nach dem Leben noch ein Leben nach dem Tode. Die heidnischen Götter leben ihr Leben und sind nicht auf eine metaphysische Rolle beschränkt. Die Götter waren im antiken Weltverständnis einfach eine Stufe höher als die Menschen, wie diese eine Stufe höher waren als die Tiere. Daher war es nichts Ungewöhnliches, wenn EPIKUR für seine Anhänger oder wenn der verstorbene Kaiser zum Gott wurde.[6] In meinem Buch 'Zeitenwende'[7] habe ich auf das Phänomen hingewiesen, dass zu jener Zeit im Hellenismus zahlreiche Anthroposfiguren auftraten: Dieser Archetypus war im kollektiven Unbewussten konstelliert.

Da die Götter dem Menschen überlegen waren, war es nur natürlich, ihnen Respekt zu erweisen *(colere timorem)* wie man ihn einem Fürsten entgegenbrachte. Die Beziehungen zwischen Menschen und Göttern beruhten auf Gegenseitigkeit. Frei, ungezwungen und mit heiterer Naivität gestalteten die Heiden ihre Beziehung zu den Göttern nach dem Muster ihres politischen und sozialen Alltags. Die Römer verstanden unter 'Aberglauben' die christliche Art der Gottesfurcht *(deisidaimonia)*. Die religiösen Riten wurden mit grosser Sorgfalt und im Geiste meditativer Sammlung vollzogen. Magie und Religion unterschieden sich kaum voneinander. Nur der einzelne Gott wurde kultisch verehrt, die 'Götter' in ihrer Gesamtheit nicht. Man berief sich auf ihren Willen, hoffte, dass sie sich gnädig erzeigen und nach Verdienst strafen oder belohnen würden. Die Götter liebten die Tugend und hassten das Laster. Der Polytheismus tendiert zur Abstraktion (das Gute), nicht zum Monotheismus.[8]

5 P. Veyne l.c. S. 198/199.
6 P. Veyne l.c. S. 204–205.
7 l.c. S. 101.
8 Die Verehrung der Heiligen ist die christliche Form des 'Polytheismus'.

Als das Heidentum sich um das Jahr 100 n.Chr. *spontan* zu modernisieren begann, hörte es auf, eine mythologische Religion zu sein und nahm die Gottesbeziehung des Christentums vorweg. Die Götter verloren ihre mythologische Biographie und ihre persönlichen Züge und bekamen alle dieselbe Funktion, nämlich die Menschen zu lenken, anzuleiten und vor der blinden Fortuna oder dem Fatum zu schützen.[9] Die Befreiung des Menschen aus dem Schicksalszwang *(Heimarmene)* war der allgemeine Zug hellenistischer Religionen.[10] Ziel der antiken Philosophie war es, dem Einzelnen eine Methode zum Glücklichwerden zu vermitteln. Moral war nur eines der empfohlenen Mittel zur Erlangung der Seelenruhe. Stoizismus und Epikureismus waren geistige Glaubenssysteme, die dem Menschen zu einer heroischen Haltung verhalfen und ihn von Ängsten und eitlen Wünschen befreien sollten. Die Rolle des öffentlichen Gewissens spielten allein die Philosophen.[11]

Man versuchte Jünglinge und junge Mädchen in die Philosophie einzuführen, was früher undenkbar war, “weil ein von den erhabensten Ideen und Vorstellungen erfüllter Geist für Eitelkeit, Aberglauben und Torheiten unzugänglich sei; eine Frau, die Mathematik verstehe, werde sich schämen zu tanzen, und die den Zauber Platonischer und Xenophonischer Dialoge kenne, Beschwörungen und Zauberei verachten”.[12] PLUTARCH rühmt von Cornelia, der ersten Gemahlin des CRASSUS und dann des POMPEJUS, dass sie neben ihrer Schönheit eine gute Bildung in Literatur, Musik und Geometrie hatte und mit Nutzen philosophische Vorträge hörte und von jener Pedanterie und Unliebenswürdigkeit frei war, die junge Frauen durch solche Studien leicht verunzieren.

Es ist kein Zufall, dass es die Frauen waren, die auf die neuen Religionen am empfänglichsten ansprachen. Sind sie doch gegen das Unbewusste offener. Selbstverständlich konnte man nicht klar zwischen Aberglauben und neuen Religionen unterscheiden, war es doch gera-

9 P. Veyne l.c. S. 206–213.
10 A. Ribi: Zeitenwende S. 58f.
11 P. Veyne l.c. S. 213–220.
12 l.c. S. 263.

de das mystische Element im Gegensatz zur Philosophie, welches das irrationale Bedürfnis der Seele mehr befriedigte. Es verwundert daher auch nicht, dass in jener Zeit das Zauberwesen einen grossen Aufschwung nahm.[13] Der Glaube an die Macht des Liebeszaubers war ungemein verbreitet. Auch die Astrologie der Chaldäer erfreute sich zunehmender Beliebtheit. Selbst die höheren Stände oder gerade diese wollten die Zukunft und das Schicksal erforschen und liessen vor grösseren und gefahrvollen Unternehmungen die Sterne befragen.

Weil die römische Matrone vom Kult fast völlig ausgeschlossen war, suchte sie die Heiligtümer vor den Toren der Stadt, das heisst, die Tempel der fremden Götter auf und warf sich allen Verirrungen kultischen Handelns und religiösen Denkens in die Arme.[14] Besonders alte Frauen zeigten eine Vorliebe für jede Art von Aberglauben *(anilis superstitio)*. Die Witwe, die alte Frau, die Frau von niederer Geburt oder die von ihrem Ehemann getrennt lebende, war anfällig für Aberglauben und abweichendes religiöses Verhalten. Magische Praktiken konnten den Matronen um so leichter zugeschrieben werden, als sie der Venus mit ihren Zaubermitteln nahestand.[15]

Selbstverständlich gibt es zahlreiche Geschichten von den Tugenden und dem Heldenmut des sogenannten "schwachen Geschlechts", wie jene der Arria, "die ihrem zaudernden Gemahl A. Cäcina Pätus den Dolch, den sie sich selbst in die Brust gestossen, mit den unsterblichen Worten reichte: "Pätus, es schmerzt nicht."[16]

Die Wandlung von dieser römisch-heidnischen zur römisch-christlichen Mentalität findet sich im frühchristlichen *"Hirten des Hermas"*[17] Diese Schrift stammt wohl aus sehr früher Zeit, war als Andachtsschrift in verbreitetem Gebrauch, wurde aber vom Canon Muratori um 200 nicht als authentisch akzeptiert. Schon Ende des vierten Jahrhunderts war sie gemäss HIERONYMUS so gut wie vergessen. C.G. JUNG hat

13 vgl. H. Betz: The Greek Magical Papyri in Translation, including the Demotic Spells.

14 J. Scheid: Die Rolle der Frau in der Römischen Religion, in: Geschichte der Frauen, Bd. 1, S. 417.

15 J. Scheid l.c. S. 437–447.

16 L. Friedländer, l.c. S. 272.

17 M. Leutzsch in: Schriften des Urchristentums, 3. Teil S. 105ff.

sie im Kapitel “Frauendienst und Seelendienst” eingehend analysiert.[18] Ich will nicht wiederholen, was man bei JUNG nachlesen kann, sondern diesen Text von unserer Thematik her beleuchten.

Das Werk gliedert sich in drei Teile: Die fünf Visionen, die zwölf *mandata* (Gebote) und die zehn *similitudines* (Gleichnisse). Mir scheinen die Visionen authentisch, der Rest dagegen belehrend. Nirgends wird eine neutestamentliche Schrift zitiert, was hervorzuheben ist. Der Ort der Handlung und der Abfassung scheint Rom und seine Umgebung zu sein. Die Schrift ist in Griechisch abgefasst, die Sprache, die bei den Christen bis 240 in Geltung war. Jesus oder Christus begegnen an keiner Stelle, sondern nur “Kyrios” und “Sohn Gottes”, letzterer wird mit dem Heiligen Geist identifiziert. Da ich den Text nicht aus der Lektüre von JUNG voraussetzen kann, und da ich mich auf eine moderne kritische Ausgabe stütze, kann ich nicht vermeiden, ihn hier auszugsweise wiederzugeben.

> 1,1 Mein Ziehvater verkaufte mich an eine gewisse Rhode nach Rom. Nach vielen Jahren sah ich sie wieder und gewann sie lieb wie eine Schwester. 2. Nach einiger Zeit sah ich sie im Tiber baden und reichte ihr die Hand und half ihr aus dem Fluss. Als ich nun ihre Schönheit sah, dachte ich in meinem Herzen: Glücklich wäre ich, wenn ich eine solche Frau hätte an Schönheit und Charakter!
> Nur das überlegte ich, sonst nichts.

Diese Situation scheint uns einfühlbar. Sicherlich löste bei Hermas der Anblick einer hübschen Frau in nassen Kleidern nicht nur geschwisterliche Gefühle aus. Diese erotischen Gefühle muss er sich anscheinend verhüllen, weshalb er betont, er hätte sich nur nach ihrer Schönheit und ihrem Charakter gesehnt und nach “sonst nichts!” Erotische Regungen in einer derartigen Situation scheinen uns bloss natürlich oder sogar ästhetisch, wenn man an die griechischen Frauenskulpturen der “nassen Kleider” denkt. Das war ein Kunstmittel, um den Körper in seinen eigenen Formen darzustellen, ohne durch Nacktheit Anstoss zu erregen.

18 GW 6 § 375ff., bes. § 382ff.

Die einzige Komplikation ist die, dass der Visionär offensichtlich ein Sklave oder Freigelassener, und sie seine ehemalige Besitzerin ist. Dadurch besteht ein gewaltiger Standesunterschied, der erotischen Ambitionen im Wege steht. Zu ihr ist daher nur – wie in christlichen Gemeinschaften überhaupt – Agapē oder Geschwisterliebe möglich. Die menschliche Natur jedoch hält sich nicht an solche Konventionen. Eine schöne Frau in nassen Kleidern ruft bei einem gesunden jungen Mann, wie Hermas wohl war, mehr als nur geschwisterliche Regungen hervor. Die Frage ist nur, wie er damit umgehen kann, denn sie stürzen ihn in einen moralischen Konflikt.

Die Fortsetzung lautet:

> 1.3. Als ich nach einiger Zeit unterwegs zu Dörfern war und die Schöpferwerke Gottes pries, [...] schlief ich beim Gehen ein. Und ein Geist ergriff mich und entrückte mich durch eine unwegsame Gegend hindurch, durch die kein Mensch gehen konnte. Die Stelle war abschüssig und zerklüftet von Gewässern. Nachdem ich nun jenen Fluss durchquert hatte, gelangte ich auf ebenes Gebiet; und ich beugte die Knie und begann, zum Herrn zu beten und meine Sünden zu bekennen. 4. Während ich aber betete, öffnete sich der Himmel, und ich sah jene Frau, die ich begehrt hatte, wie sie mich vom Himmel her grüsste: "Hermas, sei gegrüsst!" 5. Ich sehe sie an und sage ihr: "Herrin, was machst du hier?" Sie antwortete mir: "Ich bin hinaufgenommen worden, damit ich deine Sünden beim Herrn aufdecke." 6. Ich sage ihr: "Willst du mich jetzt überführen?" "Nein", sagt sie, "höre vielmehr die Worte, die ich dir sagen soll. Gott, der in den Himmeln wohnt [...] zürnt dir, weil du gegen mich gesündigt hast." 7. Ich antworte ihr: "Gegen dich hätte ich gesündigt? Womit? [...] Was behauptest du, Frau, so Böses und Unreines fälschlich gegen mich?" 8. Sie lachte und sagt mir: "In deinem Herzen ist die böse Begierde aufgestiegen. Oder scheint es dir nicht eine schlechte Sache für einen gerechten Mann zu sein, wenn in sein Herz die böse Begierde eindringt? Allerdings ist es Sünde und eine grosse", sagt sie. "Der gerechte Mann sinnt nämlich auf Gerechtes [...] Die aber auf Böses in ihrem Herzen sinnen, ziehen sich Tod und Haft zu, besonders die sich diese Welt erwerben, sich mit ihrem Reichtum brüsten und nicht an den zukünftigen Gütern hängen.[...]"
> 2.1. Nachdem sie diese Worte geredet hatte, schlossen sich die Himmel, und ich war ganz geängstigt und betrübt. Ich sagte bei mir selbst: "Wenn mir diese Sünde aufgeschrieben wird, wie soll ich gerettet werden kön-

nen? Oder wie soll ich Gott wegen meiner vollendeten Sünden versöhnen? Mit welchen Worten soll ich den Herrn bitten, damit er sich mir gnädig erweist?"

Mir scheint, hier sind wir mitten ins Problem des Christentums mit der Sexualität gedrungen. Hermas scheint ein sehr frommer Mann zu sein, der aufrichtig sein Gewissen prüft. Diese Prüfung umfasst jedoch nur, was dem Bewusstsein zugänglich ist. Der erotische Konflikt war ihm nicht präsent, weil er keine erotischen Gefühle zu seiner Besitzerin aufkommen lassen wollte. Da die Natur stärker war als sein Wille, wurde der *erotische Eindruck ins Unbewusste verdrängt.* Damit ist er dem bewussten Zugriff entzogen. Viele Leute glauben dann, er existiere nicht mehr und täuschen sich gründlich.

Deshalb muss ihm seine "Herrin Seele" in der Vision erscheinen, um ihm das Verdrängte für sein Bewusstsein wieder zugänglich zu machen. Die Tatsache, dass sie ihm aus dem geöffneten Himmel erscheint, weist sie als ein übergeordnetes Wesen aus, das absolute Autorität hat. Naiverweise zählt er ihr auf, dass er sich doch stets anständig gegen sie betragen habe. Das zeigt wiederum, dass der erotische Eindruck in seinem Bewusstsein gar nicht existiert. C. G. JUNG hält die Beichte als religiöse Institution für ein überaus wertvolles psychologisches Instrument. Er schreibt:

> Durch nichts sind die Menschen mehr auf sich selber angewiesen und von der Gemeinschaft der anderen abgeschnitten als durch den "Besitz" persönlich wichtiger Geheimnisse, die ängstlich und eifersüchtig verborgen gehalten werden. "Sündhafte" Taten und Gedanken sind es sehr oft, was die Menschen auseinanderhält und einander entfremdet. Hier bringt die Beichte bisweilen eine wahre Erlösung. Das beträchtliche Erleichterungsgefühl, das der Beichte zu folgen pflegt, ist der Wiederaufnahme des Verlorenen in die menschliche Gemeinschaft zuzuschreiben [Lk 15, 11–24]. Seine bisher so schwer ertragene moralische Einsamkeit und Abgeschlossenheit hat mit der Beichte ein Ende gefunden. Darin liegt der wesentliche psychologische Vorteil der Beichte."[19]

19 Versuch einer Darstellung der Psychoanalytischen Theorie, 1912. GW 4 § 432.

Die Vision zeigt deutlich, dass für eine echte tiefgehende Beichte das Unbewusste mitzureden hat. Die Anima in Jungscher Ausdrucksweise führt ihn dabei zu dem verdrängten Konflikt. Das Bewusstsein ist beim besten Willen ahnungslos. Die Kirche spricht allerdings nicht von einem Konflikt wie die Tiefenpsychologie, sondern von "Sünde". Das ist nun ein Problem, das dem modernen Menschen sauer aufstösst, denn damit kommt er sich erniedrigt vor. Er möchte doch Gott ein Gegenüber sein. Hermas konnte diese Erniedrigung noch annehmen. Hier ging es zunächst darum, des moralischen Konfliktes überhaupt gewärtig zu werden.

Der Theologe wird in dieser Situation wohl auf die Erlösungstat Christi hinweisen. Aber in unserer Geschichte scheint sich Hermas nach der Zurechtweisung durch die Herrin Seele alles andere als erlöst, sondern als schwerer Sünder gefühlt zu haben. Dem modernen Gefühl erscheint eine solche Verdammung bloss wegen des natürlichen erotischen Eindruckes übertrieben. Man kann es nur aus der psychologischen Zeitsituation verstehen. Wie ich in meinem Buch "Zeitenwende" dargestellt habe, ging es damals darum, die psychische Energie (Libido) von den Eindrücken der äusseren Welt abzuziehen und der Seele zuzuführen. Damit war eine Introversion und asketische Tendenz verbunden. Das war in der kollektiven Bewusstseinsentwicklung ein wichtiger Schritt zur Befreiung von der Faszination durch die Sinneseindrücke. Nur so können wir verstehen, wenn die Herrin Seele seine "lässliche Sünde" mit grosser Sünde vergleicht, die Tod und Kerker nach sich zieht, und mit jenen, "die sich diese Welt erwerben, sich mit ihrem Reichtum brüsten und nicht an den zukünftigen Gütern hängen."

Die Naturverehrung und -seligkeit der Antike musste überwunden und die Innerlichkeit gepflegt werden. JUNG sagt dazu:

> Gewissen, und ganz besonders ein schlechtes Gewissen, kann eine Gabe des Himmels sein, eine wahrhafte Gnade, wenn es benutzt wird zur höheren Selbstkritik. Selbstkritik als introspektive, diskriminierende Tätigkeit ist unerlässlich für jeden Versuch, die eigene Psychologie zu verstehen. Wenn man etwas getan hat, was einem unerklärlich ist, und man sich fragt, was einen dazu veranlasst haben könnte, braucht man den Antrieb des schlechten Gewissens und die diesem entsprechende unter-

scheidende Fähigkeit, um den Beweggrund des eigenen Verhaltens zu entdecken. Nur so ist man fähig zu sehen, welche Motive das eigene Handeln beherrschen. Der Stachel des schlechten Gewissens spornt einen sogar an, Dinge zu entdecken, die vorher unbewusst waren, und auf diese Weise kann man die Schwelle des Unbewussten überschreiten und so jener unpersönlichen Kräfte gewahr werden, die den Einzelnen zum unbewussten Instrument des Massenmörders im Menschen machen.[20]

Der Hirt des Hermas zeigt uns ein wichtiges Stück seelischer Entwicklung am Übergang von der klassischen Antike zum Christentum. Da keine neutestamentlichen Schriften zitiert sind und Christus nirgends direkt erwähnt wird, muss diese Schrift in die früheste Zeit des Christentums gehören.

Wir verliessen den armen Hermas ganz zerknirscht und an seiner Erlösung zweifelnd ob seiner Sünden.

2.2 Während ich das erwäge und in meinem Herzen bedenke, sehe ich vor mir einen grossen weissen Sessel, mit schneeweissen Wolltüchern gepolstert. Und eine alte Frau kam in einem hell leuchtenden Gewand mit einem Buch in den Händen; und sie setzte sich allein nieder und grüsste mich: "Sei gegrüsst, Hermas!" Und ich sage betrübt und weinend: "Sei gegrüsst, Herrin!"
3. Und sie sagte mir: "Warum so traurig, Hermas, der Langmütige, der nicht aus der Ruhe zu bringen ist, der immer lacht? Warum siehst du so niedergeschlagen aus und nicht heiter?" Und ich sagte ihr: "Weil eine sehr gute Frau gesagt hat, ich hätte gegen sie gesündigt."
4. Sie sprach: "Fern sei vom Sklaven Gottes [= dem Frommen] diese Tat! Allerdings war in dein Herz das Verlangen nach ihr gedrungen. Solches Verlangen trägt den Sklaven Gottes Sünde ein. Denn es ist ein böses und erschreckendes Verlangen für einen ehrwürdigen und schon bewährten Geist, wenn er ein böses Werk begehrt – und besonders Hermas, der Enthaltsame, der sich von jeder bösen Begierde fernhält und voll aller Gradheit und von grosser Unschuld ist."

Aus diesem Teil wird ersichtlich, dass Hermas seine Leidenschaften schon in einem hohen Masse zügeln konnte. Die Sexualität ist aller-

20 Psychologie und Religion, 1939. GW 11 § 86.

dings ein Trieb, der uns in besonderem Masse an die Welt bindet. Es ist äusserst schwierig, ihn vollständig zu unterdrücken. Gerade darum wird er zur *petra scandali* (Jes 8,14) und zum Prüfstein des Frommen.

Die alte Frau ermahnt ihn, sein Haus in Ordnung zu halten und von ganzem Herzen umzukehren, denn dann werde er in die Bücher des Lebens geschrieben werden. Sie fragt ihn, ob er ihr zuhören wolle, wenn sie vorlese, was er bejaht.

> 3.3 Sie sagt mir: "Werde ein Hörer, und höre die Herrlichkeiten Gottes!" Ich hörte; gross und wunderbar (war es), das ich nicht zu behalten vermochte. Denn schauerlich waren alle Worte, die kein Mensch ertragen kann. Die letzten Worte nun habe ich behalten; sie waren nämlich nützlich und mild.

Das ist eine sehr rätselhafte Partie. Was Hermas auffassen konnte, sind wie aus dem weiteren Text hervorgeht, Gleichnisse und Gebote. Auf diesem Stand des Bewusstseins sind auch die Texte der Synoptiker. Die Gnostiker dagegen interessierten sich für jenen Teil, den Hermas nicht verstehen konnte, für die *Magnalia Dei*, wie PARACELSUS sagt. Wir können heute ahnen, wovon die Alte las. Es ist nämlich nicht jedermanns Sache, der furchtbaren Paradoxie des Unbewussten zu begegnen. Die Kirche hat mit ihren Geboten, Symbolen und der Betonung der Gemeinschaft einen Schutzwall gegen diese Bedrohung geschaffen. Die Johannesapokalypse kann einen Eindruck von dieser furchtbaren Seite Gottes vermitteln. Nur wenigen Menschen ist es auch heute möglich, sich dieser inneren Wirklichkeit zu stellen. Die Flut moderner psychologischer Literatur ist der zeitgemässe Schutzwall nach dem Verlust einer lebendigen Kirche gegen die unmittelbare Erfahrung der Abgründe des Unbewussten. Daher ist es sowohl dem Hermas wie vielen modernen Menschen nicht zu verargen, wenn sie die schauerliche Wirklichkeit Gottes nicht ertragen können. Die Alte tröstet denn auch den Hermas damit, dass das Erste "für die Heiden und Abtrünnigen" sei (warum hat sie es denn dem gerechten Hermas vorgelesen?).

Wie er im Jahr darauf wieder an dieselbe Stelle kommt, erblickt Hermas die gleiche Greisin, wie sie in einem Büchlein liest. Sie fragt ihn, ob er das den Auserwählten [= der Gemeinde] Gottes verkünden könne? Er schreibt alles aus dem Büchlein ab: Es sind lauter Ermahnungen zu tugendhaftem Lebenswandel. Er wird später im Schlaf durch einen Jüngling belehrt, dass die Greisin die Kirche ist, um derentwillen "die Welt errichtet " wurde.

Die Kirche, die in den späteren Visionen aus menschlichen Steinen erbaut wird, kann nichts anderes tun, als die Menschen zu tugendhaftem Wandel erziehen. Das war die epochale Aufgabe an der Zeitenwende. Sie machte dem Menschen seine moralische Verantwortung bewusst und zwar in einer subtileren Art als mit den Geboten des Alten Testaments. Der Konflikt zwischen der neuen Gerechtigkeit und der alten Gesetzestreue spiegelt sich in den Evangelien im Zusammenprall von Christus mit den Pharisäern (Matt 15, 1–8). Die Kirche als Verwalterin der Offenbarung hat diese so aufgefasst, als stünde es dem Willen des Menschen frei, den rechten oder den falschen Weg zu *wählen*. Diese Wahl als heuristisches Prinzip ist auch ein Schutzwall gegen die furchtbare Paradoxie des Unbewussten. Sie ist eine Moral aber keine Ethik. Letztere ist eine furchtbar schwierige Aufgabe. In seinem Aufsatz über das Gewissen[21] unterscheidet JUNG ein kollektives Gewissen, das der Mensch durch seine Erziehung mitbekommt, von dem individuellen Gewissen, das er *vox Dei* nennt. Ersteres ist der Sittenkodex wie ihn uns zweitausend Jahre Christentum vermittelt haben. Dieser ist uns dermassen vertraut, dass seine Entscheide meist unbewusst ablaufen. Letzteres ist eine ausserordentlich subtile Angelegenheit, die äusserst schwer festzustellen ist, weil uns stets der Sittenkodex dazwischen kommt. Sie tritt vor allem bei einer Pflichtenkollision auf, wenn nämlich beide Taten richtig sind, sich aber gleichzeitig ausschliessen. Dass die Kirche das nicht zu vermitteln vermag, leuchtet jedermann ein, denn es ist die direkte Zwiesprache mit Gott ohne einen Mittler.

Dass der Sittenkodex ein Schutz für die meisten ist, sieht man, wenn man es psychologisch betrachtet. C.G. JUNG schreibt im hohen Alter an ERICH NEUMANN[22]:

> Der Mensch überschätzt sich aber leider in dieser Hinsicht: er meint, es stehe ihm frei, das Böse oder das Gute zu beabsichtigen. Er kann sich

21 1958. GW 10 S. 475ff.

22 3. VI. 1957. Briefe Bd. 3, S. 96–97.

zwar solches einbilden, aber in Wirklichkeit ist er in Ansehung der Grösse dieser Gegensätze eben doch zu klein und zu ohnmächtig, als dass er das eine oder das andere freiwillig und unter allen Umständen wählen könnte. Es ist vielmehr so, dass er das Gute, das er möchte, aus übermächtigen Gründen tut oder nicht tut und dass ihm ebenso das Böse wie ein Unglücksfall zustösst. Ethik ist das, was es ihm unmöglich macht, Böses absichtlich zu tun, und ihn dazu anhält – und zwar öfters mit geringem Erfolg –, das Gute zu tun. Das heisst, er kann das Gute tun und kann das Böse nicht vermeiden, obschon ihn seine Ethik veranlasst, die Kräfte seines Willens in dieser Hinsicht zu erproben. In Wirklichkeit ist er das Opfer dieser Mächte. Er muss sich zugeben, dass er unter keinen Umständen die Sünde absolut vermeiden kann, wie er auch auf der anderen Seite die Hoffnung haben darf, das Gute tun zu können. Da das Böse unvermeidlich ist, so kommt man nie aus der Sünde ganz heraus, und diese Tatsache ist es, die man anerkennen muss. Sie gibt Anlass nicht zu einer neuen Ethik [wie sie NEUMANN geschrieben hatte], sondern zu differenzierteren ethischen Überlegungen, nämlich zu der Frage: wie verhalte ich mich zu der Tatsache, dass ich der Sünde nicht entrinnen kann? Die Anleitung, die im *logion* Christi "Wenn Du weisst, was du tust..."[23] gegeben ist, zeigt einen Weg zur ethischen Bewältigung des Problems: ich weiss, dass ich das Böse nicht will, und tue es trotzdem, nicht aus eigener Wahl, sondern weil es mich übermächtig befällt. Ich bin als Mensch ein Schwächling und anfällig, so dass das Böse mich überwältigen kann. Ich weiss, dass ich es tue und was ich getan habe, und weiss, dass ich zeit meines Lebens in der Qual dieses Widerspruchs stehen werde. Ich werde, wo ich kann, das Böse vermeiden und werde doch immer in dieses Loch hinein fallen. Ich werde mich aber bemühen, so zu leben, wie wenn dies nicht der Fall wäre; ich werde also gute Miene zum bösen Spiel machen und werde dadurch dem Herrn wohlgefällig sein, wie der ungetreue Haushalter, der wissentlich eine falsche Bilanz produzierte [Lk 16, 1–13]. Das tue ich nicht, weil ich mich selber betrügen will oder gar den Herrn, sondern damit ich um der Schwäche meiner Brüder willen kein öffentliches Ärgernis errege und meine moralische Haltung und menschliche Würde einigermassen bewahre. Ich bin daher in der Lage eines Menschen, der inmitten einer gefährlichen Situation eine Höllenangst empfindet und am liebsten ausreissen würde, wenn er sich um der andern willen nicht zusammenreissen und Mut sich selber

23 Codex Bezae zu Lk 6,5 D.W. Schneemelcher: Neutestamentliche Apokryphen, Bd. I S. 79.

und den anderen vorspiegelte, wodurch die Situation eventuell gerettet werden kann. In diesem Falle habe ich meine Panik zwar nicht unwirklich gemacht, aber meinen guten Erfolg hinter der Maske des Mutes verborgen. Es ist ein Akt supremer Heuchelei, also eine andere Sünde, ohne welche aber wir alle verloren wären. Dies ist keine neue Ethik, sondern bloss eine differenziertere und illusionslosere, aber dieselbe, die sie immer war.

Diese subtilen Überlegungen können Sie zwar dem Zeus erzählen, nicht aber dem Ochsen [Anspielung auf das Sprichwort: Quod licet Jovi, non licet bovi (Was dem Zeus erlaubt ist, ist nicht dem Ochsen erlaubt)]. Sie sind nämlich darum so subtil, weil sie ganz besondere Umstände zur Voraussetzung haben. Sie erreichen nämlich ihre Gültigkeit nur beim Menschen, der seines Schattens wirklich bewusst ist, bedeuten aber bei einem, der seinen Schatten entweder als beiläufige Inkonvenienz behandelt oder aus Mangel an Gewissenhaftigkeit und moralischer Verantwortung als unerheblich abtut, eine gefährliche Möglichkeit zu Verirrungen des moralischen Urteils, wie sie eben für den Menschen charakteristisch sind, welcher infolge seines moralischen Defektes eine entsprechende intellektuelle Inflation besitzt. Man kann sich zwar manchen Konflikt dadurch erleichtern, dass man das moralische Auge zudrückt oder fünf einmal gerade sein lässt, muss aber dabei wissen, dass auch das bezahlt sein muss, denn "alle Schuld rächt sich auf Erden."[24]

Es ist vielleicht kein Zufall, dass die christliche Theologie die Geschichte vom Sündenfall (Gn 3) ausschliesslich auf die Sexualität bezogen hat, obwohl davon kein Wort in der Bibel steht. Es heisst nur, die Ureltern seien ihrer Nacktheit gewahr geworden (Gn 3,10). Als Nudist hat der Mensch im Paradies kein Ärgernis erregen können, denn es waren keine Voyeuristen da. Die Theologie hat mit feinem Gespür die Frage der Erotik zum Sündenfall *kat' exochen* gemacht. Es geht viel weniger darum, dass Sexualität an sich Sünde wäre, – sonst wäre die Menschheit längst ausgestorben – sondern dass sie eine der stärksten Triebfedern zur Bewusstwerdung ist. Mit ihr sind so viele Probleme ethischen Verhaltens verknüpft, dass sie zur Bewusstwerdung unabdingbar ist. Die Gnostiker haben das subtil umgedeutet und im Nag Hammadi Codex II 4 "Die Hypostase der Archonten" das Verbot,

24 Goethe: Wilhelm Meisters Lehrjahre, 2. Buch, 13. Kapitel. Sämtliche Werke Bd. 7, S. 146.

vom Baum der Erkenntnis zu essen, als den Trick eines unfähigen Demiurgen aufgefasst, der nicht wollte, dass der Mensch bewusst werde. Der Offenbarungsengel belehrt die Ureltern vom Baume der Erkenntnis zu essen, um ihrer Ebenbürtigkeit mit dem Schöpfer bewusst zu werden. Für die Gnostiker war Bewusstwerdung (= Gnosis) höchstes Ziel.[25] Es ist unausdenkbar, wo wir ständen, hätten die Ureltern der Versuchung widerstanden! Wenn es vom Eros in der Mythologie heisst, er sei ein Kosmogonos, der die Welt entstehen lässt, so ist gerade das gemeint. Das Bewusstsein ist nämlich, wie JUNG schreibt[26], ein zweiter Schöpfer: Welt entsteht nur insofern wir darum wissen.

Der Eros als blinder Trieb schafft daher noch keine Welt, erst wenn er bewusst gemacht wird, entsteht Welt. Dadurch wird der Mensch seinem Schöpfer ebenbürtig, indem jener ein Gewissen entwickelt, das diesem abgeht. Wäre der Mensch allein geblieben, hätte er kein moralisches Bewusstsein entwickelt. Denn dieses entfaltet seine Funktion erst in der Beziehung zu seinen Mitmenschen. *Der Sündenfall war darum ein notwendiger Fall aus dem unbewussten Zustand heraus.* Es ist eigentlich eine *felix culpa* (glückliche Schuld), die positive Konsequenzen hat. Die Theologen versuchen uns dagegen das Selbstwertgefühl zu zerstören, indem sie uns mit der Erbsünde entwerten und von der Gnade Gottes bei der Erlösung abhängig machen. Psychologisch gesehen müsste man dagegen erwarten, dass das Anders-wollen-können im Sündenfall den Menschen aufgewertet hat, wenn Gott spricht: "Siehe, der Mensch ist geworden wie unsereiner, dass er weiss, was gut und böse ist". Ja, Er befürchtet sogar, dass der Mensch unsterblich werden könnte, falls er auch noch vom Baum des Lebens ässe (Gn 3,22). Die Unsterblichkeit muss er nun, da er aus dem Paradies vertrieben wurde, bevor er vom Baum des Lebens essen konnte, durch harte Arbeit an seiner Bewusstwerdung erarbeiten, wie die Alchemisten glaubten.

Bewusstwerdung geschieht nur durch ein Zusammenspiel von Logos und Eros. Denn beide sind *kosmogonos* nach dem Ausweis des Johannesevangeliums 1,3. In der christlichen Theologie wurde wohl dem Logos der gebührende Platz eingeräumt, nicht aber dem Eros. Zwar

25 A. Ribi: Die Suche nach den eigenen Wurzeln, S. 78.
26 Erinnerungen, Träume, Gedanken, S. 341–342.

heisst es, “Gott ist die Liebe” (1 Joh 4,8), aber von Eros ist nicht die Rede, vielmehr von der Liebe Gottes zu den Menschen, dass er ihnen seinen eingeborenen Sohn opferte. Doch davon, dass diese Liebe “in die Herzen der Menschen ausgegossen sei”, wie Paulus sagt (Rm 5,5), spürt man bei einem Blick in unsere Welt recht wenig. Vielmehr leuchtet mir die gnostische Auffassung ein, dass das alles noch Aufgabe des Menschen sei, der Erkenntnis und dem Eros zum Durchbruch zu verhelfen. Der Sündenfall hat den Menschen endgültig aus seiner *participation mystique* mit Gott herausgeworfen, und er muss mit dem Logos und dem Eros wieder den Weg zu Ihm suchen.

5. *Der verwundete Heiler*

Bevor wir uns dem Hohelied zuwenden werden, muss ich ein Thema dem Leser vorlegen, das mit jenem eine innere Verwandtschaft hat, nämlich das Thema der *Liebeswunde*, wie es in Canticum 4,9 der Vulgata vorkommt, wo es heisst, *"vulnerasti cor meum"* (du hast mein Herz verwundet). Vor dreissig Jahren hatte ich einen archetypischen Traum dazu, der folgendermassen lautet (9./10. Januar 1971):

> Ich bin in einem Zimmer, wo sich eine Frau um mich kümmert. Eine andere kommt herein und ist nett zu mir. Sie lässt ein Buch liegen, das Dr. Riklin gewidmet ist. Ich bin skeptisch, weil Dr. Riklin schon gestorben ist, ob ihm der Autor eines auswischen will, sich mit ihm brüsten will oder ob dieser die Arbeit angeregt hat, die erst nach seinem Tode vollendet wurde. Aussen sind merkwürdige Zeichen von Verwundung (ähnlich chinesischen Schriftzeichen). Der Inhalt des Buches ist: "*Die Verwundung des Arztes durch das Böse.*" Es sind viele alte Kupferstiche wiedergegeben und die Frage anhand alchemistischer Texte untersucht. Schon das Inhaltsverzeichnis der Alchemisten ist in antiken Lettern wie auf Marmortafeln geschrieben. Frau Dr. von Franz sagt, Dr. Riklin habe die Historiker immer wieder auf dieses Problem aufmerksam gemacht und doch sei er ihm selber zum Opfer gefallen; er sei eben noch gar nicht fertig gewesen (als er starb).

Dr. Riklin und Frau Dr. von Franz waren meine Analytiker, die mich massgeblich formten. Dr. Riklin starb plötzlich mit 60 Jahren. Der Arzt kämpft immer gegen "Tod und Teufel", der physische Arzt gegen den Tod, der Psychiater gegen den Teufel. Dr. Riklin war ebenfalls Psychiater, ein wertvoller Mensch, der dem Bösen gegenüber zu naiv war und das ihn so früh umgebracht hat. Die Gefahr des engagierten Arztes ist es, dass er dem Bösen gegenüber zu unbefangen ist und auf sich zu wenig Rücksicht nimmt. Viele Ärzte sterben deswegen vor ihrer Zeit wegen kleiner Unachtsamkeiten, zum Beispiel dass einem Chirurgen das Skalpell aus der Hand auf die Grosszehe fällt, dessen er nicht achtet, was sich zu einer Sepsis (Blutvergiftung) entwickelt, woran er stirbt. Ähnlich ist es dem Arzt ergangen, der JUNG bei seinem Herzinfarkt (1944) behandelt hatte.[1] Solche berufene Ärzte haben etwas Geniales, aber sind von einem frühen Tod bedroht. Sein Arzt war JUNG in einer Nahtodvision in seiner Urgestalt als Basileus (König) von Kos (Asklepiosheiligtum) erschienen, was auf seinen nahenden Tod hinwies.

In der griechischen Mythologie schon kommt das *Motiv der Verwundung* bei Ärzten vor. Apollon war ein Heilgott. Mit der sterblichen Frau Koronis (Krähenfrau) zeugte er ein Kind. Doch während sie vom Gott schwanger ist, lässt sie sich mit Ischys (Baummann) ein. Apollons Schwester tötet die Ungetreue mit ihrem Pfeil. Als schon die Leiche auf dem Scheiterhaufen liegt, entnimmt ihr Apollon sein Kind Asklepios und bringt es zum Kentauren Chiron, der ihn in der Heilkunst unterrichtet. Asklepios wird zum grössten Arzt. Er ist ein Heros, der nicht unter den Göttern wandelt, sondern bei den Menschen zugegen ist und sei es auch in seiner Schlangenform. Als solche erscheint er den Kranken im Inkubationsschlaf und heilt sie durch seinen Biss an der kranken Stelle. Seine grossen Heiligtümer befinden sich in Athen, in Epidauros und in Kos. Anlässlich einer verheerenden Pestepidemie holen ihn die Römer 293 v. Chr. auf die Insel im Tiber nach Rom. Sein Kult breitete sich schliesslich über das ganze römische Weltreich aus, wo er als Soter (Heiland) in Konkurrenz zum aufstrebenden Christentum trat. Als Asklepios jedoch Tote ins Leben zurückruft, unter anderen Hippolytos, den Liebling der jungfräulichen Artemis, tötet ihn Zeus mit seinem Blitz. Das erregt den Zorn des Vaters des Asklepios, Apollon, der seinen Sohn rächt, indem er Kyklopen mordet, die den Blitz geschmiedet hatten. Das führte beinahe zu einem Kampf unter den Göttern, der dahin gemildert wurde, dass sich Apollon zur Versöhnung in die Knechtschaft eines Sterblichen, des Königs Admetos begeben musste. In diesem Jahr gediehen die Herden des Königs besonders gut. Als Admetos sterben sollte, rettete ihn Apollon, indem er die Moiren betrunken machte. Als der Tod ein zweites Mal an ihn

1 ER S. 297.

herantrat, ging an seiner Stelle Alkestis, seine Frau, in den Tod, der aber von Herakles niedergerungen wurde.[2]

Diese mythologischen Geschichten sprechen von Töten und Heilen, sogar vom "dem Tode entreissen", von Verrat und Rache. Die Ärzte nannten sich Asklepiaden, Nachkommen des Asklepios. Dieser hat zwei Söhne, Podaleiros und Machaon, dessen Name mit griechisch *mache* 'Schlacht' zusammenhängt. Seine Tochter ist Hygieia, und ein Hund begleitet ihn.[3]

Telephos war ein Held vor Troia, der den Griechen erbitterten Widerstand leistete und Patroklos, den Begleiter des Achilleus, verwundete. Aber Achilleus, der seinen Freund verarztet hatte, schlug Telephos zurück. Auf der Flucht verhedderte er sich in den Ranken der Rebe am Boden und erlitt von Achilleus eine tiefe Wunde am Oberschenkel, die nicht mehr heilen wollte. Vom Orakel des Apollon erhielt er als Weisung das Wort: der Verwundende wird auch der Heilende sein. Er musste Achilleus suchen, der ihn, wie zuvor seinen Freund, heilte. Es heisst auch, nicht der verwundende Heros, sondern die verwundende Lanze sei das Heilmittel gewesen.[4]

Man erinnert sich der Geschichte von Prometheus, dem Titanen, der für die Menschen das Feuer von den Göttern oder von der Sonne raubte. Zur Strafe wurde er an den Gipfel des Kaukasus geschmiedet, wo der Adler des Zeus von seiner Leber frass, die in der Nacht stets nachwuchs. Nach dem Willen des Zeus hätte seine Qual ewig dauern sollen, doch erlöste ihn Herakles, indem er mit seinem Pfeil den quälenden Vogel erschoss, denn es war ein ungerechtes Leiden. Prometheus hatte von seiner Mutter Themis das Geheimnis erfahren, wer der nächste Weltenherrscher nach Zeus sein werde. Dieser wollte natürlich dieses Geheimnis erfahren, wofür er Prometheus freiliess. Doch musste dieser an seiner Stelle einen Unsterblichen stellen, der leidend in die Unterwelt einging. Das war der weise Chiron, der Kentauer, der

2 K. Kérényi: Die Mythologie der Griechen. Die Götter- und Menschheitsgeschichten, S. 136, 140–143.
3 E. V. Mackrell: The Healing Dog of Asklepios.
4 K. Kérényi: Die Heroen der Griechen, S. 363–364.

den Asklepios die Heilkunst gelehrt hatte. Ein vergifteter Pfeil des Herakles brachte ihm versehentlich eine unheilbare Wunde bei. Auch der Göttermutter Hera hat er versehentlich einen Pfeil in die rechte Brust geschossen, die ein unheilbares Leiden nach sich zog.[5]

Nicht nur Hera hing mit zwei Amboss beschwert zur Strafe zwischen Himmel und Erde, sondern auch Odin, der germanische Allvater und Götterkönig, Herrscher der Welt und der Menschen. In der Edda heisst es:

> 138. Ich weiss, dass ich hing am windigen Baum
> neun ganze Nächte
> vom Speer verletzt und Odin gegeben,
> ich selbst mir selbst,
> an dem Baum, von dem keiner weiss,
> aus wessen Wurzel er entsprang.[6]

Diese Stelle ist sehr erleuchtend, denn das Hängen stellt ein unerfülltes Sehnen und gespannte Erwartung dar ("Hangen und Bangen in schwebender Pein").[7] Die Nähe zum Christus am Kreuz dürfte einleuchten. Bei Odin ist das Hängen im Welten- und Lebensbaum ein Opfer, in welchem Opferer, Opfer und Empfänger des Opfers identisch sind. Das ist bedeutsam, denn in der Individuation des Lebensprozesses überhaupt, wird immer wieder Opfer verlangt, das den Prozess unterhält.[8] Nicht umsonst ist das Opfer in irgendeiner Form zu allen Zeiten und an allen Orten auf der Erde religiös bedeutsam. Dabei geht es stets um die Opferung eines Stückes Unbewusstheit, dessen Libido dem neuen Leben zufliesst.

In diesem Zusammenhang muss auch die Lanze der Graalslegende erwähnt werden, obwohl sie einer viel späteren Zeit angehört. Chrétien de Troyes führt sie als "la lance qui saigne" ein. Der Gralskönig

5 K. Kérényi: die Mythologie der Griechen, S. 215–216.
6 A. V. Ström und H. Biezais: Germanische und Baltische Religion, S. 115–116.
7 C. G. Jung: Symbole der Wandlung. GW 5 § 594.
8 A. Ribi: Anthropos: Kapitel: Das Opfer.

ist durch die Lanze eines heidnischen Gegners verwundet worden. Im "Lancelot-Graal" wird der Sohn des Josef von Arimathia durch einen schwarzen Engel am Schenkel verwundet und später von einem anderen Engel mit derselben Lanze geheilt. In WOLFRAM VON ESCHENBACHs "Parzival" zieht der blutende Speer das Gift aus der chronischen Wunde und lindert so die Schmerzen des Amfortas. Die Lanze wurde bei der Christianisierung der Sage mit der Lanze des Longinus identifiziert. Im Kultus der griechischen Kirche wird die "heilige Lanze", das heisst ein lanzenförmiges Messer, zum Zerteilen der Hostie gebraucht, oder das Brot wird mit einer Lanze gestochen, um auf die Schlachtung des Lammes hinzuweisen.[9]

Verwundetsein bedeutet ein Betroffensein und Leiden an einem Problem, das im Unbewussten konstelliert ist und zur Bewusstwerdung drängt. In der Gralslegende ist es die Synthese von Heidentum mit dem Christentum. Das Verwundetsein ist daher die Voraussetzung zum Heilenkönnen, weil letzteres immer auf dem Bewusstmachen eines unbewussten Konfliktes beruht. Der Arzt muss daher dem Patienten immer um ein Quentchen Bewusstsein voraus sein. Die Wunde des Arztes und die damit verbundene Qual ist die treibende Kraft der Bewusstwerdung. Diese Wunde ist daher eigentlich ein *"dulce vulnus"* oder *"vulnus amoris"* (Liebeswunde) wie sie das Hohelied und die Mystik beschreiben.

Bei ORIGENES heisst es im Prolog zum Kommentar über das Hohelied:

> Amore autem et cupidine caelesti anima, cum perspecta pulchritudine et decore Verbi Dei speciem eius adamaverit, et ex ipso telum quoddam et vulnus amoris acceperit. Est enim Verbum hoc *imago et splendor Dei invisibilis, primogenitus omnis creaturae, in quo creata sunt omnia quae in caelis sunt et quae in terris sive visibilia sive invisibilia.* [Kol 1,15–16]. Igitur si quis potuerit capaci mente conicere et considerare horum omnium quae in ipso creata sunt decus et speciem, ipsa rerum venustate percussus, et splendoris magnificentia ceu *iaculo*, ut ait propheta, *electo* [Jes

9 Emma Jung/Marie-Louise von Franz: Die Graalslegende in psychologischer Sicht, S. 91 f.

49,2] terebratus, salutare ab ipso vulnus accipiet et beato igne amoris eius ardebit.[10]

Im alchemistischen Traktat "Gloria Mundi" heisst es:

> Recipito ignem, vel calcum vivam, qua de Philosophi loquuntur, quod in arboribus crescat, in quo (igne) Deus ipse ardet amore divino.[11]

Die Liebe hat mit Feuer zu tun, sogar so sehr, dass Gott selber in diesem Feuer glüht. Der Baum ist wie bei Odin der Wachstumsprozess der Seele und das Feuer die treibende Libido desselben.

Bei ORIGENES, um wieder zu seinem Kommentar über das Hohelied zurückzukommen, heisst es später:

> Si quis usquam est qui fideli hoc amore Verbi Dei arsit aliquando, si quis est, ut propheta dicit, qui *electi iaculi.* [Jes 49,2] eius dulce vulnus accepit, si quis est qui scientiae eius amabili confixus est telo, ita ut diurnis eum desiderio nocturnisque suspiret, aliud quid loqui non possit, audire aliud nolit, cogitare aliud nesciat, desiderare praeter ipsum aut cupere aliud vel sperare non libeat, ista anima merito dicit: *Vulnerata caritatis ego sum* [Cant 2,5] et ab illo vulnus accepit, de quo dicit Isaias: *Et posuit me sicut iaculum electum, et in pharetra sua abscondit me* [Jes 49,2]. Tali vulnere decet Deum percutere animas, talibus telis iacutisque con-

10 Prol. 2,17. Origène: Commentaire sur le Cantique des Cantiques, t. 1, p. 102–105. L. Brésard et H. Crouzel ed. Avec M. Borret.
Source Chrétiennes Nr. 375. Or, l'âme est conduite par un amour et un désir céleste quand, à la vue de la beauté et du charme du Verbe de Dieu, elle fut éprise de sa grâce et reçut de lui un trait et une blessure d'amour. Car ce Verbe est "l'Image" et la Splendeur "du Dieu invisible, le Premier-né de toute créature, en qui furent crées toutes choses, celles qui sont dans les cieux et celles qui sont sur la terre, soit visibles, soit invisible." [Kol 1,15–16] Dès lors, si on peut d'une intelligence capable envisager et considérer le charme et la grâce de tout ce qui fut créé en lui, frappé par l'élégance même des choses, et percé par la magnificence de leur splendeur, ou comme dit le prophète, "par la flèche de choix" [Jes 49,2], on en recevra une blessure salutaire et on brûlera du feu bienheureux de son amour.

11 Musaeum Hermeticum 1678, p. 246. Übersetzung: Du sollst das Feuer nehmen oder den ungelöschten Kalk, von dem die Philosophen reden, weil jenes ⟨Feuer⟩, in welchem Gott selber von göttlicher Liebe glüht, auf Bäumen wächst.

figere ac salutaribus eas vulneribus sauciare, ut, *quia Deus caritas est* [1 Joh 4,8], dicant et ipsae: *Qui vulnerata caritatis ego sum.*[12]

Hier kann man den psychologischen Zustand der Seele schon besser verstehen als in der Sprache der Mythologie, weil ORIGENES durchaus psychologisch denkt. Er stellt den Zustand der Ergriffenheit durch einen unbewussten Inhalt dar. Die Unfreiheit dieses Zustandes ist treffend ausgedrückt, wenn alle psychischen Funktionen nur diesem einen Inhalt dienen können. In psychologischer Sprache handelt es sich um das *Selbst*, den zentralen Archetypus der Ganzheit, der alle übrigen Archetypen in seinen Bann zieht.

Dieser Zustand ist nicht nur ein glücklicher, denn er kann auch durch das Böse hervorgerufen werden wie ORIGENES schreibt:

Sciendum tamen est quod, sicut sunt ista Dei iacula quae animae habenti desiderium bonorum salutis vulnus infligunt, ita sunt et *iacula maligni ignita* [Eph 6,16], quibus anima quae non est scuto fidei protecta vulneratur in mortem. De ipsis dicit propheta: Ecce peccatores tenderunt arcum, paraverunt sagittas suas in pharetra, ut sagittent in obscuro rectos corde [Ps 10,3].[13]

12 III 8,13–14. Origène, Commentaire t. II p. 574–575. S'il est quelqu'un quelque part qui a été parfois consumé par cet amour fidèle du Verbe de Dieu, s'il est quelqu'un, comme dit le prophète, qui a reçu la douce blessure de sa "flèche de choix", s'il est quelqu'un qui a été percé par l'aimable trait de sa science au point de soupirer de désir vers lui jour et nuit, de ne pouvoir parler de rien d'autre, de ne vouloir entendre rien d'autre, de ne savoir penser à rien d'autre, de ne prendre plaisir à désirer, souhaiter, espérer rien d'autre que lui, cette âme dit avec raison: "Je suis blessée de charité": elle a reçu la blessure dont parle Isaie: "Il a fait de moi comme une flèche de choix, et il m'a caché dans son carquois."
Il convient que Dieu frappe les âmes d'une telle blessure, les perce de telles flèches et tels traits, les meurtrisse par des blessures salutaires, afin "puisque Dieu est charité", qu'elles disent elles aussi: "Je suis blessée de charité."

13 III 8,16. l.c. p. 576–577: Toutefois il faut savoir: comme il y a ces traits de Dieu qui infligent une blessure à l'âme qui a le désir des liens du salut, il y a aussi des "traits enflammés du Malin", par lesquels l'âme qui n'est blessée à mort. De ces traits le prophète dit: "Voici, les pécheurs ont bandé leur arc, ils ont préparé leurs flèches dans leur carquois pour percer de flèches dans l'ombre les justes de cœur.

Für ORIGENES ist Gott das *summum bonum* (höchstes Gute) und die Bösen sind die *impii* (Heiden) oder *peccatores* (Sünder), wie es in der Vulgata heisst. Es könnte aber aus heutiger Sicht sein, dass das Böse auch im eigenen Herzen wohnt ebenso wie das Gute. Damals war der Glaube noch ein Schild zur Abwehr des Bösen, was heute immer mehr verloren geht, so dass der Mensch ihm wehrlos ausgeliefert ist. Das sind dann die Patienten, die den Seelenarzt aufsuchen, damit er ihnen helfe, mit dem Bösen ins Reine zu kommen. Dabei versteht der Arzt das Problem des Patienten, weil er selber davon schicksalsmässig verwundet ist. Das ist seine *compassio* (Mitempfinden). Das wurde mir vor Jahrzehnten in einem Traum anschaulich gemacht, in welchem C.G. JUNG neben einer Patientin im Bett lag (Der Traum hatte keine sexuelle Komponente!). Meine Analytikerin kommentierte ihn damals dahin, dass JUNG eine ungeheure *compassio* hatte, was sie mit seinem Kindheitstraum vom unterirdischen Phallus in Verbindung brachte.

> Jung besass ein ungewöhnliches Mass an Einfühlung, die an Medialität grenzte,

schreibt VON FRANZ da,

> an Teilnahme, Mitleid und menschlicher Wärme für seine Familie, seine Freunde und Patienten und darüber hinaus für alle Menschen. Er stand jedem einzelnen offen, ohne soziale oder Rassenvorurteile, in wortloser Selbstverständlichkeit. Seine Liebesfähigkeit war für ihn auch die Quelle mancher Enttäuschung und Leiden und ein Grund, warum er besonders tief und oft bis zum Rand der Verzweiflung unter den zwei Weltkriegen litt, die er erleben musste, auch wenn er in der Schweiz nicht persönlich betroffen war. Diesen intensiven Eros teilt JUNG mit anderen Schweizern, wie NIKLAUS VON FLÜE, GENERAL DUFOUR und PESTALOZZI, alles Männern, die sich ebenfalls in einer Gesinnung der Liebe dem leidenden Mitmenschen zugewandt hatten und darin mehr als in machtpolitischen oder akademischen Strebungen ihre Aufgabe sahen.[14]

14 Marie-Louise von Franz: C.G. Jung. Sein Mythus in unserer Zeit, S. 26.

MARIE-LOUISE VON FRANZ, die enge Mitarbeiterin von JUNG, hatte selber einen schicksalhaften Kindheitstraum. Mit 3 ½ Jahren träumte sie:

> Ich war mit Vater und Mutter und meiner Schwester auf einem Spaziergang. Plötzlich tauchten in der Ferne auf der Strasse ein alter und ein junger Mann auf, die eilends herankamen. Mein Vater rief entsetzt aus: "Das sind die Götter! Sie kommen, um uns zu prüfen!" Dann erklärte er mir, dass jeder Mensch eine Emailletafel besitze mit seinem Namen, Geburts- und Todesdatum. Wenn die Tafel ganz sei, könnten ihm die Götter nichts anhaben, aber wenn die Tafel beschädigt sei, falle der Betreffende in die Hände der Götter. Wir rannten nach Hause, mein Vater suchte die Tafeln und gab jedem die seine. Als ich meine Tafel ansah, war das Emaille beschädigt wie von einem Schlag. Entsetzt zeigte ich es den andern, aber sie wichen vor mir zurück, als ob ich die Pest hätte. In diesem Augenblick erschien ein rundes, helles Licht in der Ecke der Decke – ich verliess meinen Körper und ging in das Licht ein; von dort sah ich mich selber an, wie ich traurig mit meiner Tafel dastand. Das gab mir Mut. Ich kehrte in meinen Körper zurück und dachte: "Gut – so gehe ich halt den Göttern entgegen." Ich schritt zur Türe, und als ich die Hand ausstreckte, sah ich, wie von aussen die Klinke herabgedrückt wurde. Da erwachte ich mit einem Schrei."

MARIE-LOUISE VON FRANZ kommentiert diesen Traum so:

> WIE JUNG einmal ausführte, erinnert diese Tafel an jene Tafeln oder Schriften, welche nach gnostischer Lehre jede Seele, die das Erdenleben betritt, von den Archonten (Gestirnsmächten) erhält. Von dieser "Schuldschrift" habe, so lehrten die Gnostiker, Christus die Seelen befreit, indem er den Schuldbrief ans Kreuz heftete. Dadurch erlöste er die Seelen vom Gestirnszwang. Die Bruchlinien der Tafel im obigen Traum zeigen eine Auflösung der Ichfestigkeit, durch die jedoch eine Erleuchtung durch das Selbst möglich wird. Dadurch kann das Kind den Göttern *bewusst* begegnen. Aber dennoch ist es furchtbar, in die Hand des lebendigen Gottes zu fallen, daher der Schrecken des Kindes.[15]

Die Beschädigung der Tafel, von der es im Traum heisst "wie von einem Schlag" entspricht der Verwundung im früheren Zusammenhang

15 M.-L. von Franz: Archetypische Dimensionen der Seele, S. 87.

und weist auf das besondere künftige Schicksal hin. Die Verwundung hat stets mit einem Leben zu tun, das aus dem Kollektiven herausgehoben ist. Das ist sowohl Fluch als auch Segen. Wenn es im Kommentar zu Origenes heisst, der Pfeil (la flèche de choix, Jes 49,2) sei 'une flèche toute belle, car c'est Dieu, l'Archer', so ist das nur möglich, weil er optimistischerweise Gott als nur gut glaubt.

Abb. 4: Die Diana richtet ihren feurigen Pfeil auf die Sonne, den Schwefel der Philosophen, um ihn zu fixieren.
Aus: Johann Daniel Mylius: Philosophia reformata, 1622, fig. 12, in: St. Klossowski de Rola: The Golden Game, p. 175.

Die Folgeerscheinung grösserer Bewusstheit ist

eine Art *prometheischer Schuld*: durch die Erkenntnis wird gewissermassen ein Feuerraub an den Göttern begangen, das heisst, es wird etwas, das Eigentum der unbewussten Mächte war, aus diesem naturhaften Zusammenhang herausgerissen und der Willkür des Bewusstseins unterstellt.

Der Mensch, der die neue Erkenntnis usurpiert hat, erleidet aber eine Veränderung oder Erweiterung des Bewusstseins, wodurch dieses demjenigen seiner Mitmenschen unähnlich wird. Er hat sich zwar über das derzeit Menschliche erhoben ("ihr werdet sein wie Gott" [Gn 3,5]), aber sich damit auch vom Menschen entfernt. Die Qual der Einsamkeit ist die Rache der Götter: er kann nicht mehr zu den Menschen zurück. Er ist, wie der Mythus sagt, an die einsamen Felshöhen des Kaukasus geschmiedet, verlassen von Göttern und Menschen

schreibt JUNG.[16]

Hier muss noch eine Bemerkung zur Bedeutung der *Pfeile* oder der *Lanze* angefügt werden, um die von ihnen beigebrachte Verletzung zu verstehen. In der Bibel ist oft von Pfeilen die Rede:

Hiob klagt: Denn die Pfeile des Allmächtigen stecken in mir, und mein Geist saugt ein ihr glühend Gift (Hiob 6,4). Ein Psalm (38,3) in Krankheit lautet ähnlich: Denn deine Pfeile haben mich getroffen, und deine Hand ist auf mich herabgefahren. Im Zorne des Herrn sind seine Pfeile geschärft und alle seine Bogen gespannt (Jes 5,26). In den Klageliedern (3,12) wird geklagt: Er [= der Herr] hat seinen Bogen gespannt und mich dem Pfeil zum Ziele gesetzt. Bei Ezechiel droht der Herr: wenn ich die bösen Pfeile des Hungers gegen dich abschiesse, damit sie Verderben bringen - ich werde sie abschiessen, euch zu verderben - (5,16).

Wiederum im Zorne enthüllt bei Habakuk, dem Propheten (3,9–11), der Herr gänzlich den Bogen, sein Köcher ist mit Geschossen gesättigt... Sonne und Mond vergessen ihres Aufgangs und bleiben in ihrer Wohnung beim Licht seiner fliegenden Pfeile, beim Glanz seines blitzenden Speers. Beim Propheten Sacharja (9,13–14) droht der Herr: 'Denn ich spanne mir Juda als Bogen, lege Ephraim auf [als Pfeil]... Alsdann wird der Herr über ihnen [den Söhnen Jawans] erscheinen, und seine Pfeile schiessen heraus wie Blitze.

Projektile haben mit dem zu tun, was wir *Projektion* nennen.[17] Obwohl dieser Begriff in aller Leute Mund ist, wird er selten richtig verstanden.[18] Wie die erwähnten Beispiele aus der Bibel zeigen, ist das Selbst oder ein Archetypus die projizierende Instanz, nicht der

16 Die Beziehungen zwischen dem Ich und dem Unbewussten. GW 7 § 243 A1.

17 L. Honko: Krankheitsprojektile.

18 Marie-Louise von Franz: Spiegelungen der Seele, S. 29f.

Mensch. Deshalb bedeutet eine solche Projektion eine Verwundung durch einen Gott oder im Falle des Eros durch einen Daimon.[19] Sinnvollerweise ist Amor mit Pfeil und Bogen dargestellt, wie auch der indische Gott *kama*. In psychologischer Sprache ist es das Selbst, das dem Menschen eine schicksalsträchtige Wunde zufügt, an welcher er entweder untergeht oder sich zum Helden wandelt. Held bedeutet immer, dass einer ein überpersönliches Schicksal zu leben hat: statt seines kleinen Ichs übernimmt der Archetypus des *Helden* die Führung in seinem Leben. Er dient nicht mehr den eigenen Bedürfnissen, sondern jenen der Menschheit in einem gewissen Masse.

Wir wenden uns nun der Alchemie zu, für welche das Motiv der Verwundung äusserst wichtig war. Das ganze Drama ist am vollständigsten in den Visionen des Zosimos dargestellt.[20] C. G. JUNG hat diesem Text eine eigene Arbeit gewidmet[21] und ihn auch mit der Opferhandlung der Messe verglichen.[22] In der ersten Vision sagt Ion, der Priester der innersten verborgenen Heiligtümer, er unterziehe sich einer unerträglichen Qual.

> Denn es kam einer um die Morgenfrühe in eilendem Laufe, der überwältigte mich und zerteilte mich mit dem Schwert, indem er mich durchbohrte, und zerriss mich entsprechend der Zusammensetzung der Harmonie. Und er zog die Haut meines Kopfes ab mit dem Schwert, das von ihm mit Macht gehandhabt wurde, und er fügte die Knochen mit den Fleischstücken zusammen und verbrannte das Ganze der Kunst entsprechend auf dem Feuer, bis ich wahrnahm, wie mein Körper verwandelt und zu Geist wurde. Und dies ist meine unerträgliche Qual.

Offensichtlich handelt es sich um ein Wandlungsmysterium. Der Visionär ist zunächst nur Zuschauer der grausamen Opferhandlung. Der Schock war für den Visionär schon so gross genug, als dass er schon hätte realisieren müssen, dass es um sein eigenes Selbstopfer geht. Und

19 A. Ribi: Was tun mit unseren Komplexen, S. 124.
20 Zosime de Panopolis: Mémoires authentiques. Michèle Mertens éd. Les Alchimistes Grecs t. IV, 1re partie, p. 35 ff.
21 GW 13 § 86 f.
22 GW 11 § 344.

Abb. 5: Zehn Adler schiessen ihre Pfeile auf Hermes Trismegistus, die alchemistische Erzautorität, der die Vereinigung der Gegensätze demonstriert.
Titelbild von Senior: De chemia, abgedruckt in: Theatrum Chemicum V (1660), p. 192.

zwar geht die Wandlung vom Körper zum Geist. Der alte Adam, der nur natürliche körperliche Mensch muss geopfert, zerstückelt und verbrannt werden, damit aus der Asche ein neuer, geistiger Mensch entsteht. Dies ist ein qualvoller Prozess.

Das *Symbolum saturni* des zweiten Teils der *Aurelia Occulta*[23] erzählt die Geschichte des alten Adams, der, weil er nicht aus dem Paradiesgarten weichen wollte, sechs Hiebe empfing *(post plagas sex acceptas)*. Eva fing das einigen Wunden entströmende Blut auf. Im gemeinsamen Bad erwarteten sie beide den Tod, um gemeinsam zu auferstehen und einen Sohn von bestem Wesen *(supremae essentiae)* zu zeugen. Es ist für den alten Adam nicht einfach, den Paradiesgarten *(hortus delitiarum)* zu verlassen. Die Verwundung ist die treibende Kraft dafür. Denn diese Wunde führt zum gemeinsamen Tode, damit der Sohn, das Symbol des Neuen und der Vereinigung der Gegensätze gezeugt werden kann.

GERHARD DORN gibt in seiner *Speculativa Philosophia*[24] eine interessante Darstellung:

> Nach dem Ungehorsam der ersten Menschen verengte der Herr diese äusserst weite Strasse (zu diesem allerglücklichsten Ort = Paradies) zu einem sehr engen und schwierigen Bergpfad und setzte an seinen Eingang den Engel Cherub [Gn 3,24] mit einem zweischneidigen Schwert in der Hand, mit welchem er allen den Zugang zur glücklichen Heimat

23 J.J. Manget: Bibliotheca chemica curiosa II p. 216.

24 Theatrum Chemicum II (1659), p. 254: Post primam hominis inobedientiam, Dominus viam hanc amplissimam in callem strictissimam difficilimam (ut videtis) restrinxit, in eius ostio collocavit Cherubin angelum, quo quidem arceret omnes ab introitu felicis patriae: hinc deflectentes Adae filii propter peccatum primi sui parentis, in sinistram latam sibimet viam construxerunt, quam evitastis. Longo postea temporis intervallo D.O.M. secreta secretorum suorum introivit, in quibus amore miserente, accusante iustitia, conclusit angelo gladium irae suae de manibus eripere, cuius loco tridentem hamum substituit aureum, gladio ad arborem suspenso: et sic mutata est ira Dei in amorem, servata iustitia: quod antequam fieret, fluvius iste non erat, ut iam, in se collectus, sed ante lapsum per totum orbem terrarum roris instar expansus aequaliter: post vero redivit unde processerat, tandem ut pax et iustitia sunt osculatae se, descendit affluentius ab alto manans aqua gratiae, totum nunc mundum alluens.

Abb. 6: Adam als "prima materia", vom Geschoss Merkurs durchbohrt, lässt die "arbor philosophica" aus sich hervorwachsen. Miscellanea d'alchimia (15. Jh.) C. G. Jung: Psychologie und Alchemie. GW 12.

> verwehrte. Von da bauten die Söhne Adams wegen der Sünde ihrer Voreltern für sich eine breite Strasse zur linken, die du meidest. Lange Zeit nachher ging der *Deus Optimus Maximus* ins Innerste seiner Geheimnisse, in welchem er, wegen des Erbarmens der Liebe und der Anklage der Gerechtigkeit, beschloss, dem Engel das Schwert des Zornes aus der Hand zu nehmen, und an dessen Stelle setzte er den goldenen, dreizackigen Angelhaken, nachdem er das Schwert an den Baum gehängt hatte; und so wandelte sich die Art Gottes in Liebe um unter Bewahrung der Gerechtigkeit. Vor dem Sündenfall lief ein Fluss wie Tau gleichmässig über den ganzen Erdkreis hin [Gn 2,10]. Nachher aber ging er zu seiner Quelle zurück. Als sich Friede und Gerechtigkeit geeinigt hatten, floss das Wasser der Gnade ⟨wieder⟩ reichlicher von oben herab, das die ganze Welt benetzt.[25]

Das Interessante an diesem Text ist, dass sich Gott selber gewandelt hat vom zornigen Gott zu dem der Liebe. Das weist auf das Wandlungsmysterium als eine doppelte Wandlung hin, nämlich sowohl des Menschen wie Gottes. Die Qual des Menschen durch seine Verwundung hat eine Rückwirkung auf Gott selber.[26] Die Wandlung des Menschen geschieht in ungleich kürzeren Zeiträumen als jene Gottes. Diejenige bei GERHARD DORN ist wohl jene vom alttestamentarischen Jahwe zum Gott des Neuen Testaments. Solche säkularen Wandlungen sind zu beobachten, wie ich in meinem Buch 'Zeitenwende' dargelegt habe.

Ein ähnlich vollständiges Wandlungsmysterium wie jenes in den Visionen des Zosimos findet man beim englischen Canonicus und Alchemisten GEORGIUS RIPLAEUS (1415–1490) von Bridlington. C. G. JUNG hat der Cantilena ein ganzes Kapitel in seinem *Mysterium coniunctionis* gewidmet[27], so dass ich mich auf die uns hier interessierenden Aspekte beschränken kann. Vom König heisst es im dritten Vers, er sei von Geburt an zeugungsunfähig (erat sterilis Rex in genitura). Er fragt sich, weshalb er über so viele so nutzlos, steril und ohne Nachkommen König sein könne. Dieselbe Frage stellt sich der König in der Visio Arislei. Obwohl er ohne natürlichen Leibesfehler *(sine maculis alvi naturalis)* sei, sagt der

25 GW 11 § 357 A 96.
26 Siehe C. G. Jung: Antwort auf Hiob. GW 11 § 553 ff.
27 4. Die Heilung des Königs. GW 14/II § 21 ff.

König der Cantilena, müsse ein *'defectus originalis'* oder ein natürlicher Grund vorliegen. Für einen Kleriker kann *defectus originalis* (ursprünglicher Mangel) nichts anderes heissen als Erbsünde *(peccatum originale)*. Das passt zur Auffassung von GERHARD DORN, der in *'De tenebris contra naturam'* den Sündenfall (Gn 3) dahin interpretiert, dass

> für die in die Natur durch die Schlange eingeführte Krankheit und die ihr zugefügte tödliche Wunde das Heilmittel zu suchen sei.[28]

Abb. 7: Die gekreuzigte Schlange bezieht sich auf 4. Mose 21,9, wo die eherne Schlange (Saraph) die von den Schlangen Gebissenen immunisiert, damit sie am Leben bleiben: die Heilschlange.
Aus: Livre des figures hiéroglyphiques. Paris, Arsenal, in: J. van Lennep: Alchimie, p. 138.

28 Theatrum Chemicum I (1659) p. 457: naturae siquidem per serpentem introducto morbo, lethalique inflicto vulneri quaerendum est remedium.

Der Sündenfall hat demnach die Ordnung der Natur gestört. Der Sündenfall besteht in der Bewusstwerdung:

> Dass, sobald ihr davon esset, euch die Augen aufgehen werden und ihr wie Gott sein und wissen werdet, was gut und böse ist (Gn 3,5).

Bewusstwerdung ist gewissermassen ein *Opus contra naturam* (Werk gegen die Natur), und das ist die kulturelle Aufgabe des Menschen. Das Bewusstsein ist sozusagen ein Kunstprodukt, eine Abspaltung aus der vorgeburtlichen Ganzheit des Menschen, welche dem *hortus deliciarum* (Paradiesgarten) entspricht. Die Verwundung entsteht aus dem Gegensatz von Natur und Kultur. Der König beklagt wiederum im siebten Vers seine unfruchtbare Natur *(infoecunda igitur mea est natura)*, weil keine Vereinigung der Gegensätze stattfindet, aus welcher neues Bewusstsein entstehen könnte: Die Form meines Körpers bleibt immer schön und genügend hart.[29] Ein solches Bewusstsein funktioniert vorzüglich, aber hat die Tendenz, sich zu verhärten, was sich zum Beispiel in Prinzipienreiterei bemerkbar macht (satis dura). Weiter klagt der König, dass, wenn er nicht bald das Heilmittel erhalte, er nicht zeugen könne, weil es zu spät sei, und es mit ihm, dem Alten der Tage, zu Ende gehe.[30] C. G. JUNG hat auf die scheinbare Blasphemie hingewiesen, wenn ein Kleriker seinen König mit dem "Alten der Tage" (Dan 7,9) identifiziert, einem erhabenen Gottesbild. Der König als das herrschende Bewusstsein steht hier noch an der Stelle des Selbst, der umfassenden Ganzheit, und steht ihm im Wege, so dass er untergehen muss. Mit dem Ausdruck des "Alten der Tage" oder in der Übersetzung der Zürcher Bibel "Hochbetagten" ist auf die Altersschwäche des Gottesbildes hingewiesen. Selbst in der Vision des Propheten Daniel wird Macht, Ehre und Reich vom Hochbetagten dem Menschensohn übertragen. Es scheint selbst hier eine Erneuerung des Gottesbildes statt zu finden. Wir wissen nicht, inwiefern diese Erneuerung mit dem innergöttlichen Leben zu tun hat, das wir nicht kennen. Sicher ist, dass das

29 8. Strophe: Massa mei corporis semper est mansura valde delectabilis atque satis dura.

30 10. Strophe: generare nequeo, quia tempus serum est et ego stupeo antiquus dierum.

Bild, das *wir* uns von Gott machen, zu eng geworden ist. Unsere Auffassung von ihm als einer lebendigen Wirksamkeit für unser Leben muss erweitert werden, um sich der Vielfalt anzupassen.

Das Bedauern über die verlorene Jugend finden wir nochmals in Strophe 11:

> Ich bin gänzlich meiner Jugendblüte beraubt, der Tod ist völlig in mich eingedrungen, aber mit grossem Staunen habe ich vernommen, dass ich aus dem Munde Christi[31] vom Himmel her wiederum geboren werden soll, ich weiss nicht durch was für eine Liebe.[32]

Für die Wiedergeburt ist offensichtlich eine kosmische Liebe verantwortlich. Bei einem Kleriker würde man zwar die Liebe Christi erwarten, wo dieser doch selber schon im Gespräch mit Nikodemus auf die Wiedergeburt hinweist (Joh 3,4). Allerdings würde er die Liebe Christi nicht als eine unbekannte bezeichnen. Viel eher könnte sich das "aus Christi Mund" auf das Gespräch mit Nikodemus und den Logos (Joh 1,4) beziehen.

Erst in der nächsten Strophe merkt man, dass der König alchemistisch als die Wandlungssubstanz zu verstehen ist, wenn es heisst:

> 12. Anders kann ich das Reich Gottes nicht von hier aus betreten, als dass ich mich demütige, von neuem geboren zu werden. Ich will mich dem Mutterleib wieder anpassen und mich in die erste Materie auflösen.[33]

In der nächsten Strophe 13 merkt man, woher die Motivation zu der Wandlung des Königs kommt:

> 13. Dazu regte den König die eigene Mutter an, und sie machte sich schleunigst zu seiner Empfängnis bereit, indem sie ihn unter ihrem Gewand verbarg, bis sie ihn wiederum aus sich im Fleische erstehen liess.[34]

31 Ich verwende hier die bessere Lesart. GW 14/II § 35 A 85.

32 Me praedarum penitus iuventutis flore, mors invasit funditus, Christi sed ab ore, me audivi coelitus, grandi cum stupore, renascendum denuo, nescio quo amore. Der lateinische Text folgt in der Regel der gedruckten Ausgabe von Ripleys Text: Riplaeus: Opera omnia chemica. Kassel 1649.

33 Regnum Dei aliter nequeo intrare hinc ut nascar denuo me humiliare volo matres sinibus meque adaptare in primam materiam et me disgregare.

34 Ad hoc mater propria regem animavit, eiusque conceptui sese acceleravit, quem statim sub chlamyde sua occultavit, donec eum iterum ex se incarnavit.

Das Bergen unter dem eigenen Gewand ist ein alter Adoptionsritus, womit der Autor den anstössigen Inzest umgehen konnte. Der Inzest ist nur dann anstössig, wenn man ihn konkret versteht. Symbolisch bedeutet er, dass bei der Wandlung nichts Fremdes dazu kommt. Das Bewusstsein geht wieder zu seiner Quelle zurück, aus der es einst entstanden war, um erneuert wieder zu erstehen.

In der Folgenden Inkubationszeit legt sich die Königinmutter zu Bett, verriegelt die Tür ihrer Kammer und isst Pfauenfleisch und trinkt das Blut des grünen Löwen, das ihr Mercurius mit dem Geschoss der Leidenschaft in einem goldenen Babylonischen Becher verabreicht.[35]

JUNG hat die Bedeutung des Essens von Pfauenfleisch und Trinkens des Blutes des grünen Löwens ausführlich interpretiert.[36] Ich möchte bloss auf den merkwürdigen Umstand hinweisen, dass ihr Mercurius das Blut mit dem Geschoss der Leidenschaft im goldenen babylonischen Becher reicht. Auch Mercurius ist wie Amor ein Bogenschütze, womit auf seine penetrierende Fähigkeit hingewiesen wird. Es gibt zahlreiche Abbildungen von dieser Eigenschaft des Mercurius.

Abb. 8: Der penetrierende Merkur. Speculum veritatis (Vatikan, 17. Jh.). C. G. Jung: Psychologie und Alchemie: GW 12.

35 17. Vescebatur interim carnibus pavonis et bibebat sanguinem viridis leonis, sibi quem Mercurius telo passionis Ministrabat aureo scypho Babylonis.

36 GW 14/II § 48–86.

Das Geschoss der Leidenschaft *(telum passionis)* weist nicht nur auf den oben erwähnten Projektionsvorgang hin, sondern auf die damit verbundene Faszination. Jeder unbewusste archetypische Inhalt übt eine ungeheure Faszination auf das Bewusstsein aus. Das erlebt man, wenn man sich verliebt. Man glaubt dann, die Faszination gehe von der geliebten Person aus, die zum Objekt der Begierde wird. Dass dem nicht so ist, erkennt man daran, dass sie nicht verschwindet, sobald man im Besitz des geliebten Objektes ist. Den meisten Menschen fällt es schwer, zu unterscheiden zwischen dem Objekt, das die Faszination der Verliebtheit ausgelöst hat und dem unbewussten Inhalt, der die faszinierende Wirkung auf das Bewusstsein ausübt. In der Regel ist diese Unterscheidung auch unnötig, solange alles gut geht. Sie ist erst bei Komplikationen in einer Beziehung wichtig. Eine meiner Analysandinnen hatte eine Vergewaltigung erlebt, worauf sich ihr Gefühl von den Männern zurückgezogen hatte. Jahrzehnte später verliebte sie sich plötzlich in einen Mann in ihrem Umfeld. Zunächst schien auch bei ihm eine grosse Faszination zu bestehen, doch nach einiger Zeit bedeutete er ihr, dass er nicht gesonnen sei, seine Familie zu verlassen und dass er ihre Gefühle nicht erwidern könne. Meine Analysandin fiel in eine schwere Depression, denn sie konnte diesen Mann, der ihre "grosse Liebe" war, nicht aus ihrem Herzen verbannen, zumal sie ihn täglich sah. Ich versuchte ihr den Sinn ihres Erlebnisses als Heilungsversuch ihres früheren Traumas deutlich zu machen. Dazu hätte sie das geliebte Objekt von ihren Gefühlen trennen müssen. Das Wunder war, dass sie nach Jahrzehnten wieder solcher intensiven Gefühle der Liebe fähig war. Sie konnte das aber nicht verstehen, sondern versuchte diesen Mann zu vergessen, womit sie sich amputierte.

Die Liebesleidenschaft gehört daher zur Diät der Königin. Der goldene babylonische Becher ist eine Anspielung auf die Offenbarung Johannes 17,4, wo es heisst:

> Und ich sah ein Weib auf einem scharlachroten Tier sitzen, das voll gotteslästerlicher Namen war und sieben Köpfe und zehn Hörner hatte. Und das Weib war angetan mit Purpur und Scharlach und übergoldet mit Gold und Edelsteinen und Perlen, und sie hatte einen goldenen Becher in ihrer Hand, voll von Greueln und dem Schmutz ihrer Unzucht, und an ihrer Stirne stand ein Name geschrieben, ein Geheimnis: "Das

> grosse Babylon, die Mutter der Buhlerinnen und der Grund der Erde." Und ich sah das Weib trunken vom Blute der Heiligen und vom Blute der Zeugen Jesu; und ich verwunderte mich sehr, als ich sie sah.[37]

Dieser Becher enthält einen antichristlichen Schatten, den die Königinmutter integrieren muss, was für einen Kanonikus ein schwerverdauliches Stück darstellen dürfte. Es könnte ähnlich sein wie das, was JUNG in seinen Erinnerungen[38] von seiner Mutter, der Pfarrfrau erzählt:

> Es war bei Tisch einmal die Rede davon, wie langweilig die Melodien gewisser Kirchenlieder seien. Man sprach von der Revision des Gesangbuches. Da murmelte meine Mutter [in ihrer zweiten Persönlichkeit]: "O du Liebe meiner Liebe, du verwünschte Seligkeit."

Sie hatte genug von diesem frommen Getue im Pfarrhaus und der Pfarrgemeinde. Die frommen Gedanken und Handlungen gehören zum Alltag des Klerikers, doch vieles davon sind abgedroschene Phrasen, in denen kein Leben mehr steckt. Die Wandlung geht auch dahin, alles leblose abzuschütteln und zum natürlichen Leben zurück zu finden. Unter dem Antiquierten kann auch manches Stück von Liebgewonnenem sein, das einst gelebt hat, aber zur Reliquie geworden ist. Es verwundert nicht, dass das Abschütteln dem herrschenden Bewusstsein wie ein Sakrileg vorkommt. Darum ist das Opfer kein leichtes.

Diese Störung kann schon sehr früh auftreten, wenn es im *Traktat INTROITUS APERTUS AD OCCLUSUM REGIS PALATIUM* des anonymen Philosophen PHILALETHA heisst:

> Das ist unser Hermaphroditenkind, das von der ersten Wiege an durch den Biss des tollwütigen Corascenischen Hundes infiziert wurde und daher an Hydrophobie (Wasserscheu) verblödet und krankt, ja obwohl ihm das Wasser als etwas Natürliches näher ist, dieses trotzdem fürchtet und flieht, o Schicksal![39]

37 Offb. 17, 3–6.
38 S. 55.
39 Musaeum Hermeticum (1678) p. 658. Hic est infans Hermaphroditus, qui a primis suis incunabulis per Canem Corascenum rabidum morsu infectus est, unde perpetua hydrophobia stultescit, insanitque, imo licet aqua sit sibi quavis re naturali propinquior, tamen illam horret ac fugit, o fata!

Ein Mann mittleren Alters träumte, seine Mutter habe ihn mit Toxoplasmose angesteckt. Der Träumer wusste darum, dass die durch Protozoen hervorgerufene Krankheit bei der Mutter latent sein kann, aber durch eine Infektion *in utero* beim Kind zu schweren Schädigungen an Gehirn, Augen und anderen Organen führen kann, die den Tod in den ersten Wochen oder dauernden Schwachsinn zur Folge haben. Obwohl das Zitat des PHILALETHA symbolisch auf den alchemistischen Prozess bezogen ist, kann das Verwandlungsmotiv auch so konkret in Träumen auftreten.

Auch in der *Aurora consurgens II* sind gewisse Anklänge ans Hohelied feststellbar. Dort heisst es von der *Mater Alchimia*, sie habe nach Kräutern geschickt, um ihren kranken Körper zu heilen. Sie sei schon von doppeltem Glanz des Mondes und der Sonne gefärbt, nämlich vom Scheitel zur Brust golden, von der Brust bis zum Schenkel silbern, vom Schenkel bis zum Knie hydropisch, und vom Knie bis zur Fussohle gelähmt. Daher könne sie sich nicht erheben und sei gebrechlich. Sie wurde zum Meister Macrum geschickt, dem allererfahrensten Kräuterarzt, damit sie von Wassersucht und Lähmung geheilt würde. Der Meister ging zum Berg Mambracum, wo er die schönsten Kräuter sammelte, die besseren, stärkeren und vornehmeren. Als er auf den Berg stieg, fand er ein besonders schönes Kraut von verschiedenen Farben, das er ausriss und zur Mater Alchimia brachte. Diese sagte, er solle sich über ihre Gestalt nicht wundern, denn von der Sonne sei sie bis zur Brust geschmückt, vom Mond bis zum Schenkel, dass sie vom Schenkel bis zum Knie infiziert und wassersüchtig sei, habe seinen Grund darin, dass ihr Körper bisher unvollständig und unvollkommen sei. Sie habe nach ihm geschickt, damit er sie heile, und sie werde ihn dafür reich beschenken. In ihrem Labor würde selber jene beruhigende ewige Medizin hergestellt. Magister Macer erfüllte ihren Wunsch und sandte ein stärkeres wirksameres und besseres Kraut, das Lolium heisst. Damit wurde die Mater Alchimia gesund und beschenkte ihn reichlich.[40] Diese Wunderkraut wird bei Matthäus 13,25 und 13,38 erwähnt im Gleichnis vom Unkraut unter dem Weizen.

40 Artis Auriferae I, p. 196–199.

> Der Acker ist die Welt; der gute Same, das sind die Söhne des Reiches; das Unkraut, sind die Söhne des Bösen; der Feind, der es aussät, ist der Teufel; die Ernte ist das Ende der Welt... und die, welche tun, was wider das Gesetz ist, werden in den Feuerofen geworfen. Dort wird Heulen und Zähneknirschen sein (Matt 13,38–42).

Lolium ist der Afterweizen oder Lolch, der zwischen dem Weizen als Unkraut schnell aufwächst, aber schnell verwelkt. Das ist, was der Mater Alchimia Heilung bringt, denn es ist das verdrängte, unerlöste Stück des Lebens, das nicht verworfen, sondern integriert werden soll, womit eine Erweiterung des Bewusstseins verbunden ist. Diese Krankheit der Mater Alchimia, die auch bei JOH. DAN. MYLIUS[41] beschrieben wird, hat damit zu tun, dass die Alchemisten ihre Suche noch nicht als psychischen Prozess verstehen konnten, sondern ihn konkretistisch missverstanden.

Die Verwundung setzt stets einen Bewusstwerdungsprozess in Gang, denn im *Consilium coniugii* heisst es:

> In den Rätseln heisst es, der Stein [der Weisen] töte sich selbst mit seinem eigenen Pfeil, mache sich mürbe und verlobe sich selbst, und röte sich selbst, löse und verfestige sich selbst [das berühmte 'solve et coagulà'], hefte und tränke sich selbst, und die Seele bereite den Körper und der Körper die Seele.[42]

Jede dieser Stufen sind Stufen im alchemistischen Prozess. Daraus erkennt man, dass die treibende Kraft das Selbst ist. In der psychischen Entwicklung duldet die Natur keinen Stillstand, und das ist das Schmerzhafte an diesem Prozess. Wenn man endlich unter grossen Mühen eine Stufe erreicht hat, möchte man sich dort verschnaufen, aber etwas drängt weiter und gönnt einem keine Ruhe. Das Leben ist Veränderung. Das ist man sich allgemein zu wenig bewusst. Der Alchemist HEINRICH KUNRATH setzt es im Hylealischen, das ist Pri-Materialischen Catholischen oder Allgemein Natürlichen Chaos (1597) so:

41 Philosophia reformata p. 139–140.

42 J.J. Manget: Bibliotheca chemica curiosa II p. 255 A–B: Quia in aenigmatibus dicitur, lapis proprio iaculo interficit seipsum, macerat et desponsat seipsum, et rubificat seipsum, solvit et coagulat seipsum, figit et imbibit seipsum, et anima praeparat corpus, et corpus animam.

> Von *Sich Selbst / Aus Ihme / In Ihme / und Durch Sich Selbst* wird vollbracht und verfertigt der *Stein* der Weisen / dann es ist nur *Einer*: gleich einem Baum (sagt Senior) dessen Wurzeln / Stamm / Äste / Zweige / Blätter / Blüte und Früchte / von ihme seynd / und durch ihn / auss ihme / an ihme / und alle von einem Samen herkommen. Er ist *Alles Selbst* / nichts frembdes macht ihn [...] Er ... empfangt von sich selbst / schwängert sich selbst. *Er* ... tödtet sich selbst mit seinem eigenen Pfeil; er vermählet sich selbst / fäulet und löset sich selbst auff; schwärtzet / coaguliert, weisset / figiret und röthet sich selbst; Er imbibirt sich selbst; und *Seine Seele / Vermittelst Seinem Geiste* / praepariret *Seinen Eigenen Leib* / und *Sein Leib Nimmt An Hinwiederum Seine Eigene Seele.*[43]

Im ursprünglich arabischen Traktat *"Consilium coniugii seu de massa Solis et Lunae"* sagt ein gewisser Weiser von diesem Opus in einem allerschönsten Gleichnis vom Mann und der Frau der Kunst:

> Wer mich Elende verletzt und aus meiner Ruhe zugrunde richtet, dem füge ich eine Wunde bei in seinem Gesicht, worauf ich die Flucht ergreife. Damit vermeidet man eine übertriebene Hitze. Die Elende ist die schwache Mondfeuchte. Wer mich mit Gewalt von meinem Platz wegträgt, das heisst von meiner Luft, und meinen Geliebten mit mir verbindet, das heisst Sonne und Mond in einem Körper, in ihrem Wasser, vereint. Die Pfeile aus unserem Köcher, das sind die feuchten Dämpfe, werden unsere Körper verbinden und das Leben erneuern und wir werden nie wieder sterben. Wenn [...] unsere Vorkämpfer oder Fortsetzer, das sind unsere Eltern, sterben werden, werden die Seelen dem Sohne übergeben, das ist, dem Lebenswasser. Wir werden ⟨dagegen⟩ bewusstlos, das heisst ohne Geist, auf der Erde liegen, der schmutzigen Kleider entblösst, nämlich der Farben und unserer Tinkturen, welche von Natur aus unschön sind, weil sie im Kot und Dreck der Erde und natürlicherweise an düsteren Orten verborgen und nur in der Meinung der Leute kostbar sind [...] Darum hat einer gesagt: Und wenn ich nackt zu den Himmeln aufsteige, werde ich bekleidet zur Erde zurückkehren, und werde ich die Mineralien vollenden.[44]

43 Nachdruck der Ausgabe 1708, p. 12–13.

44 Theatrum Chemicum V (1660) p. 458: Et de isto opere quidam sapiens, pulcherrimam similitudinem de viro scilicet et muliere artis locutus est, dicens: Qui me miserculam offenderit, et a quiete mea disperserit, do plagam in faciem suam, per quam fugam capiam, per hoc tangit evitare excessum caloris, miserculam, id est, humiditatem teneram Lunarem, et

Einen ähnlichen Text finden wir in ROSINUS A SARRATANTAM EPISCOPUM[45]

> Er, der mich Elende, die ich die Mond- und Merkurmaterie enthalte... und meinen Geliebten, das heisst, die Sonnenfettigkeit, mit mir, das heisst, der Mondfeuchte, koppelt und zu einem Körper verbindet, hat den Pfeil aus unserem Köcher.[46]

In beiden Texten ist es die *prima materia* oder die Seele, die den Alchemisten anfleht, sie mit ihrem 'Geliebten' zu vereinen. Das ist ein Zeichen dafür, dass sich ein Teil zu weit vom Gegenstück entfernt hat, wodurch eine seelische Stagnation entsteht. Das Leben fliesst nicht mehr, *de meo corpore non fluit tinctura*[47], sagt der Alte König in der *Cantilena Riplaei* (Strophe 7). Das ist ein Zustand, der im Leben immer wieder stattfindet. Die alchemistischen Texte weisen aber auf eine grundsätzliche Sanierung hin, bei der die Gegensätze so fest miteinander verbunden werden, dass das Leben dermassen regeneriert wird, dass es keinen Tod mehr gibt.[48] Das ist das *opus magnum* im Leben. Da alle Alchemisten trotzdem gestorben sind, muss es sich um ein Lebensgefühl handeln, das vom psychischen Tod nicht berührt wird. Es ist nicht ein Zustand des Abgehobenseins von der Realität, sondern

qui me de loco meo vi abstulerit id est, de aere meo, et dilectum meum mecum vinculaverit, id est, coniunxerit Solem cum Luna in uno corpore, in aqua sua, sagittae ex pharetra nostra, id est, humores vaporis nostri corporis vindicabunt nos, et vitam regenerabunt, et nunquam de caetero morientur, et si [...] propugnatores nostri, vel propagatores, id est, parentes nostri peribunt, id est, morientur, tradentes animas filio, id est, aquae vivae, et nos amentes, id est, sine mente, scilicet sine spiritu, iacebimus scilicet in terra, et vestibus vilibus denudati, id est, coloribus, et tincturis nostris, quae ex natura sunt vilia, quia in stercore et in limo terrae, et in opacis locis naturaliter volunt latere, et sola opinione hominum preciosa sunt.

45 Rosinus ist ein verdrehter Zosimus.

46 Artis Auriferae I, p. 293: Qui me miserculam: id est, me habentem materiam Mercurialem et lunarem... ac dilectum meum: id est, pinguedinem solarem mecum: id est, eum humilitate Lunari vinculaverit: id est, in unum corpus coniunxerit, Sagitta ex Pharetra nostra...

47 aus meinem Körper fliesst keine Tinktur mehr.

48 Rosinus ad Sarratantam: regenerabunt nos in vitam per quam non erit ultra mors. Artis Auriferae I, p. 293.

einer, in welchem wieder alle Gegensätze geeint sind wie vor der Geburt. Die Verwundung hat in letzter Konsequenz eine positive Entwicklung zur Folge, ohne dass man sie als *'Vulnus dulce'* bezeichnen könnte, weil sie nichts weniger als eine Nachtmeerfahrt zur Folge hat. In ihr wird der physische Tod seelisch antizipiert und deshalb überwunden.

Der Mond mit seinen ständig wechselnden Phasen bot sich vorzüglich als Symbol für den unheimlich kalten und feuchten Seelenhintergrund an, von welchem die Bedrohung auf das solare Bewusstsein ausgeht. Es ist der *draco frigidus,* der die Frau im Grab umschlingt und den sie umbringt in der *Atalanta fugiens* des MICHAEL MAIER (Emblema L). Dieses Emblem ist die Darstellung aus dem Sermo 59, der Turba Philosophorum:

> Weiter gebe ich euch kund, dass der 'Drache' niemals stirbt. Die Philosophen haben jedoch die Frau, die ihre Männer tötet, dem Tod preisgegeben; denn der Leib jener Frau ist voll von 'Waffen' und 'Gift'. Es werde daher für jenen Drachen ein 'Grab(mal)' ausgehoben, und jene Frau mit ihm begraben, der mit jener Frau fest gefesselt, je mehr er sie bindet und sich um sie herumwälzt, desto mehr durch die weiblichen 'Waffen', die im Körper der Frau geschaffen sind, in Teile zerschnitten wird. Wenn er sich aber mit den Gliedern der Frau vermischt sieht, wird er des Todes sicher, und wird ganz in 'Blut' gewandelt. Wenn aber die Philosophen ihn in 'Blut' umgewandelt sehen, so lassen sie ihn einige Tage in der Sonne, bis seine Weichheit verzehrt ist und das 'Blut' trocknet und sie jenes 'Gift' finden.[49]

49 J. Ruska: Turba Philosophorum S. 247. Lateinischer Text S. 162: Item notifico vobis, quod Draco nunquam moritur. Philosophi tamen mulierem suos coniugos interficientem [vgl. Buch Tobit 6,15] neci dederunt; illius enim mulieris venter armis plenus est et veneno. Effodiatur igitur sepulchrum illi Draconi et sepeliatur illa mulier cum eo, qui cum illa fortiter vinctus muliere, quanto magis eam nectit et volvitur circa eam, tanto corpus eius muliebribus armis in mulieris corpore creatis in partes secatur. Videns se autem in mulieris artubus mixtum, certus fit morte, et totus vertitur in sanguinem. Videntes autem philosophi ⟨ipsum⟩ in sanguinem versum, in sole dimittunt per dies, quousque eius lenitudo consumatur et sanguis arescat et venenum inveniunt illud.

EMBLEMA L. *De secretis Naturæ.* 209

Draco mulierem, & hæc illum interimit, simulque sanguine perfunduntur.

EPIGRAMMA L.

Alta veneno so fodiatur tumba Draconi,
Cui mulier nexu sit bene vincta suo:
Ille maritales dum carpit gaudia lecti,
Hæc moritur, cum qua sit Draco tectus humo.
Illius hinc corpus morti datur, atque cruore
Tingitur: Hæc operis semita vera tui est.

Dd DRACO-

Abb. 9: Der Drache tötet die Frau und sie ihn als Darstellung zum Sermo 59 der Turba philosophorum.
Aus: Michael Maier: Atalanta fugiens, 1618.

Das Gift des Drachens ist das Elixir, welches stets die Doppelbedeutung von Heilmittel und Gift hat, denn für die einen ist das Unbewusste das Heilmittel zur Erneuerung des Lebens und für die andern ist es ein gefährliches Gift.

Eine ähnliche Idee erscheint im Emblem V der *Atalanta fugiens.*[50] Dort heisst es, man soll der Frau eine Kröte an die Brüste legen, damit sie diese mit Milch ernähre. Dabei gedeiht die Kröte, und die Frau stirbt. Die kranke Frau lässt ihr Leben, woraus (wohl aus der Kröte) ein vorzügliches Medikament gemacht werden kann, durch welches das Gift aus dem menschlichen Herzen weicht und die Seuche verschwindet.[51]

Das ist wiederum eine Illustration eines alchemistischen Textes, nämlich des *Tractatulus Aristotelis de Practica lapidis Philosophici.*[52]

> Binde einer stillenden Frau die Hände auf den Rücken, damit die den Sohn nicht wegschlagen kann. Setze eine Kröte über ihren Händen an, damit sie sie säuge, bis sie stirbt. Und die Frau stirbt im Feuer, während die Kröte von der Milch dick wird.[53]

Hier ist die Kröte offensichtlich der *Filius Philosophorum* (Sohn der Philosophen, Königssohn), dessen Mutter stirbt, damit er gedeihen kann. Er ist das Vereinigungsprodukt der Gegensätze auf einer noch kaltblütig animalischen Stufe, ähnlich jener des Drachens. Auch diese Stufe muss sich noch mehrmals wandeln bis zum Menschlichen.

Meist geht die Verwundung vom dunklen weiblich-mütterlichen Hintergrund aus. So durchbohrt eine gekrönte Melusine Christus oder Adam mit einer Lanze (Abb. 1) Die dabeistehende weibliche Figur ist Eva. OLYMPIODOR, ein früher griechischer Alchemist, lässt Hermes

50 l.c. S. 29.

51 Lateinischer Text: Foemineo gelidus ponatur pectore Bufo, instar ut infantis lactea pocla bibit. Crescat et in magnum vacuata per ubera tuber, et mulier vitam liquerit aegra suam. Inde tibi facies medicamen nobile, virus quod fuget humano corde, levetque luem.

52 Artis Auriferae I p. 369.

53 Liga ergo mulieri ablactanti manus post tergum, ut non possit affligere filium: appone super manus eius bufonem, ut ablactet eum donec moriatur, et fuerit mulier mortua in igne, erit bufo grossus de lacte.

EMBLEMA V. *De ſecretis Naturæ.* 29

Appone mulieri ſuper mammas bufonem, ut ablactet eum, & moriatur mulier, ſitque bufo groſſus de lacte.

EPIGRAMMA V.

Foemineo gelidus ponatur pectore Bufo,
Inſtar ut infantis lactea pocla bibat.
Creſcat & in magnum vacuata per ubera tuber,
Et mulier vitam liquerit ægra ſuam.
Inde tibi facies medicamen nobile, virus
Quod fuget humano corde, levétque luem.

D 3 TOTA

Abb. 10: Die Kröte ernährt sich an der Brust der Frau und vergiftet diese, woraus das Heilmittel hergestellt wird.
Aus: Michael Maier: Atalanta fugiens, 1618.

sagen: “La terre vierge se trouve dans la queue de la Vierge”.[54] Adam liegt tot am Boden, von einem Pfeil in die Brust getroffen, doch aus seinem Genitale wächst der wunderbare Baum, die *arbor philosophica.* Das bisherige Bewusstsein muss untergehen, damit der spontane Wachstumsprozess einsetzen kann (Abb. 6).

In der früher erwähnten arabisch überlieferten Schrift, *Turba Philosophorum* (Versammlung der Philosophen) heisst es:

> Und wisset, dass nichts kostbarer noch trefflicher noch färbender ist, als der ‘rote Sand des Meeres’. Der ‘Speichel des Mondes’ aber wird vereinigt mit dem ‘Licht der Sonnenstrahlen’, denn durch die Sonnenwärme wird der ‘Tau’ verfestigt. Dann wird der ‘Tau’ mit dem Verwundeten, dem Tode Ausgelieferten verbunden, und je mehr Tage vorübergehen, desto stärker verfestigt er sich, ohne zu verbrennen. Denn die Sonne kocht ihn und das ‘Feuer’ verfestigt ihn, und im Kriege mächtig, lässt sie das ‘Feuer’ das ‘Erdartige’ besiegen nach Beseitigung der Schwäche.[55]

Der Tau ist bei den Alchemisten ein beliebtes Symbol für das wunderbare Wasser, die *aqua permanens,* weil er vom wolkenlosen Himmel fällt. Er ist das reine Himmelswasser und da es nachts auftritt, wird es als Speichel des Mondes bezeichnet. Dieser muss mit dem Licht der Sonnenstrahlen, dem Licht des Bewusstseins vereinigt werden in einer Vereinigung von Gegensätzlichem. Das Bewusstsein muss den Inhalten des Unbewussten Verständnis entgegenbringen, wodurch diese Gestalt annehmen, das heisst, verfestigt werden. Ohne diese Mithilfe des Bewusstseins bleiben sie flüchtige Bilder. Erst durch die Verfestigung mittels des Verstehens können sie der Person integriert werden, wodurch ihre Schwäche beseitigt und sie für den Kampf im Leben gerüstet ist.

54 M Berthelot: Collection des Anciens Alchemistes Grecs III, p. 90.

55 l. c. S. 245. Lateinischer Text (S. 161): Et scitote, quod nil est preciosius nec excellentius nec tingentius maris arena rubra. Lunae autem sputum coadunatur cum radiorum solis luce, solis namque calore ros congelatur. Tunc illo vulnerato, neci dato [quod] ros iungitur, et quando magis dies transeunt, tanto intensius congelatur; nec comburitur, nam sol excoquit ipsum et congelat ac bello potens terrenum superare ignem facit, ablata infirmitate.

Es gibt einige Märchen, in welchen die Sonne gefangen, verwundet und geschwächt wird durch ein Heldenpaar.[56] In der japanischen Fassung entsteht aus dem durch einen Pfeilschuss vergossenen Sonnenblut der Mond: Da es keine Nacht gibt, ist es so heiss auf Erden, dass alle Pflanzen verdorren und die Menschen nicht schlafen können. Die Alten beschliessen, jemand solle auf die Sonne schiessen, um ihren Glanz und ihre Hitze abzuschwächen. Zwei junge Krieger machen sich auf den Weg. Nach Jahrzehnten erreichen sie den Rand der Welt, wo sich Himmel und Erde berühren. Dort stirbt der eine infolge der grossen Hitze, jedoch der andere schiesst einen Pfeil in die aufsteigende Sonnenscheibe. Die verwundete Sonne ist durch den Schuss so stark geschwächt, dass ihre Strahlen milder werden. (vgl. Abb. 4)

Das Bewusstsein kann auch zu dominierend sein, dass die unterschwelligen Regungen des Unbewussten gar nicht mehr wahrgenommen werden. Die Folge ist, dass das vegetative Leben abstirbt. Die kompensatorische Funktion des Unbewussten kommt zum Erliegen. Es herrscht völlige Einseitigkeit. Es gibt kein Gegensatzproblem und keine Zweifel mehr. Alles scheint sonnenklar. Andere Meinungen werden nicht gelten gelassen. Es gibt kein Abwägen mehr. Man merkt gar nicht, dass man vorgefassten Meinungen und Vorurteilen erliegt. Diese Psychologie ist nicht ganz unbekannt.

Eine interessante Parabel findet sich im alchemistischen Tractat *"De Sulphure"*[57], die C. G. JUNG ausführlich bespricht.[58]

Ein Alchemist, der seine *prima materia* im Schwefel zu finden glaubt, verzweifelt fast, weil er trotz allem Laborieren den Stein der Weisen nicht finden konnte. Nach langen vergeblichen Mühen und schlaflosen Nächten irrt er aus der Stadt und gelangt in einen sehr grünen Hain *(nemus viridissimus)* und mit allen Dingen ganz angefüllt. In ihm war ein Bergwerk von allen Mineralien und Metallen, und allerlei Tiere, alle Arten von Vögeln, allerlei Bäume, Kräuter und eine Fülle von Früchten. Es gab da verschiedene Aquaedukte, weil der Ort über

56 Hedwig von Beit (Marie-Louise von Franz): Gegensatz und Erneuerung im Märchen, S. 290–291.

57 Musaeum Hermeticum (1678) p. 631.

58 Mysterium coniunctionis. GW 14/I § 136f.

kein Wasser verfügte, ausser jenes, das mit verschiedenen Mitteln und Kanälen herangeführt wurde. Das wurde von mehreren Künstlern *(artifices)* aus verschiedenen Orten gebracht, besonders jenes klarere als alle übrigen Wasser aus den Strahlen des Mondes [= Tau], das der Nymphe dieses Haines vorbehalten war. Dort weideten auch Stiere und Widder [= die Frühlingssternzeichen]. Zwei Jünglinge hüteten sie, welche der Alchemist fragte, wem der Hain gehöre. Sie erwiderten, das sei der Hain unserer Nymphe Venus *(nostrae nymphae Venus)*. Unserem Alchemisten gefiel der Ort, doch er dachte trotzdem nur an seinen Schwefel. Schliesslich setzte er sich unter einen Baum und begann zu klagen über seinen Verlust an Zeit und Mühe: Alle würden sagen, die Sache sei gewöhnlich, billig und leicht, und ich bin ein gelehrter Mann und kann mir diesen gemeinen Stein nicht ausdenken. Er begann den Schwefel dafür anzuklagen, denn der Schwefel war ohne Wissen des Alchemisten in jenem Hain. Indessen hörte er eine Stimme wie von einem Alten: Mein Freund, weshalb verklagst du den Schwefel? Weil der Alchemist niemand sehen konnte, erschrak er heftig. Die Stimme fragte wiederum: Mein Freund, warum betrübst du dich so? Als er sich vom Schrecken erholt hatte, sagte er: Mein Herr, der Darbende denkt immer an Brot, so denke ich ständig an den Stein der Weisen. Die Stimme erklärt ihm, dass der Schwefel schon das wahre Ausgangsmaterial fur den Stein sei, doch habe er zu Recht den Schwefel gescholten, denn dieser sei im schwersten Kerker und könne keinem helfen. Auf die Frage, weshalb er eingesperrt sei, erklärt die Stimme, weil er allen Alchemisten zu Willen gewesen sei und das gemacht habe, was diese wollten, gegen den Willen seiner Mutter, welche jenem verboten hatte, dass er nur denjenigen gehorche, welche sie (= Mutter) kennen. Der Alchemist beklagt den armen Sulphur und vermutet, dass ihm seine Mutter grosses Unrecht antue und er ihm darum nicht helfen konnte. Wann er denn befreit werde, fragt er. Die Stimme belehrt ihn, dass das erst nach sehr langer Zeit und mit grossen Mühen (longissimo tempore et cum gravissimo labore) sein werde. Auf die Frage, wer die Stimme sei, sagt sie: Ich bin der Richter und Vorsteher des Gefängnisses, mein Name ist Saturn. Auf die Frage, was Sulphur im Gefängnis tue, antwortet er, er sei der Schöpfer von tausend Dingen *(mille rerum artifex)* und das Herz aller Dinge: Er könne die Metalle veredlen, die Mineralien verbessern, verleiht den Geschöpfen Verstand, versteht alle Arten von Blumen der Pflanzen und Bäume zu machen, ist der Schöpfer aller Arten von Düften auf der Welt und der Maler aller *Farben (omnium colorum pictor).* Ist er ein Alter *(senex)*, fragt der Alchemist. Mein Freund, wisse, dass Sulphur die Kraft aller Dinge *(virtus omnium rerum)* ist, und ist der Zweitgeborene *(secundus natu)*, doch älter als alle andern *(senior omnibus)*, stärker und würdiger, aber ein folgsamer Knabe *(puer obediens).*

Das könnte eine Schilderung des Eros/Amor sein, wie wir sie in früheren Kapiteln gaben. Sulphur ist das innere Feuer des Alchemisten.

Der Alchemist fragt weiter, ob Sulphur der einzige Sohn der Mutter sei. Alle seine Brüder seien Nichtsnutze, aber er habe eine Schwester, die er liebe und die der Mutter gleiche. Zur Zeit als die Weisen lebten, die mit seiner Mutter befreundet waren, war er frei. In seinem Reich gibt es einen Spiegel, in welchem man die ganze Welt sieht *(speculum in quo totus Mundus videtur).* Wer in ihn schaut, sieht die Weisheit der ganzen Welt und lernt sie. Der Arzt lernt, warum ein solches Kraut, warum dieser Hitzegrad, warum trocken, warum feucht sein muss aus dem Quell der Natur. Nach einer längeren Belehrung sagt der Alchemist, man sage, Sulphur sei eine Medizin. Die Stimme belehrt ihn, er sei sogar der Arzt und gebe jenen, die ihn aus dem Kerker befreiten zum Dank sein Blut als Medizin, mit der man sich bis zum Termin des Todes vor dem Tod schützen kann, aber man muss es vorsichtig nehmen, denn sie ist auch ein Gift: die grosse Flamme verschlingt die kleine. Das Blut des Sulphur ist nämlich seine innere Kraft und Trockenheit, die das *Argentum vivum* in Gold und sowohl alle Metalle wie die menschlichen Körper heilt. Die Wächter halten ihn im strengsten Kerker *(durissimis carceribus)*, weil sie fürchten, er könnte zum Königspalast gelangen, weil er dort seine Wächter, die Metalle, nicht mehr fürchten würde. Seine Nahrung ist der Wind, den er in Freiheit gekocht, im Kerker gezwungenermassen roh isst. Mit viel Klugheit könnte man ihn mit seinen Wärtern versöhnen, wenn einer mit seiner Mutter übereinkäme, womit sie eine unsterbliche Tat vollbrächten. Nach einem längeren Gespräch über alchemistische Fragen, geht Saturn weg, und der Alchemist fällt in tiefen Schlaf und hat einen Traum: Er sieht im selben Hain eine Quelle sprudeln, um die Sal *(= Salz)* und Sulphur wandeln und sich streiten, wobei Sal dem Sulphur eine unheilbare Wunde *(vulnus incurabile)* zufügt. Aus dieser Wunde fliesst das Blut als milchweisses Wasser heraus und wird zu einem grossen Fluss. Da erscheint aus jenem Hain eine herrliche Jungfrau, Diana *(pulcherrima virgo)*, die sich im Fluss zu waschen beginnt. Da geht ein grosser Held *(vir fortissimus)*, ein Fürst (der seine Diener überragt) vorüber und bewundert ihre Schönheit und dass sie ihm von Natur so ähnlich sei und wird von Liebe zu ihr ergriffen. Wie sie sieht, dass er von Liebe zu ihr entzündet ist, beginnt sie zu versinken. Der Fürst befiehlt seinen Dienern, sie zu retten, doch diese fürchten sich, weil der Fluss zwar klein, sozusagen ausgetrocknet, aber äusserst gefährlich *(parvum quasi exsiccatum, sed periculosissimum)* sei. Da legte der Fürst seinen Mantel ab und sprang bewaffnet wie er war in den Fluss, um der allerschönsten Diana zu helfen. Doch die Diana zieht ihn mit sich hinunter und beide ertrinken. Wenig später erscheinen ihrer beiden Seelen über dem Fluss schwebend und sagen, sie hätten Glück gehabt, denn anders hätten sie sich nicht von diesen schmutzigen und befleckten Leibern trennen können. Sie würden erst in ihre Leiber zurückkehren, wenn diese gereinigt, und der Fluss durch die Sonnenwärme ausgetrocknet sei. Inzwischen fiel der Alchemist in den noch erwünschteren Traum vom Schwefel und siehe, da waren noch viele andere Alchemisten auf der Suche nach dem Schwefel und als sie seinen Leichnam bei der Quelle fanden, zerteilten sie ihn, und jeder nahm sich ein Stück, um damit zu laborieren. Da kehrt der Alchemist in seinen früheren Traum zurück. Saturn fragt ihn, was er erlebt habe und was er damit machen wolle. Der Alchemist weigert sich mit dem *Argentum vivum* zu arbeiten, der so viele seiner Kollegen in die Irre geführt habe. So fingen sie an, nur mit dem Schwefel zu hantieren und brachten schliesslich Schwefelhölzer zustande, welche gewöhnlich alte Frauen zum Feueranzünden verkaufen.[59] Weil der Alchemist stets nur Schwefelhölzer hervorbrachte, bat er den Saturn, es nach seinem Wissen zu tun. Diesem gelang es tatsächlich, den Stein der Weisen herzustellen, den er ihm in einem Glas überreichte. Vor lauter Freude sprang der Alchemist herum, wobei ihm das Glas entglitt und auf dem Boden zersprang. Saturn verschwand, und der

59 Candelulae quas vetulae ad accedendum ignem vulgo vendunt.

Alchemist erwachte aus seinem Traum und hielt nur die Schwefelhölzer in Händen, der Stein war entflogen. Der arme Alchemist hatte aus seinem Traum nichts anderes gelernt, als Schwefelhölzer zu machen und mit dem übrigen Stein wurde er ein Arzt und durch die Suche nach dem Stein der Weisen bekam er einen Nierenstein.

Diese ironische Note im Ausgang der Geschichte hat mit der paradoxen Natur des Schwefels wie des Mercurius zu tun. Ersterer ist ein Lichtbringer *(Phosphorus)* wie auch ein Teufel. Er hat angedeutete Beziehungen zur Frau Venus, deren glänzendes Morgengestirn Lucifer ist. Ein alchemistischer Ausspruch sagt:

> Unsere Venus ist nicht der vulgäre Schwefel, welcher brennt und verbrannt wird mit der Verbrennung des Feuers und der Verderbnis, sondern das Weisse der Venus der Weisen wird verbrannt mit der Verbrennung der Weisse und der Röte *(albedinis et rubedinis)*, welche Verbrennung die gänzliche Weissung *(dealbatio)* des ganzen Werkes ist.[60]

Dass Venus als Leidenschaft nicht wenig mit dem Schwefel als der aktiven Sonnensubstanz zu tun hat, ist einleuchtend. Von Venus werden wir im Tannhäuserlied noch mehr hören. Der alchemistische Schwefel ist das treibende Moment im Bewusstsein, welches einerseits den Willen, anderseits ein Getriebensein, eine unwillkürliche Motivierung und Bewegtheit bedeutet.

> Das Getriebensein ist das grosse Geheimnis des menschlichen Lebens, die Durchkreuzung unseres bewussten Willens und unserer Vernunft durch ein entflammbares Wesen, das bald als verheerender Brand, bald als lebensspendende Wärme erscheint,

schreibt JUNG.[61] GERHARD DORN schreibt:

60 Artis Auriferae (1593) I 302: Venus nostra non est sulphur vulgi quod comburit, et comburitur combustione ignis ac corruptionis, sed Veneris sapientum album comburitur combustione albedinis et rubedinis, quae combustio est dealbatio tota totius operis.

61 Mysterium coniunctionis GW 14/I § 146.

> Dass das Leben der Welt, wie wir früher sagten, das Licht der Natur und der himmlische Schwefel sei, seine Materie sei die Feuchte des Firmaments, die äthergleiche, und die Wärme, wie die Sonne und der Mond.[62]

In der Figur 12 der *Philosophia reformata* des JOHANN DANIEL MYLIUS schiesst Diana einen Pfeil auf den aus dem Brunnen aufsteigenden geflügelten Sol, um ihn zu fixieren.[63] (Abb. 4) Eine ähnliche Idee findet sich im *Speculum veritatis*, wo auf der einen Seite des Baumes ein zweifarbiger König von Mercurius mit dem Schwert durchbohrt wird und auf der anderen Seite eine Schlange, während im Baum ein Vogel brütet. Das Schwert ist nach dem Text das Feuer oder der Schwefel.[64] (Abb. 8)

In der *Chymischen Hochzeit: Christiani Rosencreutz: Anno 1459* des JOHANN VALENTIN ANDREAE[65] kommt die Verwundung in typischer Weise vor: Als der Held der Geschichte, Christian Rosencreutz, aus dem Verliess befreit war, hinkte er an beiden Füssen von den Wunden der Fesseln. Die alte Frau, die das sah, lachte darüber und sagte:

> Mein Sohn, lass dich diesen mangel nit bekümmern, sondern erinnere dich deiner Schwachheiten und dancke daneben Gott [...] und behalte diese Wunden von meinet wegen.[66]

In der gleichen Geschichte entdeckt der Rosencreutz im Keller des Schlosses 'Fraw Venerem' ganz nackt auf einem Lager, wobei er nicht weiss, ob sie schläft oder tot ist. Wie der Knabe Cupido dazu kommt und meint, er könne dieses Sakrileg nicht ungestraft lassen,

> dass ihr mein liebe Mutter hier hätten uberloffen: Hebet also ein spitz seiner Pfeil in der Liechtlein eines, biss es ein wenig erwarmet, damit stupffet er mich auff die Händ [...] Da befand sich dannoch ein tröpfflein Bluts, dessen er wol gelacht.[67]

62 De tenebris contra naturam. Theatrum Chemicum I (1659) p. 458.
63 Golden Game S. 175 (330).
64 GW 12 S. 342, Abb. 150.
65 A. Ribi: Die Chymische Hochzeit. In Vorbereitung.
66 R. van Dülmen, Herausg., Joh. Val. Andreae: Fama fraternitatis Confessio fraternitatis, Chymische Hochzeit Christiani Rosencreutz: anno 1459, S. 51.
67 l.c. S. 99–100.

In der *Hypnerotomachia Poliphili*, dem Liebestraum des Poliphil, dem wir uns später eingehender zuwenden, wird erwähnt, dass Cupido von der Ampel Psyches verwundet wurde. Das bezieht sich auf das Märchen von Amor und Psyche in Apuleius' Roman vom Goldenen Esel.[68] Gegen Schluss der Erzählung sind Poliphil und seine geliebte Polia zusammen. Cupido schiesst einen Pfeil durchs Herz Poliphils, der in der Brust von Polia stecken bleibt. Poliphil spürt dessen Macht sein ganzes Wesen durchdringen, alle Lebensgeister entströmen seiner offenen Herzwunde. Er denkt an jenen Hermaphroditen, der von seiner Nymphe umfangen in einer Quelle lag und spürt, wie zwei Körper zu einem werden. Venus besprengt die Liebenden mit Meerwasser aus ihrem Brunnen, wodurch Poliphil wieder gesund wird und sich wie auferstanden fühlt.[69]

Abb. 11: Amor schiesst auf Geheiss der Venus einen Pfeil ins Herz des Poliphil, der im Herzen der Polia stecken bleibt.
Aus: Francesco Colonna: Hypnerotomachia Poliphili.

68 E. Brandt und W. Ehlers herausg.: Apuleius: Der goldene Esel, lat.-dt. S. 157.

69 Abb. 11. Aus Francesco Colonna: Hypnerotomachia Poliphili, Photomechanischer Nachdruck der Ausgabe A. Manuzio, Venetiis, 1499.

Schliesslich erscheint das Motiv vom verwundeten Heiler auch im Märchen, jener Weisheit des Volkes. Im Grimmschen Märchen "Die zertanzten Schuhe"[70] ist der Held

> ein armer Soldat, der eine Wunde hatte und nicht mehr dienen konnte,

dem der Alte den guten Rat und ein Tarnmäntelchen gibt, das ihn unsichtbar macht, womit er seine Aufgabe erfüllen kann. In der russischen Version[71] heisst es "Das Säckchenfülldich". Da erhält der Held, ein Soldat, der zum Unteroffizier befördert wird, Siebenmeilenstiefel, eine Tarnkappe und ein Säckchenfülldich, mit denen er die Zarentochter, die immerzu fortlief, überführen und heiraten kann. In beiden Märchen ist es das Motiv der *'Atalanta fugiens'*, der berühmten arkadischen Jägerin, einer Parallele zu Artemis/Diana, der jungfräulichen, deren Freier sich mit ihr im Wettlauf messen müssen. Wer unterliegt, wird getötet. Nur Hippomenes gelingt es durch eine List, indem er während des Laufes drei goldene Äpfel aus dem Garten der Hesperiden fallen lässt, die Atalante aufzulesen nicht unterlassen kann. Alle ihre früheren Bewerber hatte sie mit dem Pfeil erschossen, wenn sie sie überholte. Dem Hippomenes allein ergab sich die Keusche in einem dunklen Hain.[72]

Zusammenfassend zum Motiv des verwundeten Heilers schreibt MARIE-LOUISE VON FRANZ, deren Buch unter dem Namen HEDWIG VON BEIT erschienen ist.[73]

> Denn nur wer um Tod und Leiden im Bereich der Geschöpfe weiss, vermag heilend einzugreifen; nur wer die Gegensätze des Diesseits kämpfend und erleidend erlebte, vermag ihrer Herr zu werden. Die Wunde, sei sie die des Wotan [Odin] oder des Prometheus oder auch des Amfortas ist Symbol des Zusammenstosses der Gegensätze, der Auseinandersetzung von Geist und Materie, und nur der damit Gezeichnete hat Einblick genug, um zu heilen.

70 Kinder- und Hausmärchen der Brüder Grimm, Nr. 133, Bd. II, S. 268.
71 Russische Volksmärchen Nr. 36, S. 192.
72 K. Kérényi. Die Heroen der Griechen, S. 131.
73 Hedwig von Beit (Marie-Louise von Franz): Gegensatz und Erneuerung im Märchen, S. 182–183.

Mein Traum hat uns in die tiefen unbewussten Hintergründe des Arzttums geführt, von denen ich damals keine Ahnung hatte. Den Traum hätte ich deshalb in jenem Zeitpunkt auch gar nicht zu deuten gewusst. Ich brauchte mehr Lebenserfahrung und mythologische und alchemistische Kenntnisse dafür.

6. *Das Hohelied der Liebe*

In seinen Erinnerungen[1] berichtet C.G. JUNG eine interessante Begebenheit auf seiner Indienreise:

> In Konarak (Orissa) traf ich mit einem Pandit [indischer Gelehrter] zusammen, welcher mich bei meinem Besuch des Tempels und des grossen Tempelwagens liebenswürdig begleitete und belehrte. Die Pagode ist von der Basis bis zur Spitze mit exquisit obszönen Skulpturen bedeckt [s. Abb.] [sozusagen das Bilderbuch zum Kamâsûtra]. Wir unterhielten uns lange über diese bemerkenswerte Tatsache, die er mir als Mittel zur Vergeistigung erklärte. Ich wandte ein – auf eine Gruppe junger Bauern weisend, die mit offenen Mäulern die Herrlichkeiten eben bewunderten – dass diese jungen Leute wohl kaum im Begriffe der Vergeistigung stünden, sondern sich eher ihren Kopf mit sexuellen Phantasien füllten, worauf er entgegnete: “Aber das ist es ja gerade. Wie können sie sich je vergeistigen, wenn sie nicht zuvor ihr Karma [Schicksal, das sich aus dem früheren Dasein ergibt] erfüllen? Die zugegeben obszönen Bilder sind ja dazu da, die Leute an ihr Dharma (Gesetz) zu erinnern, sonst könnten diese Unbewussten es vergessen!
>
> Ich fand es höchst merkwürdig, dass er glaubte, junge Männer könnten ihre Sexualität vergessen, wie Tiere ausserhalb der Brunstzeit. Mein Weiser aber hielt unentwegt daran fest, dass sie unbewusst wie Tiere seien und tatsächlich eindringlicher Ermahnung bedürften. Zu diesem Zwekke würden sie vor dem Betreten des Tempels durch dessen Aussendekoration auf ihr Dharma aufmerksam gemacht, ohne dessen Bewusstmachung und Erfüllung sie keiner Vergeistigung teilhaft würden.
>
> Als wir durch das Tor des Tempels schritten, wies mein Begleiter auf die beiden “Versucherinnen” hin, die Skulpturen von zwei Tänzerinnen, die mit verführerisch geschwungenen Hüften den Eintretenden anlächeln. [Abbildung 12] “Sehen Sie diese beiden Tänzerinnen”, sagte er. “Sie bedeuten dasselbe. Natürlich gilt dies nicht für Leute wie Sie und ich, denn wir haben eine Bewusstheit erreicht, die darüber steht. Aber für diese Bauernjungen ist es eine unerlässliche Belehrung und Ermahnung.”

1 ER S. 280f.

Abb. 12: Osttor von Stupa 1, Sanchi, Tänzerin als Trägerfigur.

Die Inder haben eine viel natürlichere Beziehung zur Sexualität als das Christentum. Und zwar nicht etwa nur dass sie die Sexualität freier und von moralischen Vorurteilen unbeschwerter leben, sondern dass sie sich ihrer Numinosität viel bewusster sind. Man denke bloss an den Tantra Yoga. Dort wird die ganze Numinosität und Energie der Sexualität dem Bewusstwerdungsprozess zugeführt. Von einer solch umfassenden Auffassung der Sexualität im Dienste der Individuation sind wir noch weit entfernt.

Nun zurück zur Geschichte, die JUNG erlebte, denn wir können nicht einfach die indische Einstellung zur Sexualität übernehmen, aber diese Geschichte kann uns etwas wichtiges lehren: *In der seelischen Entwicklung kann man keine Stufen überspringen*! Auch nicht in der Sexualität. Wenn Hermas, wie im vierten Kapitel geschildert, seinen erotischen Eindruck von seiner Herrin sublimieren muss, so ist er bereits ein gestandener Mann, der eine Familie hat. Die Bauernburschen in

Konarak mussten zuerst ihre Bestimmung der konkreten Sexualität leben, bevor sie sich vergeistigen können. Dafür sind diese obszönen Darstellungen auf der Aussenseite der Pagode. Man muss erst seine Pflichten in der Aussenwelt erfüllen, bevor man in den Tempel Gottes eintreten kann, den Tempel des Sonnengottes Suryâ in Konarak.[2] Das wird im Christentum oftmals vergessen und Enthaltsamkeit von der Sexualität, ausser in der Ehe, gefordert. Derartige Gebote nützen gar nichts, sondern werden übertreten und führen zu einem schlechten Gewissen. Dasselbe gilt für die Enthaltsamkeit vor der Ehe, besonders der jungen Frauen, die ja heute kaum mehr praktiziert wird. Wieviel unnötiges Leid und beissende Gewissenskonflikte werden doch mit dem Keuschheitsideal geschaffen! Die jungen Menschen verstehen seinen Sinn gar nicht, und die Seelsorger wissen ihn ihnen nicht verständlich zu machen. Es ist ein falsches Ideal von Reinheit. Dabei kann man im Leben gar nicht sündlos bleiben, ausser zum Preis einer Neurose. Es ist ein völliges *opus contra naturam.* Wie weise ist doch die indische Auffassung dagegen, welche die jungen Menschen auf ihre Sexualität hinweist, die ihr Recht fordert.

In der Bibel hat sich glücklicherweise ein Juwel erhalten, das zwar als inspirierte Schrift gilt, aber im Neuen Testament nirgends zitiert wird: *Das Hohelied.* Es ist offensichtlich ein Hochzeitslied mit sehr subtilen Gefühlstönen. Als solches stellt es eine gewisse Stufe der Eroskultur dar, die durchaus ihre Berechtigung hat. Es schildert die zarte Annäherung von Braut und Bräutigam.

Die Theologen konnten es nicht als profanes Hochzeitslied gelten lassen, sondern mussten es sofort mystisch deuten, als ob es als Hochzeitslied nicht auch das *Mysterium coniunctionis* besingen würde! Das Motiv der Konjunktio ist ubiquitär, so dass wohl im Neuen Testament von Braut und Bräutigam die Rede ist, ohne dass damit das Hohelied gemeint sein muss (Joh 3,29; Eph 5,32). Gerade das allgemeine Vorkommen der Symbolik der Vereinigung könnte einen davon überzeugen, dass es sich um ein archetypisches Geschehen handelt, dessen Bedeutung nicht hoch genug eingeschätzt werden kann.

2 C. Vogel: Tempel der Liebesfreuden, S. 14.

Statt sich darüber zu streiten, wer nun Braut und wer Bräutigam sei, müsste man vielmehr den Wert der Vereinigung der Gegensätze hervorheben. Denn das ist letzten Endes stets der Sinn der Vereinigung, dass es eben Gegensätze sind und darin liegt das Geheimnis, dass Gegensätze nie vom Bewusstsein vereint werden können, sondern der Hilfe des Unbewussten, das heisst göttlicher Intervention bedürfen. Einer meiner Kollegen, der Pfarrer ist, erzählte seiner Analytikerin, dass Trauungen für ihn Routine geworden seien. Diese reagierte ganz erschrocken und rief aus: Aber es ist doch der Archetypus der Konjunktio! Das war vor langer Zeit. Aber es ist kein Zufall, dass mir dieser Vorfall in diesem Zusammenhang einfällt: Wir sind nicht mehr erschüttert von diesem Archetypus! Hochzeit ist vielleicht ein schönes Familienfest, an dem sich alle erfreuen und das schöne Erinnerungen hinterlässt. Aber der tiefere Sinn, dass es um die Vereinigung des Unvereinbaren geht, das nur *concedente Deo* (so Gott will), wie die Alchemisten sagen, geschieht, täte Not. Die kirchliche Trauung ist nicht bloss ein Versprechen vor Gott, sich die Treue zu halten, – wie erbärmlich ist doch unser Wille in dieser Hinsicht! – sondern erfleht die göttliche Hilfe für ein *opus*, das für den Menschen zu gross ist.

Die Dauer der Beziehung ist die grosse Schwierigkeit. Im Zeitpunkt der Heirat ist man meist so verliebt, dass man keinen Moment zweifelt, dass das nicht halten könnte. Aber es kommt der Alltag, es kommt die Routine und der "Funke vom ewigen Feuer", wie es JUNG in einem Brief ausdrückt[3], "verlöscht in einem Tümpel". Man weiss viel zu wenig über die Psychologie der Beziehung und ihre Komplikationen. An ihnen scheitern so manche der 2/3 geschiedener Ehen. Die Projektion und die Sexualität sind die natürlichen Kräfte, welche die Brücke zum Partner bauen, damit die Gegensätze überhaupt zusammenkommen. Aber es ist eine brüchige Brücke, die von der Natur selber wieder abgerissen wird. Nur die beiden Partner merken oft nicht, dass die erste Brücke durch jene einer stabilen Liebe ersetzt werden muss. Und eines Tages ist keine Brücke mehr da, sondern der Abgrund der Gegensätzlichkeit tut sich auf, der vorher zugedeckt war.

3 An Hermann Graf Keyserling vom 20. XII 1929. Briefe I, S. 102.

Jeder der beiden sieht nur noch die gähnende Leere, die sich vor ihnen auftut. Dann ist der Gang zum Scheidungsrichter nicht weit. Man hat die Sache schon aufgegeben, bevor man einen Rettungsversuch unternommen hat. Man steht der Situation verduzt und verdummt gegenüber, die man überhaupt nicht versteht.

Zum Hohelied wurden wunderbare und sehr wahre Kommentare geschrieben, die jedoch dem Menschen in seiner Qual recht wenig nützen. Sie überspringen eben zu viele Entwicklungsstufen als dass der durchschnittliche Mensch sie anwenden könnte. Dabei wäre gerade eine symbolische Auffassung für ihn hilfreich. Damit könnte er einsehen, dass er im Partner statt des "Menschentieres", wie JUNG es nannte[4], den *göttlichen Bräutigam*, respektive die *göttliche Braut* gesehen hat. Der irdische Partner ist einer derartigen Rolle natürlich niemals gewachsen, woraus alle jene typischen Enttäuschungen erwachsen. Erst wenn man einsieht, dass einem im Andern das göttliche Gegenüber der eigenen Seele begegnet ist, versteht man die Faszination und erst dann hat die mystische Interpretation des Hoheliedes einen Sinn. Denn dann sind Braut und Bräutigam Syzygien auf göttlicher Ebene und daher ewig.[5] Erst mit diesen Vorbemerkungen können wir uns dem Hohelied selber zuwenden.

Im Judentum wurde das Hohelied als die Liebe zwischen Jahwe und dem auserwählten Volk verstanden. Bei Hosea dem Propheten heisst es:

> Und ich verlobe dich mir auf ewig, ich verlobe dich mir in Recht und Gerechtigkeit, in Güte und in Erbarmen, ich verlobe dich mir in Treue, so dass du den Herrn erkennst. (2,19–20).[6]

Bei Jesaja steht:

> Denn der dich geschaffen, ist dein Gemahl [...] Gott der ganzen Erde wird er genannt. Denn wie ein verlassenes Weib, ein bekümmertes, ruft dich der Herr. Das Weib der Jugendjahre, kann man verstossen? spricht

4 l.c. S. 101.
5 C.G. Jung: Aion. GW 9/II, S. 20f.
6 Alle Bibelzitate sind aus der Zürcher Bibel.

> dein Gott. In kurzem Unmut habe ich dich verlassen, doch mit grossem Erbarmen werde ich dich sammeln. Im Aufwallen des Zornes verbarg ich einen Augenblick mein Antlitz vor dir, aber mit ewiger Güte habe ich mich deiner erbarmt, spricht der Herr, dein Erlöser. (Jes 54,5–8)

Dieses Zitat zeugt von der wechselhaften und disharmonischen Ehe zwischen Jahwe und seinem Volk, wobei selbstverständlich wie bei irdischen Ehen der Fehler nicht beim männlichen Partner gesucht wird. Auch Psalm 45 wird als ein Hochzeitslied im Sinne des Hoheliedes verstanden. Man meint auch in der jüdischen Apokalypse vom Ende des ersten Jahrhunderts, im vierten Buch Esra einen Anklang ans Hohelied zu vernehmen, wo es heisst:

> Ich sprach: Ach Herr Gott, aus allem Walde der Erde und all seinen Bäumen hast du dir den *einen* Weinstock erwählt [Ps 80.9], aus allen Ländern der Welt die *eine* Pflanzgrube ausgesucht, aus allen Blumen des Erdkreises die *eine* Lilie erkoren [Hos 14,5], vor allen Tiefen des Meeres hast du Wachstum gegeben dem *einen* Bach [Jes 8,6], aus allen Städten, die je gebaut sind, nur Zion dir selber geheiligt, aus allen Vögeln, die du geschaffen, die *eine* Taube [Ps 74,19] dir berufen, aus allen Tieren, die du gebildet, das *eine* Schaf [Jes 53,7], aus allen Völkern, deren so viel ist, das *eine* Volk dir erworben... (5,23–27).

Das leuchtet mir zwar als Hochzeitslied nicht ein, sondern der Archetypus der Einheit im Gegensatz zur Vielheit wird hier beschworen.

Im jüdischen Targum (6.–7. Jh.) heisst es:

> 8. Der Heilige sprach zu dem Propheten Mose: Ich werde suchen, ihnen das Exil wegzutilgen. Die Gemeinde, die einem schönen Mädchen gleicht und von meiner Seele geliebt wird, wird auf den Wegen der Gerechten wandeln.
> IV, 8. Der Herr sprach [...]: Bei mir wirst du wohnen, Gemeinde Israel, die du einer keuschen Braut gleichst.
> IV, 9. Auf meine Herzenstafel ist die Liebe zu dir eingegraben, meine Schwester, Gemeinde Israel, die du der keuschen Braut gleichst.
> 10. Wie schön sind für mich deine Liebeserweisungen, meine Schwester.
> 11. Und wenn die Priester im Vorhofe des Heiligtums beten, strömen ihre Lippen Honigwaben;

> deine Zungen, keusche Braut, sind, wenn du Gesänge und Loblieder sprichst, süss wie Milch und Honig.[7]

Diese Verse mögen einen Eindruck geben von der mystischen Beziehung des Heiligen zur Gemeinde und von der Gemeinde zum Heiligen im Judentum.

Der erste christliche Kommentar zum Hohelied stammt von HIPPOLYTUS VON ROM († 235), der meint, die drei salomonischen Bücher würden der Trinität entsprechen. Das Hohelied als das dritte sei vom Heiligen Geist versiegelt und handle von der Erkenntnis Gottes. Leider sind HIPPOLYTs Kommentare verschollen und nur in einer georgischen und slawischen Version erhalten.[8] Das ist eine sehr kluge Auslegung, denn die Erkenntnis Gottes kann nur eine mystische, inspirierte sein, aller Dogmatik zum Trotz. Sie kann auch immer nur eine bruchstückhafte sein, hier ist es die vereinigende Funktion des Selbst.

Die für die Auslegung auf lange Sicht gültige Version schuf ORIGENES († 253/4). Von ihm ist nur eine lateinische Übersetzung der Homilien zu Hohelied 1,1–2.14 durch HIERONYMUS (um 244 entstanden) und eine freiere lateinische Übersetzung des Kommentars von RUFINUS (vor 244 entstanden) überliefert. Er bestimmt genau die Rollen von Braut und Bräutigam mit ihren beiden Chören *(adulescentulae* und *sodales)*. Daran wurde bis zum 12. Jahrhundert festgehalten. Der Bräutigam wird mit Christus, dem Logos, die Braut mit der Kirche, der Seele identifiziert.[9]

In der ersten Homilie (c.3) sagt ORIGENES:

> Et si l'Epoux daigne venir aussi vers mon âme devenue son épouse, combien doit-elle être belle pour l'attirer à soi du haut du ciel, pour le faire descendre sur la terre, pour qu'il vienne auprès de l'aimée? De quelle beauté doit-elle resplendir, quelle doit être l'ardeur de son amour, pour

7 W. Riedel: die Auslegung des Hohenliedes in der jüdischen Gemeinde und der griechischen Kirche, S. 8–25.

8 D.O. Rousseau: Origène: Homélies sur le Cantique des Cantiques. Sources Chrétiennes Nr. 37bis, p. 17.

9 F. Ohly: Hohelied-Studien, S. 17, auf die ich mich für das Folgende stütze.

qu'il dise ce qu'il a dit à l'épouse parfaite: Ton cou, tes yeux, tes joues, tes mains, ton ventre, tes épaules, tes pieds?[10]

Aus dem ganzen Text spürt man die Ergriffenheit des ORIGENES von der Schönheit der Seele, die es vermochte, den Erlöser aus dem Himmel auf die Erde zu locken. Ich habe dieses Motiv bei den Gnostikern dargestellt[11], wo die verlorene Seele um Hilfe fleht. Wie anders hier die Stimmung, wo sich der Erlöser durch die Schönheit der Seele verlocken lässt, seinen Sitz beim Vater zu verlassen und das Kreuz des irdischen Daseins auf sich zu nehmen. Wer weiss heute noch um die Schönheit der Seele? Wer lässt sich heute noch von ihr verlocken, ihr zu folgen?

Dieser alte Text hat seine Aktualität durchaus bewahrt, weil er aus einer Ergriffenheit heraus geschrieben wurde, die man selbst noch nach Jahrhunderten spürt. Durch das Hören des Hoheliedes wird die Seele des Zuhörers selber zur Braut. Seine Seele wird aufgewertet zu jener Schönheit, die ihrem göttlichen Bräutigam ebenbürtig gegenüber steht.

In der Homilie II,8 heisst es:

Soutenez-moi donc avec ses pommes, parce que je suis blessée de charité. "Que c'est beau, que c'est noble de recevoir des blessures de la charité! L'un reçoit les traits de l'amour charnel, un autre est blessé par une passion terrestre; quant à toi, dénude tes membres, et présente-toi à la flèche de choix, à la flèche toute belle, car c'est Dieu qui en est l'archer. [...] Comprends ce que veut dire la flèche, et comment elle a été choisie par le Seigneur. Comme c'est heureux d'être blessé par cette flèche! C'est par cette flèche qu'ont été blessés ceux qui s'entretenaient entre eux en disant: "Notre coeur n'était-il pas tout brûlant au-dedans de nous, en chemin lorsqu'il nous expliquait les Ecritures [Lk 24,32]?" Si

10 Origène: Homélies sur le Cantique des Cantiques, D.O. Rousseau, p. 78/79: Si autem et ad meam animam factam sponsam suam venire dignabitur [Christus], quam oportet eam esse formosam, ut illum de coelo ad se trahat, ut descendere faciat ad terras, ut veniat ad amatam? Quali pulchritudine decoranda est, quali debet amore fervere, ut ea loquatur ad illam, quae ad perfectam locutus est sponsam, quia cervix tua, quia oculi tui, quia genae tuae, quia manus tuae, quia venter tuus, quia humeri tui, quia pedes tui?

11 A. Ribi: Zeitenwende, Kap. 8, S. 131.

quelqu'un est blessé par notre parole, par l'enseignement de la divine Ecriture, et s'il peut dire: Je suis blessé de charité, peut-être cela s'applique-t-il à lui."[12]

Amor ist bekanntlich ein Bogenschütze. Im vorangehenden Kapitel haben wir das Motiv der *Liebeswunde* anhand eines Traumes in Bezug auf den Heiler besprochen. Weil es in der Vulgata für Canticum canticorum 4,9 heisst:

> vulnerasti cor meum soror mea, sponsa, vulnerasti cor meum in uno oculorum tuorum et in uno crine colli tui (du hast mein Herz verwundet meine Schwester, meine Braut du hast mein Herz verwundet mit einem deiner Augen und mit einer Locke an deinem Hals).[13]

Die Zürcher Bibel übersetzt nach dem Urtext:

> Du hast mich verzaubert, meine Schwester und Braut, du hast mich verzaubert mit einem Blick deiner Augen, mit einem Kettchen in deinem Halsschmuck.

Die Vulgata war für die Kommentierung des Hoheliedes über viele Jahrhunderte hinweg ausschlaggebend.

ORIGENES fragt in seinem Kommentar zum Hohelied[14], weshalb man drei Salomonische Bücher in der Bibel finde? Es handelt sich um die Sprüche *(Proverbia)*, den Prediger *(Ecclesiastes)* und das Hohelied *(Canticum Canticorum)*. Er kommt zum Schluss, dass er das Schema

12 D.O. Rousseau l.c. p. 133: Idcirco in malis eius stipate me, quia vulnerata caritatis ego. Quam pulchrum est, quam decorum a caritate vulnus accipere! Alius iaculum carnei amoris excepit, alius terreno cupidine vulneratus est; tu nuda membra tua et praebe te iaculo electo, iaculo formoso, siquidem Deus sagittarius est. [...] Intellige sagitta quid dicat et quomodo a Domino sit electa. Quam beatum est hoc iaculo vulnerari! Hac sagitta fuerant vulnerati illi, qui inter se invicem conferebant dicentes: Nonne cor nostrum ardens erat in via, cum aperiret nobis scripturas? Si quis sermone nostro, si quis scripturae divinae magistrerio vulneratur et potest dicere quia vulnerata caritatis ego, hunc et illud forsitan sequitur.

13 Biblia sacra iuxta vulgatam versionem, t. II p. 999.

14 L. Brésard et H. Crouzel, avec coll. M. Borret: Origène: Commentaire sur le Cantique des Cantiques. T. I, p. 128/129.

der Griechen übernehmen und abwandeln könnte: moralisch, natürlich und introspektiv. Unter letzterem versteht er (Prol. 3,7):

> Il a aussi enseigné l'inspective dans ce petit livre qui est entre nos mains, à savoir le Cantique des Cantiques; là, il inspire à l'âme l'amour des réalités célestes et le désir des biens divins, sous la figure de l'Épouse et de l'Époux, enseignant à parvenir par les voies de la charité et de l'amour à la communion avec Dieu.[15]

Später ergänzt ORIGENES (Prol. 3,16):

> Ce livre en effet tient la dernière place pour qu'on vienne à lui, alors qu'on s'est déjà purifié dans ses moeurs et qu'on a appris la science et la distinction des choses corruptibles et des réalités incorruptibles: afin de ne pouvoir être en rien choqué de ces figures par lesquelles est décrit et dépeint l'amour de l'Épouse pour l'Époux céleste, c'est-à-dire de l'âme parfaite pour le Verbe de Dieu. Car une foie dépassé ce par quoi l'âme est purifiée grâce à ses actes et moeurs, et conduite au discernement des choses naturelles, on en vient avec compétence aux réalités doctrinales et mystiques et par un amour authentique et spirituel on s'élève à la contemplation de la divinité.[16]

AMBROSIUS (339–397) sieht wie ORIGENES den Dreischritt der Unterweisung in den Salomonischen Büchern *(moralis, naturalis, mysticus)* und deren Krönung im Hohelied, welches die Überwindung des Gesetzes durch die Liebe ist *(in mysticis caritas est, quia plenitudo legis est*

15 l.c. p. 132/133: Inspectivum quoque locum in hoc libello tradidit qui habetur in manibus, id est Cantico Canticorum, in quo amorem coelestium divinorumque desiderium incutit animae sub specie sponsae ac sponsi, caritatis et amoris viis perveniendum docens ad consortium Dei.

16 l.c. p. 138/139: Ideo enim, novissimum locum tenet hic liber, ut tunc ad eum veniatur, cum et moribus quis fuerit defaecatus, et rerum corruptibilium atque incorruptibilium scientiam distinctionemque didicerit, quo in nullo possit ex his figuris, quibus sponsae ad sponsum caelestem, id est animae perfectae amor ad Verbum Dei, describitur ac formatur, offendi. Praemissis namque his quibus purificatur anima per actus et mores, et in rerum discretionem naturalium perducitur, competenter ad dogmatica venitur et ad mystica atque ad divinitatis contemplationem sincero et spiritali amore conscenditur.

Christus. De Isaac 4,30).[17] In der *Expositio psalmi 118* erkennt AMBROSIUS den dreifachen Schriftsinn in je einem der Bücher Salomos: der *sensus naturalis* in den Sprüchen, den *sensus moralis* im Prediger und den *sensus mysticus (rationabilis, intelligibilis)* im Hohelied. Die sich in die Seele senkende Liebe des Gotteswortes eröffnet die Geheimnisse: die Augen sind die Kräfte mit geistigen Sinnen versehen, welche zum Schauen der Geheimnisse geschärft und bereitet sind, die Geheimnisse der göttlichen Schriften zu durchdringen, glänzend in vernünftiger Milch.[18]

Es mag uns heute überraschen, dass jemand durch die geistig Auffassung mehr erschreckt werden könnte als durch die natürliche. Es war eine ganz andere Mentalität in jener Zeit, ein Aufbruch des Geistes und eine Abwendung von der materiellen Wirklichkeit.[19] In *'De Isaac vel anima'* des AMBROSIUS (entstanden 387/8) ist Isaak der durch den Vater geopferte Christus, der sich in der geistigen Verbindung *(copula spiritalis)* mit Rebekka, der anima, verbindet, welche Liebe durch das Hohelied ausgedrückt wird und worin die Bestimmung der Seele sich im Kampf gegen die Macht des Fleisches und im verlangenden Hinstreben zu Gott erfüllt.

> Die Seele verachtet daher die sicht- und spürbaren Güter und sie besteht weder in ihnen, noch hält sie sich im Verachten derselben auf, sondern steigt von ihnen zu den ewigen und unsichtbaren Dingen auf und nähert sich reinen Sinnes und frommen Gemütes voller Geheimnisse.[20]

Das mystische Fortschreiten der Seele geht über verschiedene Stufen: Die *institutio* weckt die sehnsüchtige Liebe zu Gott, der *processus (profectus)* sind Aneignung und Bewährung der Tugenden, wodurch die Seele der Welt abstirbt und in Christus begraben wird bis sie zur *per-*

17 F. Ohly l.c. S. 33.
18 Occuli sunt viri videlicet spiritalibus ornati sensibus, qui ad videnda mysteria sunt acuti et parati ad penetranda scripturae secreta divinae, rationabili lacte fulgentes. F. Ohly l.c. S. 36.
19 A. Ribi: Zeitenwende, S. 99.
20 F. Ohly l.c. S. 37/38. Lateinisch: Anima ergo bona contemnit visibilia et sensibilia nec consistit in eis nec in despiciendis his immoratur et residet, sed ascendit ad illa aeterna et invisibilia et plena miraculis puro sensu se piae mentis adfollens.

fectio gelangt, so dass sie das *Licht der Gottheit sieht* und sich von der Fülle des Lichtes abkehrt, um sich der Seele des Schwächeren zuzuwenden in ihrem Fortschreiten. Die Flamme der Liebe läutert die Seele wie reines Gold, so dass ihr Auge den Anblick des Lichtes erträgt. Doch die Seele muss sich der Mischung der Elemente im Körper entwunden haben und Geist geworden sein, um mit dem Wesen Gottes eins werden zu können.

In "De institutione virginis" des AMBROSIUS (entstanden 391) ist die *Kirche Bild Marias*:

> Wie schön sind jene, die in der Gestalt der Kirche von Maria prophezeit wurden. (Quam pulchra etiam illa quae in figura Ecclesiae de Maria prophetata sunt).[21]

Gottes Wort spricht bei AMBROSIUS wie bei ORIGENES zur Seele insofern die Kirche als *congregatio religiosa* eine Gemeinde von Seelen ist, so dass sowohl die *Kirche* als auch die *Seele* als Braut des Hoheliedes gelten können.

Wir können uns heute kaum mehr vorstellen, welchen tiefen Eindruck das Gotteswort damals auf die Zuhörer machte, als man noch nicht von den Massenmedien mit Reizen überflutet war.

Die Seele war noch in ganz anderer Art bereit, die unerhört neue Botschaft aufzunehmen, als heute die abgedroschenen Phrasen der Diener der Kirche. Daher klingen die Worte des AMBROSIUS glaubhaft zu uns herüber als Zeugen einer verlorenen Zeit.

HIERONYMUS (um 347–419/20) sah im Hohelied jene Schrift, die vom Leser die grösste Reife verlangte, weil in ihrer Unterweisung die *Liebe an die Stelle der Furcht* getreten ist:

> Den Vollkommenen aber, wo der Schüler nicht mit Furcht, sondern in Liebe unterrichtet wird, genügt der eigene Name und ein solcher ist einem Lehrer gleich und weiss nicht, dass er ein König ist. (Ad perfectos vero, ubi non timore eruditur discipulus, sed amore, proprium nomen sufficit, et aequalis magister est, et nescit se esse regem. Comm. In Ecclesiasten).[22]

21 F. Ohly l.c. S. 34.
22 F. Ohly l.c. S. 49.

Für ISIDOR VON SEVILLA († 636) überschreitet das Hohelied das Sichtbare in der Anschauung des Göttlichen in der Gestalt von Bräutigam und Braut (In Canticis autem canticorum super-gressus visibilia atque contemplans ea quae sunt caelestia vel divina, sub specie sponsi et sponsae, Christi Ecclesiae unitatem declarat, atque animam ad amorem caelestium excitans provehendam ad consortium Dei provocat).[23]

Diese Zitate zeigen, wie lange Zeit das Christentum brauchte, um die Gläubigen vom Konkreten zum Geistigen zu erziehen. Diese Erziehungsarbeit ist auch heute noch nicht abgeschlossen, wenn man erkennt, wie schwer es den Leuten fällt, einen Traum symbolisch zu verstehen. Selbst zweitausend Jahre Training in symbolischem Verständnis der Aussagen der Bibel haben nicht vermocht, die Theologen, geschweige denn die Gläubigen von der psychischen Natur der Aussagen zu überzeugen. So gering wird die Seele im Allgemeinen geschätzt, dass man glaubt, das hehre Wort Gottes werde dadurch auf das "bloss Psychische" reduziert. Man weiss noch nicht, dass alles, was die Seele erschüttert, nicht von aussen kommt, sondern eine sensible Saite in ihr berührt.

Im 12. Jahrhundert beginnt die Einwirkung des Hoheliedes auf die Mariendarstellung in der bildenden Kunst. In dieser Zeit blüht die Marienverehrung in Deutschland auf, auf welche wir später eingehen werden. Mit BERNHARD VON CLAIRVAUX (1090–1153) beginnt die Hohelied-Mystik. Das Hohelied ist für ihn ein Katechismus der Gotteserfahrung, dessen Betrachtung die eigenen Seelenkräfte wecken und leiten, erregen und prüfen soll. F. OHLY schreibt dazu[24]:

> Modernem Empirismus fern, ist die bernhardische Erfahrung eine Wahrnehmung des schon im Glauben als Wahrheit Erkannten, eine Form an der Person geschehender Vergegenwärtigung jener Glaubenswirklichkeit, die ihr Wurzel, Inhalt und Bestätigung bedeutet. Sie ist nicht spontan wie das Träumen, sondern ausgerichtet an der Heiligen Schrift, in sich stufenhaft strukturiert. Sie ist nicht frei wie das Gefühl, sondern gehalten zwischen Furcht und Gewissheit: Bekundung von Gnade und Gericht. Persönlich, aber glaubend und in der Kirche erfahren, gehört sie der See-

23 F. Ohly l.c. S. 62.
24 l.c. S. 145.

le, ohne subjektiv zu sein, weil sie nicht davon lässt, an Gottes Wort ihr Recht und Mass zu suchen.

BERNHARD schreibt:

> Die Liebe erfordert ausser sich keinen Grund, keine Frucht. Ihre Frucht ist ihr Gebrauch. Ich liebe, weil ich liebe, ich liebe, damit ich lieben möge... Die Liebe ist allein von allen Bewegungen der Seele, von allen Sinnen und Affekten, deren ein Geschöpf fähig ist. Obwohl sie dem Schöpfer nicht aus Gleichem antworten kann, erwidert sie aus dem gegenseitig Ähnlichen.[25]

BERNHARD fordert die Selbsterkenntnis der Seele in ihrer Ähnlichkeit wie Unähnlichkeit mit Gott, was sie erst demütig macht und ihre Bestimmung erkennen lässt, was die Voraussetzung aller Gottesschau ist, weil das Ebenbildlichsein mit Gott[26] nichts anderes ist als das Schauen Gottes selbst.

Ich werde in einem späteren Kapitel näher auf die Person des Bernhard eingehen. Wahrscheinlich war er ein extravertierter Fühltypus. Diesem Typus steht nichts so sehr im Wege als wie das Denken. Bernhards Gefühl hat sein Denken in seinen Bann gezogen, um Konflikte zu vermeiden. Der Konflikt trat dann aussen mit PETER ABÄLARD auf, wovon ich später berichten werde. Die unbewusste rationale Kompensation seiner Liebesmystik ist ein gewaltiger Machtkomplex. Für den extravertierten Fühltypus ist die Einfühlung in das Objekt und damit eine scheinbare Objektivierung des Gefühls typisch. Dasselbe geschieht jedem ausübenden Musiker oder Schauspieler. Je besser er sich in eine Rolle oder ein Musikstück einfühlt, desto überzeugender spielt er. Dabei vergisst er ganz, dass er nicht seine eigenen, sondern fremde Gefühle mimt. Das ist der Grund, weshalb Filmstars so oft scheiden, denn sie kennen ihre persönlichen Gefühle am allerwenigsten, können sich aber

25 F. Ohly l.c. S. 148: Amor praeter se non requirit causam, non fructum. Fructus eius, usus eius. Amo, quia amo; amo, ut amem... Solus est amor ex omnibus animae motibus, sensibus atque affectibus, in quo potest creatura, etsi non ex aequo, respondere auctori, vel de simili mutuam rependere vicem.

26 A. Ribi: Anthropos. Kap. Imago Dei in homine.

in jede Rolle einfühlen. Das ist meines Erachtens die Gefahr der Hohelied-Mystik. Es sind doch die Gefühle eines andern, die man sich zu eigenen Zwecken aufbereitet und anempfindet. Zweifellos spielen auch eigene Erfahrungen hinein, aber nicht an diesem konkreten Objekt. So sehr das, was BERNHARD in wohlgesetzten Worten sagt, dem gleicht, was wir als Individuationsprozess verstehen, besteht zwischen beiden ein himmelweiter Unterschied. Ein Student des C. G. Jung-Institutes Zürich hat Parallelen zwischen JUNG und BERNHARDs Predigt über das Hohelied gezogen, wobei er meines Erachtens zu optimistisch war.[27]

Der gleiche Einwand des Anempfindens von Gefühlen trifft BERNHARDs vertrauten Freund WILHELM VON ST. THIERRY (um 1085–1148). Auch er versteht das Hohelied als eine Einführung in das mystische Leben der Selbst- und der Gotteserkenntnis, die nur der Liebende verstehen kann. Das Positive an der Liebesmystik ist, dass ihr göttliches Wesen hervorgehoben wird. Die Liebe ist eine autonome seelische Funktion. Durch das Lesen des Hoheliedes kann in uns diese Liebe entzündet werden.

BALDUIN VON CANTERBURY († 1190) schrieb einen Traktat *'De vulnere caritatis'* über Hohelied 4,9. In der Einheit von Liebe und Furcht, von Liebe und Leid wie von Liebe und Tod erkennt er das Wesen des *amor sanctus*. Er meint, die Liebe zwischen Braut und Bräutigam sei ein gegenseitiges Verwunden. Auch RICHARD VON ST. VIKTOR hat über die verwundende Liebe geschrieben: *De quatuor gradibus violentae caritatis*, worin er meint, dass die Liebe im Leiden erstarke. Die Liebe sei dem Tode gleich, da sie das alte Leben auslösche und Christus durch den Tod seine Liebe zur Natur besiegelte, deren Gottähnlichkeit im Menschen er durch die Erlösung wiederhergestellt habe.

Immer wieder wird die Schamhaftigkeit und Makellosigkeit der Braut betont. PETRUS HELIAE (um 1148) verfasste eine metrische Hohelied-Paraphrase, in welcher er die taubengleiche Schamhaftigkeit der Ecclesia-Braut hervorhob, die über alle Angriffe irdischer und überirdischer Mächte erhaben sei. Die berühmteste metrische Bibelparaphrase des Mittelalters war die *"Aurora"* oder *"Biblia versificata"*, die zur

27 G.J. Santos: Psychological Parallels in C. G. Jung and St. Bernard's Sermons on the Song of Songs.

Hauptsache vom Reimser Kanoniker PETRUS RIGA zwischen 1170 und 1200 verfasst und vom Diakon AEGIDIUS VON PARIS verbessert und erweitert wurde. Aus der Zeit von 700 bis 1500 sind noch 203 Hohelied-Kommentare vorhanden, von denen nur von 77 der Autor identifiziert werden konnte, von denen lediglich 33 gedruckt sind. Unabhängig von einander deuten Kommentatoren des 12. Jahrhunderts die Braut des Hoheliedes auf *Maria* gemäss der ambrosianischen Formulierung:

> Maria ist die Figur der Kirche, welche unbefleckt, doch verheiratet ist (Maria est typus ecclesiae, quae est immaculata, sed nupta).[28]

ALANUS VON LILLE († 1202) vergleicht die Braut – Maria der Morgenröte:

> Sie ist gleichsam die wahre Morgenröte, das heisst, alles gleichzeitig erhebend; weil sie ganz heilig und an Körper und Geist leuchtend war (vere quasi aurora consurgens, id est tota simul surgens; quia tota fuit sancta, et corpore et spiritu splendens).[29]

THOMAS VON VERCELLI († 1246) versteht die Braut in seinen drei Hohelied-Kommentaren von 1224, 1237 und 1244 als das sonnenbekleidete Weib der Apokalypse (c. 12). Auf dem *Konzil von Basel* 1439 wurde dann die unbefleckte Empfängnis Mariens dogmatisiert.[30]

Daraus erkennt man, welchen gewaltigen Anstoss dieses unkonventionelle Hochzeitslied, das sich glücklicherweise in die Bibel verirrt hat, der Differenzierung des Eros gegeben hat. Durch Christus als Logos (Joh 1,1–5) war die Kirche einseitig männlich programmiert. Mit dem Hohelied erhielt sie kompensatorisch den Eros als Braut, wenn auch in abgeschwächter und purifizierter Form. Immerhin mussten sich Theologen mit dem Thema der Liebe befassen, das ihnen naturgemäss ferngelegen hätte. In dieser Form konnten sie sich mit dem Thema der Konjunktio beschäftigen, ohne die Lieblingsideen von

28 H. Riedlinger: Die Makellosigkeit der Kirche in den lateinischen Hohelied-Kommentaren des Mittelalters, S. 203.

29 H. Riedlinger l.c. S. 224.

30 Denzinger-Schönmetzer: Enchiridion Symbolorum, S. 351.

Virginität und Unbeflecktheit opfern zu müssen. Denn am anderen Horizont erhob sich in jener Zeit der *Minnesang* als profanes Pendant zur Hohelied-Mystik, dem wir ein anderes Kapitel widmen werden. Ich möchte noch speziell aufmerksam machen, dass in verschiedenen Traktaten der Titel Aurora *(consurgens)* (aufgehende Morgenröte) erscheint, was wohl auf das Erscheinen eines neuen Bewusstseins hinweist. Die berühmte alchemistische Aurora consurgens von THOMAS VON AQUIN ist ganz eindeutig ein Überwältigtwerden vom Unbewussten und eine Wandlung des Bewusstseins.

In dieser Strömung der Hohelied-Interpretation liegt ein Ansatz zu einer Kultivierung des Gefühls in der Geistesgeschichte des Abendlandes. Es gibt noch andere parallele Strömungen, von denen wir in späteren Kapiteln hören werden. Sie zeigen, wie das kollektive Unbewusste einseitige Haltungen des kollektiven Bewusstseins zu kompensieren versucht.

7. Eine alchemistische Paraphrase zum Hohelied

Die Gedanken des Hoheliedes liessen sich die Alchemisten natürlich nicht entgehen, denen die Vereinigung der Gegensätze ein zentrales Anliegen war. Das bekannteste Beispiel ist die dem hl. THOMAS VON AQUIN zugeschriebene *Aurora consurgens.* Sie wurde kritisch ediert anhand alter Handschriften, übersetzt mit den zitierten Bibelstellen und glänzend kommentiert von MARIE-LOUISE VON FRANZ, der engen Mitarbeiterin von C.G. JUNG bei alchemistischen Texten.[1] Seine Biographen berichten, er habe auf dem Sterbebett den Mönchen von S. Maria de Fossa-nuova das Hohelied interpretiert. Anscheinend kam *diese* Schrift der Bibel den inneren Visionen am nächsten. Kurz vorher hatte er nämlich mitten in seiner *Summa theologiae* beim Kapitel *"De poenitentiae"* seine Schreibuntensilien weggelegt und gesagt, er könne nicht mehr, weil ihm alles, was er geschrieben habe, wie Stroh vorkomme im Verhältnis zu dem, was ihm offenbart worden sei.[2] MARIE-LOUISE VON FRANZ schreibt dazu:

> Dass sich Thomas auf seinem Sterbebett mit dem Hohenlied beschäftigt hat, steht um so wahrscheinlicher in einem Zusammenhang mit seinem Erlebnis, als einerseits diese Vision ein Prodromalsymptom seines Todes ist, und anderseits die Coniunctio-Symbolik überpersönliche archetypische, über Raum und Zeit hinaus führende Vorgänge widerspiegelt, wie sie in besonderem Masse in der Nähe des Todes erlebt werden. [...] Auch im Folklore findet sich das Motiv der sogenannten Todeshochzeit in vielen Variationen wieder, das heisst, die unbewusste Psyche stellt den Tod oft als eine Vereinigung der Gegensätze, das heisst als eine innere Ganzwerdung dar.[3]

1 C.G. Jung, GW 14/III.
2 l.c. S. 428.
3 l.c. § 614.

Sinngemäss kann man dieses Dokument als Einbruch des Unbewussten angesichts des Todes verstehen, der seine Einseitigkeit kompensiert. Daraus erklärt sich, dass keine stilistischen Übereinstimmungen mit seinem übrigen Werke bestehen. Man weiss, dass er in *raptu mentis* redend starb, so dass es sich wohl um die Wiedergabe seiner letzten Worte handelt. Es wird von ihm berichtet, dass er manches von seinen Schriften in *raptu mentis* (Ekstase) niedergeschrieben habe. Bei ihm, einem introvertierten Denktypus, bestand eine grosse Gegensatzspannung zum Gefühl und zum Eros. Seine intellektuelle Einseitigkeit wurde anscheinend durch die Offenbarung auf dem Totenbett mit dem ekstatischen Erlebnis des Weiblichen als *Sapientia Dei* (Weisheit Gottes) kompensiert.

Der eigentliche Hohelied-Kommentar erscheint in der *Aurora consurgens* (aufgehende Morgenröte) erst in der siebten und letzten Parabel mit dem Titel "Vom Gespräch des Liebenden mit der Geliebten". In diesem Text, der gespickt ist mit Zitaten aus dem Hohelied, ist nicht recht ersichtlich, ob die männliche oder die weibliche Instanz spricht. Daraus ergibt sich, dass das bewusste Ich des hl. Thomas vom Unbewussten wie weggeschwemmt wurde. Es ist als ob die grossen Exponenten des Männlichen *(sol)* und des Weiblichen *(luna)* selber miteinander im Gespräch wären, wie das in der Alchemie öfters vorkommt.

Der Text, den ich besprechen will, ist nicht in einem solchen Zustand des *abaissement du niveau mental* geschrieben und deshalb leichter verständlich, obwohl der Autor alles in einem traumartigen Zustand erlebt haben will. Es handelt sich um das *"Aureum Seculum Redivivum"* (Das neuerstandene goldene Zeitalter) von HINRICUS MADATHANUS (1677) abgedruckt im Musaeum Hermeticum 1678, p. 53–72. Es erschien zuerst deutsch in *Dyas Chymica Tripartita* 1621 unter dem Titel "Die uhralte entwichene Güldene Zeit". Der Autor verberge sich unter einem Pseudonym und heisse eigentlich ADRIAN VON MYNSICHT (1602–1638). Nach L. THORNDIKE[4] soll es sich um den Leibarzt des Herzogs von Mecklenburg und fürstlichen *poetus laureata* von 1631 handeln. Bekannt ist von ihm das oft nachgedruckte Thesaurus oder Armamentarium Medico-Chymicum. Da die Erstausgabe

4 A History of Magic and Experimental Science vol. VIII, p. 84.

des goldenen Zeitalters bereits 1621 erschien, und da der Autor im Vorwort schreibt, er habe sechs Jahre vergeblich gearbeitet bis er zum dargestellten Resultat kam, ist die Autorschaft von Mynsicht aus zeitlichen Gründen unwahrscheinlich. Ich vermute, dass THORNDIKE seine Auffassung von J. FERGUSON Bibliotheca Chemica vol. II p. 61 übernommen hat, der schon behauptet, Madathanus sei die latinisierte Form von Mynsicht, wofür er sich ausser auf den British Museum Catalogue auf den Keren Happuch oder Teutsches Fegfeuer der Scheide-Kunst 1702, p. 91 beruft: Jedenfalls gibt sich der Autor am Ende des Traktates als *frater aureae crucis* (Goldkreuz) zu erkennen, einer den Rosenkreuzern nahestehenden Sekte.

Der Traktat beginnt damit, dass der Autor sich die Wunder des Höchsten, die Geheimnisse der verborgenen Natur und das Feuer der Nächstenliebe in Erinnerung ruft.[5] Seine Assoziation dazu ist die Geschichte von Ruben, Leas Sohn, der auf dem Felde "Dudaim" (Liebesäpfel) fand, die Lea der Rahel um eine Nacht mit dem Stammvater Jakob gab.[6] Lea wurde wieder schwanger und gebar dem Jakob einen fünften Sohn, den sie Issaschar nannte, weil sie sprach: Gott hat mir's gelohnt, dass ich meinem Mann meine Magd gegeben habe. Es ist ein Wettstreit zwischen Lea und Rahel um die Fruchtbarkeit.

Dann wurden die Gedanken des Autors noch tiefer und er erinnerte sich der Geschichte mit dem Goldenen Kalb, das Moses, nachdem er die Gebote vom Sinai gebracht hatte, verbrannte und zu Pulver zerrieb, das er in Wasser aufgeschwemmt den Israeliten zu trinken gab.[7] Das musste einem Alchemisten als eine Art von Goldelixier erscheinen und Moses als ersten Alchemisten erweisen.

Wie der Autor nun seine Gedanken sammelte, erkannte er die Wahrheit und seine Augen wurden ihm so geöffnet wie den Jüngern von Emmaus der Sinn, als sie den Herrn am Brechen des Brotes erkannten.[8]

5 Für die Kontrolle meiner Übersetzung bediene ich mich der Übersetzung, die Marie-Louise von Franz für C. G. Jung angefertigt hat.

6 Gn 30,14f.

7 Exodus 32,20.

8 Lk 24,31.

Damit wird auf eine innere Erleuchtung hingewiesen, die für das Folgende bedeutsam sein wird. Denn jetzt berichtet der Autor von einem Traum. In vielen alchemistischen Traktaten spielt sich das Geschehen gleichsam traumartig ab. Damit ist zwar nicht wie bei Zosimos eine Traumvision im heutigen Sinne, sondern eher eine unbewusste Fantasie gemeint, die symbolisch nicht konkret zu verstehen ist.

Ihm erschien der König Salomo in seiner ganzen Macht, Reichtum und Herrlichkeit. König Salomon und der Besuch der Königin von Saba wurden im Mittelalter zu legendären Figuren. Die Bibel berichtet ihr Zusammentreffen im ersten Buch der Könige 1–13:

> Als die Königin von Saba [der Sabäer] von dem Ruhme Salomos hörte, kam sie, ihn mit Rätseln zu erproben [Motiv der Rätselprinzessin] [...] Und als sie zu Salomo kam, fragte sie ihn alles, was sie sich vorgenommen hatte, und Salomo gab ihr auf all ihre Fragen Bescheid; es war dem König nichts verborgen, dass er ihr nicht hätte Bescheid geben können. Als aber die Königin von Saba all die Weisheit Salomos sah und den Palast, den er gebaut hatte, und die Speisen auf seinem Tische, die Tafelordnung [...] geriet sie vor Staunen ausser sich und sprach zum König: Volle Wahrheit ist es gewesen, was ich in meinem Lande über dich und deine Weisheit gehört habe [...] Wahrlich, nicht die Hälfte ist mir berichtet worden: du hast mehr Weisheit und Reichtum, als das Gerücht sagt, das ich gehört habe. Glücklich deine Frauen, glücklich diese deine Diener, die allezeit vor dir stehen und deine Weisheit hören! [...] Und sie gab dem König 120 Talente Gold und Spezerei in grosser Menge und Edelsteine [...] König Salomo aber gab der Königin von Saba alles, was sie begehrte und erbat [...] Darnach kehrte sie um und zog in ihr Land samt ihrem Gefolge.[9]

Kein Wunder, dass König Salomon in der Folge sowohl in jüdischen wie muslimischen Quellen bunt ausgemalt wurde. Sein Reichtum, seine Weisheit sind grenzenlos, ihm bleibt nichts verborgen. Er herrscht nicht nur über Menschen, sondern alle Kreatur ist ihm untertan, selbst die Dämonen *(jinns)* müssen für ihn den Tempel bauen. Er erbte Adams Ring, den berühmten Siegelring, den er für seine Magie benützt. Aus dem Satz: Salomo aber gab der Königin von Saba alles, was sie be-

9 Alle Zitate stammen aus der Zürcher Bibel 1982.

gehrte und erbat, schlossen spätere Kommentatoren, dass er mit ihr Umgang hatte. Die Herrscher Äthiopiens führen ihren Stammbaum auf Salomo und die Königin von Saba zurück.[10] Der Fabulierlust der Muslime waren keine Grenzen gesetzt.[11]

Nach äthiopischer Überlieferung hatte Salomo fünfhundert jungfräuliche Begleiterinnen und die Fähigkeit, Kranke zu heilen. Es hiess nämlich, die Königin von Saba habe einen verunstalteten Fuss gehabt, doch als sie über die Schwelle des Palastes schritt, wurde sie geheilt. Denn in dieser war ein Stück Holz vom Lebensbaum aus dem Paradies eingebaut, was man am wunderbaren Duft erkannte. Dieses Holz ist es, aus dem später das Kreuz hergestellt werden wird, an welchem Jesus gekreuzigt wird.

Salomo wird auch im Koran erwähnt, Stellen, welche persische Erzähler noch ausschmückten. Sure 27, 15–44:

> Dem Salomo wurden seine Truppen-Dschina, Menschen und Vögel – (zu einem Feldzug) versammelt [...] Und er liess die Vögel Revue passieren und sagte: 'Warum sehe ich den Wiedehopf nicht? [...] Ich werde ihn wahrlich schwer bestrafen oder (überhaupt) umbringen, es sei denn, er bringt mir eine offenkundige Vollmacht (für sein Fernbleiben)'. Der Wiedehopf blieb nicht (mehr) lange (aus) und sagte: 'Ich habe etwas erfahren, was du nicht erfahren hast, und bringe dir nun sichere Kunde von den Sabäern. Ich habe festgestellt, dass eine Frau über sie König ist, [...] Salomo sagte: 'Wir werden sehen, ob du die Wahrheit gesagt hast. [...] Bring diesen meinen Brief weg und wirf ihn ihnen zu.' [...] Die Königin sagte: 'Ihr Vornehmen! Mir ist ein achtbarer Brief zugeworfen worden. Er kommt von Salomo' [...] [Salomo] sagte (zu seinen eigenen Leuten): 'Ihr Vornehmen! Wer von euch bringt mir den Thron der Königin, noch ehe sie als Muslime zu mir kommt?' [...] Derjenige, der Wissen aus der Schrift besass, sagte: 'Ich werde ihn dir in einem Augenblick bringen'. Als er ihn nun (auf wunderbare Weise plötzlich) bei sich stehen sah, sagte er: 'Das ist (etwas) von der Huld meines Herren' [...] Er sagte: 'Macht ihr ihren Thron unkenntlich [...] Als sie nun (zu Salomo) gekommen war, sagte man (zu ihr): 'Ist dein Thron so (wie dieser hier)?' Sie sagte: 'Es ist so, wie wenn er es wäre.' [...][12]

10 Alice Jankowski: Die Königin von Saba und Salomo.
11 J. Lassner: Demonizing the Queen of Sheba.
12 R. Paret: Der Koran, S. 310–312.

Die Folge der Geschichte besteht im Übertritt der heidnischen Königin zum islamischen Glauben. Eine andere Geschichte von Salomo findet sich in Sure 34, 12–14 unter dem Titel 'Die Sabäer':

> Und dem Salomo (haben wir) den Wind (dienstbar gemacht), der morgens (eine Strecke, zu der man als Reisender) einen Monat (benötigt) zurücklegt, und abends ebenso. Und wir liessen die Metallquelle für ihn fliessen. Und Dschinn (machten wir ihm dienstbar, solche), die mit der Erlaubnis seines Herrn vor ihm (allerlei schwierige) Arbeiten ausführten. [...] Sie machten für ihn, was er wollte: Paläste, Bildwerke, Schüsseln [...][13]

Diese übermenschliche Gestalt war geeignet, dem Visionär als Psychopompos (Seelenführer) zu dienen. Mit sich führte Salomo seinen ganzen Harem *(Gynaeceum)*: sechzig Königinnen, achtzig Nebenfrauen *(concubinae)* und zahllose Jungfrauen (1 Kön 11,3; Cant 6,7–8).[14] Eine aber war seine Taube, die schönste und seinem Herzen teuerste (Cant 6,8) Die Frauen machten nach Katholischem Ritus eine feierliche Prozession, in welcher das Zentrum am meisten gepriesen und geliebt wurde, dessen Namen wie ausgegossenes Salböl[15], dessen Wohlgeruch alle anderen übertraf und dessen feuriger Geist der Schlüssel zum Öffnen des Tempels, zum Eintritt in das Allerheiligste und zum Ergreifen der Flügel des Altars war.

Der Harem ist eine Vielheit und Vielfalt, die einer Dissoziation in die zehntausend Dinge der Welt entspricht. Diese muss zusammengefasst werden auf das *Eine*. Wie es in 4. Esra 5,23–27 heisst, wo Gott aus allem Walde der Erde und all seinen Bäumen sich den *einen* Weinstock *(vineam unam)* erwählt hat, aus allen Blumen des Erdkreises die *eine* Lilie *(lilium unum)*, aus allen Vögeln, die Er geschaffen hat, die *eine* Taube *(columbam unam)*, aus allen Tieren, die Er gebildet, das *eine*

13 l.c. 353.

14 Vulgata: sexaginta sunt reginae et octaginta concubinae et adulescentularum non est numerus / una est columba mea perfecta mea, una est matris suae electa genetrici suae.

15 Cant 1,2: oleum effusum nomen tuum fraglantia unguentis optimus [fragrantia = editio Clementia (Sixto-)Clementina 1592].

Schaf *(ovem unam)*, aus allen Völkern das *eine* Volk *(populum unum)* auserkoren hat. Die Prozession ist eine Zirkumambulation des Zentrums, was eine Konzentration der Energie im Zentrum bedeutet. Mit dem Zitat von Canticus 1,2 kommt diesem Zentrum die Bedeutung des Weiblichen zu. Und zugleich ist dieses Zentrum der feurige Geist als Schlüssel zum Tempel, ja sogar zum Allerheiligsten und zum Altar. Schlüssel bedeutet stets den inneren sinnhaften Zugang zu etwas. Ohne ihn kann man dieses Zentrum des Mandalas nicht verstehen, denn es übersteigt die Vernunft und Fassbarkeit des Bewusstseins: Es ist das Geheimnis Gottes, das nur gleichnishaft ausgedrückt werden kann.

Salomo zeigt ihm darauf das *eine* Zentrum im Dreieck des Zentrums und öffnet sein Verständnis. Auf dem Titelblatt zum Traktat ist es abgebildet.[16] Das Dreieck bedeutet die Trinität: *Tria unum sunt.* Das ist die christliche Ganzheit, der das Vierte fehlt.[17] Wir müssen darauf achten, wo das fehlende Vierte sich verbirgt.

> Hierauf bemerkte ich eine Frau in meinem Rücken stehen, die ihre Brust entblösst hatte, die von einer blutigen Wunde befleckt war, aus welcher Blut und Wasser zugleich flossen.[18]

Mit dem Hinweis auf die Wunde wird die Frau Christus gleichgestellt: Sie ist gewissermassen ein weibliches Gottesbild.[19] Das ist sehr unorthodox, aber wohl eine Kompensation des zu einseitigen männlichen Gottesbild in der westlichen Christenheit. Es handelt sich bei dieser Göttin um die Braut des Hoheliedes, denn der Text fährt fort:

> Ihre Schamteile lagen zusammen wie zwei vom Meister geschaffene Monde, ihr Nabel war rund wie ein Schild, ihr Bauch war gleich einem von Rosen bestandenen Weizenhaufen, ihre Brüste wie ein Zwillingspaar von Hirschkälbern, ihr Hals wie ein Elfenbeinturm, ihre Augen wie die

16 Abb. Musaeum Hermeticum S. 53.
17 A. Ribi: Gerhard Dorn. Ein verkannter Fortsetzer paracelsischer Alchemie und paracelsischer Philosophie: Das Problem von Drei und Vier…
18 Joh 19,34: et continuo exivit sanguis et aqua.
19 Regine Schweizer-Vüllers: Die Heilige am Kreuz.

> Fischteiche von Hesbon beim Tor Bathrabbim, ihre Nase wie der Turm im Libanon, der gegen Damaskus schaut.[20]

Ihr Haupt sah aus wie der Karmel und die Locken auf ihrem Haupt waren wie die eines Königs mit Purpur durchflochten. Ihre Kleider lagen abgeworfen zu ihren Füssen und waren sehr fettig, übelriechend und giftig. Schliesslich begann sie in dieser Art zu sprechen:

> Ich habe mein Kleid ausgezogen, wie könnte ich es wieder anziehen? Ich habe meine Füsse gewaschen, wie soll ich sie wieder beschmutzen? Die Wächter, die in der Stadt herumgehen, haben mich aufgegriffen, mich verwundet und mir das Prachtgewand heruntergerissen.[21]

Diese Göttin ist auch die *prima materia* des Alchemisten, seine Anfangssubstanz. Darauf weist ihre Verwundung einerseits durch das Kollektiv und ihre abgeworfenen stinkigen Kleider. Diese stellen die kollektive Erscheinung der Persönlichkeit dar, unter welcher sich die wahre innere verbirgt. Sie muss zuerst abgelegt werden, damit die echte Persönlichkeit erscheinen kann, wovon es im Brief an die Kolosser 3,9–10 heisst:

> ... nachdem ihr doch den alten Menschen mit seinen [schlimmen] Taten ausgezogen und den neuen angezogen habt, der nach dem Bilde seines Schöpfers zur Erkenntnis erneuert wird.

Ähnlich heisst es bei Paulus im Brief an die Epheser 4,22–24:

> ... dass ihr [nämlich] in Hinsicht auf den früheren Wandel ablegen sollt den alten Menschen, der vermöge der betrügerischen Lüste zugrunde gerichtet wird, dagegen erneuert werden sollt durch den Geist in eurem

20 Cant. 7,1: iunctura feminum tuorum sicut monilia quae fabricata sunt manu artificus; 7,2: umbilicus tuus crater tornatilis numquam indigens poculis, venter tuus sicut acervus tritici vallatus liliis; 7,3: duo ubera tua sicut tuo hinuli gemelli capreae; 7,4: collum tuum sicut turris eburnea, oculi tui sicut piscinae in Esebon quae sunt in porta filiae multitudinis, nasus tuus sicut turris Libani quae respicit contra Damascum.

21 Cant 5,3: expoliavi me tunica mea quomodo induar illa, lavi pedes meos quomodo inquinabo illos; 5,7: invenerunt me custodes qui circumeunt civitatem, percusserunt me vulneraverunt me, tulerunt pallium meum mihi custodes murorum.

innern Wesen und anziehen sollt den neuen Menschen, der nach Gott geschaffen ist in wahrhafter Gerechtigkeit und Heiligkeit.

Was abgelegt wird, ist der "alte Mensch", der "alte Adam"[22], sind die Werke der Finsternis, anziehen aber die Waffen des Lichtes! (Röm 13,12). So legt nun ab alle Bosheit und allen Trug und Heuchelei und Neid und alle Verleumdungen, und traget wie neugeborene Kinder Verlangen nach der vernünftigen, unverfälschten Milch, damit ihr durch sie zur Seligkeit heranwachset (1 Pet 2,1–2), leget alle Unsauberkeit und allen Überrest von Bosheit ab (Jak 1,21). Das Zitat der betrübten Sulamith findet sich in der von JUNG zweimal zitierten Stelle aus Abraham Eleazar "Uraltes Chymisches Werk" II S. 51, wo es heisst:

> Betrübte Sulamith von innen und aussen, die Wächter der grossen Stadt werden dich finden und wund schlagen, dich deiner Kleider berauben und zerschlagen, und die den Schleyer nehmen.

Alchemistisch bedeutet die Denudatio eine *putrefactio* (Fäulung) und *extractio animae* (Ausziehen der Seele).

Vor lauter heiliger Scheu und Verwirrung ob des Geschauten fiel der Träumer zu Boden. Salomo aber liess ihn wieder aufstehen und erklärte ihm: Fürchte dich nicht, da du in der Entblössten die Natur erkennst und das grösste Geheimnis der Geheimnisse unter dem Himmel und auf Erden. Sie ist schön wie Thirtza, freundlich wie Jerusalem, schrecklich wie die Kriegsschwerter und dennoch ist sie eine reine keusche Jungfrau, die von Adam geschaffen und gezeugt wurde.[23] Der Eingang zu ihrem Tabernakel ist versiegelt: Sie wohnt nämlich in den Gärten und schläft in der zweifachen Höhle Abrahams auf dem Felde Ephrons (Gn 23,9.11.17.19.20) und ihr Palast ist in den Tiefen des Roten Meeres und in unüberschaubaren Höhlen. Die Luft hat sie geboren und das Feuer sie aufgezogen.

Das ist ein Anklang an die Tabula Smaragdina, die Erzautorität der Alchemisten, wo es vom *foetus spagyricus* heisst:

22 C.G. Jung: Mysterium coniunctionis. GW 14/II § 260f.

23 Cant 6,3: pulchra es amica mea suavis et decora sicut Hierusalem, terribilis ut castrorum acies ordinata.

Der Wind trägt ihn in seiner Gebärmutter, seine Amme ist die Erde.[24, 25]

So ist sie die Königin der Erde und hat Milch und Honig in ihren Brüsten, ihre Lippen sind wie Honigwaben, Milch und Honig sind unter ihrer Zunge und ihr Gewand ist für die Weisen wohlriechend wie die Düfte des Libanon[26], den Unwissenden aber ein Abscheu.

Dem Alchemisten zerfliessen wie in einem richtigen Traum die Braut des Hoheliedes mit der Natura und einem weiblichen Gottesbild in eines. Als weibliches Komplement zur himmlischen Dreifaltigkeit ist sie mit der Erde, dem Meer und den Höhlen verbunden.

Und weiter sprach Salomo:

Wache auf und suche dir aus meinem Harem, den du gesehen hast, eine ihresgleichen. Allsogleich entblössten sich alle gehorsam. Aber mit meinen Gedanken beschäftigt, konnte ich nichts finden oder urteilen und meine Augen waren geschlossen, damit ich nichts erkenne. Als Salomo meine Schwäche erkannte, trennte er den Harem von dieser nackten Frau und sprach: Deine Gedanken sind eitel und dein Verstand von der Sonne verbrannt, dein Gedächtnis ist neblig und schwarz so sehr, dass du nicht recht urteilen kannst.[27]

Aber wenn du deine Angelegenheit von nahe betrachtest und die sich dir bietende Gelegenheit nicht vernachlässigst, werden der blutige Schweiss und die schneeweissen Tränen dieser nackten Jungfrau dich erquicken und deinen Verstand und dein Gedächtnis klären und wiederherstellen können, so dass deine Augen die Geheimnisse des Allerhöchsten erkennen. Du wirst die Höhen der oberen und die Tiefen der unteren Welten und die Kräfte der ganzen Natur und der Elemente und auch ihr Wirken richtig erforschen. Dein Verstand wird silbern und dein Gedächtnis golden sein. Vor deinen Augen werden alle Farben der Edelsteine erscheinen, und du wirst ihre Erzeugung kennen und Gut und Böse unterscheiden[28] und die Böcke von den Schafen scheiden.[29]

24 Portavit illud ventus in ventre suo; nutrix eius terra est.

25 J. Ruska: Tabula Smaragdina S. 2–3.

26 Cant 4,11: favus distillans labia tua sponsa mel et lac sub lingua tua et odor vestimentorum tuorum sicut odor turis.

27 Cant 1,5: nolite me considerare quod fusca sim quia decoloravit me sol.

28 Gn 3,5: aperientur oculi vestri et eritis sicut dii scientes bonum et malum.

29 Mat 25,32: et separabit eos ab invicem [...] oves ab hedis.

Die Unterscheidung bedeutet Bewusstwerdung. Auf diese ist eine so hohe Prämie ausgesetzt, dass der Mensch auf die Ebene der Götter gehoben wird (eritis sicut dii). Man kann den Wert der Möglichkeit zur Bewusstwerdung in der Evolution gar nicht hoch genug einstufen, denn sie ist eine zweite Schöpfung. Der Mensch musste aus dem Paradies herausgeworfen werden, wo er mit den anderen Geschöpfen rein instinktiv lebte, um das Wissen um die Schöpfung in sie hinein zu tragen.[30] Für den Alchemisten, der die Natur glühend verehrte, hätte es nahegelegen, wieder instinktiv zu leben nach der Maxime von Rousseau's *retour à la nature*. Der moderne Mensch hat sich zwar bedenklich weit von seiner Natur entfernt, aber in den Garten Eden zurück kann er auch in einem "wiederhergestellten Goldenen Zeitalter" nicht. Das wäre neurotische Regression. Er muss seine wahre Natur finden, welche die Alchemisten oft als Urmensch bezeichneten. In unserem Traktat weist die Nacktheit auf die "wahre Natur". Es ist eine rituelle Nacktheit, wie sie in der Religionsgeschichte bekannt ist. Nacktheit ist von vielen gottesdienstlichen Handlungen her bekannt, zum Beispiel in der christlichen Taufe. CYRILL VON JERUSALEM sagt in seinen Mystagogischen Katechesen (2,2) zu den Neugetauften:

> Welch wunderbare Sache! Ihr wart nackt vor den Augen aller und schämtet euch nicht; fürwahr, ihr truget das Abbild des ersten geschaffenen Adam, der im Paradiese nackt war und sich nicht schämte.[31]

Im berühmten gnostischen Thomas-Evangelium antwortet Jesus auf die Frage der Jünger, wann er sich ihnen offenbaren werde:

> When you disrobe without being ashamed and take up your garments and place them under your feet like little children and tread on them, then [you will see] the son of the living one, and you will not be afraid.[32, 33]

30 C.G. Jung: Erinnerungen, Gedanken, Träume, S. 341. Abkürzung: ER.
31 F. Heiler: Erscheinungsformen und Wesen der Religion, S. 183.
32 NHC II, 2; 39, 27–40,1; Logion 37.
33 H. Koester: The Gospel according to Thomas, in: B. Layton: Nag Hammadi Codex II, 2–7, vol. I, p. 69.

Anscheinend wollten die Jünger noch genauer wissen, was das mit den kleinen Kindern (Mat 18, 1–5) auf sich hat, worauf er im Thomas-Evangelium antwortet:

> When you make the two one, and when you make the inside like the outside and the outside like the inside, and the above like the below, and when you make the male and the female one and the same, so that the male not be male nor the female female.[34]

Nacktheit, Adam oder Kind, weisen alle auf einen Zustand der vereinigten Gegensätze hin. Doch zur Vereinigung müssen die Gegensätze erst getrennt und bewusst werden.

Salomo fährt fort: Dein Leben wird ruhig sein, doch die Schelle Aarons (Exodus 28,34) und die Laute Davids (1 Sam 16,23), meines Vorfahrn, werden dich aus Schlaf und Schläfrigkeit wecken. Ob diesen Reden Salomos erschrak der Träumer noch heftiger und entsetzte sich über die Massen, teils über die hehren Worte, teils über den Glanz und die Herrlichkeit des königlichen Harems.

Das Aufwecken aus dem Sopor oder der Agnosia[35] ist ein geläufiges Motiv in Alchemie und Gnosis. Bekannt ist es aus dem ersten Bild des Mutus Liber (stummen Buches), wo zwei Engel auf der Jakobsleiter mit der Posaune den am Boden schlafenden Alchemisten wecken.[36] Es geht immer um das Gewahrwerden des Göttlichen, des Überpersönlichen im Menschen. Das bricht plötzlich vom Unbewussten her ein und verändert das Bewusstsein grundlegend.

> König Salomo aber ergriff meine Rechte und entführte mich durch einen Weinkeller[37], wo er mich mit Blumen und Äpfeln erfrischte. Seine Fenster bestanden aus durchsichtigen Kristallen, und ich schaute hindurch. Jener aber fragte mich: Was siehst du? Ich sehe, antwortete ich, von hier in jenen Raum, woher ich gekommen bin, und deinen könig-

34 NHC II, 2; 37, 21–31; logion 22. L.c. p. 63.
35 A. Ribi: Zeitenwende, S. 80.
36 Exod 19,16.
37 Cant 1,3: introduxit me rex in cellaria sua; 2,4: introduxit me in cellam vinariam.

lichen Harem auf der linken und die nackten Jungfrauen auf der rechten Seite. Ihre Augen sind röter als der Wein und ihre Zähne weisser als Milch; ihre Kleider zu ihren Füssen sind hässlicher, schwärzer und unflätiger als der Fluss Kidron. Wähle dir, sagt Salomo, eine unter allen als Geliebte. Ich schätze sie und den Harem als gleichwertig. Und je mehr mich die Lieblichkeit meiner Jungfrauen erfreute, desto weniger stiessen mich ihre unflätigen Kleider ab. Hierauf wandte sich der König ab und sprach eine seiner Königinnen aufs menschlichste an. Es war aber dort eine hundertjährige Hofmeisterin in aschfarbener Stola und schwarzer Binde auf dem Haupt, die mit einer Anzahl hellster Steine geschmückt und rotem Atlas innen gefüttert und mit gelber und blauer Seide kunstvoll umwoben war. Ihr Umhang war mit allen Arten von türkischen und indischen Farben und Figuren verziert. Diese altehrwürdige Frau gab mir insgeheim einen Wink und schwor heilig, dass sie die Mutter jener nackten Jungfrau sei und jene aus ihrem Leib geboren habe. Sie sei eine keusche, reine und verborgen lebende Jungfrau, welche bis jetzt noch keines Mannes Anblick leiden mochte, obwohl sie überall unter den Leuten auf der Gasse etwas mit Männern hatte, habe sie bisher noch kein Mann nackt gesehen, noch einer sie berührt. Sie sei jene Jungfrau, von der der Prophet sagt: Siehe, uns wird heimlich ein Sohn geboren, der unter andere eingetauscht worden ist(?): Siehe, eine Jungfrau wird gebären, welche man Adorossa, die Verborgene heisst, welche andere (Männer) nicht duldet.[38] Weil diese ihre Tochter bisher unverheiratet war, habe sie ihre Mitgift wegen der derzeitigen Kriegsgefahr unter ihren Füssen versteckt, damit nicht etwa einer von den marodierenden Kohorten sie beraube und sich der üppigsten Reichtümer bemächtigen könne. Ich solle mich von der unflätigen und abgetragenen Kleider Greuel nicht abschrecken lassen, sondern ihre Tochter vor allem andern als meine bevorzugteste Geliebte und Wohlgefallen meines Lebens wählen. Dann versprach sie mir ein Reinigungsmittel zu geben und zu zeigen, wie damit die Kleider zu reinigen. Dann würde ich das flüssige Salz und das unverbrennbare Öl in Besitz nehmen und einen unermesslichen Schatz erwerben, ihre Rechte wird mich täglich erfreuen und die Linke ständige unter meinem Haupte ruhen.[39]

Im Hohelied wird das bemerkenswerterweise vom Bräutigam gesagt!

38 Jes 7,14: ecce virgo concipiet et pariet filium.

39 Cant 8,3: leva eius sub capite meo et dextera illius amplexabitur me.

Wir haben oben gesehen, dass die Braut im Hohelied 6,9 die "einzige ihrer Mutter, die Auserwählte derer, die sie gebar" ist.[40] Diese Figur ist ähnlich jener alten Frau zu Beginn der Chymischen Hochzeit, der ich ein späteres Kapitel widmen werde. Rosencreutz bezeichnet sich denn auch als den "uralten Sohn der Mutter". Sie ist anscheinend die unpersönliche Mutter, aus der die ganze Schöpfung hervorgegangen ist. In ihrer Tochter ist sie wiedergeboren und verjüngt, aber bleibt sich gleich. Der Autor wird vom Unbewussten angewiesen wie er mit dem Unbewussten umgehen soll. Das ist gar nicht so absurd wie es im ersten Augenblick scheint. So sagt Haly:

> Unser Stein ist Leben für jenen, der ihn kennt und hergestellt hat; und wer ihn nicht kennt und nicht hergestellt hat [...] bereitet sich den Tod und den Verlust seines Geldes.[41]

Man kann dieses Paradox nur so verstehen, dass der Stein, das Ziel des Prozesses schon immer vorhanden war und gleichsam als Regisseur aus dem Hintergrund dem Alchemisten Anweisungen gibt, wie er ihn herzustellen hat. Der Stein ist sozusagen als Möglichkeit in jedem Alchemisten angelegt und muss aber durch seine Suche und sein Opus erst Wirklichkeit werden. Die Mutter stellt diesen archetypischen Hintergrund dar, der im Werk erst bewusste Wirklichkeit wird.

> Als ich mich klar zu entscheiden anschickte, wandte Salomo sich (mir) wieder zu und sprach mich scharf anschauend: Ich bin der Weiseste von allen auf Erden und mein Harem erquicklich, meine Königinnen vorzüglich und der Ruhm übertrifft das Gold aus Ophir.[42] Der Glanz meiner

40 Die Verszählung differiert hier von der Vulgata, und oft unterscheiden sich die Übersetzung der Zürcher-Bibel von jener der Vulgata. Da aber der Autor unseres Textes wohl seine Bibelkenntnisse aus der Vulgata bezog, zitiere ich jeweilen diese zu den entsprechenden Textstellen des Musaeum Hermeticum.

41 Theobald de Hoghelande: De Alchemiae Difficultatibus. Theatrum Chemicum (1459) I p. 182: Lapis noster est vita ei, qui ipsum scit et eius factum; et qui nesciverit et non fecit [...] iam paravit se morti et pecuniam suam perditionis.

42 Rg 4,30–31: et praecedebat sapientia Salomonis sapientiam omnium Orientalium et Aegyptiorum et erat sapientior cunctis hominibus. Zürcher Bibel: 1 Kön 5,9.

Konkubinen verdunkelt die Strahlen der Sonne und die Schönheit meiner Jungfrauen den Glanz des Mondes: so himmlisch sind meine Jungfrauen und so unergründlich meine Weisheit und so unerforschlich meine Klugheit. Darauf antwortete ich und beugte mich halberschrocken zur Erde: Siehe, ich habe vor dir Gnade gefunden, der ich dürftig bin, gib mir jene nackte Jungfrau, welche ich aus allen zur Erhaltung meines Lebens ausgelesen habe. Zwar sind ihre Kleider unflätig, schmutzig und besudelt: aber ich werde sie reinigen und liebe sie von Herzen: sie sei meine Schwester, meine Braut, mit einem ihrer Augen und ihrer Halskette hat sie mein Herz geraubt[43], mich entbrannt, dass ich vor Liebe krank darniederliegen muss.

Nachdem ich das so gesagt hatte, gab Salomo sie mir auf der Stelle. Im Harem entstand aber ein Tumult, so dass ich erwachte und nicht wusste, wie mir geschah. Ich hielt es dennoch für einen Traum und überlegte mir die Sache bis zum nächsten Tag.

Abb. 13: Die nackte Jungfrau, die die schmutzigen Kleider ausgezogen hat, welche als Schatten vom Alchemisten bearbeitet werden.
Aus: Michael Maier: Symbola aureae mensae, p. 91.

43 Cant 4,9: vulnerasti cor meum soror mea sponsa vulnerasti cor meum in uno oculorum tuorum et in uno crine colli tui.

Als ich mich unter heissen Gebeten erhob: Siehe, da lagen die Kleider der nackten Jungfrau vor meinem Bett und jene sah ich mit vor Angst gesträubten Haaren und den ganzen Körper von kaltem Schweiss bedeckt.[44] Nachdem ich mich erholt hatte, schlief ich wieder ein. Gottesfürchtig wiederholte ich es (= Gebet), doch folgten meine Gedanken ihm nicht. Aus besagten Gründen war mir das Anschauen der Kleider nicht erlaubt, geschweige denn etwas in ihnen zu suchen. Ich änderte mein Lager und liess jene Kleider für sehr lange Zeit aus reinem Unwissen liegen. Ich wähnte, wenn ich sie zufällig berühren würde oder umdrehte, könnte mir etwas Bedenkliches zustossen. Doch wurde ich im Schlaf von dem unausstehlichen giftigen Gestank sehr angesteckt und entzündet, so dass meine Augen den Augenblick der Gnade nicht erkennen und mein Herz die ungeheure Weisheit Salomos nicht bemerken konnte.

Nachdem besagte Kleider fünf Jahre lang in meinem Schlafzimmer gelegen hatten und ich nicht wusste, zu was sie gut sein könnten, beschloss ich, sie dem Feuer zu übergeben und die Wohnung zu wechseln. Während ich mich mit solchen Absichten trug, erschien in der folgenden Nacht die hundertjährige Frau mir im Traum und schalt mich mit heftigen Worten: Undankbarster der Sterblichen, während ganzen fünf Jahren habe ich dir die Kleider meiner Tochter überlassen unter denen jenes Kleinod verborgen ist. Du hast sie in dieser ganzen Zeit weder gereinigt, noch das Ungeziefer aus ihnen entfernt, darüber hinaus gedenkst du sie zu verbrennen. Genügt dir denn nicht, dass du die Ursache ihres Todes und Unterganges bist? Da wurde ich von Zorn entflammt und erwiderte ihr: Wie soll ich deine Worte verstehen? Willst du mich zum Räuber stempeln, wo ich doch deine Tochter im Verlauf der fünf Jahre kaum gesehen, noch etwas von ihr gehört habe? Wie könnte ich da an ihrem Tod schuldig sein? Indem sie meine Rede unterbrach, fuhr sie fort: Das ist alles wahr, doch hast du schwer gegen Gott gesündigt: deshalb kannst du weder meine Tochter, noch das philosophische Reinigungsmittel erlangen, das ich dir versprochen habe für die Reinigung der Kleider. Weil du am Anfang, als Salomo dir meine Tochter wohlwollend gab, ihre Kleider verachtet hast, hat der Planet Saturn, ihr Ahn, von Zorn entbrannt, sie aus reinem Zorn wieder in das verwandelt, was sie vor ihrer Geburt war: aus diesem Grunde hast du Saturn durch die Verachtung beleidigt und ihm Anlass zu ihrem Tod, Verderben und schliesslichen Untergang gegeben. Sie ist jetzt nämlich das, wovon Senior sagt:

44 Abb. 13. M. Maier: Symbola aureae mensae, p. 91.

Wehe, wehe mir: nachdem man mir die nackte Frau gebracht hat, als mein Körper unsichtbar war, und ich noch nicht Mutter geworden war, bis ich wiedergeboren werde, werde ich die Kräfte aller Pflanzenwurzeln erwerben und in meiner Essenz den Sieg davontragen etc. Diese grossartigen zu Herzen gehenden Worte schienen mir fremd, aber ich unterdrückte meinen Eifer männlich und widersprach ihr feierlich, dass ich nichts von ihrer Tochter wisse, geschweige denn von deren Tod, Verderben und Anlass zu ihrem Untergang gegeben habe: Ihre Kleider hätte ich volle fünf Jahre in meinem Schlafzimmer aufbewahrt, wegen zu grosser Blindheit sie noch nicht begriffen und keinen Nutzen von ihnen mir ausdenken können: aus diesem Grunde bin ich sowohl vor Gott wie vor den Menschen unschuldig. Diese meine berechtigte und begründete Entschuldigung verlachte das alte Mütterlein und, indem sie mich ansah, sagte: Ich bemerke und schliesse aus deinem aufrechten Gewissen, dass du unschuldig bist, und deiner Unschuld wegen wirst du am Orte der Belohnung einen grossen Preis erhalten. Deshalb werde ich dir aus treuem Herzen, aber im Geheimen eröffnen, dass meine Tochter aus einzigartiger Liebe und Zuneigung zu dir, unter den zurückgelassenen Kleidern ein weisses marmoriertes Kästchen dir zum Erbe hinterlassen hat, welches von einem groben, schwarzen, öligen Lappen bedeckt ist (inzwischen reichte sie mir das Glas voll Reinigungsmittel und fuhr fort). Dieses Kästchen wirst du von Gestank und Schmutz, welchen es von den Kleidern angenommen hat, gut reinigen und keinen Schlüssel brauchen, sondern es wird sich von selbst öffnen, worin du zwei Dinge findest: ein weisses silbernes Büchslein hervorragender und bleipolierter Diamanten und ein Attalisches[45] mit wertvollen sonnenhellen Jaspiden besetztes Kleid. Diesen Schatz und alle zurückgelassenen Reichtümer meiner seligen Tochter hat sie vor ihrer Verwandlung und ihrem Weggang, dir als Erbe hinterlassen. Wenn du nun diesen Schatz kunstvoll übertragen und mit grösstem Eifer reinigen und still mit grosser Geduld in ein anderes Zimmer bringen, in ein warmes, verborgenes, feuchtes, durchsichtiges und vor Kälteschaden, Wind, Hagel, schädlichem Blitz und den Schlägen des Siedens und allen äusseren Beschädigungen bis zur Getreideernte bewahren, dann wirst du ungeheuren Ruhm für dein Erbe und Vorzüglichkeit finden und erfahren.

Nach dem Gesagten erwachte ich erneut und bat Gott inständig, er möge mich der Offenbarung meines Verstandes würdigen, damit ich das

45 König Attalus war wegen seines Reichtums und prächtigen Hausrates und der Erfindung, Gold in die Kleider zu weben, berühmt.

mir im Traum versprochene Kästlein suchen und finden möge. Nach den Gebeten suchte ich mit grösstem Eifer und Begierde in den Kleidern und fand es. Der Lappen darüber aber war so hart, von allen Seiten umschlossen und von Natur solid, dass ich jenen von ihm nicht trennen konnte. Jener liess sich weder durch Lösungsmittel, noch Eisen, Stahl oder andere Metalle von ihm trennen. Da liess ich es wieder und hing mit meinem Zweifel, was ich tun sollte, zwischen Himmel und Erde. Ich glaubte, das sei Zauberei und erinnerte mich des Ausspruchs des Propheten: Auch wenn du dich mit vielen Reinigungsmitteln wäschest, werden deine Sünden doch vor mir scheinen, spricht der Herr (Ps 51,4).

Und wiederum war ein Jahr vergangen, und ich konnte weder mit Überlegen noch sorgfältiger Erforschung den umhüllenden Lappen entfernen, als ich, um die trübseligen Gedanken zu vertreiben, in einen Garten hinausging: nach langem Herumgehen setzte ich mich unter eine Eiche (?) und wurde von tiefem Schlaf übermannt. Ich schlief, doch mein Herz wachte. Flugs erschien jene grauhaarige hundertjährige Alte und sagte: Hast du das Erbe meiner Tochter erlangt? Mit trauriger Stimme verneinte ich: Das Kästlein habe ich zwar gefunden, doch den umhüllenden Lappen vermag ich beileibe nicht zu entfernen. Das Reinigungsmittel, das ich von dir erhalten habe, vermag den Lappen weder zu netzen, noch aufzuweichen. Auf meine einfache Rede begann die Alte zu lachen und sagte: Willst du die Schnecken oder Krebse mit der Schale essen? Muss man sie nicht vom ältesten Koch der Planeten ausreifen lassen und dass er sie zubereitet? Ich habe dir gesagt, jenes weisse Kästchen mit dem gegebenen Reinigungsmittel, das aus ihm stammt, mit grösstem Eifer zu reinigen, aber nicht den äusseren rauhen Lappen darum herum, sondern jenen zuerst mit dem philosophischen Feuer zu verbrennen und dann wird es gelingen: und dafür gab sie mir einige glühende Kohlen in weisse Seide gehüllt und mit der zusätzlichen Information, aus ihnen ein philosophisches und durchaus künstliches Feuer zu entfachen und den Lappen zu verbrennen und dann würde ich sogleich jenes weisse Kästlein finden. Als sie das sagte, erhoben sich Nord- und Südwind, die jenen Garten durchwehten.

Jetzt ist der Träumer ganz den Gegensätzen von Nord- und Südwind ausgesetzt. Das marmorierte weisse Kästchen ist die schwererreichbare Kostbarkeit, und die Parabel schmückt das gründlich aus wie schwierig der Zugang zum Schatz ist. Von der eigentlichen Chemie im alchemistischen Werk hört man wenig, obwohl das Weisse auf die Albedo hinweist, die eine typische Stufe ist. Der Kenner der Alchemie findet überall versteckte Anspielungen, auf die ich nicht eingehe, weil unser Thema die Parallelen zum Hohelied ist.

> Davon (den gegensätzlichen Winden) erwachte ich, rieb mir den Schlaf aus den Augen und bemerkte, dass die eingehüllten Kohlen zu meinen Füssen lagen. Ich packte sie sofort, pries Gott und oblag mit Eifer Tag und Nacht meinem Werk, wobei ich mich des Ausspruchs eines hervorragenden Philosophen erinnerte, der da sagt: Feuer und Azoth genügen dir.

Azoth ist ein Kunstwort der Alchemie. Die Aurelia Occulta, secunda pars[46] erklärt: (Mercurius spricht:)

> Deshalb erhielt ich von Gott alles, das Oberste und Unterste, den Anfang und das Ende. Er selber ist nämlich das A und O, überall gegenwärtig. Die Philosophen schmückten mich mit dem Namen Azoth: Die Lateiner A und Z, die Griechen α und ω, die Hebräer aleph und thau, welche zusammen den Namen ergeben:

$$A\ldots \begin{Bmatrix} Z \\ \omega \\ \text{thau} \end{Bmatrix}$$

Deshalb heisst es im 4. Buch Esra 14,39:

> Da tat ich den Mund auf, und siehe, ein voller Kelch ward mir gereicht; der war gefüllt wie von Wasser, dessen Farbe aber dem Feuer gleich war. Den nahm ich und trank; und als ich getrunken, entströmte meinem Herzen Einsicht, meine Brust schwoll von Weisheit.[47, 48]

In der Bibel gibt es einen berühmten Psalm, der mit den Worten "*Eructavit cor meum*" beginnt, der eine Parallele zum Hohelied ist und als Lied der Liebe bezeichnet wird: Psalm 45:

46 Theatrum Chemicum (1659) IV p. 507.

47 E. Kautzsch: Die Apokryphen und Pseudepigraphen des alten Testaments, Bd. II, S. 400.

48 Vulgata 4 Esdrae 14,39: Et aperui os meum, et ecce calix plenus porrigebatur mihi; hoc erat plenum sicut aqua, color autem eius ut ignis similis. Et accepi et bibi, et in eo cum bibissem cor meum eructabatur intellectum et in pectus meum increscebat sapientia. Vol II p. 1967.

> Mein Herz wallt auf von anmutiger Rede, singen will ich mein Lied dem König![49]

Der Becher im 4. Buch Esra enthält Wasser und Feuer als Gegensätze, die zum gegensätzlichen Mercurius gehören. Jene Einstellung, die die Gegensätze zusammenhalten kann, wird durch die Liebe hervorgerufen. Sie ist von einer starken Emotion begleitet, einer grossen Leidenschaft wie wir sie beim verwundeten Arzt angetroffen haben. Grosse Menschen werden durch dieses innere Feuer zu ihren Werken getrieben und beflügelt.

Nach Verlauf von vierzig Nächten waren zweihundertvierzig Bücher abgeschlossen: Siebzig *(Septuaginta)* jedoch nur für die Weisesten, zum lesen würdigen, auf Buchsholztafeln geschrieben.[50] So ging ich im Stillen und in der Hoffnung vor wie mir jenes alte Mütterchen eröffnet hatte, bis nach langer Zeit mein Verstand gemäss dem Versprechen Salomos silbern und mein Gedächtnis golden wurde.

Nachdem ich den Schatz ihrer Tochter den Anweisungen und Vorschriften jener alten Hofmeisterin gemäss sorgfältig und kunstvoll zurückgelegt und verschlossen hatte, wie die schimmernden Monddiamanten und Sonnenrubinen aus *einem* Kästchen und *einer* Herkunft, vernahm ich die Stimme Salomos:

> Mein Geliebter ist weiss und rot, auserwählt unter so viel Tausenden. Seine Stirnlocke ist kraus und schwarz wie von Raben, seine Augen sind wie die mit Milch gewaschenen Augen der Tauben, die in Fülle an Flüssen stehen. Sein Mund ist wie die duftenden Gärten der Wundersalbenhändler *(Pharmacopola)*, die Lippen wie Rosen, fliessend von Myrrhen, die Hände wie goldene Ringe mit Jaspissteinen *(lapidibus Boreis)* verziert, der Körper wie Elfenbein mit Saphir geschmückt, die Beine wie Marmorsäulen auf goldenen Füssen, das Gesicht ausgezeichnet wie die Zedern des Libanon, seine Stimme ist sanft und mild, so ist mein Geliebter, mein Geliebter ist so, ihr Töchter Jerusalems. Bewahre ihn so,

49 Vulgata 44: Canticum pro Dilecto: Eructavit cor meum verbum bonum dico ego opera mea regi.

50 Septuaginta ist die älteste und bedeutendste Übersetzung des Alten Testaments ins Griechische, angeblich von siebzig Dolmetschern verfertigt.

entlasse ihn nicht eher als bis du ihn zu den Wohnungen der Mutter und in das Schlafgemach seiner Mutter gebracht hast.[51]

Auf das von Salomo Gesagte konnte ich nichts antworten, sondern verstummte, aber ich hatte beschlossen, den eingeschlossenen Schatz zu öffnen, um in Frieden und Ruhe bleiben zu können. Da hörte ich von einer anderen Seite eine Stimme: Ich beschwöre euch Töchter Jerusalems bei den Ziegen und Hirschen des Feldes, dass ihr meine Geliebte nicht weckt, noch bewegt, bis es ihr selbst gefällt: der Garten ist nämlich verschlossen, versiegt ist der Springquell, versiegelt die Quelle: der Weinstock zu Baalhamon, der Weinstock zu Engeddi, die Nuss und der Garten der Düfte, der Myrrhenberg, der Hügel von Thuris, das Bett, die Sänfte, die Krone, die Palmfrucht, die Blume von Aron, der Saphir, der Jaspis des Nordens, die Mauer, der Turm und die Brustwehr, der Fischteich und die Gartenquelle, die Quelle des Lebenswassers, die Tochter des Fürsten und Salomos Liebe zu den Lüsten, die Bevorzugte der Mutter und Auserlesene ihrer Mutter, ihr Haupt ist voller Tau und die Locken sind ganz voll Tropfen der Nacht.[52]

51 Vulgata: Cant 5,10: dilectus meus candidus et rubricundus electus ex milibus, caput eius aurum optimum, comae eius sicut elatae palmarum nigrae quasi corvus, oculi eius sicut columbae super rivulos aquarum quae lacte sunt lotae et resident iuxta fluenta plenissima, genae illius sicut areolae aromatum consitae a pigmentariis, labia eius lilia distillantia murram primam, manus illius tornatilis aureae plenae hyacinthis, venter eius eburneus distinctus saphyris, crura illius columnae marmoreae quae fundatae sunt super bases aureas, species eius ut Libani electus ut cedri, guttur illius suavissimum et totus desiderabilis, talis est dilectus meus et iste est amicus meus filiae Hierusalem. 3,4: tenui eum nec dimittam donec introducam illum in domum matris meae et in cubiculum genetricis meae.

52 Vulgata: 3,5: adiuro vos filiae Hierusalem per capreas cervosque camporum ne suscitetis ne evigilare faciatis dilectam donec ipsa velit. 4,12: hortus conclusus soror mea sponsa hortus conclusus fons signatus. 1,14: botrus cypri dilectus meus mihi in vineis Engaddi: 6,10: descendi ad hortum nucum ut viderem poma convallis, ut inspicerem si floruisset vinea et germinasset mala punica. 1,12: fasciulus murrae dilectus meus. 1,15: lectulus noster floridus. 7,8: dixi ascendam in palmam adprehendam fructus eius. 2,1: ego flos campi (Saron) et lilium convallium. 4,4: sicut turris David collum tuum quae aedificata est cum propugnaculis. 4,15: fons hortorum puteus aquarum viventium quae fluunt impetu de Libano. 6,8: una est matris suae electa genetrici suae. 5,2: caput meum plenum est rore et cincinni mei guttis noctium.

Der Autor dieses Traktates, HEINRICH MADATHANUS, hat wohl aus dem Hohelied frei, nicht wörtlich zitiert, das ihm sehr viel bedeutet haben muss. Auffallenderweise weist er alle Symbole der Geliebten zu, die im Hohelied auf Braut und Bräutigam verteilt sind. Er muss von dieser Erfahrung der Anima-Natura völlig ergriffen gewesen sein. Die Marienverehrung hat die Symbole der Braut auf Maria übertragen wie die Lauretanische Litanei ausweist. C. G. JUNG schreibt dazu:

> Diese Attribute zeigen die funktionelle Bedeutung des Jungfraumutterbildes; sie zeigen, wie das Seelenbild auf die bewusste Einstellung wirkt, nämlich als Gefässe der Andacht, als feste Form, als Quelle der Weisheit und der Erneuerung.[53]

Das ist der Grund, weshalb alle Symbole auf die Geliebte überflossen. Dieser Energiefluss erhöhte das Animabild des Alchemisten zu göttlichen Höhen.

Durch diese Rede und Offenbarung war ich so weit unterrichtet, dass ich das Ziel der Weisen erkannte. Deshalb liess ich den Schatz unversehrt geschlossen bis durch Gottes Erbarmen und das Wirken der allervornehmsten Natur und meiner Hände Arbeit alles glücklich vollendet wäre.

Kurze Zeit später, zur Zeit des Neumondes, sah man eine furchtbare Sonnenfinsternis:

> Nachdem sie anfänglich neblig Grün und ein bisschen mit anderen Farben gemischt war, wurde sie ganz schwarz und verdunkelte Himmel und Erde. Die Menschen waren verängstigt, ich jedoch jubelte, indem ich mich des ungeheuren Erbarmens Gottes und des Geheimnisses der Wiedergeburt erinnerte, worauf uns das Weizenkorn als Gleichnis von Christus selbst hinweist [Joh 12,24], welches, wenn es nicht in die Erde fällt und stirbt, keine Frucht trägt. Und es begab sich, dass die Sonnenfinsternis von Wolken so bedeckt wurde, dass die Sonne zu funkeln begann: trotzdem waren drei Teile noch sehr neblig. Siehe da: Ein Arm kam aus den Wolken herab und mein Körper zitterte bei diesem Anblick. Sie hielt ein Schriftstück mit vier Siegeln in der Hand, auf welchem geschrieben war: Schwarz bin ich, doch mild, o Töchter Jerusalems, wie die Zelte von

53 C. G. Jung: GW 6 § 380.

Kedar und der Vorhang Salomos. Schaut mich nicht an, weil ich schwarz bin, so hat mich nämlich die Sonne verbrannt.[54]

Die Sonnenfinsternis ist für die Naturvölker und für die Tiere ein erschreckendes Ereignis. Als ich am Atlantik eine partielle Sonnenfinsternis erlebte, flogen die Möwen mit grossem Gekreisch landeinwärts, aber auf der Höhe der Finsternis waren alle Tiere still. Die Sonne, das Haupt- und Tagesgestirn, von dem unser Leben auf dem Planeten abhängt, wird vom Wolkendämon verschlungen. Alchemistisch ist es die Konjunktio, bei welcher Gabritius in der Visio Arislei vollständig in den Leib der Beya bei deren Vereinigung aufgenommen wird, oder die Sonne, die im Merkurbrunnen ertrinkt. Es ist die *putrefactio* (Faulung), auf welche mit dem Gleichnis vom Weizenkorn hingewiesen wird, auf welche die Auferstehung folgt. Diese kann nur geschehen, wenn zuvor das Alte gestorben ist.

Sobald sich das Feste in Feuchtes verwandelte, spannte sich ein Regenbogen auf. Ich war an den Bund des Höchsten erinnert [Gn 9,12–14], der Treue meines Lehrmeisters und Bildners und siehe: Mit Hilfe der Planeten und der Fixsterne überwand die Sonne schliesslich die Finsternis und ein heiterer Tag beleuchtete alle Berge und Täler. Da schwand alles Grauen und Schrecken. Alle, die diesen Tag sahen, frohlockten im Herrn und sprachen.

Der Winter ist vorüber, die Regen haben aufgehört: die Blumen spriessen aus der Erde: der Frühling ist da, und man hört das Turteln der Tauben auf der Erde. Feigenbaum und Rebe erhalten wieder Blätter und spenden herrlichen Duft. Wir wollen schnell den Fuchs und die Füchslein fangen, sage ich, damit wir die reifen Trauben einsammeln und den Wein trinken und zur rechten Zeit an Milch und Honig uns laben, sättigen und trunken machen.[55]

54 Vulgata: Apoc 5,1: et vidi in dextera sedentis... librum scriptum intus et foris signatum sigillis septem. Cant 1,4: nigra sum sed formonsa filiae Hierusalem sicut tabernacula Cedar sicut pelles Salomonis. 1,5: . Nolite me considerare quod fusca sim quia decoloravit me sol.

55 Vulgata: 2,11–15: iam enim hiems transiit, imber abiit et recessit, flores apparuerunt in terra, tempus putationis advenit, vox turturis audita est in terra nostra, ficus protulit grossos suos, vineae florent dederunt odorem.

Es ist das grosse Fest des Frühlings, der Auferstehung der Natur. Die Wandlung geschieht nicht bloss im Mikrokosmos des Alchemisten, sondern im Makrokosmos: die Grosse Welt ist erlöst, das All ist erneuert. Darum der grosse Jubel im Verein mit der Natur. Der Mensch fühlt sich als Teil und in Harmonie mit dem Ganzen.

Als der Tag sich neigte, und es dunkelte, wechselte der ganze Himmel seine Farbe und das Siebengestirn *(Plejaden)* ging in vollem Glanze auf, um seinen natürlichen Lauf durch die Nacht zu vollenden bis es am Morgen von der Röte der Sonne überstrahlt wird. Und siehe, die Weisen der Erde erwachten aus dem Schlafe, schauten zum Himmel und sprachen:

> Was ist das, das wie die Morgenröte *(aurora)* hervorbricht, schön wie der Mond, erhaben wie die Sonne, und man findet an ihm keine Flecken: entzündet ist seine Leidenschaft und das Feuer des Herrn, so sehr, dass auch viele Wasser die Liebe nicht löschen, noch Flüsse sie ersticken könnten. Deshalb wollen wir sie nicht verlassen, jene unsere Schwester, obschon sie klein gemacht worden ist: sie hat noch keine Brüste, wir werden sie ins Haus ihrer Mutter zurück führen, in den durchsichtigen Palast, wo sie vorher war und an den Brüsten ihrer Mutter saugte. Doch dann wird sie hervorragen wie der Turm Davids mit Bollwerken bewehrt, an denen tausend Schilde hängen und alle Waffen der Helden. Als sie hervortrat, priesen sie ihrer Tochter wegen Königinnen und Konkubinen.[56] Ich aber dankte Gott auf den Knien und pries seinen heiligsten Namen.

2,15: capite nobis vulpes, vulpes parvulas quae demoliuntur vineas nam vinea nostra floruit. Exod. 3,8: et educerem de terra illa in terram bonam et spatiosam, in terram quae fluit lacte et melle.

56 Vulgata 6,9: quae est ista quae progreditur quasi aurora consurgens, pulchra ut luna, electa ut sol. 8,7: aquae multae non potuerunt extinguere caritatem nec flumina obruent illam. 8,8: soror nostra parva et ubera non habet, quid faciemus sorori nostrae in die quando adloquenda est? Si murus est aedificemus super eum propugnacula argentea. 8,2: adprehendam te et ducam in domum matris meae. 8,9: ego murus et ubera mea sicut turris. 4,4: sicut turris David collum tuum quae aedificata est cum propugnaculis, mille clypei pendent ex ea omnis armatura fortium. 6,8: viderunt illam filiae et beatissimam praedicaverunt reginae et concubinae et laudaverunt eam.

Das Hohelied kam seinen verschiedenen Interpreten insofern entgegen, als es zwar sicher ein Liebes- oder Hochzeitslied ist, aber die Aussagen merkwürdig unbestimmt. Das hatte zur Folge, dass jeder hinein projizieren konnte, was in seinem Unbewussten konstelliert war. Die wenigen konkreten Anhaltspunkte lockten die Fantasien aus dem dunklen Hintergrund der Seele hervor, um sichtbare Gestalt anzunehmen. Für unseren Alchemisten sind es die unter den stinkigen Gewändern verborgenen Schätze der Jungfrau Natura, die er heben möchte. Die Naturphilosophen jener Zeit waren an dem interessiert, was beim Menschen noch unverfälschte Natur ist: das Unbewusste. Die Gewänder sind der zivilisatorische Überwurf über der ursprünglichen Persönlichkeit, die durch Erziehung, kollektive Verhaltensregeln, Manieren und Kultur hervorgerufen werden. Der Traktat schildert, wie schwierig es ist, unter diesem Zuckerguss die natürliche Persönlichkeit und ihre Werte freizulegen. Glücklicherweise kommen dem verdutzten und ahnungslosen Alchemisten Geister zu Hilfe, die ihm in der Verzweiflung den Weg weisen. Diese Geschichte ist psychologisch leicht nachvollziehbar, so dass man einsieht, dass die Alchemisten verkappte Tiefenpsychologen waren.

8. *Die Göttin Natura*

Bei den Griechen, zu denen wir immer wieder zurückkehren müssen, um an die Wurzeln unserer Kultur zu gelangen, gab es keine Göttin Physis: Die Natur war göttlich. In ihr westen Numina in jedem Gewässer, jeder Höhle, jedem Baum, im Gewitter, in den Sternen, auf den Bergen, überall. Aber eine Göttin, die alle diese Numina in sich zusammengefasst hätte, gab es nicht. Im Hellenismus, der Spätzeit griechischer Kultur, gab es Pan, dessen Name sekundär auf *πάν* = All zurückgeführt wurde, weil er ein Allgott geworden war. Doch ursprünglich war auch er ein Naturnumen, der für die Fruchtbarkeit der Herden sorgte, der überhaupt die natürliche Lebensfreude verkörperte, indem er den Nymphen nachstellte, stets geil war, und als sich eine der Nymphen in ein Schilfrohr verwandelte, um ihm zu entkommen, schnitzte er aus ihr seine berühmte Panflöte, die Syrinx. Er liebte es über Mittag, wenn die Hitze drückend war, ein Schläfchen zu machen, bei welchem er nicht gestört werden sollte. In der Einsamkeit der Weiden im Gebirge erschreckte er den einsamen Wanderer mit seinem panischen Schrecken oder verhalf den Griechen in der Schlacht bei Marathon unter der Bedingung, dass die Athener seinen Kult beförderten, zum Sieg. Er war ein etwas launischer, aber gutmütiger Naturdämon, der im Ausklang der Antike starb, wovon PLUTARCH berichtet vom Tod des Grossen Pan.[1] Heute fristet er als christlicher Teufel mit Bocksfüssen und Fell von den Hüften abwärts, sowie zwei kleinen Hörnern auf der Stirne ein halbvergessenes Dasein. Dass ein ehemaliger Fruchtbarkeitsdämon zur Inkarnation des Bösen werden konnte, spricht für die moralische Abwertung der Sexualität im Christentum.

Die ionischen Naturphilosophen waren weniger Naturforscher als Philosophen. Sie suchten nach dem Ursprung (Archē) der Welt wie heute manche Physiker. Mit dem Begriff der Physis waren Entstehen

1 De defectu oraculorum 17. X. Wassmann: Der Tod des grossen Pan.

und Wandlung der Dinge verknüpft. Man abstrahierte von aller zufälligen und wandelbaren Erscheinung, um zum unwandelbaren Prinzip vorzustossen, aus welchem alles Erscheinende hervorgegangen war. Im Grund beanspruchen ihre Prinzipien göttliche Qualität. Sie waren wie die modernen Physiker vom Drang beseelt, das Rätsel göttlicher Schöpfung zu lüften. Daraus erhielt der Begriff Physis bei HERAKLIT die Bedeutung des wahren Wesens der Dinge, das sich im innersten Weltgesetz, dem Logos verbirgt. Dieses besteht aus Gegensätzen, die im Kosmos in Harmonie und Ordnung zueinander stehen. Bei PINDAR erhält der Begriff den Sinn von 'natürlicher Anlage', im Sinne des Angeborenen und Unbeeinflussten. Im *Corpus Hippocraticum* bedeutet er den Normalzustand und allgemeiner die göttliche, im ganzen Kosmos wirkende, heilende Naturkraft. Sie ist weise *(Epicharmos)* und in sich ruhend (autark) (DEMOKRIT). Sie kann personifiziert auftreten als Gegensatz zum Zufall oder zur vom Menschen gesetzten Ordnung *(Nomos)* (ARCHELAOS). Sie ist im Gegensatz dazu die göttliche allgemeingültige Satzung *(dikē)*. Nach Platon herrscht in ihr ein göttlicher Geist als Ursache ihrer teleologischen Ordnung. Die ethische Dimension ist im stoischen und epikureischen Ideal des naturgemässen Leben verkörpert. Aufgabe des Menschen ist es, ein Spiegel der natürlichen Ordnung im Kosmos zu sein. Schon bei EPIKUR zeigt sich eine Tendenz, die All-Natur als göttliche Kraft zu personifizieren. Doch erst LUKREZ, der römische Dichter, besingt die *alma Venus, hominum divomque voluptas* (lebenspendende Venus, du Wonne der Menschen und Götter) als Göttin der Natur *(De rerum natura)*.

Ist es nicht merkwürdig, dass in der römischen Antike Venus, die wir sonst als Schönheits- und Liebesgöttin kennen, zur All-Natur wurde. Was ist aus ihr im christlichen Abendland geworden? Eine Hexe und Teufelin nach Ausweis des Tannhäuserliedes, dem ein späteres Kapitel gewidmet ist. Das sind Tatsachen für die Naturfeindlichkeit des Christentums, die sich nicht von der Hand weisen lassen.[2]

Bei AURELIUS AUGUSTINUS, der für das ganze christliche Mittelalter massgebend wurde, tritt die Natur als *voluntas Dei* (Wille Gottes) an die Stelle der Werden und Vergehen erzeugenden Natur. Sie

2 A. Ribi: Zeitenwende, S. 29.

wird zum Werkzeug Gottes reduziert und von Übel und Bösem gereinigt. Erst im 12. Jahrhundert vollzieht sich eine tiefgreifende Wandlung, die Renaissance des 12. Jahrhunderts, wie sie auch genannt wird. Zwei Namen stechen hier hervor: BERNHARDUS SILVESTRIS und ALANUS DE INSULIS (Alain de Lille).[3]

Das berühmte Werk Bernhards ist seine *"De Mundi Universitate libri duo sive Megacosmus et Microcosmus"*, geschrieben um 1140 in Tours.[4] Seinen Beinamen verdankt er der Materie, die er in diesem Werk als *silva* oder *hyle* bezeichnet. Am Beginn sehnt sich das formlose Chaos nach harmonischer Ordnung. Natura erhebt darüber Klage bei Noys (= griech. *νους*), die eine weibliche Emanation der Gottheit ist. Im Semitischen ist *die* Heilige Geist weiblich. Noys ist der Intellekt des höchsten Gottes und die Vorsehung, in welchem er wie in einem Spiegel den Ablauf der Zeiten sieht.[5] Es treten die Kulturheroen und wichtigsten Beispielfiguren auf. Die Exponenten der klassischen Antike sind dem Autor wichtiger als die Jungfrau Maria und der Papst, welche die beiden letzten Plätze einnehmen. Aus der Weltseele lässt Noys den Himmel und die Gestirne hervorgehen. Über dem Himmel thront wie in der Gnosis der "ausserweltliche Gott". Detailliert wird das Inventar der Erde beschrieben. Natura lobt ihr Werk wie der Schöpfer in der Genesis (1,10 12.). Sie hatte die Materie geformt, den Gestirnen die Bahn gewiesen und die Erde mit dem Samen des Lebens begabt. Nun plante sie, ihre Schöpfung durch die Erschaffung des Menschen zu krönen. Noys rät ihr, Urania und Physis aufzusuchen, die sie im fünften, unwandelbaren Element findet. Urania begrüsst Natura als leibliche Schwester und steigt mit ihr zum heiligsten Himmelsort des Tugaton (= griechisch to ágaton) auf. Dann steigen sie durch die Planetensphären, denen je ein antiker Gott als Herrscher vorsteht wie in der Gnosis. Die Mondregion ist die Mitte der *aurea catena* (goldene Kette), Nabel der oberen und der unteren Welt. Im Lustort *(locus amoenus)* Granusion wohnt Physis mit ihren Töchtern

3 Ch. H. Haskins: The Renaissance of the Twelfth Century.

4 B. Stock: Myth and Science in the twelfth century. A study in Bernard Silvester.

5 Ich folge der Zusammenfassung von E. R. Curtius: Europäische Literatur und lateinisches Mittelalter, S. 116 f.

Theorie und Praxis. Zusammen mit Noys entwerfen sie die Idee des Menschen, der zugleich göttlich und irdisch sein soll. Das Werk schliesst mit einer poetischen Beschreibung des Menschen, der sich als Spiegelung des Makrokosmos im Mikrokosmos erweist.

Bernhard bezieht seine Ideen hauptsächlich aus dem lateinischen Asclepius, einer Schrift aus dem Corpus Hermeticum. Doch ist seine Darstellung der Natura durchaus eigenständig und Ausdruck eines neuen Lebensgefühls im 12. Jahrhundert. Sie ist *mater generationis*, ein Ausdruck, den Bernhard vom arabischen Autor Abu Ma'shar entlehnt haben soll.[6] Sie ist die geheimnisvolle Göttin, die ihre Geheimnisse in allegorischer Form offenbart. Seine Beschreibung ist zugleich letzte Erkenntnis der Weltphänomene, die den Leser informiert. Die Natur beklagt *(planctus)* sich über den chaotischen Zustand der alten Welt *(vetus globus)*. Denn die ältesten Dinge der Welt streben darnach wiedergeboren zu werden *(ecce cupit res antiquissima nasci)*.[7] Das soll nach Massgabe der Dinge geschehen.[8] Das tönt mit dem '*referre*' nach Wiederherstellung des Urzustandes (Apokatastasis). Die Materie scheint ein '*increatum*' (Ungeschaffenes) zu sein, das zu bearbeiten und aus dem Chaos in einen zivilisierteren Zustand überzuführen ist. Sie braucht Licht, denn sie hat zuviel Dunkelheit.[9] Das Kind des Kosmos schreit aus seiner Wiege und bittet besser angezogen zu werden.[10]

Von diesen Bildern ist es offensichtlich nicht mehr weit bis zur mittelalterlichen Alchemie, die gerne alte Vorbilder als Autoren nahm. Da gibt es nämlich die alten *Dicta Alani*[11] im dritten Band des Theatrum Chemicum (1659) p. 722, womit wir zum zweiten Autor kommen. Die Spekulation des ALANUS VON LILLE hängt von Bernhard ab. In '*De planctu Naturae*' klagen der Autor und die Natur über die Entfremdung des Menschen von der grösseren Ordnung des Universum. Die Natur ist Abgesandte Gottes, die platonische Weltseele und hat

6 B. Stock l.c., p. 65.
7 l.c. p. 67.
8 in melius, quantum patitur substantia rerum, cuncta refert. Cos. i. I. 13–14.
9 Silva parens, si lucis eget, si noctis abundat.
10 has intra veluti cumas infantia mundi vagit et ad speciem vestiri cultius orat.
11 Justum a Balbian: Dicta Alani philosophi de lapide philosophico.

alle Züge der Naturgesetze und -prozesse, sie ist Quelle und Standard der Ordnung des Menschenlebens:

Quae, tuis mundum moderans habenis,
Cuncta concordi stabilita nodo
Nectis, et pacis glutino maritas Coelica terris.

(You whose reins guide the universe, who hold all things in stable order with ties of harmony, and with the bond of peace marry heaven and earth.)[12]

Die Natur hat den Menschen nach dem Vorbild des Makrokosmos geschaffen. Aber in ihm widerstreiten Sinnlichkeit und Vernunft. Der Mensch wird durch Natura geboren, aber von Gott wiedergeboren.[13] Der Mensch allein gehorcht der Natura nicht. Er verkehrt die Ordnung der Geschlechtsliebe, die Natura zur Regelung der Venus, ihrem Gatten Hymenaeus und ihrem Sohn Cupido übertragen hat.[14]

Die Natura ist nicht mehr gebärende Mutter, sondern züchtige Jungfrau, Mittlerin zwischen Gott und Mensch. Im *'Anticlaudianus de Antirufino'* des Alanus plant Natura die Schöpfung eines vollkommenen Menschen. Sie beruft alle ihre himmlischen Schwestern zur Beratung in ihr Reich, einen Garten ewigen Frühlings.[15] Sie gibt ihren Plan bekannt, doch moniert Klugheit, dass die Seele von einem höheren Werkmeister geschaffen werden müsse. Phronesis steigt zum Empyreum empor, wo sich der Palast Gottes befindet. Auf ihre Bitte gewährt die Majestät Gottes, dass Noys die Idee einer vollkommenen Seele bildet. So kann die Natura mit ihren Helferinnen ans Werk gehen, den neuen Menschen *Juvenis* (Jüngling) zu schaffen, womit ein neues goldenes Zeitalter anbricht.[16]

Nach diesen beiden gab es noch mehrere Philosophen, deren Denken den Naturalismus erweiterten. Es geht, wie THIERRY VON CHARTRES formuliert, um die *cognitio Dei ex facturis suis* (Erkenntnis Got-

12 P. Dronke: A history of Tweltfh Century Western Philosophy, p. 50.
13 Homo mea actione nascitur, Dei auctoritate renascitur.
14 E.R. Curtius l.c. S. 125f.
15 vgl. das Reich der Frau Venus in der Tannhäusersage!.
16 E.R. Curtius l.c. S. 126–129.

tes aus seinen Werken).[17] Angestossen wurde diese geistige Renaissance im 12. Jahrhundert, die sich nicht mehr sklavisch an die Offenbarung der Bibel hält, sondern eine neue Einstellung zur Schöpfung findet, durch den Einbruch arabischer Geisteswelt ins lateinische Mittelalter. Die Araber waren die geistigen Erben der antiken Geisteskultur in der Zeit, in der im Norden infolge der Völkerwanderung schwärzeste Barbarei herrschte. Die Araber sogen die griechische Geistigkeit auf und entwickelten sie eigenständig weiter.

Von der Mitte des 13. Jahrhunderts an spielten Arabische Philosophen eine wesentliche Rolle in der Entwicklung der westlichen christlichen Geisteswelt.[18] Doch schon ein Jahrhundert früher war arabisches Gedankengut durch Übersetzungen ins Abendland eingedrungen. Es kann hier nicht der Ort sein, dieser Nahtstelle zwischen den beiden Kulturen im Detail nachzugehen, die auch für die Alchemie von eminenter Bedeutung war.[19] Jahrhunderte zuvor mit der Entstehung der islamischen Kultur waren die geistigen Errungenschaften der Antike von dieser gierig aufgesogen worden.[20] Dieser Kontakt der beiden Kulturen führte schliesslich im Abendland zu einer Belebung der Wissenschaften in allen Fakultäten. Man kann diesen geistigen Anstoss nicht hoch genug einschätzen.

17 B. Stock l. c. p. 241.

18 I. Jolivet: The Arabic inheritence, in: R. Dronke: A Histroy of Twelfth-Century Western Philosophy, p. 113 ff.

19 E. Sezgin: Geschichte des Arabischen Schrifttums, Bd. IV: Alchimie-Chemie-Botanik-Agrikultur.

20 Ch. H. Haskins: The Renaissance of the Twelfth Century, p. 278.

9. *Die Kreuzzüge*

Die Kreuzzüge sind komplizierte historische Ereignisse, denen von den Historikern je nach Blickwinkel verschiedene Motive zugrunde gelegt werden. Das christliche Abendland steckte in einer geistigen Krise und drohte auseinander zu fallen. Die Idee des Kreuzzuges war eine Möglichkeit, die kämpfenden Reiche zu einen. Es sollte ein eschatologisches Unternehmen, der letzte Krieg vor der Errichtung eines Reiches des universalen Friedens, ein ewiger Aufbruch in den Gottestraum, die allumfassende Heimstatt der einen Wahrheit werden. Um die Jahrtausendwende geschah die entscheidende Wandlung zu dem vom heiligen AUGUSTIN gerechtfertigten defensiven *bellum iustum* (gerechter Krieg). Es sollte ein Krieg gegen die Ungläubigen sein, um das Heilige Grab unter christliche Obhut zu bringen. Die Kirche versprach den Kreuzfahrern Ablass und im Todesfall das Himmelreich wie im arabischen *dschihâd.* Das Ziel war eine Pilgerfahrt und *dilatatio regni Christi et ecclesiae* (Ausbreitung der Herrschaft Christi und der Kirche). In die Schlacht von Cerami auf Sizilien (1063) griff sogar der heilige Georg ein, der heilige Drachentöter. Bei der Belagerung von Antiochia (1097–1098) wendete sogar das Auffinden der heiligen Lanze des Longinus das Kriegsglück.[1] Die Kämpfe wurden zum Teil mit äusserster Brutalität geführt.[2] Diese Chroniken sind jedoch erst der extravertierte Blickwinkel auf die damaligen Ereignisse. Es gibt aber auch den introvertierten und der ist viel zu wenig bekannt. Von ihm soll im Folgenden die Rede sein.

Wir sind bereits oben der Heiligen Lanze begegnet, welche dann in der Gralslegende eine grosse Rolle spielt.[3] Der Gralskönig leidet an

1 G.E. von Grunebaum: Die lateinischen Staaten, in: Der Islam. Propyläen Weltgeschichte Bd. 5/I, S. 144.

2 R. Pernoud: Die Kreuzzüge in Augenzeugenberichten. F. Gabrieli: Die Kreuzzüge aus arabischer Sicht.

3 Emma Jung und Marie-Louise von Franz: Die Graalslegende in psychologischer Sicht, S. 86f.

einer unheilbaren Wunde, die von der Lanze verursacht wurde und nur durch diese geheilt werden kann. Doch die Lanze ist nicht nur das Instrument der Verwundung, sondern auch die Gnade. Die Hostie, der symbolische Leib Christi, wird in der östlichen Liturgie von einer kleinen Lanzette durchstossen, um auf die Seitenwunde Christi hinzuweisen, aus welcher Wasser und Blut der Gnade floss (Joh 7,37–38).[4,5] Schon die Legende vom Gral als eines mit dem Blut Christi gefüllten Gefässes, welches Josef von Arimathia bei der Kreuzabnahme aufgefangen habe, stellt eine Verbindung des Westens mit Jerusalem dar.[6] Im Laufe der Kreuzzüge wurde immer deutlicher, dass es eigentlich nicht um die Eroberung des äusseren, sondern um das himmlische Jerusalem ging.[7] Letzteres ist ein Bild des inneren Zentrums und der Ganzheit, das heilende Wirkung hat.

Man sollte nicht vergessen, dass die Kreuzzüge zu jahrelangen, oft sogar freundschaftlichen Kontakten zwischen der westlichen Christenheit und dem Islam führte. Das hat zu einer gegenseitigen kulturellen Befruchtung geführt, die noch viel zu wenig erforscht ist. Der Blick der Historiker richtete sich bisher zu sehr auf die Kontakte mit der arabischen Kultur in Spanien, wo es ganze Schulen von Übersetzern gab, die arabische Werke dem christlichen Mittelalter vermittelten. Nicht minder wichtig scheinen mir jene fast unsichtbaren Fäden zu sein, die sich aus der Begegnung der Kreuzfahrer mit der ihnen fremden Pracht islamischer Kultur ergab.

C.G. JUNG hatte einen eindrücklichen Traum[8], den ich ausführlich in meinem Buch "Die Suche nach den eigenen Wurzeln" zitiert habe[9], in welchem ihm mitten in einer belebten Stadt um die Mittagszeit ein Ritter in voller Rüstung mit Topfhelm und Kettenpanzer begegnet. Auf seinem weissen Obergewand war vorne und auf dem Rücken ein grosses rotes Kreuz eingewoben. Die vielen Menschen, die

4 H. Rahner: Flumina de ventre Christi, in. Symbole der Kirche, S. 177ff.
5 C.G. Jung: Das Wandlungssymbol in der Messe. GW 11 § 324.
6 E. Jung l.c. S. 12.
7 l.c. S. 12.
8 ER S. 168.
9 S. 137–138.

auch unterwegs waren, schienen ihn nicht wahrzunehmen. Aber es war ihm als würde jemand sagen:

> Ja, das ist eine regelmässige Erscheinung. Immer zwischen zwölf und ein Uhr geht der Ritter hier vorbei, und dies seit sehr langer Zeit [vielleicht hunderten von Jahren], und jedermann weiss darum.

JUNG selber hat den Traum als Hinweis auf die Quest nach dem Heiligen Gral verstanden, die seine Frau psychologisch bearbeitet und gedeutet hat. In meinem zitierten Buch habe ich schon darauf hingewiesen, dass sich hinter der ruhelosen Seele des Kreuzfahrers wohl noch mehr verbirgt, nämlich das ganze noch nicht verbundene und assimilierte Problem der Kreuzzüge und der Ritterkultur.[10] Mit der Ritterkultur ist der Minnesang eng verbunden. Alle diese geistigen Bewegungen haben letzten Endes mit der *Differenzierung des Eros zu tun.*

Im Allgemeinen heisst es, dass mit den Kreuzzügen viele Sagen- und Märchenstoffe ins Abendland gelangten. Hinter dieser pauschalen Aussage steht die alte Forschung nach der Wanderung von Märchenmotiven. Diese Frage ist jedoch nur von untergeordnetem Interesse. Die brennende Frage, warum gerade *diese* Motive vom Orient übernommen wurden, bleibt unbeantwortet. Doch sie könnte uns etwas über den geistigen Austausch zwischen Ost und West verraten. Da ich nicht Germanistik studiert habe, bitte ich die Fachleute, mein unvollständiges Wissen und meine laienhaften Ausführungen auf einem mir fremden Gebiet zu verzeihen, wenn ich im Folgenden versuche, einige Zeugnisse jener Zeit psychologisch zu deuten.

Diese Literatur entstand nicht plötzlich, sondern es zeigten sich über die vorangehenden Jahrhunderte Ansätze zu einer Liebesliteratur. Man kann die einzelnen Gebiete auch nur künstlich voneinander trennen, weil die Fäden vielfach hin und her laufen. Eine wichtige Voraussetzung war das Entstehen einer höfischen Kultur, an den grossen und reichen königlichen und landesherrschaftlichen Höfen. Diese führten zu einer Zivilisierung der bisherigen anarchischen rauhbeinigen "verbauerten" Ritterschaft. Erst durch sie entstand ein Standesbewusst-

10 R. Fahrner: West-östliches Rittertum.

sein und eine Abgrenzung gegenüber den bäuerlichen Volksmassen. Über die primitive Rauf- und Beutelust heisst es in den Annalen LAMPERTS VON HERSFELD (1073):

> Täglich machten sie Ausfälle und raubten alles, was sie in den Dörfern und auf den Feldern fanden, erhoben unerträglich hohe Abgaben und Steuern von Wäldern und Feldern und trieben oft, angeblich als Zehnt, ganze Herden weg. Die Landbewohner selbst, darunter viele hochgeborene und überaus wohlhabende, zwangen sie, ihnen wie gemeine Hörige Dienste zu leisten. Ihre Töchter und Frauen vergewaltigten sie mit Wissen und fast vor den Augen der Männer [...] Wenn einer von ihnen wagte, über diese schmachvolle Behandlung aufzumucken, [...] dann legte man ihn gleich in Ketten, als hätte er ein schweres Unrecht gegen den König begangen.[11]

Die höfische Kultur war ein wichtiger Schritt abendländischer Zivilisation zur Überwindung der Barbarei der Völkerwanderungszeit. Sie ist mit sozialethischen Reformen, einem Bedürfnis nach Ordnung, Harmonie, Disziplin, Masshalten, Schönheit und einer Verinnerlichung höfischer Tugenden verbunden. Diese Domestikation war nur durch Errichten eines strengen Rituals möglich. Damit war ein ungewöhnlicher Bildungsaufschwung verbunden. Mit dieser diesseitigen Weltfreude ging eine Aufwertung des Weiblichen und Anbetung der "Göttin Minne" einher.

In dieser Zeit wurde der Roman erfunden, die Epik erlebte einen Höhepunkt in der Bretagne um die Tafelrunde des Königs Artus, in der Heldenepik des *Chanson de geste* (Rolandslied) und in der Antikenepik der *"Matière de France"*. Die antiken Stoffe werden neu bearbeitet: Alexanderlied, Roman d'Enéas, Roman de Troie und Roman de Thebes. Dadurch bereichert sich der Wortschatz der Sprache. Die keltischen Sagenstoffe, die bisher bloss mündlich überliefert waren, werden literarisch überformt. Im "Strassburger Alexander" erhält dieser an der Pforte zum Paradies von einem alten Mann einen Wunderstein von der Grösse eines Auges. Ein alter Jude verrät ihm das Ge-

11 R. Bräuer herausg.: Geschichte der Deutschen Literatur, Mitte des 12. bis Mitte des 13. Jh., S. 37.

heimnis des Steines: Legt man ihn in die eine Waagschale, so kann man in die andere beliebig viel Gold häufen, ohne dass dieses den Stein emporzuziehen vermöchte.[12]

Das ist die Idee des Philosophischen Steines der Alchemie in weltlicher Dichtung. Im indischen Zauberwald erlebt das Heer Alexanders einen seligen Minnesommer mit wunderschönen Mädchen, die den Blumenkelchen entsprossen und nur im Waldesschatten lebensfähig sind.[13] Dieses Motiv nimmt etwas vom Tannhäuserlied und dem Reich der Venus vorweg. Es bedeutet das sachte Hervortreten eines blumenhaften Gefühls in jener Zeit, das nur im Halbverborgenen lebensfähig ist.

Aus dem Arabischen gelangten die pseudoaristotelischen *'Secreta Secretorum'* in die abendländische lateinische Literatur und erlangten grosse Verbreitung. Ebenfalls arabischer Tradition entstammen die 'Dicta philosophorum', kurze Viten antiker Philosophen, die über eine spanische Übersetzung (13. Jh.) ins Latein kamen. Alexander galt als Philosophenkönig.[14] In der Alchemie gibt es verschiedene Traktate, die unter dem Namen des Aristoteles gehen.[15] Dieser Enthusiasmus über die Weisheit des Aristoteles, die sich in den Alexanderromanen ausdrückt, dürfte Anlass zur Zuschreibung alchemistischer Traktate an ihn sein.

Eine der ersten (es ist unsinnig von *der* ersten Liebeserzählung zu sprechen, weil es schon immer solche gab) Liebeserzählungen ist FLOYRES UND BLANTSEFLUR, was Blume und Weissblume oder Rose und Lilie bedeutet, also wieder Blumenkinder als Symbol eines zarten unausgereiften Gefühls. Der Roman wird darum unter die empfindsamen Minneromane gezählt, in denen die Macht und Grenzenlosigkeit der Minne im Mittelpunkt steht. Man sollte diese Romane

12 l.c. S. 95.

13 l.c. S. 94.

14 A. Ebenbauer: Antike Stoffe, in. V. Mertens und U. Müller: Epische Stoffe des Mittelalters, S. 273.

15 De perfecto magisterio: Bibliotheca chemica curiosa I 638; De practica lapidis philosophici: l.c. I 659; auch in: Artis Auriferae I 361 und Theatrum Chemicum (1959) III 76; Aristotelis Alchemistae: Tractatus ad Alexandrum Magnum, de lapide philosophico: Theatrum Chemicum (1660) V 787; Aristotelis Alchemistae: Una cum Epistola Monachi Benedictini Ordinis: ad Hermannum Archiepiscopum Coloniensem: Theatrum Chemicum (1660) V 799.

nicht nur unter literarwissenschaftlichem Gesichtspunkt betrachten, sondern seine Aussagen wie Sagen oder Märchen psychologisch verstehen:

> Eine christliche Pilgerin kommt gefangen an den Hof des heidnischen Königs von Spanien, erlangt das Vertrauen der Königin, und beide Frauen bringen am selben Palmsonntag zwei einander sehr ähnlich sehende Kinder, einen Jungen, den Königssohn, und ein Mädchen, zur Welt. Noch in der Wiege entspinnen sich zwischen dem Königssohn FLOYRES und der Sklaventochter BLANTSEFLUR die ersten zarten Liebesbande, und bereits als Fünfjährige wollen und können sie von ihrer Liebe nicht mehr lassen. Rührend wird ihr verliebtes Spiel beschrieben: die ersten Küsse, die gemeinsame Lektüre von Liebesgeschichten, die ersten Liebesbriefe auf ihren Schreibtafeln, bis die königlichen Eltern dieser unstandesgemässen Verbindung ihres Sohnes ein Ende zu bereiten versuchen. Unter vielen Seufzern, Tränen und Treuebeweisen werden die Liebenden getrennt. Blantseflur wird an ägyptische Kaufleute für den Harem eines Kalifen verschachert. Floyres wird ihr Tod eingeredet und dafür ein prachtvolles Grabmal vorgewiesen, das an einem entzückenden "Lustort" *(locus amoenus)* gelegen ist, wo Floyres ihr eine Goldene Rose (*flos aurum* der Alchemie) und sie ihm eine Lilie (*lilium convallium* des Hoheliedes (Cant. 2,1) reicht. Floyres bittet die Geliebte, ihn zu küssen, da er sonst vergehen müsse. Sie versichert ihn ihrer Liebe, und beide vereinigen sich im Kuss. Floyres lässt nicht locker, bis er seine Geliebte im Harem aufgespürt hat und gelangt zu ihr in den Turm des Kalifen versteckt in einem Korb roter Rosen, wo sie alles Liebesglück geniessen. Als sie entdeckt werden, rührt ihrer beiden Todesbereitschaft den Kalifen so sehr, dass der Blantseflur freilässt.[16]

Zahlreiche Anspielungen in Liedern der Trobadors lassen darauf schliessen, dass die Erzählung im provenzalisch-okzitanischen Südfrankreich verbreitet war (um 1160), eventuell sogar arabisch-orientalischen Ursprungs. Die Blumenhaftigkeit weist auf persische Quellen und den Einfluss arabischer Mystik, welche für diese typisch sind.[17]

16 W. Röcke: Minne- und Abenteuerromane, in: V. Mertens und U. Müller: Epische Stoffe des Mittelalters, S. 419–420.

17 J. Cejpek: Die iranische Volksdichtung, in: J. Rypka: Iranische Literaturgeschichte, S. 474 ff.

Die Rose spielt in der persischen Liebeslyrik eine unvergleichliche Rolle, besonders in der Liebesmystik des Sufismus.[18] Diese Liebesmystik ist einerseits menschliche Liebe und gleichzeitig Gottesdienst, eine Vereinigung von Gegensätzen wie sie im Westen höchstens der frühe Minnesang hervorzubringen vermochte. Es war nicht zuletzt diese mystische Liebe, mit der der Westen in geistigen Kontakt kam und sich von ihr beeindrucken liess, was zum provenzalischen Minnesang führte.

> Jede Blume im Garten wird für die mystischen Dichter am Ende des 12. Jahrhunderts zu einer Zunge, um Gott zu preisen; jedes Blatt und Blütenblatt ist ein Buch, in dem man Gottes Weisheit lesen kann,

schreibt ANNEMARIE SCHIMMEL.[19]

> Gott hat Seine Zeichen in die Horizonte und in die Seele des Menschen gesetzt; (Wir werden sie (draussen) in der weiten Welt und in ihnen selber unsere Zeichen sehen lassen. Koran Sure 41,53.[20]) Der Mensch muss sie nur erkennen. Die Lilie preist Gott schweigend mit zehn Zungen; das Veilchen sitzt bescheiden in seinem dunkelblauen Sufi-Gewand da und legt den Kopf auf 'das Knie der Meditation'. Rote Tulpen mit ihren schwarzen Flecken 'im Herzen' können aus dem verbrannten Herzen des Liebenden wachsen, oder den Mystiker an schwarzherzige Heuchler erinnern. Die Narzisse blickt mit feucht-schwärmerischen Augen auf den Schöpfer oder lässt den Liebenden an die halbgeschlossenen Augen des Freundes denken, und die dunkle, krause Hyazinthe ähnelt den Locken des Geliebten.

Dem Mystiker spiegelt die Blume seinen Seelenzustand, während wir in der Blume eher ein Symbol dafür erkennen.

In unserer Geschichte ist die Tatsache, dass die beiden an sich so fremden Kinder am gleichen Tag zur Welt kommen, ein Hinweis auf ihre schicksalshafte Verbundenheit. Im Grimmschen Märchen 'Die Goldkinder' (Nr. 85), einer Parallele zu "Von dem Fischer un syner Fru" (Nr. 19), soll der Fischer den goldenen Fisch in sechs Teile zer-

18 A. Schimmel: Mystische Dimensionen des Islam, Kap. Unsterbliche Rose, S. 408 ff., bes. S. 436.

19 l. c. S. 436.

20 Übersetzung R. Paret.

schneiden. Zwei legt er in die Erde, woraus zwei goldene Lilien aufwachsen, zwei gibt er seinem Pferd, das zwei goldene Füllen bekommt und zwei gibt er seiner Frau, die zwei goldene Kinder gebiert. Wie sie herangewachsen sind, setzen sie sich auf die goldenen Rosse, um in die Welt zu ziehen. An den zwei goldenen Lilien konnte man sehen, ob sie gesund, krank oder tot waren. Die Lilien stehen somit in einer *participation mystique* mit den beiden Goldkindern. Im Volksglauben sind die Lilien ein Symbol der Seelenreinheit.[21]

Darüber hinaus jedoch ist sie, wie überhaupt die Blume, ein Selbstsymbol, schreibt MARIE-LOUISE VON FRANZ[22],

> und zwar ein Ausdruck für das Selbst in einem noch nicht bewusst gewordenen Zustande. Nach NINCK ist die Lilie auch Symbol für die Königsmacht *[fleur de lis]* und ferner für die Entrückung ins magische Reich, das heisst zusammengefasst: für das durch die Begegnung mit dem Selbst erzeugte Gefühl der Berufung.

Die beiden Blumenkinder unserer Geschichte stellen Früchte verschiedener kultureller und sozialer Herkunft dar, die trotz der Trennung durch weltliche Macht schicksalhaft zusammengehören. Auf der Objektstufe wurde die islamische Kultur durch ganz andere Ethnien hervorgebracht als die abendländische. Deshalb sind sie antagonistisch. Aber ihre Religionen haben einen gemeinsamen Ursprung. Sie sind daher wie alle Gegensätze hinter der vordergründigen Kulisse identisch, obwohl sie sich auszuschliessen scheinen.

Blantseflur, die Tochter der christlichen Sklavin wird in einen Harem verkauft. Das Abendland hat ganz falsche Vorstellungen vom Harem. Man stellt sich als Europäer vor, wie es wäre, wenn einem eine ganze Anzahl von Frauen zur Belustigung zur Verfügung stände! Aber der Harem ist eine alte Einrichtung, die aus finanziellen Gründen nur der Aristokratie möglich war. Ein friedliches Zusammenleben so vieler Frauen war allein einem Mann mit starkem differenziertem Eros möglich. Die Harems waren im Grunde eine Einrichtung zur Erzie-

21 H. Bächtold-Stäubli: Handwörterbuch des Deutschen Aberglaubens, s.v. Lilie, Bd. 5, Sp. 1300.

22 In: Hedwig von Beit: Gegensatz und Erneuerung im Märchen, S. 20.

hung des Eros von Mann und Frau. Eigentlich sollte der Harem eine Art irdischen Paradieses für den Herrscher werden, wo er (wie Salomon) von dienstfertigen Jungfrauen umsorgt würde. Die Realität sah doch wohl sehr anders aus, indem dort politische und militärische Intrigen gesponnen wurden und ein erbitterter Kampf unter den Müttern um die Gunst des Herrschers für seine Nachkommen geführt wurde.[23] Im Harem dürfte Blantseflur daher einen tiefen Eindruck orientalischer Erotik erhalten haben, welchen sie nach ihrer Freilassung in den Westen mitbrachte.

Doch bevor eine Vereinigung der Gegensätze möglich ist, müssen sie einen symbolischen Tod und Trennung erleiden. Es stimmt merkwürdig, dass die Kinder getrennt werden und dem Floyres das Grabmal seiner Geliebten als eine Art Paradies gezeigt wird, wo die beiden Blumen und Küsse austauschen. Mir erscheint das als ein symbolischer Tod, der mit einer Wandlung einhergeht. Ihr Eingeschlossensein im Turmgemach bedeutet eine Inkubation und Reifung bis zur Zeit der Wiedervereinigung. Denn die erste Liebe war noch blumenhaft kindlich. Auch für Floyres braucht es noch eine Reifung ausgedrückt im Verstecktsein unter Rosen im Korb. Die letzte Vereinigung ist wie jene in der Alchemie zwischen der Weissblume, der *femina candida,* und dem *servus rubeus* (roten Sklaven), der Rose. Letzterer ist der *filius regius* (Königsohn), der wiedergeborene König. Im Grunde stellt die Erzählung ein Wandlungsmysterium eines blumenhaft-kindlichen zu einem reifen Eros dar. Dass eine solche Wandlung des Eros aus dem barbarischen Umfeld möglich war, ist sicher dem Kontakt zwischen Ost und West zu verdanken.

Der nächste Stoff, dem wir uns zuwenden ist TRISTAN UND ISOLDE des Eilhart von Oberge, ein Stoff, der schliesslich Weltliteratur wurde. Ich habe ihm einen Vortrag im Psychologischen Club Zürich gewidmet.[24] Der Roman soll kurz vor 1170 verfasst worden sein. Der Stoff gehört zu den Artus-Sagen. Ich will ihn nicht im einzelnen aufrollen und deuten, weil das im genannten Vortrag geschehen ist, son-

23 Roswitha Gost: Der Harem, S. 62.

24 Der Liebestrank. Zur Psychologie des Beziehungsproblems bei Tristan und Isolde. Vortrag im Psychologischen Club Zürich, 6. November 1993.

dern nur wenige "Tupfer" anbringen: Tristans Mutter heisst Blancheflor und stirbt vor seiner Geburt. Durch diesen frühen Tod wächst Tristan ohne mütterliche Fürsorge auf, wird aber einem tüchtigen Meister *(curvenal)* zur ritterlichen Erziehung übergeben. Damit reift zwar die männliche Seite ohne Hemmung durch mütterliche Verzärtelung, doch bleibt eine ungestillte Sehnsucht nach dem Weiblichen. Am Hof seines Onkels vollbringt er denn auch seine erste Heldentat, indem er einen Unhold erschlägt, eine heidnische, hochmütige Schattenseite. Dadurch gewinnt er die Prinzessin Isolde, die aber dieser Schattenfigur verbunden bleibt, indem sie ihn zu rächen schwört. Tristan erleidet durch einen vergifteten Spiess eine unheilbare Wunde, die nur durch Isoldes Zaubermacht geheilt werden kann. Der Kern der Handlung ist die versehentliche Einnahme eines Liebestrankes auf dem Schiff, mit welchem Tristan Isolde zu seinem Oheim König Marke bringen wollte. Durch diesen Liebestrank wurde er so liebestoll nach Isolde, dass er sie nicht mehr als Jungfrau zu ihm bringen konnte und ständig seine Beziehung zu ihr vor ihm verstecken musste.

Der Liebestrank ist ein Symbol der unbewussten Macht der Liebe, die den Menschen blind macht und sich gegen seine vernünftigen Absichten durchsetzt. Er symbolisiert nicht nur die Triebhaftigkeit des Eros, sondern seine Übermacht, die ihm von alters her das Attribut 'göttlich' verliehen hat. Er ist die Hörigkeit, das Verfallensein an eine Schicksalsmacht, aus welcher nur eine religiöse Haltung, nicht aber seine Willenskraft, den Menschen retten kann.

Einen ähnlichen Liebeswahnsinn schildert 'Le Roman d'Eneas'. Dieser ist eine altfranzösische Nachdichtung von VERGILs 'Aeneis'. Man kennt den Autor nicht und nicht die Zeit seiner Entstehung. Er bildet die Vorlage zur Bearbeitung von VELDEKEs 'Eneide', die deutsche Version des Stoffes. Dem Mittelalter galt VERGIL als der Dichter schlechthin. Durch den Antikenroman wurde dem Mittelalter antike Kultur vermittelt. Im 12. Jahrhundert wurde er auch in die Minneproblematik eingebunden. Davon will ich dem Leser eine Probe geben. Es handelt sich um die Begegnung des Eneas mit Dido, der Königin von Karthago. Die ganze Episode wird von der Mutter des Eneas, Venus, inszeniert, weil sie fürchtet, ihr Sohn werde unter einem wilden Volk schlecht behandelt.

Sie [= Venus] hatte die Herrschaft über die Liebe.
Als sie sah, dass er [Eneas] seinen Sohn hatte kommen lassen, (v. 770)
Nimmt sie diesen sanft in ihre Arme,
sie küsst ihn sehr inbrünstig.
Mit diesem Kuss hat sie ihm grosse Macht verliehen,
Liebe zu erwecken; wer ihn nach ihr küssen wird,
wird von dem Feuer der Liebe entflammt werden.
Denjenigen, die ihn führen, sagte Venus,
dass weder ein Mann noch eine Frau ihn mehr küssen dürfe
ausser der Königin [= Dido] und Eneas. (v. 769–779)
Eneas bringt der Königin kostbare Geschenke,
welche sie auf ihr Zimmer bringen lässt.
...dann rief sie das Kind, das zu seinem Vater kam;
sie herzte es, sie hielt es sanft,
sie küsste es sehr inbrünstig
und führt sich sehr schlecht auf:
sehr töricht tut diejenige,
die sein Gesicht und seinen Mund berührt.
Venus hatte dort ihr Feuer hingesetzt,
Dido, die entflammt wird, erfährt es; (v. 810)
die Herrin trinkt tödliches Gift,
sie bemerkt ihr grosses Unglück nicht,
mit dem Kuss nimmt sie eine solche
Liebesraserei auf, dass ihr das Herz entbrennt.
Darauf küsste Eneas seinerseits das Kind
Und dann sogleich wieder Dido;
von dem einen in die andere tritt jäh die Liebe ein,
jeder trinkt für sein Teil reichlich davon;
wer ihn öfter küsst, trinkt mehr davon.
Dido ist es, die törichter war, (v. 820)
sie hat dabei eine tödliche Trunkenheit in sich aufgenommen;
schon bringt die Liebe sie in grosse Bedrängnis. (v. 802–822)

Beim Nachtessen erzählt Eneas von der Belagerung und den Kämpfen um Troja, von wo er entflohen ist. Die Königin hört ihm mit Innigkeit zu, dann führt sie ihn auf sein Zimmer und bettet ihn gut. Dann zieht sie sich allein in ihr Gemach zurück.

Als das Zimmer ruhig war,
vergisst Dame Dido denjenigen nicht, (v. 1220)

um dessentwillen der Gott der Liebe
sie schon in solchen Schrecken versetzt hatte;
sie beginnt an ihn zu denken,
in ihrem Sinn sich an sein Gesicht zu erinnern,
an seinen Körper und seine Gestalt,
an seine Worte, seine Taten, seine Redeweise,
an die Schlachten, von denen er ihr berichtete.
Es wäre vergeblich gewesen, dass sie zu schlafen versucht hätte;
Häufig wälzt sie sich hin und her,
sie sinkt in Ohnmacht und streckt sich aus, (v. 1230)
sie keucht, seufzt und gähnt,
sie gebärdet sich wild und quält sich ab,
sie zittert, bebt und schaudert,
das Herz wird ihr schwach und setzt aus.
Sehr erregt ist die Dame,
und wenn es geschieht, dass sie sich vergisst,
glaubt sie bei ihm zu liegen,
ihn ganz nackt in ihren Armen zu halten;
sie glaubt ihn mit ihren Armen zu umschlingen.
Sie vermag ihre Liebe nicht zu verbergen noch zu verhehlen; (v. 1240)
sie umarmt ihre Bettdecke,
sie findet dabei weder Trost noch Liebe;
tausendmal küsst sie ihr Kopfkissen,
alles aus Liebe zu dem Ritter,
sie vermeint, dass jener, der abwesend war,
in ihrem Bette bei ihr anwesend sei: [...]
Sie weint und bezeigt grossen Schmerz,
Tränen netzen ihre Bettücher;
Heftig wirft sich die Königin hin und her,
zuerst mit dem Gesicht nach unten, und dann kehrt sie sich um.
Sie kann nicht genesen, sie gebärdet sich wild,
sehr leidet sie in der Nacht Übel und Pein;
auf manche Weise quält sie sich ab.
Sie weiss nicht, wer sie überrascht hat:
Tödliches Gift hat sie getrunken;
Sie wusste nicht, wer das Kind war, (v. 1260)
das sie gehalten und umarmt hatte,
und das ihr die Raserei eingegeben hatte. (v. 1219–1246, 1251–1262)

Schon in der Antike und erst recht im Mittelalter war die Verliebtheit als eine Krankheit, als Wahnsinn aufgefasst worden. Hier wird sie ausführlich beschrieben, sehr naiv, aber so wie viele sie selber erlebt haben. Diese ehrliche Schilderung ist ein wichtiger Schritt auf dem Weg zur Bewusstwerdung. Damit erhebt sich die Frage, wie man mit ihr umgehen kann. Der Mensch ist ihr Opfer; sie ist von der Göttin angezettelt worden. Götter sind Schicksalsmächte, die kein Herz haben, sondern den Menschen in tödliche Situationen verstricken, aus welchen er sich nicht zu befreien vermag; er ist der Spielball dieser Mächte. Im Roman d'Eneas geht es tragisch aus, indem sich die Königin mit dem Schwert des Eneas den Tod gibt, wie jener auf Geheiss der Götter weiterfährt. Es bleibt die Frage, wie der Mensch sich verhalten kann in dieser Situation? Mir scheint, dass sich erst im Minnesang ein Bewusstsein für derartige Fragen entwickelte. Vorher erlebte man sie wohl dumpf als ein tragisches Verhängnis, als eine unglückliche Liebe. Man konnte sich seiner nicht erwehren. Erst mit der Bewusstwerdung konnte der Mensch eine andere Haltung zum Schicksal finden. Selbst heute können viele Menschen in der Lage der Dido sich nur Verdrängung der Emotionen als Lösung vorstellen. Nach unserer heutigen Einsicht ist Verdrängung aber keine Lösung des Problems. Viele Menschen sind auch heute noch nicht in der Lage adäquat mit derartigen Emotionen umzugehen. Sie fühlen sich den Göttern gegenüber noch immer ohnmächtig. Denn Emotionen sind Götter oder Dämonen, die das Bewusstsein zunächst überwältigen, ehe sich dieses versieht. Doch wenn es sich vom ersten Schock erholt hat und wieder aus der Überwältigung aufgetaucht ist, geht es darum, den Sinn und die Zusammenhänge der Geschehnisse zu verstehen. Erst dann kann man Projektionen erkennen. Emotionen treten stets am Ort fehlender oder ungenügender Anpassung an die Wirklichkeit auf. Mit diesem Merkspruch im Gedächtnis lassen sich die unbewussten Projektionen ausfindig machen. Selbstverständlich führen uns auch die Träume durch diesen Dschungel, wenn man sie richtig versteht. Nichts verhaftet uns so sehr an eine andere Person wie Projektionen. Sie sind die magischen Bande, die man nicht verhindern kann, es sei denn man könne sie bewusst machen.

Gewisse Jungianer glauben sogar, dass jede Liebe nur aus Projektionen bestehe, so dass, wenn sie alle aufgelöst würden, die gegenseitige

Anziehung aufhören würde. Ich bin dagegen der Meinung, dass nach Rückzug der Projektionen eine *objektive Liebe* zurückbleiben würde, frei vom Zwang und Begehren. Es ist das, was C.G. JUNG in einem Traum nach dem Tode seiner Frau erlebte (ER S. 300). Er schreibt dazu:

> Die Objektivität, die ich in diesem Traum [...] erlebte, gehört zur vollendeten Individuation. Sie bedeutet eine Loslösung von Wertungen und von dem, was wir als gefühlsmässige Verbundenheit bezeichnen. An der gefühlsmässigen Verbundenheit liegt den Menschen im allgemeinen sehr viel, aber sie enthält immer noch Projektionen, und diese gilt es zurückzunehmen, um zu sich selbst und zur Objektivität zu gelangen. Gefühlsbeziehungen sind Beziehungen des Begehrens, belastet mit Zwang und Unfreiheit; man erwartet etwas vom andern, wodurch dieser und man selber unfrei werden. Die objektive Erkenntnis steht hinter der gefühlsmässigen Bezogenheit; sie scheint das zentrale Geheimnis zu sein. Erst durch sie ist wirkliche Coniunctio möglich.

Das Mittelalter ist natürlich noch sehr weit von einer objektiven Liebe entfernt. Doch mit der Bewusstwerdung der Zwanghaftigkeit der Liebe ist ein erster Schritt getan zur Auflösung der damit verbundenen Projektionen. Das Mittelalter besass noch keine Psychologie des Unbewussten. Die Darstellungen in der Literatur waren seine Möglichkeit zur Erweiterung des Bewusstseins. Hier war etwas formuliert, das jeder erleben konnte oder erlebt hatte, womit sein persönliches Erleben in den Umfang des Allgemeinmenschlichen gestellt war. Beim Lesen oder hören des Erzählers konnte er sich aus der Distanz seine eigenen Gedanken machen. Es geschah ja nicht ihm selber, sondern der handelnden Person im Roman und doch war er mit dieser irgendwie identisch. Diese Literatur hatte auch einen enorm erzieherischen Wert. Deshalb wurde sie nicht nur an den Höfen erzählt und oftmals abgeschrieben, sondern erfuhr mehrfache Bearbeitungen.

Das Klagebüchlein des HARTMANN VON AUE ist ein Minnetraktat, vielleicht in der Tradition der französischen *"salut d'amour'*. Er soll das 1180 mit knapp zwanzig Jahren geschrieben haben. Es ist ein Dialog zwischen dem Leib und dem Herzen über die Minne. Das Büchlein umfasst 1914 Verse[25], wovon ich nur eine Zusammenfassung des Inhalts geben will:

Der Leib klagt das Herz an, das ihm diese Liebe aufgezwungen und ihm tiefen Liebeskummer bereitet habe. Das Herz sei ein böser Ratgeber gewesen, der ihn belogen und verleitet habe, eine Dame zu lieben, die sich nicht um ihn gekümmert habe. In der unerwiderten Liebe sei seine einzige Freude, ihr in Gedanken nahe zu sein, das könne sie ihm nicht verwehren. Dass sie ihn so zugrunde richte und er *gar ône vröude* (v. 146) leben müsse, sei durch den *rât* des Herzens verschuldet, das ihn immerfort treu sein lässt. Er wisse überhaupt nicht mehr, was ein *guot wîp* sei. Verzweifelt fragt er: *herze, nu sprich, waz ist dûi rât*? (v. 180). Wenn bloss die Dame seinen Minnedienst annehmen würde; er wäre für sie zu allem bereit, selbst zum Tod in ihrem Dienst. Wenn sie ihm doch nur ein Zeichen ihrer Liebe gewähren würde. Allerdings sei es für Frauen sehr schwierig zu wissen, wer sie *mit triuwen* liebt. Denn Männer seien den Frauen gegenüber oft unzuverlässig. Der Leib setzt sich gegenüber solchen Don Juans ab, die *ûf ein betrogen êre* aus sind. Wegen solcher Männer komme mancher vortreffliche Mann, der einer Dame lange gedient hat, um seinen Liebeslohn (v. 279–289). Sein Leib befinde sich in grösster Isolation, während das Herz *vor vröuden als ein vogellîn* (v. 325) in ihm verweile. Er bezeichnet das Verhalten des Herzens als *unminne* und Treulosigkeit. So gross sei seine Pein, dass ihm nur das Alleinsein mit sich selber bleibe. Doch er bittet das Herz um Aufklärung seines Hasses. Leidet denn das Herz nicht mit dem Leibe?

Nun kommt die Antwort des Herzens. Es bestreitet, zum Liebeskummer des Leibes geraten zu haben. Der Leib soll seine eigenen Augen dafür verantwortlich machen. Es besteht auf dem *rât,* die Dame zu lieben, weil sie die vortrefflichste sei. Jetzt soll der Leib das Wagnis der Liebe bestehen! Wenn sein *dienst* die Dame dazu bewege, ihn zu erhören, werde er *der saelegest man* (v. 595) der Welt sein. Es legt ihm einen Katalog von Forderungen vor, die ein echter Liebhaber erfüllen muss: Der Leib braucht *schone sinne*, die Orientierung auf das *guot* und

25 A. Schirokauer und P. W. Tax: Hartmann von Aue: Das Büchlein.

auf *rehtes mannes muot*, sowie Anerkennung von *arebeit* und *ungemach*, intensive Zuneigung zu der Dame, *milte* und *manheit, triuwe* und edle Taten. Verglichen mit dem Herzen sei der Leib noch gut daran, denn auch in der Nacht wache es[26] und sei bei der Geliebten, um sie für den Leib zu gewinnen. Der *arebeit* des Herzens sei es zu verdanken, wenn die Dame dem Leib im Traume erscheine. Denn echte Liebe ohne Leid gibt es nicht. Darum soll der Leib auf Gott vertrauen und sein Klagen aufgeben. Solange die *bôsheit* des Leibes ihm entgegenstehn, seien alle Mühen umsonst.

Die Versöhnung besteht darin, dass der Leib sich darauf besinnt

Got der hât uns beiden
Eine sêle gegeben. (v. 1034).

Der Leib denkt nicht mehr nur an seine *vröude*, sondern ans Ganze und erklärt sich zur *minne*-Demut bereit. Auf das Urteil der Gesellschaft will er keine Rücksicht mehr nehmen.

Der eigentliche *rât* des Herzens besteht im Kräuterzauber: Die ersten Ingredienzien des Zaubers sind die drei Tugenden *milte, zuht* und *diemuot.* Sie stammen von Gott. Die fünf anderen *tugende* stammen vom Menschen: *triuwe, staete, kiuscheit, schame* und *gewislichiu manheit.* Das Herz stellt sich als Gefässe dieser 'Kräuter' zur Verfügung. Die geheimnisvolle Macht dieses Zaubers erstreckt sich auf die ganze Welt: *daz ist zer Welte ein saelekeit* (v. 1343). Sie ist der Gegensatz zur vorhin beschriebenen zwanghaften Liebe des Tristan oder Eneas, dem amour-passion, der Venus-Liebe.

Der Leib verpflichtet sich eidlich darauf, denn er hat *nâch gote niht liebers* als seine Dame. Nur die Hände der Dame können die Liebeswunde heilen (v. 1695 f.). Die körperliche Liebeserfüllung wird, sofern sie Gott sanktioniere, offen herbeigewünscht (v. 1719–1726). Die Dame wird schliesslich erhöht: *wan dû bist mîn gotinne* (v. 1844). Deshalb schliesst er mit

Ich hân in dînen gewalt ergeben die sêle zuo dem lîbe. (v. 1910).

26 Vgl. Cant. 5,2: ego dormio et cor meum vigilat.

Der Frauendienst des Minnesanges ist Dienst an der Seele und deswegen habe ich das ausführlicher dargestellt. Der Text zeigt deutlich, wie der Leib, die bewusste Persönlichkeit, ungeduldig sein Ziel sofort erreichen will. Das Herz, das Selbst, muss den Leib erziehen. Der ganze Minnesang ist im Grunde Erziehung des männlichen Eros, seiner Anima. Die Seelenkultur wie sie in der Antike bei OVID und VERGIL erreicht worden war, wurde durch das Eindringen barbarischer kämpferischer Reiterheere in der Völkerwanderung weggefegt. Allmählich wurde eine politische Ordnung hergestellt. Die Erziehung der Seele jedoch brauchte viel längere Zeit. Im Minnesang ist eine völlige Wandlung der Einstellung des Mannes zur Frau zu beobachten. Bis dahin war die Frau ziemlich rechtlos und 'dem Manne untertan', wie es in der Bibel heisst (Gn 3,16). Mit dem Minnesang vollzog sich eine Emanzipation der Frau. Sie erhielt mehr Rechte, ihre Kleidung wurde bunter, sie wurde selbständiger und geachtet, sie war nicht mehr bloss das Mittel, um Nachkommen zu zeugen. Denn so wie der Mann mit seiner Seele umgeht, so verhält er sich zur Frau. Vorher war er in einseitiger Willenshaltung befangen. Durch die Erziehung durch das Herz wird die Spaltung überwunden und die Ganzheit tritt in den Vordergrund (v. 1034). Die Kultur des Eros hat nicht nur persönliche Auswirkungen, sondern solche auf die ganze Welt (v. 1343).

Wir wissen viel zu wenig, dass die Arbeit an der eigenen Seele nicht nur der eigenen Persönlichkeit, sondern der ganzen Welt zugute kommt. Noch heute wird die Arbeit an der Seele als Egoismus abgetan. Dahinter steht jedoch eher eine Angst vor dieser Aufgabe und ein Widerstand dagegen als fundiertes Wissen. Bevor man es nicht selber versucht hat, kann man sich kein Urteil anmassen.

Die Seele als der Mikrokosmos ist ein Abbild des Makrokosmos.[27] Die Kultivierung der Seele hat eine Auswirkung auf die ganze Welt. Der Minnesang war eine höfische Kultur, das heisst, eine Kultivierung jener aristokratischen Kreise, die für die Politik verantwortlich waren. Es wäre wünschenswert, dass auch die heutigen Politiker mehr Eroskultur hätten, denn dann wäre die Politik nicht in erster Linie auf Konfrontation, sondern auf Konsens ausgerichtet. Denn Eros betrifft nicht

27 A. Ribi: Anthropos. Der ewige Mensch.

nur die Beziehung von Mann und Frau, sondern Beziehung überhaupt, insbesondere zwischen Gegensätzen. Der Minnesang hatte daher Auswirkungen auf alle Lebensbereiche.

Ist die Liebe eine Erfindung des 12. Jahrhunderts?, fragt RÉGINE PERNOUD.[28] Selbstverständlich ist das eine rhetorische Frage. Sie kann mit dem Zitat aus MYRRHA LOT-BORODINE[29] beantwortet werden:

> Es ist erwiesen, dass die Liebesleidenschaft, die in der Natur immer schon vorhanden war, keinem Volk und keiner Kultur fremd gewesen ist. Aber die geheimnisvolle Kraft, die die Frau in den Rang einer Königin hob, die die Liebe als eine Kunst, als eine Philosophie, ja als eine Religion ansah, ist der mittelalterlichen Seele entsprungen und dem Geist des romanischen und christlichen Europa.[30]

Die höfische Dichtung ist aus der feudalen Gesellschaft entstanden. Ein ähnliches Versprechen wechselseitiger Treue wie zwischen Lehnsherr und seinen Vasallen zu Hilfe und Schutz gilt auch für den Dichter und seine Dame. Diese ist für ihn Lehnsherrin. Er unterwirft sich ihrem Willen und findet seine Freude darin, diesen zu erfüllen, selbst wenn er darin leidet. Die hochgestellte Dame flösst dem Dichter ehrerbietige Furcht ein, er erniedrigt sich vor ihr. An den Höfen gibt es Liebesgerichte, in denen über schwierige Fragen des Verhaltens in der Liebesbeziehung disputiert wird und wo oft Frauen den Ausschlag geben. Sie ist Richterin in Liebessachen.

Es kann hier nicht darum gehen, eine Geschichte des Minnesangs vorzutragen. Dafür wäre das Thema viel zu weitläufig und die Literatur zu umfangreich. Es ging mir darum, auf dieses bedeutende Phänomen in der westlichen Zivilisation als Folgeerscheinung der Kreuzzüge hinzuweisen.

28 Leben der Frauen im Hochmittelalter, S. 86.
29 De l'Amour profane à l'Amour sacré.
30 R. Pernoud, S. 98.

10. *De Amasio ad Amasiam: Abälard und Heloise*

Als Vorläufer des Minnesangs gab es Liebesbriefe an weibliche Adressatinnen an Fürstenhöfen oder im Kloster. Darin bittet der Schreiber um einen Lohn für eine besondere dichterische Leistung. Diese Briefe zeugen noch nicht von einer höfischen Beziehung des Sängers zu seiner 'donna' wie später bei den Troubadours. Es handelt sich um einen eher kühlen 'specialis amor'. Der nordfranzösische Dichterkreis um MARBOD VON REIMS (ca. 1035–1123) ist ein bekanntes Beispiel dafür.[1] Marbod war an der Kathedralschule seiner Heimatstadt Angers ausgebildet worden und stieg zu deren Kanzler auf, bevor er zum Bischof von Reims ernannt wurde. Die Briefe an Nonnen enthalten geistlichen Zuspruch und Preis des Nonnenstandes. Wo immer die Briefe erotische Anspielungen enthalten, gilt der Grundsatz: *Sit pudor in facto, sit jocus in calamo* (Es sei Scham in der Tat, und Spiel in der Feder). Die Briefe sind anonym, man liest von keinen bezeichnenden Einzelheiten, so dass man sich überhaupt fragt, ob es nur Stilübungen sind.

Es ist die *ars dictaminis* oder *dictandi*, die Kunst des Briefschreibens, die sich zu Beginn des 12. Jahrhunderts von Italien aus über ganz Europa verbreitete. Speziell die Jurisprudenz brauchte solche Lehren des Briefstils für ihre Kanzleien. Doch auch andere Personenkreise waren an ihnen interessiert, und es entwickelten sich ganze Schulen (Bernhard von Meung). Neben stilistischen Vorschriften schildern diese Liebesbriefe verschiedene Stadien eines Liebesverhältnisses. OVIDS *ars amatoria* steht dieser Bewegung zu Gevatter. Die Liebeskorrespondenz beginnt mit der Werbung des Liebhabers, der vor Liebesqualen dem Tode nahe ist. Die aussergewöhnlichen Reize der Dame werden in der *captatio benevolentiae* anschaulich geschildert und haben den Lieben den so verwundet und eine derartige Liebe erweckt: die *descriptio puel-*

1 E. Ruhe: De Amasio ad Amasiam, S. 25f.

lae. In seinen Träumen nur getraut er kühn sich ihr zu nähern. In ihrer Gegenwart erbleicht und verstummt er. Nur sie kann ihn von seiner Krankheit heilen, da sie diese verursacht hat. Er ist verzweifelt über ihren Stolz, worum er bittet, wird sie ihm verweigern oder einem andern geben: *petitio.* Das Mädchen antwortet hart: Sie will heiraten und nicht einfach verführt werden. Sie macht sich über seine Liebesschwüre lustig (*amens es nec amans*: du bist von Sinnen und nicht ein Liebender. Wortspiel im Lateinischen). Ihre Liebe würde sie nie einem Kleriker geben, und sie ärgert sich über die *scholares.* Sie sei auf ihre Keuschheit bedacht, welche trotz ihrer Schönheit möglich sei. Zwar dauern sie seine Leiden, sie würde ihm zu Willen sein unter Erhaltung der Keuschheit *(salva virginitate)*, wenn er nicht diese hässliche Tonsur hätte: *conclusio.*[2]

Dieser Briefkult bestand vor allem in Nordfrankreich und bezog sich auf hochgestellte Adressatinnen am Fürstenhof oder im Kloster.

Es handelt sich um zaghafte tastende erste literarische Versuche auf dem Gebiet des Eros. Sie sind noch sehr steif, formell und muten eher wie Stilübungen an, denn Ausdruck brennender Emotionen. Man kann nicht sicher erkennen, ob sie ernst gemeint sind oder Scherze darstellen. Das Thema echten Ausdrucks von Liebesgefühlen war anscheinend noch zu heiss, als dass man wagte, es zu formulieren. Es klingt noch sehr hypothetisch. Wir glauben, wir hätten heutzutage nicht mehr derartige Hemmungen. Doch das ist eine gewaltige Täuschung: Bei Jugendlichen finden wir anlässlich der "ersten Liebe" ganz ähnliche Hemmungen, Zögern und Verwirrung. Denn "wer mir nahe ist, ist nahe dem Feuer", heisst es in einem sogenannten Versprengten Herrenwort.[3] Denn, wenn es heisst "Gott ist die Liebe" (1 Joh 4,8), ist auch die Umkehrung des Satzes wahr: "Die Liebe ist Gott" (1 Joh 4,7). In psychologischer Sprache bedeutet das, jedes wahre Liebeserlebnis ist ein *Gotteserlebnis.* Einem solchen kann man sich nur mit Zittern und Zagen, in Gottesfurcht (Spr 1,7) und in religiöser Haltung annähern. Selbstverständlich gab es zu allen Zeiten Paarungen von Mann und Frau, doch selten wird versucht, jene subtilen psychischen Vor-

2 l.c. S. 83–84.

3 W. Schneemelcher: Neutestamentliche Apokryphen. I. Evangelien S. 79.

gänge dieser Begegnung bewusst zu machen und zu formulieren. Die Bemühungen der *ars dictaminis* sind eine erste Stufe der Bewusstwerdung innerpsychischer Vorgänge. Unser Wort "Dichten" stammt ursprünglich von *'dictare'* = etwas zum Aufschreiben vorsagen.[4]

In diese Zeit gehört auch der berühmte Briefwechsel von Abälard und Heloise.[5] Es war also gar nicht so ungewöhnlich, dass sich Liebende Briefe schrieben und sie veröffentlichten. Doch sind diese Briefe nicht formalistisch, obwohl sie die gängigen Formen einhalten, sondern lebendiger Ausdruck einer starken Verbundenheit. Obwohl sich die Gelehrten immer noch streiten, ob der Briefwechsel echt oder eine Fiktion und ob die Schreiber wirklich Abälard, respektive Heloise seien oder ob *ein* Autor für beide die Briefe frisiert habe, sind sie für mich ein *document humain* der seelischen Verfassung von zwei aussergewöhnlichen Menschen, die Weltgeschichte machten. Die Literatur zu diesem Thema ist deshalb ins Unübersichtliche gewachsen. Ich kann in unserem Zusammenhang nur einen kleinen Ausschnitt der ganzen Problematik darstellen.

Der erste Brief ist die Leidensgeschichte des Abälard *(historia calamitatum mearum)* als Trostbrief an einen Freund *(ad amicam suum consolatoria)*, in welchem Abälard seinen Lebenslauf beschreibt. Er liegt in zwei kritischen lateinischen Ausgaben vor.[6] Da dieser Brief eine ziemlich einseitige Darstellung der Tatsachen und eher ein Klage-, denn ein Trostbrief ist, halte ich ihn für echt, stütze mich jedoch zur Darstellung von Abälards Leben auf die objektivere Schilderung von A. Podlech: Abaelard und Heloisa oder die Theologie der Liebe.

Abälard wurde im Jahre 1079 als ältester Sohn des Burgmannes Berengar und seiner Frau Lucia im kleinen Ort Le Pallet südlich des heutigen Nantes geboren. Er war von ritterlicher Abstammung, fühlte

4 F. Kluge: Etymologisches Wörterbuch der deutschen Sprache. 22. Aufl. s.v. dichten, S. 142.

5 E. Brost: Abaelard. Die Leidensgeschichte und der Briefwechsel mit Heloisa. 4. verbesserte Auflage.

6 J.T. Muckle: Abelard's Letter of Consolation to a Friend (Historia Calamitatum). Mediaeval Studies 12, 163–210, 1950. J. Monfrin: Abélard, Historia Calamitatum. Texte critique avec une introduction. Bibliothèque des textes philosophiques. Librairie philosophique J. Vrin, 1967.

sich aber von jung auf mehr zum Studium der Wissenschaften hingezogen, denen er sich mit Feuereifer hingab, so dass er die Ehre *(gloria)* des Rittertums aufgab, Erbe und Erstgeburtsrecht seinen Brüdern übertrug und den Hof des Kriegsgottes Mars verliess, um in der Fürsorge der Weisheitsgöttin Minerva zu wachsen.[7] Von seiner Herkunft brachte Abälard seine kämpferische und emotionale Wesensart mit, die manche seiner Opponenten vor den Kopf stiess. Sein Ungestüm passte schlecht in die akademische Welt der Dispute, wo er statt mit der Lanze, wie er schreibt, mit der Feder focht.[8]

In jener Zeit spielte sich das gelehrte Leben an den Kloster- oder Domschulen ab; MARBOD wurde um 1067 ihr Leiter in Reims. In Paris, das sich damals um die Seine-Insel gruppierte, war die Schule von Notre-Dame berühmt, wo um die Jahrhundertwende WILHELM VON CHAMPEAUX (ca. 1070–1122) lehrte. Abälards Leben spielte sich in der Bretagne, seinem Stammland, und der Ile-de-France ab. Sein erster Lehrer war JOHANNES ROSCELINUS von Compiègne (ca. 1050–1120), dessen Lehre, dass der Dreifaltigkeit Gottes auch drei Substanzen entsprechen, von der Synode in Soissons 1090 verurteilt wurde. Diese Auffassung war die logische Folgerung seines Nominalismus, das heisst, dass die Allgemein- und Gattungsbegriff nur *nomina rerum*, Namen der Dinge, seien. Er konnte nur die Einzeldinge sehen, weshalb er auch Gott nur als Individuum auffassen konnte, woraus ein Tritheismus entstand.[9] Die Logik hatte es Abälard angetan. Er zog nach Paris, wo sich der zwanzigjährige, junge, scharfsinnige und redegewandte Student mit seinem Lehrer WILHELM VON CHAMPEAUX disputierte und jenen immer öfter in Schwierigkeiten brachte. Hier hatten seine Schwierigkeiten angefangen, schreibt er in der Historia Calamitatum, denn 'je berühmter ich wurde, um so mehr wurde der Neid der andern angestachelt'.[10]

7 Martis curiae penitus abdicarem ut Minervae gremio educarer. Muckle l. c. p. 9.

8 His armis alia commutavi et tropheis bellorum conflictus disputationum. Monfrin l. c. p. 63–64.

9 C. G. Jung: Das Typenproblem in der Geistesgeschichte. GW 6 § 58.

10 Quo amplius fama extendebatur nostra, aliena in me succensa est invidia. Monfrin l. c. p. 64.

Das ist die typische jugendliche Naivität. Abälard ist der Typus des Denkers, der mit seinem Denken die Welt erobern will. Wegen der Minderwertigkeit seines Gefühls merkt er gar nicht, wie er seine Umgebung verletzt. Er ist der naiven Meinung, es gehe nur um die Suche nach der Wahrheit, die er mit seinem messerscharfen Verstand seziert. Die Tragik des vor seinen Studenten blossgestellten Lehrers sieht er nicht oder übergeht er grosszügig. Er wird sich der Rachegedanken, die daraus resultieren, nicht bewusst. Er glaubt, das sei nur Neid. Er ist das typische Beispiel eines Menschen, der mit seiner Denkfunktion identisch ist. Sein Eros, seine mitmenschliche Bezogenheit, ist noch völlig unentwickelt.

Am Beispiel von Abälard versteht man, wieso C.G. JUNG MARIE-LOUISE VON FRANZ, seiner begabtesten Schülerin den weisen Rat gab, 'ihr Licht unter den Scheffel zu stellen' (Matt 5,15–16), im Gegensatz zur biblischen Empfehlung. Denn, wenn jemand begabter ist als die andern, entsteht Neid und das ist sehr gefährlich. Wir haben stets die Tendenz, uns ins beste Licht zu setzen. Der Instinkt könnte uns warnen, wo das fehl am Platze ist.

Abälard war eine faustische Natur, die sich nicht in eine gegebene Ordnung einbinden liess. Er tanzte in vieler Hinsicht aus der Reihe, er bindet sich nicht an eine kirchliche Institution, sondern gründet eine weltliche Schule im Schutze des Königs. ETIENNE DE GARLANDE (ca. 1070–1148) war während fast dreissig Jahren als Weltgeistlicher in einflussreichen Ämtern, seit 1106 königlicher Kapellan und Kanzler, später Archidiakon von Notre-Dame in Paris und Dekan von Ste-Geneviève. Er galt als engster Vertrauter des Königs, errang 1120 gar das Amt des Seneschalls, des Heerführers. Er merkte kurz nach der Ankunft Abälards in Paris, dass dieser ihm im Kampf gegen seinen (kirchen-)politischen Rivalen WILHELM VON CHAMPEAUX dienlich sein kann. War ROSCELIN VON COMPIÈGNE, sein erster Lehrer, Nominalist, so war WILHELM VON CHAMPEAUX, dessen Gegenspieler, ein Realist, das heisst, dass die Allgemeinbegriffe in der realen Substanz der Dinge begründet seien. Unter Abälards Einfluss modifizierte er seine Lehre mehrmals.[11] Zwar versuchte Abälard mit seinem

11 A. Schroeter-Reinhard: Die Ethica des Peter Abaelard, S. 289–294.

"Konzeptualismus" eine vermittelnde Position in diesem Streit einzunehmen, indem er das Problem als ein sprachliches bestimmte. Seine Position legt uns die Vermutung nahe, dass er eher der extravertierten Einstellung zuneigt und seine erste Hilfsfunktion die Empfindung, la *fonction du réel* ist.

Nach dem Wegzug Wilhelms wurde Abälard Leiter der Domschule im Domherrenhof auf der Ile de la Cité im Herzen von Paris. Er hatte den Höhepunkt seiner Laufbahn erklommen. Der Mittagstand der Sonne ist bekanntlich ein gefährlicher Augenblick, indem von hier aus der Weg nicht mehr hinauf, sondern hinunter führt. Abälard hatte dank seiner kämpferischen und einseitigen Natur seine Erfolge errungen. Jetzt war die komplementäre andere Seite konstelliert und ereilte ihn als Schicksal.

> Es lebte damals in Paris ein junges Mädchen, Heloisa geheissen, die Nichte des Kanonikers Fulbert

heisst es in der Historia Calamitatum.[12] Wir wissen kaum etwas über ihre Herkunft, jedoch war sie im Kloster Sainte-Marie in Argenteuil bei Paris ausgebildet worden und durch ihre Gelehrsamkeit aufgefallen. Abälard verliebte sich in sie und machte sich bei ihrem Onkel als Hauslehrer beliebt. Dieser gab ihre Erziehung völlig in seine Hände:

> Ich konnte nicht verblüffter sein, wenn er sein zartes Lämmlein einem heisshungrigen Wolf zu hüten gegeben hätte. Der eigene Onkel übergab mir den Unterricht, und er gab mir ein Züchtigungsrecht ohne Einschränkung! Das hiess doch, mir für hemmungslose Wünsche Vollmacht geben,

schreibt Abälard.[13]

> Der Hausgemeinschaft folgte die Herzensgemeinschaft! Während der Unterrichtsstunden hatten wir vollauf Zeit für unsere Liebe; und wenn Liebende sich wohl nach einem stillen Fleck sehnen, wir brauchten uns

12 Erat quippe in ipsa civitate Parisiensi adolescentula quaedam nomine Heloisa. Muckle l.c. p. 182.

13 Quam si agnam teneram famelico lupo committeret. Muckle l.c. p. 183.

> dafür nur zur Versenkung in die Wissenschaften zurück zu ziehen. Die Bücher lagen offen da, Frage und Antwort drängten sich, wenn die Liebe das bevorzugte Thema war, und der Küsse waren mehr als der Sprüche. Meine Hand hatte oft mehr an ihrem Busen zu suchen als im Buch[14], und statt in den wissenschaftlichen Lehrbüchern zu lesen, lasen wir sehnsuchtsvoll eins in des anderen Auge. Aber man sollte in uns Lehrer und Schülerin sehen, und darum bekam sie manchmal Schläge; es war zärtliche Verliebtheit, die mir die Hand führte, nicht zufahrender Zorn, und ihr war diese Züchtigung linder als kostbarste Salbe. In unserer Gier genossen wir jede Abstufung des Liebens, wir bereicherten unser Liebesspiel mit allen Reizen, welche die Erfinderlust ersonnen. Wir hatten diese Freuden bis dahin nicht gekostet und genossen sie nun unersättlich in glühender Hingabe, und kein Ekel wandelte uns an. In diesem Sinnentaumel hatte ich für Wissenschaft und Vorlesungen nichts mehr übrig [...] Es war auch ein zermürbendes Leben, bei Nacht für die Liebe zu wachen und bei Tag für den Beruf.[15]

Abälard war rund zwanzig Jahre älter als Heloisa. Mit derselben Gier, mit der er sich zuvor in der wissenschaftlichen Welt einen Platz erobert hatte, mit derselben Gier verschrieb er sich nun der Liebe. Beide Male wurde er eine Beute seiner Triebe. Mittelmass war seine Sache nicht. Man muss sich bewusst sein, dass er diese Historia Calamitatum erst zwanzig Jahre nach jenen Ereignissen geschrieben hat, aus einer gewissen Distanz und Abgeklärtheit. Doch die Bewegtheit des Textes zeigt, dass er diese Feuersbrunst noch nicht verarbeitet hatte, obwohl die späteren Briefe kühl und distanziert tönen. Abälard kannte noch keine Tiefenpsychologie, sonst hätte er "Die Psychologie der Übertragung" von C. G. JUNG lesen müssen.[16] Denn was ihm passiert ist, kann jedermann in einer ähnlichen Situation zustossen, weshalb uns die Geschichte so nahegeht. Offenbar ist es auch dem Alchemisten mit sei-

14 Saepius ad sinus quam ad libros reducebantur manus. Muckle l. c. p. 183.

15 E. Brost l. c. S. 19–21. Nullus a cupidis intermissus est gradus amoris et, si quid insolitum amor excogitare potuit, est additum. Et quo minus ista fueramus experti gaudia, ardentius illis insistebamus, et minus in fastidium vertebantur. Et quo me amplius haec voluptas occupaverat, minus philosophiae vacare poteram [...] cum nocturnas amori vigilias et diurnas studio conservarem. Muckle l. c. p. 184.

16 GW 16 S. 168 ff.

ner *soror mystica* so ergangen, und geschieht es immer wieder im analytischen Prozess. JUNG fand diesen Prozess im Bildgedicht gespiegelt,[17] das ins alchemistische Rosarium Philosophorum eingewoben wurde.[18] Darin ist die Vereinigung von König und Königin dargestellt. Die Heftigkeit des Geschehens weist auf seine unbewusste Natur hin: das Unbewusste der beiden Liebenden ist durch die königlichen Figuren symbolisiert, weil sie übermächtige Faktoren darstellen. Nach der Vereinigung der beiden Gegensätze entfliehen ihre Seelen und lassen die toten Körper zurück, die miteinander verschmelzen. Das Ziel der heftigen Sehnsucht der Liebenden zueinander ist offenbar die Einswerdung oder *unio mystica*. Jedes erlebt im anderen die Ergänzung zur Vollständigkeit, die ihm gefehlt hat. Der platonische Mythus vom runden Urmenschen, der in zwei Hälften, nämlich Mann und Frau geteilt wurde, die sich seither überall suchen, ist daher so einleuchtend. Aber die Verschmelzung kann nicht das Ende und Ziel des ganzen Geschehens sein, weil die Körper entseelt sind. Jeder hat seine Seele an den anderen verloren: Sie sind "ein Herz und eine Seele geworden". Für viele ist das das ersehnte Ziel, aber dieses Stadium ist dem Untergang geweiht. Es ist keine psychologische Beziehung, sondern eine Symbiose: Jeder verliert etwas an den andern und erhält etwas Fremdes von ihm. Denn diese Art der Beziehung besteht in Projektionen: Er vermutet in ihr seine Seele, und sie in ihm ihren Geist. Das funktioniert nur so lange, als keine Brüche mit der Realität sichtbar werden. Treten Diskrepanzen zu den Erwartungen an den Partner auf – und das wird früher oder später geschehen, weil niemand auf die Dauer Königin oder König zu spielen vermag –, fällt die Projektion in sich zusammen. Meistens bedeutet das das Ende der Beziehung aus Enttäuschung. Man hat im andern nicht das gefunden, was man erwartet hat: Man hat sich getäuscht. Doch die Täuschung liegt ganz woanders als man meint, nämlich bei einem selber! Das, was man im anderen vermutet hat, ist gar nicht aussen, sondern in uns drinnen! Wir sind

17 J. Telle: Sol und Luna. Literar- und alchemiegeschichtliche Studien zu einem altdeutschen Bildgedicht.

18 J. Telle: Rosarium Philosophorum. Ein alchemisches Florilegium des Spätmittelalters. 2 Bde.

unserer eigenen Seele begegnet und haben ihre Faszination erlebt. Darum muss der Körper, die äussere konkrete Wirklichkeit sterben, unser konkretistisches Weltverständnis, das der "Wirklichkeit der Seele" keinen Raum lässt. Erst wenn die Frage auftaucht, was einem so den Kopf verdrehen konnte, beginnt man die Macht der Seele infolge ihrer Numinosität zu ahnen. Die Täuschung war die Meinung, es sei die andere Person, wo diese doch nur den Projektionsschirm darstellte. Der Rückzug der Projektionen ist die schmerzhafte Phase der Reinigung, alchemistisch der *ablutio*. Projektion heisst, man ist noch im Unbewussten befangen. Der Tau vom Himmel sind gnadenhafte Einsichten in die Projektionen, die mit der schliesslichen Erleuchtung und Einsicht enden. Das ist keine Resignation, sondern eine neue Einstellung, in welcher Bewusstsein und Unbewusstes nicht mehr Gegensätze, sondern kooperierende Freunde sind. Daraus entsteht eine neue geeinte Persönlichkeit.

Nach diesem allgemeinen Exkurs wollen wir wieder zu Abälard zurückkehren, um zu schauen, wie es ihm ergangen ist. Ich glaube nicht, dass man von ihm abwertend sagen könnte, er habe sich der Lust ergeben, sondern er wurde von einer nie gekannten Erfahrung übermannt, die in seinem Gottesbild nicht existierte. Theologen verstehen den Satz des 1 Joh 4,7–8 viel zu vordergründig: Wenn Gott die Liebe ist, ist Er auch eine furchtbare Macht, die Schicksal bedeutet. Deshalb gelingt es nicht recht, mit dem Ausdruck *agapē* bloss die harmlose Seite des Eros einfangen zu wollen. Liebe ist deshalb eine göttliche Macht, weil sie sich auch gegen unseren Willen und unsere Vernunft durchsetzt. Alles, was bewusster Absicht entzogen ist, bezeichnen wir als göttlich (oder dämonisch). Der Johannesbrief versteht die Liebe nur als Liebe von Gott zu den Menschen oder vom Menschen zu Gott, jedoch nicht als jene unberechenbare, plötzlich hereinbrechende Gewalt, welche zwei Menschen in ihren Strudel ziehen kann. Diese ist nicht die harmlose Bruderliebe, die gefordert wird, sondern eine Springflut, die ins zivilisierte Land einbricht.

Es dauerte nicht lange, bis auch der Onkel merkte, was sich in seinem Hause zutrug und die Liebenden trennte. Abälard verging fast vor Scham und quälte sich mit Vorwürfen, Heloisa entehrt zu haben. Der Onkel vermochte zwar die Liebenden zu trennen, doch 'unsere

Herzen schmiedete er dadurch erst recht zusammen: unsere Liebe flammte unbefriedigt wie sie jetzt blieb, um so stärker auf'.[19]

Bald darauf bemerkte Heloisa ihre Schwangerschaft, und Abälard entführte sie zu seiner Schwester in der Bretagne, wo sie einen Sohn mit Namen Astrolabius gebar. Der Onkel geriet ausser sich vor Wut und Scham, als er die Entführung bemerkte. Abälard litt unter schweren Gewissensqualen und versuchte, sich mit dem Onkel auszusöhnen, indem er durch eine Eheschliessung Heloisas Verführung zu sühnen gedachte, nur müsse sie um seines Rufes willen geheim bleiben. Fulbert willigte ein. Heloisa dagegen riet von diesem Plan ab, denn ihr Onkel werde sich durch keinerlei Genugtuung mit dem Geschehen aussöhnen lassen. Sie riet ihm mit guten Argumenten von einer Ehe ab wegen der grundsätzlichen Unvereinbarkeit von Ehe und Wissenschaft. Sie warnte ihn vor den Gefahren einer Rückkehr nach Paris. Ihr sei es lieber "Geliebte" *(amica)* zu heissen als "Gattin" *(uxor)*, um in freischenkender Liebe verbunden zu sein. Doch Abälard war zu verblendet *(stultitia)*, um auf ihr Flehen einzugehen. Schliesslich wollte sie ihn auch nicht kränken und sagte unter Schluchzen:

> Wenn wir beide zugrunde gehen sollen: ein Trost bleibt, die Bitterkeit unseres kommenden Elends wird so stark sein wie die Süsse unserer verlorenen Liebe.[20]

Die Trauung fand heimlich mit wenigen Angehörigen statt. Da Fulberts Sippe trotz des Versprechens zur Geheimhaltung die Eheschliessung überall bekanntmachte, brachte Abälard Heloisa zu den Nonnen ins Internat von Argenteuil, wo sie als Laienschwester eingekleidet wurde. Dadurch wurde Fulberts Verbitterung nur noch grösser. Eines Nachts drangen seine Gesellen in Abälards Kammer und

19 Separatio autem haec corporum maxima erat copulatio animorum, et negata sui copia amplius amorem accendebat, et verecundiae transacta iam passio inverecundiores redebat. Muckle l. c. p. 184.

20 Unum, inquit, ad ultimum restat ut in perditione duorum minor non succedat dolor quam praecessit amor. Muckle l. c. p. 189.

'schnitten mir von meinem Leib die Organe ab, mit denen ich sie gekränkt hatte'.[21, 22]

Das Gefühl meiner Schmach und Schande schmerzte mich so, wie es der Wundschmerz nicht tat. Eben noch reich an Ruhm und Ehre vor den Menschen [...] Gottes gerechtes Gericht [...] hatte mich an dem Teil gestraft, mit dem ich gesündigt hatte; der Verrat an mir war nur eine gerechte Vergeltung meines eigenen Verrats an Gott.[23]

Das ist das typische Problem des Denktypus! Er glaubt, mit seiner Vernunft die Welt verstehen und beherrschen zu können. Doch das Schicksal führt ihn in den Strudel des Irrationalen, dem er um so hilfloser ausgeliefert ist, je fanatischer er es zuvor abgelehnt hat. Abälard konnte das als Theologe natürlich nicht anders denn als Strafe Gottes verstehen. Psychologisch würde man eher von Instinktlosigkeit sprechen. Schon hier wird deutlich, dass Heloisa die Reifere ist und sich mehr vom Instinkt führen lässt, obwohl sie zwanzig Jahre jünger ist. Sie hatte ihn doch gewarnt! Aber er hatte in seiner amoureusen Verblendung und wohl auch in der Überheblichkeit als der Ältere ihre Warnungen in den Wind geschlagen. Schon hier wird deutlich, wie sich Heloisa von ihrer unendlichen Liebe leiten lässt, aber zurücksteht, wenn sie auf seinen Widerstand stösst. Ihre Liebe verkehrt sich nie in Macht, auch dort nicht, wo sie weiss, dass sie Recht und er Unrecht hat. Sie hat ihren Eros differenziert, obwohl sie noch eine junge Frau ist. Für uns Männer ist der Eros zunächst ein dunkles unbekanntes Erfahrungsfeld, mag einer sich auch seiner sexuellen Heldentaten rühmen. Darin sind Mann und Frau grundsätzlich verschieden. Erst die zweite Lebenshälfte bringt dem Manne dieses Feld etwas näher, wenn er sich darin mit der nötigen Ehrfurcht bewegt. Paradoxerweise ist es die Zeit, wo Eheschliessung und Zeugung längst vorbei sind, vielleicht schon eine gescheiterte Ehe hinter ihm liegt. Ich habe oft beobachtet, dass das Scheitern der Ehe den

21 Eis videlicet corporis mei partibus amputatis quibus id quod plangebant commiseram. Muckle l.c. p. 190.

22 E. Brost l.c. S. 31.

23 Plus erubescentiam quam plagam sentirem, et pudore magis quam dolore affligerer [...] quam iusto Dei iudicio in illa corporis mei portione plecterer in qua deliqueram; quam iusta proditione is quem antea prodideram vicem mihi rettulisset. Muckle l.c. p. 190.

Mann erst aufrüttelt und ihm vor Augen führt, dass sein Eros noch sehr unentwickelt ist. Für die Ausübung eines Berufes wird jedermann jahrelang ausgebildet. In die Ehe oder das Feld menschlicher Beziehung tritt man gänzlich unvorbereitet. Die Beziehung der Eltern hat einen grossen Einfluss auf die Entwicklung des Eros beim Kinde. Doch darin liegt unsere Kultur im Argen: Viele Kinder wachsen nur mit einem Elternteil auf, sei es, dass die Ehe der Eltern gescheitert ist, sei es, dass der andere Elternteil abwesend ist. Ausserdem erfahren Heranwachsende in unserer Zivilisation zwar alles über Sex, aber nichts über Eros. *Unserer ganzen Kultur mangelt der Eros.* Sie ist ausschliesslich auf Leistung und Macht ausgerichtet. Doch wo Macht ist, fehlt die Liebe und wo Liebe ist, hat Macht keinen Platz. Allzuleicht verwandelt sich Liebe subtil in Macht und verdrängt die Liebe oder erscheint unter dem Deckmantel der Liebe. Macht unter dem Deckmantel der Liebe ist sehr weit verbreitet.

Wir kehren wieder zu Abälard zurück! Er sagt selber, er habe sich aus Verlegenheit und Scham *(pudor)* und nicht aus innerer Berufung in das bergende Dunkel der Klostermauern geflüchtet.[24] Heloisa nahm den Schleier im Kloster Argenteuil und Abälard das heilige Gewand in der Abtei von St. Denis. Er wurde wieder bestürmt, zu unterrichten, aber nicht mehr um des Erfolges willen. Er solle nicht mehr der Weisheit der Welt als viel mehr der Weisheit Gottes dienen. Damit hat eine gewisse Wandlung in Abälard stattgefunden, indem die Weisheit Gottes nicht nur rational, sondern auch irrational ist. Abälard weist selber auf seine Parallele zu ORIGENES hin, der sich angeblich selbst kastriert hatte. ORIGENES war der klassische Vertreter des extravertierten Typus.

> Der christliche Entwicklungsprozess traf bei ORIGENES auf einen Typus, dessen ursprüngliche Grundlage die Beziehung zu Objekten ist, welche sich von jeher symbolisch in der Sexualität ausdrückt, weshalb gewisse Theorien auch alle wesentlichen Seelenfunktionen eben auf die Sexualität reduzieren. Die Kastration ist daher der adäquate Ausdruck des Opfers der wertvollsten Funktion

schreibt JUNG.[25]

24 Pudoris potius quam devotio conversionis ad monasticorum latibula claustrorum compulit. Muckle l. c. p. 190.

25 Das Typenproblem in der Geistesgeschichte. GW 6 § 24.

Abälard hatte bis dahin anscheinend sehr extravertiert gelebt mit seinen Studenten und seinen scharfsinnigen Analysen, mit seinen Triumpfen über seine Gegner in Disputationen. Er war in die Welt gezogen, um ritterlich mit dem Schwert des Verstandes für die Wahrheit zu kämpfen. Jetzt, etwa in der Mitte seines Lebens, ereignete sich eine Enantiodromie (Umkehr ins Gegenteil), und er zog sich hinter Klostermauern, sozusagen in die Introversion, zurück. Doch konnte er seine extravertierte Neigung nicht unterdrücken und verfasste theologische Abhandlungen für seine Studenten, damit sie mittels des Verstehens glauben konnten. In jener Zeit der beginnenden Scholastik war das Problem der Gegensatz von Vernunft und Glauben: *credo ut intelligam* (ich glaube, um zu verstehen) oder umgekehrt.

Seine Bücher fanden grosses Echo, doch riefen sie wieder die Neider auf den Plan, die ein Konzil in Soisson gegen ihn anstrengten (1121). Obwohl er sich geschickt zu verteidigen wusste, wurde er zuletzt als überwiesener Ketzer dem Abt von St. Médard übergeben. Da er ein so geschickter Redner war, wurde ihm keine Gelegenheit gegeben, sich zu rechtfertigen. Das traf ihn einmal mehr an seiner verwundbarsten Stelle. Er beklagt sich als "der allerärmste Mensch auf Erden"[26] Er konnte diese Rechtsbeugung des Konzils *(iniuria)* und Schändung seines wissenschaftlichen Namens nicht verkraften. Dabei bedeutete eine derartige Verurteilung und das Verbrennen seines Buches, wie sich am Beispiel des BERENGAR VON TOURS, der 1059 wegen seiner Abendmahlslehre vom päpstlichen Gericht in Rom verurteilt worden war, nicht viel. Dieser kehrte auf seinen Bischofsitz nach Frankreich zurück und vertrat seine Lehre weiterhin unbehelligt.[27] Abälard dagegen war mit seinen Ideen identisch und durch deren Verurteilung zutiefst verwundet.

Man weiss, dass er seine Bücher immer wieder überarbeitet hat, sie waren sozusagen seine Kinder, die sich weiter entwickelten. Das ihm auferlegte Schweigen musste ihn besonders hart getroffen haben. Doch nach kurzer Zeit wurde ihm erlaubt, wieder in sein Kloster Saint-Denis zurückzukehren. Dort geriet er wieder in einen Streit um den

26 Me aestimabam miserrimum. Muckle l.c. p. 196.
27 A. Podlech l.c. S. 134.

Namen des Dionysius. Schliesslich wurde er aus dem Klosterverband entlassen unter der Auflage, als Eremit zu leben. Er gründete auf eigenem Land eine neue Hochschule, den *Parakleten.* Dieser Name ist sprechend, er ist "ein zur Hilfe Herbeigerufener", ein Rechtsbeistand oder Fürsprecher. Im Johannesevangelium verspricht Jesus vor seiner Passion:

> Ich werde den Vater bitten, und er wird euch einen Beistand (Paraklet) geben, damit er in Ewigkeit bei euch sei, den Geist der Wahrheit, den die Welt nicht empfangen kann, weil sie ihn nicht sieht und nicht erkennt. Ihr kennt ihn, weil er bei euch bleibt und in euch sein wird (Joh 14,15–16).

Abälard ist mit seiner Umwelt nicht zurecht gekommen. Als extravertierter Denktypus sieht er nicht die Tatsächlichkeiten seiner Umwelt, sondern unterwirft sich und seine Mitmenschen strengen intellektuellen und moralischen Formeln. Ihm erscheint alles, was dieser Formel entspricht, als richtig und was ihr widerspricht, als unrichtig. Diese Formel wird ihm zum Weltgesetz, das immer und überall verwirklicht werden muss. So wie er sich dieser Formel selber unterordnet, verlangt er dasselbe von seiner Umgebung zu deren Heil. Alles andere ist unvernünftig, unmoralisch und gewissenlos. Ausnahmen werden nicht geduldet.

> Ist die Formel aber weit genug, so kann dieser Typus als Reformator, als öffentlicher Ankläger und Gewissensreiniger oder als Propagator wichtiger Neuerungen eine dem sozialen Leben äusserst nützliche Rolle spielen,

schreibt JUNG.[28] Er fährt fort:

> Je enger aber die Formel ist, desto mehr wird dieser Typus zum Nörgler, Vernünftler und selbstgerechten Kritiker, der sich und andere in ein Schema pressen möchte. Damit sind zwei Endpunkte angegeben, zwischen denen sich die Mehrzahl dieser Typen bewegt.

28 Allgemeine Beschreibung der Typen. GW 6 § 585.

Das ist die bewusste Seite der Person. Alles, was von dieser Hauptfunktion ausgeschlossen wird, verfällt dem Unbewussten und bleibt in einem relativ unentwickelten Zustand stecken. Dazu sagt JUNG[29]:

> Von der vom Bewusstsein ausgehenden Hemmung sind in erster Linie die Gefühle betroffen, denn sie widersprechen am ehesten einer starren intellektuellen Formel, daher sie auch am intensivsten verdrängt werden. Ganz ausgeschaltet kann keine Funktion werden, sondern bloss erheblich entstellt. Soweit sich die Gefühle willkürlich formen und unterordnen lassen, müssen sie die intellektuelle Bewusstseinseinstellung unterstützen und ihren Absichten sich anpassen. Dies ist aber nur bis zu einem gewissen Grad möglich; ein Teil des Gefühls bleibt unbotmässig und muss deshalb verdrängt werden. Gelingt die Verdrängung, so entschwindet es dem Bewusstsein und entfaltet dann unter der Schwelle des Bewusstseins eine den bewussten Absichten zuwiderlaufende Tätigkeit, welche unter Umständen Effekte erzielt, deren Zustandekommen dem Individuum ein völliges Rätsel ist.

Sein ganzes Leben hindurch, von frühem Erwachsenenalter an bis zum Tode geriet Abälard immer in typische Streitereien. Dabei fand er deren Ursachen selten bei sich, sondern in seiner Umgebung. Das begann als er in Paris bei WILHELM VON CHAMPEAUX Logik studierte. In seiner Historia Calamitatum schreibt er:

> Ich studierte eine Zeitlang bei ihm und war anfangs lieb Kind; später wurde ich ihm mehr als lästig, suchte ich doch etliche seiner Thesen zu widerlegen und gestattete mir, Gegengründe aufmarschieren zu lassen, was mir einige Male im Wortgefecht einen klaren Sieg über den Professor einbrachte.[30]

Nachdem seine Eltern ins Kloster eingetreten waren, um dort ihren Lebensabend zu verbringen, wandte sich Abälard der Theologie zu. Er ging zu ANSELM VON LAON, der damals als die grösste Autorität galt. Er schreibt über ihn:

29 l.c. § 588.
30 E. Brost l.c. S. 10.

> Eine bewundernswerte Erscheinung, wenn er im Hörsaal allein das Wort führte, aber eine Null, wenn man ihm Fragen stellte. Seine Wortfülle war erstaunlich, aber was dahinter steckte, waren armselige Allerweltsgedanken; sein Feuer füllte das Haus mit Rauch, aber es leuchtete nicht.[31]

Als Abälard nach der Katastrophe seiner Kastration ins Kloster eintrat, geriet er in ein Kloster (Saint-Denis)

> in dem ein schändliches Weltleben die Regel war. Der Abt stand auch darin, in der Zuchtlosigkeit und Verrufenheit, an der Spitze seiner Mönche. Ich rügte diese ihre empörende Nichtwürdigkeit offen, ich tat es in scharfen Worten, bald unter vier Augen, bald im Konvent; damit fiel ich allen lästig, und sie hassten mich.

Im Konzil von Soisson (1221) erhielt Abälard die Frucht zurück, die er gesät hatte, indem ihn alte Feinde des gemeinsamen Lehrers WILHELM VON CHAMPEAUX mit ihren Verbündeten bis zur Verurteilung bekämpften. Als er sich später den Paraklet gebaut hatte, fühlte er sich so verfolgt, dass er ins Kloster des heiligen Gildas von Tuys im Bistum Vannes flüchtete. Der Abt war eben gestorben und Abälard wurde sein Nachfolger.

> ... die Mönche dort waren für ihre Schändlichkeit und Unbelehrbarkeit überall verrufen [...] Die Angst kann niemand verkennen, die mein Herz Tag und Nacht quälte, wenn mir die Aufgabe schwer auf der Seele lag, diese zuchtlose Mönchsgesellschaft zur Ordnung zu bringen, und mit was für Gefahren für Leib und Leben![32]

Als der Abt von St. Denis das Nonnenkloster von Argenteuil, worin Heloisa zur Priorin aufgestiegen war, aufhob, bot er ihr und ihren Getreuen Unterkunft im Paraklet. Er gab ihnen seine geistliche Unterstützung. Sogleich erhob sich üble Nachrede gegen ihn, er sei noch immer in den Fesseln der Sinnenlust gefangen. Er tröstet sich damit, dass ihm die göttliche Barmherzigkeit die Möglichkeit zu sündigen genom-

31 E. Brost l.c. S. 14–15.
32 E. Brost l.c. S. 57

men habe. Doch auch von seinen eigenen Anhängern im Kloster fühlte er sich verfolgt:

> Meine Brüder habe ich immer persönlich um mich, und ihre geheimen Machenschaften bedrohen mich ohne Aufhören. Der Feinde Anschläge auf Leib und Leben leide ich nur, wenn ich mein Kloster verlasse. Im Kloster muss ich die Anschläge ertragen, die offen brutalen wie die heimlichen, die meine Söhne gegen mich unternehmen [...] Wie oft haben sie mich mit Gift zu morden versucht [...] Ich verliess zeitweise das eigentliche Kloster und hauste mit nur ein paar Mönchen in abgelegenen Zellen. Wenn die Mönche es rechtzeitig merkten, dass ich weg wollte, dann liessen sie immer wieder gedungene Mordgesellen an Wegen und Stegen auf mich passen, um mich zu töten.[33]

Diese Geschichten tönen sogar paranoid, ohne dass ich damit eine Diagnose stellen möchte. Sie zeigen drastisch, in welche Nöte die Einseitigkeit des Denktypus führt, der seine Gefühlsfunktion verdrängt hat. Man fragt sich, ob er nicht in der Beziehung zu Heloisa, die in Form der geistlichen Betreuung weiterging, mehr zu seinem Gefühl finden konnte. Dazu müssen wir uns dieser bemerkenswerten Frau zuwenden.

Heloise muss eine ausserordentlich begabte junge Frau gewesen sein, denn schon bevor sie Abälard zum Unterricht gegeben wurde, war ihre Gelehrsamkeit sprichwörtlich und in aller Munde. Aber was noch viel eindrücklicher ist, ist ihre seelische Reife in jungen Jahren. Von ihrer Instinktsicherheit war schon die Rede, als sie Abälard warnte vor einer Scheinversöhnung mit ihrem Onkel. Männer können wohl ihre beiden ersten Briefe an ihren Geliebten nicht verstehen. Heloise hat 'ihre Liebe zu Abälard aus einer Mitte gelebt', schreibt dennoch ein Mann, nämlich ADALBERT PODLECH.[34] Für die Frau ist der Eros das zentrale Prinzip ihres Lebens und das war es auch für Heloise trotz all den Hindernissen, die sich ihrer Liebe entgegenstellten. Sie war trotz ihrer Intelligenz kein Blaustrumpf, sondern eine ganze Frau. Ihre Briefe enthalten Aussagen, die ein Mann unmöglich machen könnte und deswegen halte ich sie für echt. Sie unterwirft sich ihrer Liebe wie es nur

33 E. Brost l.c. S. 67–68.
34 L.c. S. 187.

eine Frau tun kann. Es ist ihr völlig gleichgültig, von der Welt verachtet zu werden, und sie wäre auch bereit, für diese Liebe alles zu opfern. Diese Liebe war letztlich ihre Form des Gottesdienstes, des Dienstes an Gott. Abälard war für sie das sichtbare Objekt, an das sich ihre Gefühle richteten, aber hinter ihm zielten sie auf Gott. Nicht auf den Gott der Theologen und der Bibel, sondern auf den lebendigen, der im Herzen der Menschen wohnt. Abälard hatte ihn dort unwissentlich aufgestöbert und erweckt.

Die Schilderung der Liebesbeziehung in der Historia Calamitatem ist die typisch männliche Sicht der Ereignisse, gequält von Gewissensbissen und sexueller Not. Er bezeichnet sich zwanzig Jahre nach den Ereignissen als "heisshungrigen Wolf, der sich auf sein zartes Lämmlein" stürzte. Er habe in seiner Gier "jede Abstufung des Liebens" genossen und sein "Liebesspiel mit allen Reizen" bereichert. Er sei in einem "Sinnentaumel" gewesen.

Biographisch weiss man sehr wenig über Heloise.[35] Sie wurde etwa 1100 geboren und starb 1164. Zirka 1115 wurde sie dem Abälard zur Ausbildung anvertraut. 1116 wurde ihr Sohn Astrolabius geboren. Dann erfolgte die geheime Eheschliessung, die Rache Fulberts an Abälard und ihr Eintritt ins Kloster Argenteuil. Erst zwölf Jahre später hört man wieder von ihr, als sie mit ihren Nonnen, inzwischen Priorin geworden, ins Kloster Le Paraclet bei Nogent-sur-Seine umzog. Im Jahre 1131 wurde das Kloster und sie als Priorin durch Papst Innozenz II bestätigt. Von 1135 bis zu ihrem Tode übte sie das Amt der Äbtissin aus. In den dreissiger Jahren, als Abälard für die Nonnen im Paraklet tätig war, dürfte er öfter mit Heloise dort zusammengetroffen sein.

Uns interessieren ausschliesslich die beiden persönlichen Briefe der Heloise an Abälard (1. und 4. Brief). Schon die Anrede ist bemerkenswert, obwohl sie sich noch einigermassen an die Regeln der Ars dictaminis hält:

> Domino suo immo patri, coniugi suo immo fratri, ancilla sua immo filia, ipsius uxor immo soror, Abaelardo Heloisa. (Meinem Herrn, nein, meinem Vater, meinem Gatten, nein, meinem Bruder, seine Magd, nein,

35 A. Schroeter-Reinhard l. c. S. 237f.

seine Tochter, seine Gattin, nein, seine Schwester, meinem Abälard seine Heloisa).[36, 37]

Von den bisherigen Interpreten wurde dieser Briefanfang meist als dichterische Übertreibung belächelt. Ich kenne Parallelen nur von Männern, die aber durchaus ernst zu nehmen sind. So betet am Schluss von Goethes Faust der Doctor Marianus:

Jungfrau, Mutter, Königin,
Göttin, bleibe gnädig! v 12102–3.

Es ist der Archetypus des Ewig-Weiblichen, der so berufen wird. Oder im 33. Gesang von Dantes Paradieso wird sie als Jungfrau und Mutter, Tochter deines Sohnes (vergine, madre, figlia del tuo Figlio) bezeichnet.[38] Es handelt sich nicht um den Menschen, sondern um das Ewige, das ihm in menschlicher Gestalt begegnet.

Heloise hat schon mit dieser Einleitung deutlich gemacht, dass alles, was sie im Folgenden an Abälard richten wird, der ihr in seiner Gestalt erscheinenden ewigen Persönlichkeit gilt. Psychologisch wird er ihr zum Archetypus des Anthropos, dem Göttlichen in menschlicher Gestalt.[39] Wenn sie sich vor ihm erniedrigt, so ist es aus einer religiösen Haltung dem Übermächtigen gegenüber. Während für Abälard seine Beziehung zu Heloise stets auf der menschlichen Ebene blieb, hat Heloise diese überwunden. Für sie ist es eine Ehe, die im Himmel geschlossen wurde. Das heisst aber keineswegs, dass sie ihren Abälard nur als körperlosen Geist erwartete, sondern als ganze Frau mit allen Sinnen.

Wir dürfen Dir nicht bloss Freunde, Genossinnen heissen, für Dich heissen wir Herzensbraut, heissen wir Tochter, für Dich heissen wir so süss und heilig, wie irgendein Name lauten kann,

schreibt sie ihm.[40] Doch später wird sie deutlicher.

36 Muckle, U.T.: The Personal Letters between Abelard and Heloise. Mediaeval Studies 15, 47–94, 1953.
37 E. Brost l.c. S. 74.
38 Dante: Die göttliche Kommödie.
39 A. Ribi: Anthropos. Der ewige Mensch.
40 E. Brost l.c. S. 77.

… alle Welt bezeugt es, dass meine Liebe zu Dir kein Mass und kein Ziel gekannt. Herzliebster, Du weisst es, alle wissen es, was ich in Dir verloren […] Dich verloren und in Dir mich verloren, schmerzt tief […] Du einzig, Du allein schlugst mir die Wunde, heile Du sie auch gnadenvoll! […] Jeden Befehl von Dir habe ich ausgeführt in so blindem Gehorsam, dass ich auf Dein Geheiss mich selbst opferte: ich musste Dir eben gehorchen.

Aber noch nicht genug, ich traue mich kaum es zu sagen, meine Liebe schlug um in Wahnsinn; sie opferte in hoffnungslosem Verzweifeln das einzige Ziel ihrer Sehnsucht. Ohne Zaudern – Du, Du gabst ja den Befehl – brachte ich mein altes Gewand und mein altes Herz zum Opfer, um aller Welt zu zeigen, wie ich Dein eigen sei mit Leib und Seele, Gott ist mein Zeuge, ich habe je und je in Dir nur Dich gesucht, Dich schlechthin, nicht das Deine, nicht Hab und Gut […] In dem Namen 'Gattin' hören andere vielleicht das Hehre, das Dauernde; mir war es immer der Inbegriff aller Süsse, Deine Geliebte zu heissen, ja – bitte zürne nicht! – Deine Schlafbuhle, Deine Dirne. Die tiefste Erniedrigung vor Dir versprach die höchste Huld bei Dir, und ich brauchte so in meiner Niedrigkeit Deinen Ruhmesglanz auch nicht zu trüben […] Herr Gott, sei Du mein Zeuge, wenn der Kaiser käme, der Beherrscher der ganzen Welt sich herabliesse, mich zu ehelichen, wenn er mir dabei die ganze Erde verschriebe und verbriefte zum ewigen Besitz: ich möchte doch lieber Deine Dirne heissen – und wäre noch stolz darauf – als seine Kaiserin.[41, 42]

Solches kann nur eine reife Frau schreiben, die von der höchsten und vollständigsten Form der Liebe erfüllt ist. Es ist nicht allein der Ausdruck von Sehnsucht nach den Umarmungen durch den Geliebten; es ist viel mehr. Es ist auch nicht bloss ein Jammern über den Verlust trauter Zweisamkeit. Nicht ein Jammern über den Verlust ihrer andern

41 E. Brost l.c. S. 80–81.

42 Et si uxoris nomen sanctius ac validius videtur, dulcius mihi semper exstitit amicae vocabulum aut, si non indigneris, concubinae vel scorti, ut, quo me videlicet pro te amplius humiliarem, ampliorem apud te consequerer gratiam […] Deum testem invoco, si me Augustus universo praesidens mundo matrimonii honore dignaretur totumque mihi orbem confirmaret in perpetuo possidendum, carius mihi et dignius videretur tua dici meretrix quam illius imperatrix. Muckle: Personal letters, p. 71.

Hälfte, sondern das fehlende Echo auf der tiefsten und zugleich höchsten Ebene von Beziehung. Das drückt sie später im Brief aus:

> Ich war doch nicht mehr Herr meiner Selbst, in Dir, nur noch in Dir war es und ist es, ist es jetzt mehr als je! Ist mein Selbst nicht bei Dir, so ist es nirgends, und ohne Dich hat es kein Sein und Wesen. Lass mein Herz doch bei Dir sein, bitte bitte, und bei Dir behütet sein![43, 44]
>
> Als ich an Deinem Herzen liegend des Fleisches Lust geniessen durfte, da konnte die Welt zweifeln, ob hingebende Liebe oder selbstische Gier mich in Deine Arme trieb. Nun bezeugt es das Ende, aus welchem Sinn heraus mein Lieben seinen Anfang nahm: auf alle Freuden dieser Welt habe ich verzichtet, um Deinem Willen gehorsam zu sein; ich habe alles vorbehaltlos dahingegeben und mir nur das Eine vorbehalten, gerade durch diese Hingabe ganz die Deine zu werden.[45, 46]

Das ist die ergreifende Klage einer verlassenen Frau, einer Frau, die alles für ihre Liebe hingegeben hat, selbst ihr Ansehen vor der Welt und ihren guten Ruf und nun kein Liebeszeichen von ihrem Geliebten mehr erhält. Es ist eine verbitterte Klage wegen der Erwartungen, um die sie geprellt wurde. Man versteht Heloisens Verzweiflung und Abälards Unverständnis besser mit einem Abschnitt aus C.G. JUNGs Kapitel über das Symbol des Salzes, welches die weibliche Seite des Eros darstellt:

> Trotz allen Leugnungs- und Verdunkelungsversuchen gibt es ein Unbewusstes, das heisst einen *sol niger* [schwarze Sonne], der den Anlass bildet zu einer geradezu überraschenden Häufigkeit der männlichen Gespaltenheit, wo die eine Hand nicht weiss, ja nicht wissen darf, was die andere tut. Aus dieser Spaltung in der männlichen Seele einerseits und aus dem regelmässigen *novilunium* [Neumondphase] der Frau andererseits

43 E. Brost l.c. S. 85.

44 Non enim mecum animus sed tecum erat. Sed et nunc maxime si tecum non est, nusquam est. Esse vero sine te nequaquam potest. Sed ut tecum bene sit age, obsecro. Muckle, Personal letters, p. 73.

45 E. Brost l.c. S. 85–86.

46 Dum tecum carnali fruerer voluptate, utrum id amore vel libidine agerem incertum pluribus habebatur. Nunc autem finis indicat quo id inchoaverim principio. Omnes denique mihi voluptates interdixi ut tuae parerem voluntati. Nihil mihi reservavi nisi sic tuam nunc praecipue fieri. Muckle, Personal letters, p. 73.

erklärt sich die bemerkenswerte Tatsache, dass die Frau beschuldigt wird, alles Dunkle an den Mann heranzubringen, während er sich im Gedanken sonnt, der ihn umgebenden Weiblichkeit eine wahrhafte Quelle von Lebenskraft und Erleuchtung zu sein. In Wirklichkeit hat er sein Bestes getan, wenn er den Glanz seines Geistes in profundesten Zweifel zog. Es fällt dem "Geist" (der neben anderem auch ein grosser Betrüger wie Mercurius ist) nicht schwer, in überzeugender Weise ein Heer von Sünden zuzugeben und damit auch noch das gefälschte Gefühl einer ethischen Haltung zu verbinden, ohne im geringsten einer wirklichen Einsicht nahezukommen, welche nämlich nie ohne Beteiligung des Gefühls erlangt werden kann. Dieses wird eben vom Intellekt nur da zugelassen, wo es ihm passt. Das lunare Dunkel ist für den Mann die Quelle zahlreicher Enttäuschungen, die leicht Bitterkeit bewirken, aber ebensosehr auch die Weisheit gewährleisten, sofern sie vom Manne verstanden werden. Das ist allerdings nur dann möglich, wenn er bereit ist, seinen *sol niger*, nämlich den "Schatten" anzuerkennen. [...] Die Enttäuschung nun, als ein Schock für das Gefühl, ist nicht nur die Mutter der Bitterkeit, sondern auch die mächtigste Triebfeder der Gefühlsdifferenzierung. Das Versagen eines Lieblingsplanes, *das der Erwartung nicht entsprechende Verhalten einer geliebten Person* usw. bildet den Anstoss entweder zu einem mehr oder weniger brutalen Affektausbruch oder zu einer Modifikation und Anpassung des Gefühls, und damit zu einer höheren Entwicklung desselben. Diese gipfelt in der Weisheit, und zwar dann, wenn sich zum Gefühl auch die Nachdenklichkeit und die verstandesmässige Einsicht gesellen. Weisheit ist nie gewalttätig, und darum tut in ihr das eine dem anderen auch keine Gewalt an.[47]

Mit diesem Zitat versteht man wohl Abälards Verhalten und Heloisens Verzweiflung besser, denn nun schreibt er an sie

> ... was der Ehemann gesündigt hatte, das machte die Frau in ihrer Demut wieder gut.[48, 49]

Überhaupt erklärt er ihr seinen Standpunkt mit zahlreichen Zitaten, was einen eher distanzierten Eindruck macht. Sie soll für ihn beten.

47 GW 14/I § 326/328.
48 E. Brost l.c. S. 92.
49 Quod vir deliquerat supplicatio uxoris delevit. Muckle: Personal letters p. 74.

Er tröstet sie mit kollektiven Aussichten und geht nicht persönlich auf ihre Bedürfnisse ein. Er hofft, durch ihr Gebet gerettet zu werden und übersieht dabei ihre Not. Er ist völlig in seinen eigenen Ängsten befangen. Wie die Historia Calamitatum ist auch der dritte Brief völlig *egozentrisch* nur mit seinen eigenen Nöten beschäftigt. Das ist die praktische Anschauung des unbezogenen männlichen Denktypus, der seine Liebe zu Heloise nur körperlich, aber nicht mit dem Gefühl ausdrücken konnte.

Das ist ein typisch männliches Problem: Für viele Männer ist die körperliche Vereinigung der tiefste Ausdruck ihrer Gefühle. Frauen verstehen das oft falsch und meinen "Männer wollten immer nur das Eine...!" Doch manche können ihre Gefühle, ihre Zuneigung und ihre Verbundenheit nicht anders zeigen. Frauen machen oft mit und hoffen, dass er *post festum* ihr seine Gefühle zeigen werde. Wenn dann nichts geschieht, sind sie sehr enttäuscht und fühlen sich um das Wesentlichste betrogen. Sie ahnen nicht, dass der Mann gar nicht gefühlskalt ist, wie sie vermuten, sondern im Gefühl noch unentwickelt. Oft sind Gefühle für den Mann eine Schwäche und stehen im Geruch des Weiblichen. Deshalb, wenn er ein ganzer Mann und kein Mutterbüblein sein will, verdrängt er seine Gefühle. Alles, was im Unbewussten ist, kann sich nicht entwickeln. Erst wenn es im Bewusstsein zum Problem wird, ist eine Entwicklung möglich.

Bis dahin hat es Abälard versäumt, seine Vielgeliebte als innere Stimme wahrzunehmen. Er predigt ihr wie er seinen Studenten mit viel Erfolg gepredigt hat. Er merkte nicht, dass sie nicht mehr die kleine Schülerin ist, sondern eine reife kluge Frau, von der er zu lernen hätte.

Der vierte Brief, von Heloise an Abälard, beginnt mit der Anrede

> Ihrem Einziggeliebten nach Christus seine Einzigliebende in Christus![50, 51]

Wiederum versucht sie ihm ihr Leiden vor Augen zu führen, auf welches er im vorangehenden Brief nicht eingegangen war. Sie klagt ihn

50 E. Brost l. c. S. 100.

51 Unico suo post Christum unica sua in Christo. Muckle: Personal letters p. 77.

nicht mehr persönlich an, sondern ihrer beider Schicksal, wobei im Hintergrund ihre Warnung mitschwingt, durch die das Übel hätte abgewehrt werden können.

> O wenn ich es doch vor Gott verantworten könnte, ich sagte: Gott, wie grausam bist du zu mir überall! Du Barmherzigkeit, wie unbarmherzig bist du! Glück, wie unglücklich machst du! Alle Kraft des Schicksals, alle seine Pfeile sind an mir verbraucht, des Unglücks Wüten gegen andere ist darum waffenlos. Sein Köcher war voll, aber andere brauchen sich nicht mehr vor des Schicksals Angriffen zu ängstigen, ich war die Zielscheibe. Und wenn das Schicksal je noch einen Pfeil findet: den Fleck an mir findet es nicht, der noch ohne Wunde ist. Ich hätte sterben können und so die Qual enden, das musste einzig die Sorge des Schicksals sein, einzig die Furcht, ich könnte den Tod sterben, den es mit seinem ewigen Quälen mich nicht schnell genug sterben lassen kann. Ich Ärmste der Armen, ich Unglücklichste der Unglücklichen! Du hattest mich hochgehoben, Du hast mich über alle Frauen zu Ehren gebracht, und – so hoch ich gestiegen, so tief bin ich gestürzt, gestürzt an Dir und an mir zugleich.[52, 53]

Hier ist Heloise schon gefasster, obwohl sie heftig klagt, aber sie fasst ihre Klage in einen blendenden Stil, was zeigt, dass sie von ihren Emotionen nicht mehr dermassen überschwemmt ist. Sie fühlt sich wie Hiob von den Pfeilen des Allmächtigen durchbohrt (Hiob 6,4; Ps 38,3) oder wie der Heilige Sebastian. Sie erschrickt selber beim für das Mittelalter unerhörten Gedanken, darin offenbare sich die dunkle Seite Gottes. Sie ist darin Abälard voraus, dass sie die *posteriora Dei* (Rück-

52 E. Brost l.c. S. 103–104.

53 O si fas sit dici crudelem mihi per omnia Deum! O inclementem clementiam! O infortunatam fortunam, quae iam in me universi conaminis sui tela in tantum consumpsit ut, quibus in alios saeviat, iam non habeat; plenam in me pharetram exhausit ut frustra iam alii bella eius formident. Nec, si ei adhuc telum aliquod superesset, locum in me vulneris inveniret. Unum inter tot vulnera metuit ne morte supplicia finiam. Et cum interimere non cesset, interitum tamen quem accelerat timet. O me miserarum miserrimam, infelicium infelicissimam, quae quanto universis in te feminis praelata sublimiorem obtinui gradum, tanto hinc prostrata graviorem in te et in me pariter perpessa sum casum! Muckle: Personal letters p. 78.

seite Gottes) erkannt hat. Sie erlebt sich in der Rolle des Hiob, der von einem ungerechten Gott gequält wird, eine mittelalterliche Märtyrerin!

Sie wirft die Frage nach ihrer beider Schuld und Strafe auf und schreibt

> Ich kann keinen Weg finden zu einer Reue, die mich mit Gott versöhnte; ich kann nicht aufhören, ihn anzuklagen, über diesen Gipfel der Grausamkeit zu klagen, dass Gott ein solches Unrecht [gemeint: die Kastration] geschehen liess. Ich kann mich mit seiner Führung nicht abfinden; statt ihn durch reuevolle Busse milde zu stimmen, kränke ich ihn noch durch mein Hadern [...] Denn das Herz hat ja nach wie vor den Willen zur Sünde, und es sehnt sich nach den Freuden von einst mit ungeschwächter Glut [...] die Liebesfreuden, die wir zusammen genossen, sie brachten so viel beseligende Süsse, ich kann sie nicht verwerfen, ich kann sie kaum aus meinen Gedanken verdrängen. Ich kann gehen, wohin ich will, immer tanzen die lockenden Bilder vor meinen Augen. Mein Schlaf ist nicht einmal sicher vor solchen Trugbildern. Sogar mitten im Hochamt drängen sich diese wollüstigen Phantasiegebilde vor und fangen meine arme, arme Seele so ganz und gar; aus reinem Herzen sollte ich beten, statt dessen verspüre ich die Reizungen meiner Sinnlichkeit.[54, 55]

Zur Zeit der Heloise konnte sie nicht glauben, dass das Gott selber sei, der ihr die Bilder ihrer Liebe während des Gottesdienstes immer wieder vor Augen führte. Aber sie wusste, dass es nicht des Teufels

54 E. Brost l. c. S. 108–109.

55 Si enim vere miserrimi mei animi profitear infirmitatem, qua poenitentia Deum placare valeam non invenio, quem super hac semper iniuria summae crudelitatis arguo, et eius dispensationi contraria magis eum ex indignatione offendo quam ex poenitentiae satisfactione mitigo [...] quantacumque sit corporis afflictio, si mens adhuc ipsam peccandi retinet voluntatem, et pristinis aestuat desideriis? [...] In tantum vero illae, quas pariter exercuimus, amantium voluptates dulces mihi fuerunt ut nec displicere mihi, nec vix a memoria labi possint. Quocumque loco me vertam, semper se oculis meis cum suis ingerunt desideriis. Nec etiam dormienti suis illusionibus parcunt. Inter ipsa missarum solemnis, ubi purior esse debet oratio, obscena earum voluptatum phantasmata ita sibi penitus miserrimam captivant animam ut turpitudinibus illis magis quam orationi vacem. Quae cum ingemiscere debeam de commissis, suspiro potius de amissis. Muckle: Persona letters p. 80–81.

war. Sie spürte, dass sie das Vergangene nicht bereuen konnte, denn es war echteste Liebe, völlige Hingabe. Wie konnte das schlecht sein? Nach theologischer Lehre waren ihre Gedanken nicht rein, aber sie spürte in ihrem Herzen einen Widerstand gegen solche Lehre, weil sie wusste, dass sie sich in reiner Hingabe verströmt hatte. Schliesslich ruft sie aus:

> Dir zu gefallen liegt mir mehr am Herzen als Gott zu gefallen.[56, 57]

Gegen Ende ihres Briefes schreibt sie:

> Gott mag mir in irgendeinem Winkel seines Himmels ein Plätzchen anweisen, ich will damit zufrieden sein.[58, 59]

Nun antwortet Abälard wieder auf ihren Brief in seiner kühlen distanzierten typischen Art. Diese psychologische Charakteristik zeugt von der gewaltigen Differenz zwischen Mann und Frau. In unserer Zeit haben sich zwar die Geschlechter einander angenähert, was eigentlich positiv wäre. Aber eben nicht in dem Sinne, dass die Männer neben ihrer männlichen, ihre weiblich-unbewusste Seite entdeckt und differenziert hätten, sondern die Männer sind verweiblicht und die Frauen vermännlicht worden. Trifft man auf der Strasse einen Mann von hinten an, weiss man wegen der Haartracht und der Kleidung oft kaum, welchen Geschlechts er ist. Auch die Zahl der Homosexuellen und Lesben nimmt ständig zu, Menschen, die nie aus der androgynen Phase heraus zu einer eindeutigen Geschlechterrolle gefunden haben. Das sind keine Lösungen des Geschlechtergegensatzes.

> ... die Frau steht immer dort, wo der Mann seinen Schatten [d.h. seine verdrängte unbewusste Seite] hat, weshalb er sie nur allzuleicht mit letz-

56 E. Brost l.c. S. 111.

57 In omnia autem (Deus scit) vitae meae geritur quod amore Dei non agitur. Muckle: Personal letters p. 81.

58 E. Brost l.c. S. 113.

59 Quocumque me angulo coeli Deus collocet, satis mihi faciet. Muckle: Personal letters p. 82.

terem verwechselt, und wenn er dieses Missverständnis wieder gutmachen will, so überschätzt er die Frau

schreibt JUNG[60],

> um seine eigene Begrenztheit darzutun. Es ist ein Kennzeichen der Frau, dass sie alles aus Liebe zu einem *Menschen* tun kann. Diejenigen Frauen aber, die aus Liebe zu einer Sache bedeutendes leisten, sind die grössten Ausnahmen, weil das ihrer Natur nicht entspricht. Die Liebe zur Sache ist eine männliche Prärogative. Da aber der Mensch Männliches und Weibliches in seiner Natur vereinigt, so kann ein Mann Weibliches und eine Frau Männliches leben. Jedoch steht dem Manne das Weibliche im Hintergrund, so wie der Frau das Männliche. Lebt man nun das Gegengeschlechtliche, so lebt man in seinem Hintergrund, wobei das Eigentliche zu kurz kommt. Ein Mann sollte als Mann leben und eine Frau als Frau. Das Gegengeschlechtliche ist immer in gefährlicher Nachbarschaft des Unbewussten,

schreibt JUNG[61] zur Erklärung des oben dargelegten.

Eine seelische Beziehung ist nur dort möglich, wo jeder seine eigene geschlechtliche Rolle lebt. Gerade der Einseitigkeit dieser Rolle entspricht der unbewusste Wunsch nach der Ergänzung durch den Gegensatz. So sehr sich die Gegensätze im Bewusstsein stossen, so sehr suchen sie sich im Unbewussten. Damit wird die bewusste Einseitigkeit ausgeglichen.

> [Die Psychologie der Frau] gründet sich auf das Prinzip des Eros, des grossen Binders und Lösers, während dem Manne seit alters der Logos als oberstes Prinzip zugedacht ist. Man könnte den Begriff des Eros in moderner Sprache als seelische Beziehung und den des Logos als sachliches Interesse ausdrücken,

schreibt JUNG weiter.[62]

60 Die Frau in Europa. GW 10 § 236.
61 l.c. § 243,
62 l.c. § 255.

> Der Eros gehört für den Mann zum Schattenland und verwickelt ihn in weibliches Unbewusstes, in "Seelisches", während der Logos für die Frau eine tödlich langweilige Vernünftelei ist, wenn sie ihn nicht geradezu fürchtet und verabscheut,

fährt JUNG fort.[63]

> Die Männlichkeit der Frau und die Weiblichkeit des Mannes sind minderwertig, und es ist bedauerlich, wenn dem vollen Wert noch etwas Minderwertiges angehängt wird. Auf der andern Seite jedoch gehören zur Ganzheit der Persönlichkeit auch die Schatten: der Starke muss irgendwo schwach sein können, der Gescheite irgendwo dumm, sonst wird es unglaubwürdig und entartet zur Pose und zum Bluff. Ist es nicht eine alte Wahrheit, dass die Frau die Schwäche des Starken mehr liebt als seine Stärke und die Dummheit des Gescheiten mehr als seine Gescheitheit? Das will aber die Liebe der Frau, nämlich den ganzen Mann, also nicht etwa den Nur-Mann, sondern dazu noch dessen andeutungsweise Negation. Die Liebe der Frau ist nämlich kein Sentiment – das kommt nur beim Manne vor –, sondern ein Lebenswille, der bisweilen erschreckend unsentimental ist, und der sogar ihr Selbstopfer erzwingen kann. Ein Mann, der so geliebt wird, kann seiner minderwertigen Seite nicht entgehen, denn auf diese Wirklichkeit kann er nur mit seiner Wirklichkeit antworten [...] In unserer Stärke sind wir unabhängig und isoliert, dort können wir [Männer] unser Schicksal selber schmieden. In unserer Schwäche hingegen sind wir abhängig und deshalb verbunden, und hier werden wir unfreiwillig zu Instrumenten des Schicksals, denn hier spricht nicht der eigene Wille, sondern der Wille der Gattung,

erklärt JUNG[64], wodurch wir besser die Auseinandersetzung zwischen Abälard und Heloise verstehen können. Denn ihre Problematik ist nur zum Teil persönlicher, aber zum grösseren Teil allgemeinmenschlicher Natur. Gerade deswegen ist ihr Briefwechsel ein so kostbares *document humain.*

Abälard fürchtete sich, seine schwache Seite anzunehmen, ist dafür oft klagsam wehleidig, egozentrisch. Seine Bezogenheit zeigt sich nicht in einer *'compassio'* mit seiner Geliebten, sondern in seinen Rat-

63 l.c. § 256.
64 l.c. § 261.

schlägen, die er ihr geben will. Sie braucht jedoch seine Ratschläge nicht, da sie ja eine kluge, gebildete Frau ist. Sie würde seine Emotionalität brauchen, das war der Sinn ihrer Klagen. Doch Abälard verschliesst sich ihr, denn dort wäre er unerfahren und linkisch. So geht er in seiner einseitig nur-männlichen Art auf ihren Brief ein:

> Ich habe mich entschlossen, Punkt für Punkt in meiner Antwort zu behandeln. Das geschieht [...], um Dich zu belehren und aufzurichten.[65, 66]

Das tut er denn auch im Folgenden, indem er mit zahlreichen Bibelzitaten über Braut und Bräutigam sie belehrt. Dabei vermeidet er tunlichst jedes persönliche Gefühl, ausser wenn er über sein eigenes Leiden klagt. Es ist typisch für den Nur-mann, dass er das Vergangene nur als Sünde und gerechte Strafe dafür auffasst.

> Als wir unseren Ehebund schon geschlossen hatten und Du in Argenteuil bei den frommen Schwestern im Kloster weiltest, da kam ich – Du erinnerst dich daran – eines Tages heimlich zum Besuch. Du weisst es noch, was ich bei diesem Besuch in meiner gierigen Unbeherrschtheit mit Dir begangen, in einer Ecke des Refektoriums begangen – wir hatten ja sonst keinen Raum, in den wir uns zurückziehen konnten. Du erinnerst Dich noch, welch schändliche Dinge wir an diesem ehrwürdigen Ort trieben, der unter dem Schutze der heiligen Mutter Gottes steht.[67, 68]

Welcher Gegensatz im Erleben zwischen Heloise und Abälard, zwischen Frau und Mann! Die Sexualität wird bei ihr durch die Liebe gehei-

65 E. Brost l. c. S. 117.
66 Quibus quidem singulis rescribere decrevi [...] pro doctrina vel exhortatione tua. Muckle: Personal letters, p. 83.
67 E. Brost l. c. S. 130.
68 Nosti post nostri foederationem coniugii, cum Argenteoli cum sanctimonialibus in claustro conversareris, me die quadam privatim ad te visitandam venisse, et quid ibi tecum meae libidinis egerit intemperantia in quadam etiam parte ipsius refectorii, cum quo alias videlicet diverteremus, non haberemus. Nosti, inquam, id impudentissime tunc actum esse in tam reverendo loco et Summmae Virgini consecrato. Muckle: Personal letters, p. 88.

ligt, während sie für ihn, besonders an diesem Ort, zum schändlichen Tun wird, dem die Kastration als gerechte Strafe Gottes folgte. Das ist die typisch männliche Auffassung, und da die christliche Morallehre hauptsächlich von Männern gemacht wurde, folgt sie diesem Muster.

Man fragt sich natürlich, inwiefern diese Beziehung zu Heloise den Abälard gewandelt hat. In den folgenden Briefen hat es Heloise aufgegeben, ihm ihre Emotionen nahezubringen. Man kann vermuten, dass sie seine nüchterne rationalisierende Art resignieren liess. Sie hat sich auf das realistisch Mögliche zurückgezogen und von ihm lediglich geistlichen Beistand für sich und ihre Nonnen im Paraklet gefordert. Der weitere Briefwechsel ermangelt darum der glühenden Gefühlsausbrüche. Abälard schreibt in der *Historia Calamitatum*, er habe in der Verliebtheitsphase nur noch Liebesgedichte schreiben können. Von diesen ist leider nichts erhalten. Dagegen hat er später für die Nonnen im Paraklet 133 Hymnen gedichtet.[69] Sie drücken allgemeine religiöse Ergriffenheit aus, aber nicht persönliches Erleben. Zudem schrieb Abälard "Gespräch eines Philosophen, eines Juden und eines Christen"[70], worin er wie später LESSING in "Nathan der Weise" die unterschiedlichen Standpunkte zu vereinen versuchte. Sein letztes Werk ist die "Ethik"[71], worin er eine Gesinnungsethik aufstellt statt der bisherigen Tatethik. Möglicherweise hat ihn Heloise mit ihren *Problemata Heloissae*[72] zu diesem Werk animiert. A. SCHROETER-REINHARD meint dazu:

> Wie intensiv der Austausch und der *gegenseitige* Einfluss der beiden war, das zeigen neben der Korrespondenz tatsächlich und vor allem auch die Problemata Heloissae [in welchen sie ihm theologische Fragen stellt]. Auf einen Aspekt des gegenseitigen Einflusses muss ich hier besonders verweisen. Er lässt sich in die provokative Frage fassen: Hat nicht eigentlich Heloisa die Intentionsethik und damit das Kernstück oder eines der Kernstücke der *Ethica* erfunden?[73]

69 E. Brost l.c. S. 383ff.
70 Krantz, H.-W. herausg. lat.-dt.
71 Luscombe, D.E. engl. transl.; A. Schroeter-Reinhard: Die Ethica des Peter Abälard.
72 E. Brost l.c. S. 367.
73 l.c. S. 239.

In unserem Zusammenhang besonders interessant ist Heloises letzte zweiundvierzigste Frage:

> Wir fragen, ob jemand sündigt, wenn er macht, was ihm von Gott zugestanden oder gar erlaubt worden ist.[74, 75]

Abälard findet das eine schwierige Frage,

> wie könne nämlich von Ehegatten des alten und des neuen Bundes gesagt werden, dass sie sündigten, wenn sie sich der fleischlichen Lust hingäben, wodurch dann auch die Erbsünde an die Nachkommen weitergegeben werde. Was folgt, das ist eine grosse Sammlung von biblischen und Väter-Zitaten [wie er sie schon im Werk "Sic et Non"[76] gesammelt hat] und vor allem von Auszügen aus AUGUSTINUS 'De bono coniugali'. Der Hintergrund bildet dabei das im 12. Jahrhundert immer deutlicher aufbrechende Problem, wie sich die bei AUGUSTINUS grundgelegte und durch GREGOR DEN GROSSEN endgültig vollzogene Verdammung der geschlechtlichen Lust mit dem mehrmaligen Vermehrungsgebot Gottes vereinbaren lässt [...] Abaelard sagt wenig Eigenes zu diesem Thema. Die ausführlichen Zitate aus AUGUSTINUS lassen vermuten, dass Abaelard ihm folgt. Das bedeutet aber, dass Beischlaf über das hinaus, was es für die Erfüllung der Ehegüter braucht, eine Sünde sei, wenn auch nur eine lässliche. Damit ist unser Magister im Vergleich zu seinen Zeitgenossen schon relativ progressiv. Den gemäss seiner Logik letzten Schritt wird er aber erst in der *Ethica* wagen, indem er dort das Lustempfinden überhaupt als wertneutral darstellt. Und wenn es eine Sünde wäre, doppelt er dort nach, so wäre Gott der Verursacher dieser Sünde, da er den Menschen so erschuf, dass er gewisse Handlungen nicht anders vollziehen könne als unter Lustempfinden.[77]

Uns Nachgeborenen scheint die Wandlung in der Persönlichkeit Abälards durch die Erschütterung in der Liebe zu Heloise letztlich doch sehr gering. Vielleicht war mehr gegen den damaligen Zeitgeist gar

74 Schroeter l. c. S. 251

75 Utrum aliquis in eo quod facit a domino sibi concessum vel etiam iussum peccare possit querimus? P. Dronke: Heloise's Problemata, in: R. Thomas und J. Jolivet, S. 58.

76 P. Morin éd.: Abélard: Des Intellections.

77 l. c. S. 251.

nicht möglich. Doch das war nicht die letzte Prüfung, die auf Abälard gewartet hatte. Wieder hatte er seine Lehrtätigkeit auf dem Genofefaberg in Paris aufgenommen und wieder strömten ihm die Studenten in Scharen zu, als sich seine Neider erneut gegen ihn regten. Der erste war WILHELM VON SAINT-THIERRY, ein früherer Freund und Schüler. Er stachelt BERNHARD VON CLAIRVAUX gegen ihn auf, indem er schreibt:

> Petrus Abaelard lehrt wieder Neuheiten, schreibt wieder Neuheiten, seine Bücher überqueren die Meere, überspringen die Alpen, und seine neuen Glaubenslehren und seine neuen Glaubenssätze verbreiten sich durch Provinzen und Königreiche, werden öffentlich verkündet und frei verteidigt und selbst an der römischen Kurie geniessen sie Ansehen.[78]

Anscheinend kannte Bernhard die Schriften Abälards gar nicht und interessierte sich nicht für dessen Theologie. Was ihn an diesem Brief gestochen hatte, war der Einbruch in seinen Machtbereich. Bernhard war ein gewiegter Politiker und sein Einfluss auf die Kleriker der westlichen Christenheit reichte bis nach Rom. Er identifizierte sich mit Gottes Wille, indem er Äbten und Bischöfen vorschrieb, was sie zu tun hatten und was Recht sei, selbst Könige und Päpste wurden nicht verschont.

> Nimmt er den Kampf für die Sache Gottes auf, dann ist ihm fast jedes Mittel recht, dann wird er 'masslos', kann er 'hinterhältig' werden. 'Sanft und radikal, zerbrechlich und stark, aktiv und kontemplativ zugleich...[79]

Bernhard stammte wie Abälard aus ritterlichem Geschlecht, nämlich aus burgundischem Adel. Er ist rund zehn Jahre jünger als Abälard und hat fünf Brüder und eine Schwester. Der Tod seiner Mutter als er etwa zwanzigjährig war, erschütterte ihn so, dass er sein wüstes Weltenleben aufgab und ins Kloster von Cîteau eintrat, nicht ohne eine Schar von Adeligen und vier seiner Brüder mitzunehmen. Bernhard gehört sicher zum extravertierten Einstellungstypus[80], dessen psychi-

78 A. Podlech: Abaelard und Heloisa, S. 329.
79 l.c. S. 333.
80 A. Ribi: Die feindlichen Brüder.

sche Energie in die Welt nach aussen fliesst. Er brauchte daher menschliche Gesellschaft, obwohl ihm sein Verlangen nach Einsamkeit, nach dem *eremos* nachgesagt wird. WILHELM VON SAINT THIERRY war ein glühender Verehrer von Bernhard und schrieb dessen Lebensgeschichte im verklärten Glanz des Verehrers. Kaum war *clara vallis, Clairvaux,* als Kloster eingerichtet und Bernhard Abt geworden, stürzte er sich in die hohe Kirchenpolitik, kaum dreissigjährig. Als Bernhard 1153 starb, umfasste der Zisterzienser-Orden 343 Klöster. In seinem Kloster führte er ein strenges Regiment. Er gilt der Nachwelt als grosser Mystiker der Liebe und hatte mehrere Kommentare zum Hohelied verfasst. Meines Erachtens gehört Bernhard dem extravertierten Fühltypus zu, einem Typus, der vorwiegend bei Frauen vorkommt. Nicht umsonst gilt er als *doctor seraphicus* und *mellifluus* (engelgleich und honigfliessend). Das extravertierte Gefühl befreit sich tunlichst von allen subjektiven Faktoren, im Falle Bernhards ist es die Gottesliebe. Auch er hatte eine Beziehung zu einer Frau, Ermengard, und Briefe an sie gerichtet.[81] Doch welche Diskrepanz zu den Briefen Abälards! Bernhard belehrt seine Freundin und behält ihr gegenüber stets seine überlegene Autorität bei. Das Gefühl in der extravertierten Einstellung geht auf allgemein gültige Werte. Sie sind die Dominanten des Lebens nicht nur für das Subjekt, sondern für die Welt schlechthin. Daher nahm Bernhard in seinem ausgedehnten Briefwechsel kein Blatt vor den Mund, höchste Autoritäten zu kritisieren. Dem extravertierten Gefühl steht das Denken am meisten entgegen[82], weshalb es am meisten verdrängt wird. Bernhard interessierte sich daher nicht für Abälards subtile Gedankengänge und verstand sie auch nicht. WILHELM brachte sie ihm in verzerrter Weise näher und mischte sein Gift hinein. Extravertiertes Gefühl kann so vom Objekt assimiliert werden, dass es alles Unangenehme und Peinliche, alles Widerwärtige, Hässliche oder Schlechte herauswittert oder hineinvermutet, wobei es sich meistens um Halbwahrheiten handelt, die giftigste Missverständnisse zu erzeugen vermögen. Bernhards Briefe sind voll davon.[83]

81 Regine Pernoud: La femme au temps des cathédrales, p. 143.
82 C.G. Jung: Psychologische Typen. GW 8 § 595ff.
83 Dom J. LeClerq: La Femme et les femmes dans l'oeuvre de Saint Bernard.

Auf der anderen Seite schreibt Bernhard Gebete an die Jungfrau Maria oder in seiner Jugendzeit eine Homelie zu ihrem Ruhme.[84] Er preist sie als *regina mundi*, als *diadema Reginae nostrae* (Krone unserer Königin), als *Virgo regia ipsa est via per quam Salvator advenit* (die Jungfrau selbst ist die Königsstrasse, durch die der Heiland kam).[85] Er hat die wunderbarsten Ausdrücke für die geistige Frau gefunden, war aber den realen Frauen gegenüber eher abweisend. Es gibt unter den Gelehrten einen Streit, ob er die Frau wirklich als "Abfallsack" *(saccum stercoris)* bezeichnet habe. Es gibt die Geschichte vom Besuch einer weltlichen verführerischen Dame Hombeline, die er als "Teufelsbraten" *(filet du diable)* bezeichnet habe und sie nicht empfangen wollte.[86]

Mit der abschätzigen Bewertung der realen Frau war Bernhard im 12. Jahrhundert nicht allein. Seit den Zeiten der Gnosis galt der Körper ohnehin als Gefängnis der Seele *(soma – sema)* und als Ursprung der Sünde. Seit der gregorianischen Reform des 11. Jahrhunderts bestand eine Scheu vor Frauen und Propaganda für den Zölibat.

> C.G. Jung schreibt zu diesem Thema, dass die Marienverehrung an sich schon ein heidnisches Überkommnis ist, welches der christlichen Kirche die Hinterlassenschaft der Magna Mater, der Isis und anderer Muttergottheiten sicherte [...] Mit dieser Assimilation [des Frauendienstes im Minnesang an die gesteigerte Marienverehrung] an das allgemeine christliche Symbol ging zunächst die im Frauendienst sich entwickelnde Knospe einer seelischen Kultur des Mannes verloren. Seine Seele, die sich im Bilde der selbstgewählten Herrin ausdrückte, verlor den individuellen Ausdruck durch ihren Übergang in das allgemeine Symbol [...] Indem nämlich die seelische Beziehung zur Frau sich durch die kollektive Marienverehrung ausdrückte, ging dem Bilde der Frau ein Wert verloren, auf den aber das menschliche Wesen einen gewissen natürlichen Anspruch hat. Dieser Wert, der nur in der individuellen Wahl seinen natürlichen Ausdruck findet, verfällt, wenn der individuelle durch einen kollektiven Ausdruck ersetzt wird, dem Unbewussten. Im Unbewussten erhält nun das Bild der Frau eine Besetzung, welche infantil-archaische Dominanten belebt. Die relative Entwertung der realen Frau kompensiert

84 l.c. p. 71.
85 l.c. p. 76–77.
86 l.c. p. 100–103.

sich damit durch dämonische Züge [...] insofern sie durch abgespaltene Libidobeträge aktiviert sind [...] Die relative Entwertung der Frau bedeutet: Der Mann liebt sie in einem gewissen Sinne weniger, dafür aber tritt die Frau als Verfolgerin auf, das heisst als Hexe. Auf diese Weise entwickelte sich mit und infolge der gesteigerten Marienverehrung der Hexenwahn, dieser unauslöschliche Schandfleck des späten Mittelalters.[87]

Bernhard ist sozusagen der Gegentyp von Abälard und in seiner Art ebenso einseitig wie dieser. Abälard hatte immerhin vor der Frau eine hohe Achtung und half den Nonnen im Paraklet zu einem gediegenen monastischen Leben.[88]

Ungefähr 1139 machte WILHELM VON SAINT THIERRY Bernhard, wie oben erwähnt, auf Abälards Schriften aufmerksam.[89] Dieser schrieb einen Brief an Papst Innozenz II (1130–43), dessen Partei er bei der strittigen Wahl gegen Anaklet II (1130–1138) eingenommen hatte, worin er Abälards Theologia als Stultologia betitelte[90], Er kopierte aus dessen Werk und sandte es nach Rom mit der Bemerkung, dass Abälard ein Gegner des katholischen Glaubens und des Kreuzes Christi sei. Äusserlich scheint er ein Mönch zu sein, doch innerlich sei er ein Häretiker.[91] Es ist typisch, dass Bernhard ihn nur in solchen allgemeinen Verleumdungen anklagte. Bernhard wiegelte eine Anzahl von Studenten auf, um ihn zu verleugnen und seine Bücher als voller Gift zu verabscheuen.[92, 93] Wahrscheinlich gab es einmal ein heimliches Treffen Bernhards mit Abälard. Sicher ist, dass Bernhard den Paraklet besucht hat, denn er kritisierte, dass sie im Herrengebet die Version von Matthäus 6,11: *panem nostrum supersubstantialem da nobis hodie* verwende-

87 Das Typenproblem in der Dichtkunst. GW 6 § 398–399.

88 M.M. McLaughlin: Peter Abelard and the dignity of woman. Twelfth century "feminism" in theory and practice, in: R. Luis und J. Jolivet: Pierre Abélard – Pierre le Vénérable, p. 287ff.

89 PL 182, 531 B.

90 PL 182, 1061 B.

91 PL 182, 536 CD.

92 PL 182, 541 B: Plures etiam scolarium adhoratus est ut et libros veneni plenos repudiarent et reiecerent.

93 N.M. Häring: Abelard yesterday and today, in: R. Luis et J. Jolivet: Pierre Abélard – Pierre le Vénérable, p. 346.

ten statt Lukas 11,3: *panem nostrum cotidianum da nobis cotidie.*[94] Abälard schrieb daraufhin eine Rechtfertigung an Bernhard. Dieser kleine Vorfall ist für die Psychologie der beiden Kontrahenten bezeichnend: Bernhard ist das einfache fromme Gemüt, der auf dem handfesten Glauben insistiert. Abälard dagegen ist der Suchende, der subtile Überlegungen anstellt, um glauben zu können. Ihm war das 'tägliche Brot' zu banal, es war das 'geistige Brot', das für ihn erst Sinn machte zu erbitten. Die Bücher Abälards waren eine Generation nach seinem Tod vergessen, sein Einfluss auf die Gelehrten war gering, er hatte keine Schüler, die sein Werk weiterführten, das bis heute in nur 80 Manuskripten überlebt hat. Er schreibt selber an Heloise, dass er besser im Vortrag, denn im Predigen sei.[95] Abälard hat seine Werke immer wieder umgearbeitet, für ihn waren sie nie abgeschlossen. Zum Beispiel die auf der Synode in Soisson (1121) verurteilte *Theologia Summi Boni* erschien später verbessert und erweitert als *Theologia Christiana.*[96] Seine ursprüngliche Popularität war nur von sehr kurzer Dauer und anscheinend an die Präsenz seiner Person gebunden. Erst in unserer Zeit konnte sein Werk richtig gewürdigt werden, wenn B. GEYER, der Herausgeber der Philosophischen Schriften Abälards, im Vorwort schreibt:

> ...diese Abhandlungen verraten einen solchen kritischen Scharfsinn und eine solche Selbständigkeit des philosophischen Denkens, dass wir keine Bedenken tragen, sie als die wertvollste philosophische Leistung des XII. Jahrhunderts zu erklären.

V.J. BARLETT (Mansfield College) sagte zu A.V. MURRAY[97]

> siehst du nicht, dass, wenn du dich mit einem grossen Mann beschäftigst, du dich in Wirklichkeit mit der Menschheit beschäftigst?[98]

94 Biblia sacra iuxta vulgatam versionem, f. II, p. 1533 und 1629.
95 Plus quippe lectioni quam sermoni deditus, expositionis insisto planitiem... (PL 178, 379).
96 Häring l.c. p. 355–358.
97 Abelard and St. Bernard. A study in twelfth century 'modernism' in Preface.
98 Don't you see that when you are dealing with a great man you are really dealing with humanity?

Dieser Ausspruch ist beherzigenswert und die Grundlage unserer Darlegung der Auseinandersetzung zwischen Abälard und Bernhard, welche zwei charakteristische Typen verkörpern. Es geht dabei weniger um theologische Fragen, auch wenn es äusserlich diesen Anschein hat, als um eine psychologische Gegensätzlichkeit. Da es aber zu jener Zeit noch keine Tiefenpsychologie gab, die jedem seinen Ort hätte zuweisen können, gab es in diesem Machtkampf nur Sieger und Verlierer.[99] Bernhard bezog sein Wissen nicht aus der Lektüre wissenschaftlicher Bücher, sondern aus der Bibel und seinen Meditationen. Er fühlte sich daher auf dem Konzil von Sens, das er gegen Abälard angestrengt hatte, in einem 'theologischen Wunderland'.[100] Er wollte deshalb zuerst die Verurteilung Abälards durchdrücken und erst nachträglich die Begründung liefern. Bernhard lehnte es in einem Brief an den Papst ab, Abälard zuvor privat zu begegnen

> weil ich ein Jüngling und er ein erfahrener Krieger ist, aber auch weil ich es unziemlich erachte durch menschliche Vernunft über Grundlagen des Glaubens zu debattieren, während man sich einig ist, dass er auf solch festen und sicheren Grundlagen ruht (Epist. 189, 3,4).[101]

Bernhard scharte denn auch einige getreue Kleriker um sich, die ihm Rückendeckung geben würden in den Disputationen. Am Tag vor dem Konzil verlas Bernhard den Bischöfen Thesen aus Abälards Werk und bat sie diese schon im voraus zu verurteilen, denn er fürchtete, sich auf eine Disputation einzulassen. Doch am Tag des Konzils (1140) erklärte Abälard, er appelliere direkt nach Rom und verliess die Versammlung. Bernhard wurde sofort aktiv, schrieb an den Papst, dass man Abälards Vorgehen nicht stattgeben sollte (Epist. 189,4), verknüpfte in weiteren Briefen Abälard mit ARNOLD VON BRESCIA, der dem Papst ohnehin ein Dorn im Auge war (Epist. 189,330) und schickte seinen Freund Niklaus mit dem Brief, in dem er Abälards Lehre verurteilte (Epist. 190), zum Papst.[102]

99 A. V. Murray l. c. p. 7.
100 A. V. Murray l. c. p. 36.
101 A. V. Murray l. c. p. 38.
102 A. V. Murray l. c. p. 72.

Unterdessen hatte sich Abälard auf den Weg nach Rom gemacht. In Cluny bat er um Hilfe, ein kranker Mann, und genoss die Gastfreundschaft des Petrus Venerabilis, der ihn mit Bernhard aussöhnte. Abälard schreibt seine Apologie (Rechtfertigung), in welcher er betont, er sei nie ein Abtrünniger gewesen. Weil er an Scabies litt (Vagabundenhaut), schickte man ihn ins Priorat St. Marcel bei Chalons, wo er 1142 starb.

Der wunderbare tröstliche Brief des Abtes von Cluny an Heloise[103] und seine Absolution des Petrus Abälardus[104] müssen im Original nachgelesen werden. Petrus Venerabilis erlaubte die Überführung des Leichnams in den Paraklet, wo ihn die Nonnen bestatteten (16. November 1142). Heloise starb erst im Mai 1164. Beider Gebeine wurden am 2. Mai 1497 in den Chor der Kirche von Nogent s. Seine übertragen und schliesslich 1817 auf dem Friedhof Père-Lachaise in Paris beigesetzt. Die Verehrung unserer unsterblichen tragisch Liebenden setzte erst Jahrhunderte später ein. Für uns Heutige sind sie zum überpersönlichen Liebespaar geworden. Aus dem 12. Jahrhundert gibt es drei Grabinschriften, deren letzte endet mit:

> Una perennis eis sit super astra domus. Amen. (ein ewiges Haus möge ihnen über den Sternen sein)[105]

Es gibt eine schöne Legende, dass Heloise als sie zum Sterben kam, ihre Nonnen bat, sie im Grabe Abälards beizusetzen. Und als man dieses eröffnete, breitete Abälard seine Arme aus und umfing die verstorbene Geliebte.[106]

103 E. Brost l. c. S. 406.
104 l. c. S. 420.
105 P. Dronke: Abelard and Heloise in Medieval Testimonies, p. 50.
106 Dronke l. c. p. 23.

11. Die Tannhäuser-Sage

Einer meiner Freunde hat bereits die Sage von "Tannhäuser im Venusberg" einer tiefenpsychologischen Interpretation unterzogen. Als Altphilologe und Analytiker war er für eine solche Aufgabe besser ausgerüstet als ich, weshalb ich seine Publikation dankbar zu Rate ziehe. Da man vieles bei ADOLF N. AMMANN selber nachlesen kann, will ich Doppelspurigkeiten vermeiden und andere Gesichtspunkte einbringen, die für unseren Zusammenhang relevant sind, die er ausgeklammert hat. Das beginnt schon damit, dass ich einen anderen Text des Tannhäuserliedes voranstelle als es mein Freund tat, nicht weil er besser oder älter, sondern weil er anders ist. Es handelt sich um den Bericht des JOHANNES PRÄTORIUS.[1]

> Nun will ich aber heben an / Von Tannhäuser wollen wir singen / Und was er Wunders hat gethan / Mit Frau Venussinnen.
> Der Tannhäuser war ein Ritter gut / Er wolt gross Wunder schauen / Da zog er in Frau Venus Berg / Zu andern schönen Frauen.
> Herr Tannhäuser ihr seyd mir lieb / Daran solt ihr gedencken / Ihr habet mir einen Eyd geschworen / Ihr wolt nicht von mir wancken.
> Frau Venus ich habe es nicht gethan / Ich will das widersprechen / Wann niemand spricht das mehr / denn ihr / Gott helff mir zu den Rechten.
> Herr Tanhäuser wie saget ihr mir / Ihr wollet bey uns bleiben / Ich geb euch meiner Gespielen ein / Zu einem ehelichen Weibe.
> Nehme ich dann ein ander Weib / Als ich hab in meinem Sinne / So muss ich in der Höllen Gluth / Da ewiglich verbrennen.
> Du sagest mir viel von der Höllengluht / Du hast es doch nicht befunden / Gedenck an meinen rohten Mund / Der lacht zu allen Stunden.
> Was hilfft mich euer rohter Mund / Er ist mir gar unmehre / Nun gib mir Urlaub Frau Venus zart / Durch aller Frauen Ehre.

1 Alias Hans Schultze (1630–1680) in seinem "Blockes-Berges Herrichtung / oder Ausführlicher Geographischer Bericht..." S. 19–23.

Herr Tannhäuser wolt ihr Urlaub han / Ich wil euch keinen geben / Nun bleibet Edler Tannhäuser zart / Und frischet euer Leben.
Mein Leben ist worden kranck / Ich kan nicht länger bleiben / Gebt mir Urlaub Fraue zart / Von eurem stolzen Leibe.
Herr Tannhäuser nicht sprecht also / Ihr seyd nicht wol bey Sinnen / Nun lasst uns in ein Kammer gahn / Und spielen der heimlichen Minnen.
Euer Minne ist mir worden leid / Ich hab in meinem Sinne / O Venus Edle Jungfrau zart / Ihr seyd ein Teuffelinne.
Tannhäuser wie sprecht ihr also / Bestehet ihr mich zuschelten? Solt ihr noch länger bey uns seyn / Des Worts musst ihr entgelten.
Tannhäuser wolt ihr Urlaub han / Nemt Urlaub von den Greisen / Und wo ihr in dem Land umbfahrt / Mein Lob das solt ihr preisen.
Der Tannhäuser zog wieder auss den Berg / In Jammer und in Reuen / Ich wil gen Rom in die Stadt All auff den Pabst vertrauen.
Nun fahr ich frölich auff die Bahn / Gott muss es immer walten / Zu einem Pabst der heisst Urban / Ob er mich wolt behalten.
Herr Pabst Geistlicher Vatter mein / Ich klag euch meine Sünde / Die ich mein Tag begangen hab / Als ich euch wil verkünden.
Ich bin gewest ein ganzes Jahr / Bey Venus einer Frauen / Nun wil ich Beicht und Buss empfahn / Ob ich möcht Gott anschauen.
Der Pabst hat einen Stecken weiss / Der ward vom dürren Zweig / Wann dieser Stecken Blätter trägt / So sind dir deine Sünde verziehen.
Solt ich leben nicht mehr denn ein Jahr / Ein Jahr auff dieser Erden / So wolt ich Reu und Buss empfahn / Und Gottes Gnad erwerben.
Da zog er wieder auss der Stadt / In Jammer und in Leiden / Maria Mutter reine Magd / Muss ich mich von dir scheiden.
So zieh ich wieder in den Berg / Ewiglich und ohn Ende / Zu Venus meiner Frauen zart / Wo mich Gott wil senden.
Seyd wilkommen Tannhäuser gut / Ich hab euch lang entboren / Seyd wilkommen mein liebster Herr und Held / mein Ausserkohren.
Darnach wol auff den dritten Tag / Der Stecken hub an zu grünen / Da sand man Botten in alle Land / Wohin der Tannhäuser were kommen.
Da ward er wieder in den Berg darinnen solt er nun bleiben / So lang biss an den Jüngsten Tag / Wo ihn Gott wil hinweisen.
Das sol nimmer kein Priester thun / Dem Menschen Misstrost geben / Wil er denn Buss und Reu empfahn / Seine Sünde seynd ihm vergeben.

PRÄTORIUS stellt in seiner Einleitung dem Lied denselben Vers von Vergil voran, den SIGMUND FREUD in seiner 1900 erschienenen Traumdeutung voranstellte

Fléctere si nequeó superós, Acherónta movébo![2]
Wil Gott nicht helffen / so mag der Teuffel helfen![3]

Immer, wenn wir im Bewusstsein nicht mehr weiterkommen, müssen wir die Winke des Unbewussten zu Hilfe nehmen. Ich hoffe, dass dem Leser inzwischen deutlich geworden ist, dass ich bei der Darstellung unseres Problems vor allem die unbewussten Unterströmungen berücksichtige. Und darum kann obiges Motto überhaupt für unser ganzes Unternehmen gelten.

Der Sagen von in den Berg Entrückten sind Legion.[4] Oft sind es Könige der Vorzeit mit ihrem Gefolge (Karl der Grosse, Kaiser Friedrich Barbarossa, Wilhelm Tell, Holger Danske), die mit ihren Heeren auf die letzte Schlacht, das Jüngste Gericht oder den Entscheidungskampf gegen den Antichrist warten. Als Symbol der langen Zeit ist ihnen der Bart um den Tisch gewachsen, an dem sie sitzen. Im Berg feiern die toten Seelen Feste, was man manchmal hören kann, oder sie fahren im Sturm als "wüotis Heer" aus unter dem Gebell der Hunde. Sie leben ausserhalb der Zeit, denn sie fragen einen, der sich zu ihnen verirrt hat, nach dieser. In der späten Gralslegende wird das Gralsschloss in das Innere eines Berges verlegt, zum Beispiel im Wartburgkrieg. Eine bekannte Öffnung in den Berg ist der Aetna. Als der Bischof von Catania sein auf der Jagd verlorenes Pferd sucht, gerät er am Aetna auf eine angenehme Ebene mit einem Palast, in welchem König Arthur ruht. Er erzählt ihm, dass er seit vielen Jahren hier sei und seine Wunden jedes Jahr neu aufbrächen (vulneribus quotannis recrudescentibus, saucium diu mansisse).[5] Der Jüngling Helias in der Lohengrin-Sage kommt aus dem Berg, wo Venus im Graal sei.[6] Der Tristan des GOTTFRIED VON STRASSBURG (um 1210) ist das älteste Zeugnis für den Venusberg.[7] Da heisst es:

2 Aeneis 7,312.
3 Prätorius l.c. S. 18.
4 Handwörterbuch des Deutschen Aberglaubens: E. Hoffmann-Krayer und H. Bächtold Stäubli herausg., Bd. 1, Sp. 1056–1071.
5 Ph. St. Barto: Tannhäuser and the Venusberg, p. 15–16.
6 Barto l.c. S. 17.
7 Marjatta Wis: Ursprünge der Deutschen Tannhäuserlegende. Zur Geschichte mittelalterlicher Pilgertraditionen I, S. 10.

ich meine ab in dem dône
dâ her von Zitherône,
dâ diu gottinne Minne,
gebiutet ûf und inne.

Zitherône ist Cythera, die Insel Zypern, wo Aphrodite aus dem Meer stieg (Anadyomene). JOHANNES NIDER erwähnt den Venusberg in *"Praeceptorium divinae Legis"* (1440).[8]

I cap. XI: an veritas aliqua subsit his quae dicuntur de Monte Veneris, ubi cum pulcherrimis feminis dicuntur quidam frui luxuria et voluptate ad placitum.[9]

Eine Beschreibung findet sich in *"Der Tugend Schatz"* von Altswert[10]:

Dirre berg was fro Venus allein...
Do sach ich manig mündlin rot
Frölichen an eim tanze...

Gewisse Autoren wollen den Venusberg in Italien als Sibyllinenberg gefunden haben.[11] Wir wollen uns nicht auf den Streit der Gelehrten einlassen, von denen die einen Tannhäuser als eine urdeutsche Gestalt ansehen. F. DESONAY stützt seine These auf den Roman Guerin Meschino des ANDREA DA BARBERINO, der die erstaunlichen Abenteuer des Meschino mit der Zauberin Aleina in der Grotte von Norcia beschreibt. Dieser Roman basiert auf dem Gerücht, die Sibylle habe in einer hoch auf dem Berggipfel gelegenen Grotte ihr Zauberreich mit vergoldeten Sälen, deren Türen aus Metall und das Tafelwerk aus Edelsteinen sei, bevölkert von schönen Frauen und edlen Rittern, wo man nicht länger als ein Jahr verweilen dürfe, sonst könne man es nie wieder verlassen. An jedem Sonntag verwandelten sich alle Bewohner in Schlangen und anderes giftiges Getier.[12]

8 Barto l.c. S. 121 A2.
9 Ob es wahr sei was gewisse vom Venusberg berichten, dass dort einige sich mit den schönsten Frauen nach Lust und Laune vergnügen würden.
10 Barto l.c. S. 122 Anm. 8.
11 F. Desonay: Der italiensche Ursprung der Tannhäuser-Sage.
12 l.c. S. 150.

Der Streit über die Herkunft scheint mir um so unnötiger als hier das Melusinenmotiv anklingt, was uns zu den Sagen von den Unterirdischen *(feries)* führt, die ohnehin sehr zahlreich sind.[13] Martin, der Bischof von Braga, schreibt im VI. Jahrhundert:

> En outre, des démons qui ont été chassées du ciel, nombreux sont ceux qui demeurent dans la mer, dans les fleuves, les sources ou les forêts; les hommes ignorants de Dieu les honorent de même comme des dieux et leur offrent des sacrifices. Dans la mer ils invoquent Neptune, dans les fleuves les Lamies, dans les sources les Nymphes, dans les forèts les Dianes, qui ne sont rien d'autre que les démons et des esprits malins, qui tourmentent et accablent les hommes sans foi qui ne savent pas se défendre avec le signe de la Croix.[14, 15]

Wie ich schon in meinem Buch *"Was tun mit unseren Komplexen?"*[16] dargestellt habe, wurden die heidnischen Götter dämonisiert. Da es sich um archetypische Vorstellungen handelt, kommt der bewussten Repräsentation in der Religion eine grosse Bedeutung zu. Werden sie jedoch durch eine andere Gottesvorstellung verdrängt und ins Unbewusste abgeschoben, nehmen sie primitiv-archaische Züge an. Das zeigt unser Text sehr schön, sind es doch noch immer die alten Naturnumina, die noch heimlich verehrt werden. Aber sie haben im kollektiven Bewusstsein des Christentums keine Repräsentanz mehr. Dieses Defizit ist der Grund für ihre zunehmende Bösartigkeit. Denn die Naturerscheinungen haben ein gewisses Recht auf gefühlsmässige und emotionale Anerkennung. Die Rose blüht nicht nur unabhängig davon, ob wir uns an ihr freuen. Die uns umgebende Natur löst in uns

13 L. Harf-Lancner: Les Fées au Moyen Age. Morgane et Mélusine. La naissance des fées.

14 Harf l. c. p. 21.

15 Praeter haec autem multi daemones ex illis, qui de caelo expulsi sunt, aut in mari aut in fluminibus aut in fontibus aut in silvis praesident, quos similiter homines ignorantes deum quasi deos colunt et sacrificia illis offerunt. Et in mari quidem Neptunum appellant, in fluminibus Lamias, in fontibus Nymphas, in silvis Dianas, quae omnia maligni daemones et spiritus nequam sunt, qui homines infedeles, qui signaculo crucis nesciunt se munire, nocent et vexant. Martin de Brega: De correctione rusticorum.

16 S. 36 ff.

wie selbstverständlich Gefühle aus (wie zum Beispiel das "Erwachen heiterer Gefühle bei der Ankunft auf dem Lande" in BEETHOVENs sechster Sinfonie). Mit dem Rückzug der Libido aus der Umwelt im Beginn des Christentums wurde diese natürliche seelische Reaktion verletzt, die als Gegenreaktion dem Menschen nun als feindliche Natur gegenübertrat. Das ist ein Problem, das auch heute noch aktuell ist, weil wir trotz des Aufkommens der Naturwissenschaften die richtige Einstellung zur Natur nicht mehr gefunden haben. Einerseits beuten wir sie aus und andererseits wird sie sentimental verherrlicht. Vor allem ist es unsere innere Natur, zu der wir nicht in ein rechtes Verhältnis finden seit wir unsere *"participation mystique"* mit ihr verloren haben.[17]

Die Tatsache, dass viele dieser Figuren weiterhin ihr Wesen als Unterirdische im Berg treiben, zeigt ihre Aktivität im Unbewussten. Frau Venus im Venusberg stellt daher ein noch unbewältigtes Problem dar, das im kollektiven Unbewussten konstelliert ist. Dieser zur christlichen Agapē komplementäre Faktor gehört zum Inventar der menschlichen Psyche und lässt sich durch sein Abschieben ins Unbewusste nicht unterdrücken.

Denn im Venusberg herrscht fröhliches Treiben: Geiler von Keisersperg fragt,

> was ist an Frau Venus' Berg, da sie hinfahren und so gut Leben da ist, so viel hübscher Frauen, so viel Tanzens und Springens?[18]

Zu jener Zeit gab es noch keine Pornographie, die uns diese Seite des kompensatorischen Lebens fotografisch scharf zur Darstellung bringt, sondern die Imagination war lebhaft genug, das real zu gestalten. Wir erkennen heute, wo Pornographie und Sex-Clubs allgemeines Konsumgut geworden sind, welche Faszination diese Seite auszuüben vermag. Wen wunderts, dass das schon im Mittelalter Leute anzuziehen vermochte. So schreibt THOMAS MURNER in seiner Narrenbeschwörung und seiner Gäuchmatt:

17 A. Ribi: Zeitenwende, S. 29.
18 Barto l.c. S. 125 Anm. 18.

Frow Venus berg ist hie ein freyd,
Dort fart man dryn mit hertzen leyd;
Wenn zytlich freyd gadt überzwerg,
Das heiss ich dort frouw Venus berg![19]

Es ist genugsam bekannt, dass PARACELSUS, der Waldesel von Einsiedeln, wie er sich nannte, sehr offen war für solche Dinge. In der *Philosophia occulta* schreibt er:

> So ist auch nit minder / das mit diesen [Sylphes und Pygmaeos] ist der Venus Berg in Italia besetzt gewesen: dann Venus selbst ist ein Nympha gewesen / und der Venusberg ist ihrem Reich oder Paradeiss vergleicht worden: Aber dieselbig ist auch abgestorben / darumb ist auch ihr Reich mit ihr vergangen / und hatt auffgehört. Dann wa hört man mehr von ihnen sagen / wie vor Alten Zeiten / da der Dannhauser und andere mehr sind darinnen gewesen: Nu ist solches von ihm kein Fabelgedicht / sondern ein Warhafftig Geschicht. Diese sind auch einer solchen Art / das sie alle Menschen die sie lieben / auch widerumb lieb haben: Aber der sie hasset / den hassen sie auch hinwiderum: Darumb wer sich zu jenen verbindt oder verschreibt / dem geben sie Kunst und Gelts genug. Sie wissen auch unsere Sinn und Gedancken / damit wir sie dann leichtlich bewegen / das sie zu uns kommen.[20]

Paracelsus sagt im Folgenden selber, dass es sich nicht um Gestalten aus Fleisch und Blut, sondern um Imaginationen handle, die aber real sind und einen Menschen allenfalls verderben können. Dazu fällt mir die folgende Geschichte ein, die ich von Dr. FRANZ RIKLIN, dem damaligen Präsidenten des Jung-Institutes (ca. 1968) hörte:

> Ein Mann übergab seinem Freund, als er den Tod nahen spürte, ein in schwarzes Tuch gehülltes Bündel mit der Auflage, es nicht zu öffnen, sondern zu vernichten. Nach dem Tode des Freundes blieb das Bündel lange Zeit in Verwahrung. Doch eines Tages "stach ihn der Gwunder", wie wir im Dialekt sagen, und er öffnete das Bündel. Es enthielt lauter Pornohefte, was in jener Zeit noch eine Rarität war. Unser Mann hatte

19 Barto l.c. S. 27.
20 J. Huser: Der Bücher und Schrifften des […] Philippi Theophrasti Bombast von Hohenheim, Paracelsi genannt, IX. Theil, S. 345.

so etwas noch nie gesehen und war davon derart fasziniert, dass er nicht mehr davon loskam.

Überall, wo wir eine Faszination verspüren, ist eine göttliche oder dämonische Macht im Spiel, die eine religiöse Haltung erheischen würde. Wir gehen heute mit solchen Dingen viel zu sorglos um und meinen, sie mit dem Bewusstsein manipulieren zu können. Dabei täuschen wir uns gründlich und merken gar nicht, dass wir in deren Abhängigkeit geraten, mittelalterlich ausgedrückt "in den Venusberg entrückt werden".

In der Schweiz wurde Frau Venus zu Vreneli, und ein Berg trägt noch einen Garten ihres Namens. In der St. Galler Version geht ein "gwundriger" Knabe namens Tannhäuser auf Frau Vrenes Berg zu drei schönen Jungfrauen. Er schaut durch ein Fensterlein und sieht grosse Wunder und geht in den Berg. Auch im Weimarer Manuskript von 1549 ist es ein Junge, der neugierig die Wunder von Frau "Venusin" sehen will, weshalb ihn sein "freches Blut" zwang, ihr zu dienen. Diese habe ihn mit ihrer süssen Liebe "hart umbgeben".[21] Nach SACHSENHEIM herrscht im Venusberg mancherlei Kurzweil mit Singen, Musik und Spiel, es ist immer Mai und hat jede Menge von Gold und Edelsteinen.[22] Fahrende Schüler, die angeblich im Berg waren, hätten dort die schwarze Kunst gelernt.[23] Im Berg leben auch andere Gestalten wie Frau Holt oder Sibyllen, oder wie erwähnt die Gralsburg. Jedenfalls ist er ein unheimlicher, geheimnisvoller, faszinoser Ort, der zur gewohnten christlichen Bewusstseinswelt einen Gegenpol bildet.

Der Venusberg erfreute sich im 15. Jahrhundert grosser Beliebtheit und wurde überall vermutet. Im 16. Jahrhundert dagegen macht sich bereits eine gewisse Skepsis und Aufgeklärtheit breit, indem viele Autoren vor den Gerüchten um den Venusberg warnen. Jetzt sitzt oft der treue Eckart davor und warnt alle, die in den Berg gehen wollen. HANS SACHS warnt im Schwank *"Das hoffgesindt Veneris"* (1517), "die künigin Venus wolle mit "manchem scharpffen pfeil geschwindt" ihr Hofgesinde mehren." Ihr Pfeil habe Tannhäusers Herz durchdrungen

21 Ammann, l. c. S. 25.
22 Ammann, l. c. S. 26.
23 Ammann, l. c. S. 30.

und ihn zu ihrem Gefangenen gemacht.[24] Selbst der gute Simplicissimus entgeht dem Venusberg nicht: Im 4. Buch 4. Kapitel wird er als der Beau Alman, wie er jetzt heisst, in ein geheimes, wohl ausgestattetes Gemach geführt. Dort führt ihm eine Alte, seine Landsmännin, drei maskierte Frauen mit entblössten alabasterweissen Brüsten vor, unter denen er – wie weiland Paris – eine wählen soll. Schliesslich zieht sie den Umhang von einem Bette, in welchem eine Frau liegt und löscht alle Lichter mit der Drohung, nicht lebendig hier herauszukommen, wenn er die Dame bei Licht zu sehen versuche – die umgekehrte Aufgabe wie im Märchen von Amor und Psyche. Als er mit ihr allein ist, ruft sie ihn zu sich.

> Ich begab mich zum Bett zu sehen, wie denn dem Ding zu tun sein möchte? und sobald ich hinzukam, fiel sie mir um den Hals, bewillkommte mich mit vielen Küssen und biss mir vor hitziger Begierde schier die unter Lefzen herab; ja sie fing an, meinen Schlafpelz aufzuknöpfen und das Hembd gleichsam zu zerreissen, zog mich also zu sich und stellte sich vor unsinniger Liebe also an, dass nicht auszusagen. Sie konnte nichts anders Teutsch, als 'Rick su mir mein Herz!' das übrige gab sie sonst mit Gebärden zu verstehen. Ich gedachte zwar heim an meine Liebste, aber was halfs, ich war leider ein Mensch und fand ein solche wohlproportionierte Kreatur und zwar von solcher Lieblichkeit, dass ich wohl ein Block hätte sein müssen, wenn ich keusch hätte davonkommen sollen.[25]

Mit zunehmender Aufklärung wird das Reich der Frau Venus immer anrüchiger und sie und ihre Jungfrauen als Succubi aufgefasst, das heisst, nächtliche Gestalten der Albträume lasziven Charakters. Damit tritt allmählich ein psychologisches statt des konkretistischen Verständnis auf.

Doch nach einiger Zeit der Freuden und Lustbarkeiten drückt das Gewissen den Tannhäuser und er verlangt Urlaub von Frau Venus, um nach Rom zum Papst zu pilgern, weil der allein eine so grosse Sünde zu vergeben vermag. Venus will ihn nicht gehen lassen, wie das ihre Art ist, ob er sich nun eidlich ihr verbunden habe oder nicht. Sie will

24 Ammann, l.c. S. 45.

25 H.J.CH. von Grimmelshausen: Der abenteuerliche Simplicissimus, S. 319–320.

ihm sogar eine ihrer Gespielinnen zum Weib geben.[26] Doch er durchschaut sie

> Diner Gespilinne darf i nüt,
> Es ist mir gar hoch verbotte
> Sie ist ob em Gürtel Milch und Bluet
> Und drunter wie Schlangen und Chrotte. (Aargauer Version)[27]

Hier wird wiederum die Beziehung zur Melusinensage deutlich. Nun merkt Tannhäuser, dass er in eine heidnisch-dämonische Welt verstrickt ist.

> Eur minne ist mir worden laid,
> ich hab in meinem Sinne:
> fraw Venus, edle fraw so zart!
> ir seind ain teufelinne.[28]

Das ist natürlich ein starkes Stück, das Frau Venus nicht gelten lassen will. Schliesslich reisst sich Tannhäuser gewaltsam von ihr los, als sie ihn nochmals zurückzuhalten versucht.

> Fraw Venus! Das enwill ich nit,
> ich mag nit lenger pleiben.
> Maria muoter, raine maid,
> nun hilf mir von den Weiben![29]

Tannhäuser besinnt sich seines herkömmlichen Glaubens, wo als Gegensatz zur Frau Venus die Heilige Jungfrau das Weibliche verkörpert. Der Sünder nimmt seine Zuflucht zur reinen Magd, die für ihn bei ihrem Sohn Fürbitte tun soll. Das ist der Grund, weshalb Maria in den Mittelmeerländern eine derart grosse Verehrung geniesst. Die männliche Seite der Gottheit ist das Gesetz und bei dessen Übertretung die Strafe. Die weibliche Seite ist dagegen Milde, Verständnis und Güte. Wenn man sich an diese wendet, kann man hoffen, dass auch schwe-

26 Ammann l.c. S. 117.
27 Ammann l.c. S. 118.
28 Ammann l.c. S. 123.
29 Ammann l.c. S. 128.

re Vergehen entschuldigt werden. Im Volk vertraut man daher eher auf Maria, die als seine Mutter einen gewissen moralischen Druck auf den Sohn als Richter ausüben kann.

Das ist psychologisch ganz richtig, denn nur mit einer männlichen Haltung können die Gegensätze niemals vereint werden, es braucht dazu den weiblichen Eros.

Wir haben schon früher vom Marienbild im Christentum gesprochen. Traditionell wird Eva der Maria entgegengestellt, erstmals von JUSTIN DEM MARTYR (um 165) im Dialog mit dem Juden Tryphon. CLEMENS VON ALEXANDRIA (vor 215) vertritt erstmals, gestützt auf das Protoevangelium des Jacobus, die Jungfräulichkeit Mariens *post partum*. ORIGENES schreibt:

> Pour moi je pense qu'il est raisonnable de voir en Jésus les prémices de la chasteté virile dans le célibat, et en Marie celles de la chasteté féminine; il serait en effet sacrilège d'attribuer à une autre qu'elle ces prémices de la virginité.[30, 31]

Auf dem Konzil von Konstantinopel (553) wurde die Formel des ZENO VON VERONA der immerwährenden Jungfrauenschaft der Maria gutgeheissen.

> [Dei Verbum] incarnatus de sancta gloriosa Dei Genitrice (theotocos) et semper Virgine Maria, natus est ex ipsa.[32]

Maria wurde immer mehr zum Inbegriff der Tugenden. PETRUS CHRYSOLOGUS sagt, sie sei die Mutter des Lichtes, der Thron Gottes (vgl. ägyptische Isis), Tempel grösser als der Himmel, unversehrter Garten, fruchtbare Weintraube, reine Taube, reichmachender Schatz, Arche des Lebens, Wohnstätte der Dreifaltigkeit (Sermo 5; PG 93, 1461).[33] EPHRÄM DER SYRER (373) sagt:

30 Commentaire sur S. Matthieu X, 17.
31 R. Girod: Origène: Commentaire sur l'Evangile selon Matthieu, t. I, p. 217. Sources Chrétiennes 162.
32 Enchiridion Symbolorum, H. Denzinger et A. Schönmetzer herausg. p. 145.
33 G. Söll: Maria in der Geschichte von Theologie und Frömmigkeit, in: W. Beinert und H. Petri herausg.: Handbuch der Marienkunde, S. 116–117.

> Also hat die Welt zwei Augen: Eva, das linke, ist blind; Maria aber, das rechte, ist voll Licht.[34]

AMBROSIUS von Mailand versteht die Stelle bei Lukas 2,35 "aber auch dir selbst wird ein Schwert durch die Seele dringen" als Schwert des Leidens und inauguriert damit das Bild der *"Mater dolorosa"*. 1954 erklärt der Papst Pius XII Maria zur Königin des Himmels und der *Erde (Ad caeli Reginam)*.[35] NIKOLAUS CABASILAS (um 1396) sagt:

> Allein vor allen Menschen, die in der Vergangenheit gelebt haben oder nach ihnen kommen, hat die selige Jungfrau die menschliche Idealgestalt in ihrem ganzen Glanz bewahrt, rein von jeder Befleckung.[36]

Und derselbe weiter:

> So ist sie [Maria] als erste der Ähnlichkeit mit dem Erlöser im Tod teilhaftig geworden, und deshalb hat sie auch vor allen anderen die Auferstehung erlangt. Und wenn sie auch für kurze Zeit vom Grabe festgehalten wurde, so hat doch schliesslich der Himmel diese 'neue Erde' aufgenommen, den vergeistigten Leib, den Schatz unseres Lebens, verehrungswürdiger als die Engel, heiliger als die Erzengel. Und es wurde dem König sein Thron zurückerstattet, dem Baum des Lebens das Paradies, der Lichtkreis der Sonne, der Baum der Frucht, die Mutter dem Sohne.[37]

Andere Epitheta Mariens sind: *Tabernaculum Dei, Templum, Arca Testamenti* (Bundeslade), *Urna aurea, Manna, Vellus Gedeonis* (Richter 6,37–40), *Porta* (Ezechiel 44,2), *Civitas Dei, Rubus* (Brombeere), *Lilium convallium*, geschmückte Königin (Psalm 44), neue Eva, *immaculata, intemerata, inculpata, illibata* (unversehrt), *illaesa, intacta, penitus sancta, innocens, purissima, sacratissima, speciosa, gloriosa, benedicta, incorrupta*.[38]

34 G. Söll l. c. S. 118.
35 Denzinger-Schönmetzer l. c. p. 785.
36 G. Söll l. c. S. 145.
37 G. Söll l. c. S. 147.
38 G. Söll l. c. S. 179.

Ich will es bei diesen Zeugnissen bewenden lassen, die beliebig vermehrt werden könnten. Sie zeigen, dass im Christentum das Bild des Weiblichen *gespalten* ist in ein bewusstes Idealbild und ein unbewusstes dämonisches Gegenbild. Das heisst auch, dass die Seele des christlichen Menschen in die beiden Gegensätze zerrissen ist. Tannhäuser, der Held des Liedes, wagt eine Synthese. In den vorangegangenen Jahrhunderten war eine ganz neue Dimension der Beziehung zwischen Mann und Frau im Minnesang entdeckt worden. Die Begegnung mit Frau Venus war nur die natürliche Konsequenz. Mit dem Aufkommen der Marienmystik regte sich im Unbewussten kompensatorisch das Bild ihrer Gegenspielerin. Weder Maria noch Christus sind gewöhnliche Menschen, obschon sie menschlicher Natur sind. Gegen diese Vernachlässigung und Abwertung der realen menschlichen Existenz regte sich im Unbewussten Widerstand. Von ihm ging eine immer stärker werdende Faszination eines unterirdischen Paradieses auf das Bewusstsein aus. Denn gemäss der Genesis hatte sich der Mensch das Paradies durch seinen Ungehorsam verscherzt. Übrigens war die Ursünde keine Übertretung eines sexuellen Gebotes wie es im Nachhinein interpretiert wurde. Die Sexualität wurde nachträglich zu jenem Feld der Auseinandersetzung zwischen Gotteswille und Trieb gemacht, der die Erbsündenlehre erst rechtfertigte. Wer aber hat die menschlichen Triebe erschaffen, muss man fragen, der sie zum Gegensatz des Gotteswillen machte? Es sieht doch ganz so aus, als habe der Schöpfer seine eigene Ambivalenz in den Menschen hinein gebildet. Dieser ist jetzt das Opfer von Gottes Gegensätzlichkeit geworden.

Tannhäuser fuhr guten Mutes zum Papst Urban IV nach Rom, um ihm seine Sünde, dass er ein ganzes Jahr bei Frau Venus im Berg verbracht hatte, zu beichten. Der Papst hat einen dürren Zweig in der Hand und sagt ihm, wenn dieser Blätter tragen würde, seien seine Sünden vergeben. Da zog Tannhäuser ganz niedergeschlagen aus Rom, er müsse von der Mutter Maria scheiden, und zog für immer zu Frau Venus in den Berg. In manchen Versionen hält der Papst als Szepter einen dürren Stab, über dessen symbolische Bedeutung sich Ammann lange auslässt.[39] Es geht hier in erster Linie wie beim Stabe Aarons (Nu-

39 Ammann, l. c. S. 147–154.

meri 17) um den dürren abgestorbenen Stab, der eine überholte, veraltete Gesetzlichkeit symbolisiert, welche eine derartige Sünde nicht vergeben kann. Da ist die männliche Logik an ihre Grenzen gekommen. Es braucht eine Gesinnungsänderung, die nur von Gott selber kommen kann: Am dritten Tag hub der Stecken zu grünen an. Das ist das göttliche Wunder wie im vierten Buch Moses, wo der Herr sagt, "der Stab des Mannes, den ich erwähle, wird sprossen! (Num 17,5) Und am anderen Morgen hatte der Stab Aarons "Schosse und Blüten getrieben und trug reife Mandeln" (Num 17,8). Das wunderbare Grünen des dürren Stabes ist ein Zeichen der Auserwähltheit. Die Zeit wäre damals reif gewesen für eine Versöhnung der Gegensätze, aber diese Chance wurde verpasst. Das Problem blieb bis zum heutigen Tag bestehen. Denn, obwohl man Boten in alle Welt schickte, konnte man den Tannhäuser nicht mehr finden, der bis an den Jüngsten Tag bei Frau Venus entrückt blieb. In Varianten trägt das Stäblein sogar rote Rosen, ein Symbol der Liebe.

Ich habe jetzt nichts geschrieben zur Person des Tannhäuser, der Minnesänger gewesen sein soll und zu Papst Urban IV. Das Tannhäuserlied schildert ein archetypisches Problem, zu welchem derartige persönliche Daten nichts beitragen. Dagegen gehört noch eine Bemerkung zum "reuigen Sünder" zum Thema. In der obersteirischen Version geht die Geschichte noch weiter, dass Tannhäuser schliesslich auf einem hohen Berg gestorben sei und mit himmlischem Glockengeläut in den Himmel aufgenommen wurde. Christus selbst sei ihm mit einer roten Fahne entgegen gegangen und habe ihm seine eigenen Wunden gezeigt. Dank seiner Busse und seiner Tränen sei er ihm lieber als 99 Gerechte (Matt 18,13).[40] Es gibt eine Volkserzählung aus Steiermark, worin ein grosser Sünder reumütig zum Papst ging. Dieser gab ihm ein schwarzes Schaf, das er überall mit sich nehmen soll und auf Vergebung hoffen dürfe, wenn dessen Wolle weiss geworden sei. Täglich untersucht er die Wolle und findet kein weisses Härlein. Tief betrübt kommt er zu einem Kruzifix, kniet nieder und weint bittere Tränen, die auf die Wolle des Schafes fallen und sie dort weiss färben, so dass die Wolle bis er nach Hause kommt, weiss ist, worauf das Schaf verschwindet.[41]

40 Ammann l.c. S. 169–170.

41 D.-R. Moser: Die Tannhäuser-Legende, S. 29.

Das Schaf ist ein sprechendes Symbol, das in der Bibel öfters vorkommt. Wichtig ist in unserem Zusammenhang wohl Matthäus 15,24, wo Jesus zu seinen Jüngern sagt: "Ich bin nur zu den verlorenen Schafen des Hauses Israel gesandt."

In einer anderen Erzählung hat ein furchtbarer Räuber schon 99 Morde begangen und erhielt vom Beichtvater als Busse auferlegt, einen Feuerbrand in die Erde einzupflanzen, ihn täglich mit frischem Wasser zu begiessen und jedem, den er begegnet, davon zu trinken zu geben oder einen Garten anzupflanzen und mit seinen Früchten alle Wanderer zu bewirten, bis ein Baum aufgewachsen sei. Einst ritt ein Mann in Eile vorbei, der die angebotene Bewirtung ablehnte, weil er eine fremde Hochzeit verhindern müsse. Der Büsser erschlug ihn aus Wut, damit das Hundert voll sei. Da wurde er von Reue überfallen, eine weitere Sünde begangen zu haben. Doch da sah er zu seinem Erstaunen, dass der Feuerbrand ergrünt war. Das war Gottes Lohn, weil durch den letzten Mord alle anderen gesühnt waren, denn es gebe keine grössere Sünde, als eine fremde Hochzeit zu verhindern.[42]

Diese Erzählung überzeichnet natürlich gewaltig, indem ein Mord etwas Gutes sein kann, wenn er den Richtigen trifft. In der Chidher-Sage[43] begeht dieser ebenfalls einen Mord, indem er einen üblen Jüngling erschlägt, damit Allah den armen Eltern einen besseren Sohn bescheren könne. Die Moral der obigen Geschichte ist, dass *eine* gute Tat 99 Morde aufwiegen kann. Das ist ähnlich wie die Szene als der eine Verbrecher, der mit Christus gekreuzigt wurde, zu ihm sagte: "Jesus, gedenke meiner, wenn du mit deiner Königsherrschaft kommst! Und er zu ihm sprach: Wahrlich, ich sage dir: Heute wirst du mit mir im Paradiese sein." (Lk 23,42–43). Die Erkenntnis der Wahrheit in *conspectu mortis* (Anblick des Todes) genügt, um den Sünder zu erlösen, sagt die Bibel.

In der Erzählung von SKITSKIJ PATERIK (Skythen Patrick) bat ein Greis Gott, ihm zu zeigen, was man für die Rettung seiner Seele tun müsse. Da hiess ihn eine Stimme, in die innere Wüste zu gehen. Dort begegnete er einem Räuber, der sich mit gezücktem Schwert auf den Greis stürzte: sie hätten ein Gesetz, nach dem er erst ins Himmelreich

42 D.-R. Moser l.c. S. 56.
43 A. Ribi: Anthropos. Der ewige Mensch, S. 312.

gelangen könne, wenn er hundert Menschen getötet habe. Bisher habe er erst 99 erschlagen. Der Greis betete und bekannte seine Sünden und bat den Räuber, ihm vor dem Tode noch einen Becher Wasser vom Fluss zu holen. Der Räuber lief zum Fluss und starb. Als er nach drei Stunden nicht zurückkehrte, hielt der Greis Nachschau. Am Fluss erschien ihm ein Engel, der ihm erklärte, der Gehorsam, dem Greise zu trinken zu geben sei ihm als Vergebung angerechnet worden, so dass Gott den Räuber zu sich genommen habe (Lk 15,7; Matt 10, 42).

Hier begegnet der Greis in der inneren Wüste seiner anderen Seite. Anscheinend hatte er ein einseitig vorbildliches Leben geführt und seinen Schatten verdrängt. Als er nun dieser Seite begegnete, war sie so überwältigend, dass er beinahe seine bewusste Persönlichkeit vergass. Doch *concedente Deo* (mit Gottes Gnade) wurde er verschont, denn auch der Räuber hatte eine religiöse Haltung, indem er "einen dieser Geringen auch nur einen Becher kalten Wassers zu trinken" geben wollte. Deshalb mangelte ihm sein Lohn nicht (Matt 10,42). Die Theologie tut sich mit diesen Fragen schwer, weil es keine rationale Antwort gibt, die überall und für alle gültig wäre. Nur das Gefühl kann die Situation in ihrer jeweiligen Einmaligkeit werten.

Interessant ist die Chrysostomus-Legende, die in verschiedenen Versionen vorkommt. In der kroatischen Version lebt Johannes Chrysostomos in der Einsamkeit. Eines Tages bittet er Gott, ihn vor grossen Sünden zu bewahren (Matt 6,13), die kleinen wolle er schon selber vermeiden. Da erscheint ihm ein Engel, der ihn vor die Wahl unter drei Sünden stellt: sich zu betrinken, einen Menschen zu töten oder eine Jungfrau zu schänden. Er wählt als geringstes Übel das erste. Eine Königstochter verirrt sich in der Gegend und sucht bei ihm Obdach. Er nimmt sie auf. Wie sie ihm Wein, Fleisch und Brot geben will, wehrt er ab: Er müsse sein Fasten halten. Doch unterliegt er der Versuchung, wird vom Wein schnell berauscht, entflammt in Leidenschaft, schändet die Jungfrau, tötet sie und verscharrt sie in einer Grube. Ein Engel verflucht ihn. Voller Reue sucht er beim Papst Absolution zu erlangen, der sie ihm verweigert. Er kehrt an den Ort seiner Sünden zurück, wo er durch ein Wunder erlöst wird.[44] In einer anderen Version spricht

44 D.-R. Moser l.c. S. 88.

ihn ein sieben Tage altes Kind los oder ein ungeborenes Kind will nicht vom Papst, sondern vom Büsser Johannes getauft werden.[45]

Der Volksmund hat hier sehr fein gespürt, dass der Mensch dem Sündigen nicht entgehen *kann.* Und zwar zeigt diese Legende sehr schön weshalb: Der Chrysostomos hat wie jeder Mensch seinen *Schatten*, und je heiliger er leben will, einen um so tieferen Schatten hat er. Im Bewusstsein unterdrückt er ihn und glaubt deshalb ein besonders frommer Mensch zu sein. Aber mit dem *'abaissement du niveau mental'* unter Alkohol kommt der Schatten zum Durchbruch. Er kann dem erotischen Kitzel, die Prinzessin zu vernaschen, nicht widerstehen. Und als er inne wird, dass er eine Jungfrau geschändet hat, fürchtet er, dass sein Heiligenschein etwas gedämpft würde, wenn das auskäme. Aus Angst um sein Ansehen begeht er einen Mord und verstrickt sich um so tiefer in die Sünde. Mit allem, was wir bloss verdrängt haben, sind wir noch nicht zurande gekommen. Es lauert im Unbewussten, um uns bei nächster Gelegenheit ein Bein zu stellen. Unsere christliche Einstellung, die das Ideal eines vollkommenen Menschen verficht, ist lebensfeindlich. Wir sollten möglichst wenig von der Mitte abweichen. Dann sind wir zwar keine Tugendbolde, aber auch keine Mörder. Anders ausgedrückt: Gott will, dass wir sündigen, damit wir demütig werden. Nur dann werden wir uns unserer Schwächen bewusst und erst dann sind wir wirklich menschlich. Denn dann wird das Ich klein, das Selbst dagegen gross. Biblisch ausgedrückt *mussten* Adam und Eva das göttliche Gebot übertreten, sonst hätte kein Grund zum ganzen Drama der Erlösung bestanden, und Gott hätte sich nie veranlasst gesehen, Mensch zu werden. Tannhäuser ist bloss deshalb ein Held, weil er vom Gesetz abweichen *kann.* Wer sich nur in den gewohnten Bahnen bewegt, fühlt sich zwar sicher, aber ist nicht schöpferisch. Wer diese Bahnen verlässt, ist ein prometheischer Mensch und wird wie Prometheus schuldig. Er muss unweigerlich dafür büssen, aber er kann gerechtfertigt werden, weil er nicht anders konnte. Es ist eine *felix culpa* (glückliche Schuld). Die Beurteilung dieser Schuld, ob sie eine *felix culpa* oder eine gewöhnliche sei, ist dem menschlichen Ermessen meist entzogen. Nur die *vox Dei* (Stimme Gottes) im Men-

45 D.-R. Moser l.c. S. 84.

schen[46] kann diese Entscheidung treffen, denn sie ist eine objektive Instanz. Die kollektive Moral, im Tannhäuser-Lied der Papst, ist dazu nicht in der Lage. Denn es gibt keine kollektiven Richtlinien in diesem Gebiet, wo alle einzelnen Umstände und die jeweilige Struktur der Persönlichkeit ausschlaggebend sind. In diesem Gebiet gibt es nur den einzelnen Fall. Es braucht den heldenhaften Mut, von den gewohnten Bahnen abzuweichen und neue Wege zu beschreiten, weil diese schliesslich auch in die Irre führen können.

46 C. G. Jung: Das Gewissen in psychologischer Sicht. GW 10 § 853.

12. *Francesco Colonna: Hypnerotomachia Poliphili: Le Songe de Poliphile*

"Der Liebestraum des Poliphilo" wie die genaue Übersetzung des Titels heisst, ist ein typisches Werk der Renaissance. Nicht nur, dass Christliches und antik Heidnisches fröhlich nebeneinander stehen, sondern dass der Autor darin sein Universalwissen zum besten gibt. Die Entdeckung der klassischen Antike führt zu antiken Ruinen und antikisierenden Fantasiegebäuden und Aufzügen. Antike Götter und ihre Kulte feiern ihre fröhliche Auferstehung. Die Freude am Detail führt zu manchen Längen in den Beschreibungen. Seine klassische Bildung zeigt der Autor in den Inschriften in verschiedenen Sprachen und in lateinischen und griechischen Neologismen.

Das 1499 bei ALDUS MANUTIUS in Venedig erschienene Buch soll das schönste je gedruckte sein. Es ist mit 169 Holzschnitten reich bebildert. Kein Wunder, dass viele Nachdrucke gemacht wurden, da das Original sehr selten ist. Ich besitze den mit einer Einleitung von PETER DRONKE versehenen Nachdruck, der bei "Las Ediciones del Pórtico" 1981 erschienen ist. Schon 1546 erschien die von JEAN MARTIN besorgte französische Übersetzung "Le Songe de Poliphile" Kerver, Paris, die mit eigenen Holzschnitten nach dem Original versehen ist. Sie liegt nun neu aufgelegt mit einer Einführung von GILLES POLIZZI bei den Editions Imprimerie Nationale 1994 vor. JEAN MARTIN hat den schwierigen Originaltext etwas gestrafft und damit für den Laien besser verständlich gemacht. Dagegen soll die französische Übersetzung von BÉROALDE DE VERVILLE, die 1600 in Paris bei Mathieu Guillemot als *"Le Tableau des riches inventions couvertes du voile des feintes amoureuses qui sont représentées dans le Songe de Poliphile"* doch sehr verzerrt sein. Die kritische Edition des Texters von G. POZZI und L. CIAPPONI, Padua 1964 (^{2}1980) in zwei Bänden habe ich zwar in der Zentralbibliothek Zürich eingesehen, doch da ich diesen oberitalienischen Dialekt nicht verstehe, half sie mir wenig. Die alte französische

Übersetzung mit einer Einführung von C. POPELIN, Paris 1883 in zwei Bänden "Le Songe de Poliphile ou Hypnerotomachie" de Frère Francesco Colonna habe ich eingesehen. Er betont die Idee, dass Colonna Alchemist gewesen sei, was heute bestritten wird, obwohl alchemistische Motive vorkommen.

Die Fiktion eines Traumes oder besser eines hypnagogen Erlebens ist nicht selten in der Literatur und will zum Ausdruck bringen, dass es sich um eine Schöpfung aus dem Unbewussten handelt.

"FRANCESCO COLONNAs Werk", schreibt C.G. JUNG in Psychologie und Dichtung[1]

> ist eine Apotheose der Liebe in der Form eines (literarischen) Traumes, nicht die Geschichte einer Leidenschaft, sondern die Darstellung einer Beziehung zur *Anima,* das heisst zur subjektiven Imago des Weiblichen, inkarniert in der fiktiven Gestalt der Polia. Die Beziehung spielt sich in heidnisch-antiker Form ab, was darum bemerkenswert ist, weil der Autor nach allem, was wir wissen, ein Mönch war. Sein Werk führt gegenüber dem mittelalterlich-christlichen Bewusstsein eine zugleich ältere und jüngere Welt aus dem Hades, der Gral und zugleich gebärende Mutter ist, herauf.

Eine Schülerin von JUNG, Frau LINDA FIERZ-DAVID hat den schwierigen Versuch unternommen, als Frau die verschlungenen Wege der Anima des Francesco Colonna zu deuten.[2] Ob es ihr geglückt ist, muss der Leser selber entscheiden. Ich werde im Folgenden die für unsere Fragestellung wichtigen Passagen zu deuten versuchen. Es gibt viele Spezialstudien zur Architektur und den Gartenanlagen, die in dieser Fantasie ausführlich beschrieben sind, doch muss ich mich auf mein Thema beschränken, ohne den Wert anderer Gesichtspunkte zu negieren. Eine Parallele, auf die, soviel ich weiss, nie hingewiesen wurde, ist die Traumwanderung des Frater Rosencreutz in der Chymischen Hochzeit, der ein eigenes Buch gewidmet ist.[3] Mir ist nicht bekannt,

1 GW 15 § 154.

2 Der Liebestraum des Poliphilo.

3 A. Ribi: Chymische Hochzeit. Christiani Rosenkreutz 1459 von Joh. Val. Andreae. Eine alchemistisch-tiefenpsychologische Deutung. In Vorbereitung.

ob JOHANN VALENTIN ANDREAE, der Verfasser, die Hypnerotomachia kannte. Parallelen können in diesem Bereich der Fantasie auch ohne Tradition vorkommen, da es sich schliesslich um den ubiquitären *Individuationsprozess* handelt. Für unsere Fragestellung ist dieses Dokument von besonderem Wert, weil die Rolle der Anima in diesem Prozess hervorgehoben ist.

Seit dem Erscheinen des Buches von Frau LINDA FIERZ hat MARIA TERESA CASELLA archivarische Studien unternommen, um die Biographie des Autors, Francesco Colonna, zu erforschen.[4] Er ist 1433 oder 1434 geboren. Er lebte an drei Orten: in seinem Kloster von S. Giovanni e Paolo in Venedig, dem Kloster S. Nicolò in Treviso und erwarb an der Universität von Padua 1473 das Bachalaureat und 1481 den Magister der Theologie. Offenbar führte er ein bewegtes Leben, teils im, teils aber auch ausserhalb des Klosters. Zeitweise wurde er aus dem Kloster ausgestossen, aber auch wieder als Prediger hochgeschätzt. 1496 wurde er Prior in S. Giovanni e Paolo. 1500 erhielt er die Erlaubnis, ausserhalb der Klostermauern zu leben. Er war oft krank und musste vielleicht aus diesem Grunde von Treviso zur ärztlichen Behandlung nach Venedig zurückkehren, wo er *Grammatica* lehrte. Er starb wohl 94-jährig (2. November 1527). Er muss ein ruheloser, rebellischer Mann gewesen sein, der mit seinen Kollegen oft in Konflikt geriet. Wegen seiner Begabungen als Lehrer, Administrator und Künstler war er aber unentbehrlich.

Über seine Geliebte, die er Polia nennt, weiss man aus einer Notiz in einer Kopie seines Buches vom 20. Juni 1512, die erst 1723 wieder auftauchte, dass er Dominikaner war und in Treviso eine feurige Liebe zu einem Mädchen Hippolita erlebte. Im Buch selber erzählt Polia, sie stamme aus Treviso, aus der Familie Lelli, und habe 1462 ihre volle Blüte erreicht; sie sei 1499 gestorben. Allerdings findet sich im Familienregister der Lelli keine Frau dieses Namens. Doch wäre es möglich, dass sie ein uneheliches Kind war. Mit ihrer Schilderung stimmt die Tatsache überein, dass 1464 die Pest in Treviso wütete.

4 M.-T. Casella et G. Pozzi: Francesco Colonna, biografia e opere, zit. bei G. Polizzi p. XL.

Für das Verständnis des Liebestraumes spielen diese biographischen Fakten kaum eine Rolle, vielleicht ausser der Tatsache, dass er als Mönch auch Liebeserfahrungen hatte.

Nun wollen wir uns dem Inhalt des Buches zuwenden und ihn mittels der psychologischen Interpretation dem Bewusstsein näherbringen.

> Kap. 1: Eines Morgens im April liegt Poliphil schlaflos in der Dämmerung mit dem Gedanken, wie es möglich sei, jemand zu lieben, die ihn nicht wiederliebe? Dabei verfällt er in eine hypnagoge Vision, in welcher er sich auf einer weiten blumigen grünen Ebene befindet, ohne Zeichen menschlicher Gegenwart. Er durchstreift sie und gelangt in einen grossen dunklen Wald, den "Schwarzwald", wo er sich vor gefährlichen wilden Tieren fürchtet.
> Kap. 2: Verzweifelt versucht er zu rennen, wird aber von den Dornbüschen aufgehalten. Sein Schreien wird nur vom Echo erwidert. Schliesslich sendet er ein Stossgebet zu Jupiter (Diespiter) und gelangt aus dem Wald in eine sonnendurchflutete Gegend. Er kommt zu einem Bach, wo er hofft, seinen brennenden Durst löschen zu können. Doch wie er mit der hohlen Hand Wasser schöpft, hört er so wunderbare Harmonien, dass er seinen Durst vergisst. Er versucht den Ursprung dieser Töne zu finden, doch sie narren ihn, indem sie immer wieder aus einer anderen Richtung kommen, bis er ganz erschöpft ist. Er legt sich am Stamm einer alten Eiche nieder und schläft ein.

Der Anfang der Geschichte ist typisch und kommt in vielen Erzählungen vor: Der Held ist über einem Problem verwirrt, findet keine Lösung und fällt in Schlaf. Wo das Bewusstsein nicht mehr weiter weiss, übernimmt das Unbewusste die Führung. Es ist daher wichtig, sich einzugestehen, dass man keine Lösung kennt. Denn dann beginnt die Nekyia, die Unterweltfahrt.[5] Sie führt in unbekannte Gefilde, wo unbekannte Gefahren lauern und wo man sich nicht mehr zurechtfindet. Mit einem Stossgebet macht er seiner Angst Luft. Dieses ist jedoch nicht, wie man erwarten würde, an den christlichen Gott, sondern an Jupiter, den Vater der Tageshelle gerichtet. Im dunklen Wald, wo das Sonnenlicht nicht auf den Boden gelangte, ist er völlig unbewusst. Doch jetzt weichen die Finsternisse seiner Seele, und er findet sich in der inneren

5 11. Gesang der Odyssee.

Natur, wo ein magisches Gewässer fliesst, das seltsame Harmonien erzeugt, die ihn ganz konfus machen, weil er ihre Herkunft nicht erkennen kann. Schliesslich fällt er erschöpft am Stamm einer alten Eiche nieder, wo er in einen Traum im Traum fällt. Das ist etwas Merkwürdiges, was gelegentlich in Träumen zu beobachten ist und auf eine tiefere unbewusste Stufe hinweist, die noch weiter vom Bewusstsein entfernt ist. Die uralte Eiche ist ein sprechendes Symbol für eine tiefere Schicht seines Stammbaumes. Wie ich früher erwähnt habe, fasst JUNG die Archetypen auch als Niederschlag all der Erfahrungen unserer Ahnen auf. Wenn das Ausgangsproblem die Sehnsucht nach seiner Dame Polia ist, *'laquelle est gravée au fond de mon coeur"*[6], so war das in der Vergangenheit schon oft das Problem seiner Vorfahren. Er wird daher auf Lösungen in seiner Seele stossen, die in ihrem Inventar vorhanden sind.

> Kap. 3: Er findet sich in einer lieblichen Gegend mit Wiesen voller Medizinalpflanzen, aber menschenleer. Ein Wolf rennt zu seiner Linken, dass ihm die Haare zuberge stehen. Doch dieser verzieht sich in den Wald. Da sieht er antike Ruinen mit einem Turm, der ein Obelisk ist beim Näherkommen, und einer grossen Pyramide, deren Spitze harter Marmor ist. Auf dem Obelisk steht eine geflügelte Nymphe mit einem Füllhorn. Sie stellt die Occasio, griechisch den Kairos, den günstigen Augenblick dar. Am Sockel der Pyramide ist das fürchterliche Haupt der Gorgo Medusa gebildet, durch das eine Treppe ins Innere führt. Auf einem Fries ist der Kampf der Giganten (Gigantomachia) dargestellt.

Die Medizinalpflanzen weisen auf die heilende Kraft dieser Gegend. Der Wolf als verschlingendes Tier im Märchen stellt die verschlingenden Leidenschaften in der Liebe dar, doch trollt sich dieser in den Wald. Die antiken Ruinen weisen auf das in der Renaissance aufdämmernde historische Verständnis, nämlich dass das Christentum nicht aus dem Himmel auf die Erde gefallen ist, sondern auf antiken Prämissen beruht. In der Malerei der Renaissance wird das ganz deutlich (Poussin, Claude Lorrain). Die Pyramide ist das Abbild des Urhügels, der aus dem Urgewässer aufragt, dessen Spitze die Strahlen der aufgehenden Sonne erhellen. Die Nymphe ist der flüchtige Augenblick, weshalb sie sich in

6 G. Polizzi: Le Songe de Poliphile p. 17.

einer prekären Situation auf der Spitze des Obelisk befindet. Am Fuss der Pyramide ist der Abstieg in die Unterwelt, als furchtbare verschlingende Mutter, was Colonna etwas zu harmlos auffasst. Denn im Innern findet der chaotische Kampf der Gegensätze statt, der jedoch erst durch das Dazwischentreten des Bewusstseins real wird. Colonna hat noch eine zu beschauliche Einstellung. Das kommt auch darin zum Ausdruck, dass er im nächsten Kapitel bis in kleine Details die Form der Pyramide, ein geflügeltes Pferd, einen Elefanten und eine schöne Türe beschreibt. Colonna und die Renaissance überhaupt haben eine zu ästhetische Einstellung. Ästhetik ist differenziertes Gefühl. Doch, wenn sie *l'art pour l'art* ist, wird sie spielerisch und wertlos. Denn die Hauptaufgabe der Gefühlsfunktion ist die Beurteilung des Wertes einer Sache.

Kap. 4: An einem einsamen Ort starrt Poliphil auf die Basis der Pyramide, an welcher Statuen von mädchenhafter Schönheit sind, die ihn mit Sehnsucht nach seiner "göttlichen Polia" erfüllen, "l'idée de laquelle est empreinte en mon coeur; sur laquelle mon âme a fait son nid et se repose comme en une sûre franchise".[7] Auf dem säulenbestandenen Platz sieht er die Statue eines riesigen geflügelten Pferdes, auf dem sich Kinder tummeln, die es zu besteigen versuchen. Es heisse "das Pferd der Unglücklichkeit" (le cheval d'infélicité). Auf der anderen Seite waren sieben Männer und sieben Jungfrauen in einem Rundtanz gemeisselt mit zwei Gesichtern, einem fröhlichen und einem traurigen, mit der Bezeichnung "Tempus" (Zeit). Auf der linken Seite waren junge Männer und Frauen, die Blumen pflückten mit der Bezeichnung "Amissio" (Verlust), weil die jungen Frauen den Männern die Blumen entwinden. Nachdem er das lange betrachtet hatte, sah er von weitem einen steinernen Elefanten. Doch wie er zu ihm gehen wollte, fand er einen Koloss mit hohlen Beinen und hörte das Seufzen einer Person. Der Koloss war umgefallen, und Poliphil konnte in sein Inneres steigen, wo alle Organe und ihre Krankheiten in Chaldäisch, Griechisch und Lateinisch angeschrieben waren. Als er zum Herzen kam, merkte er, dass die Seufzer von hier stammten, und er rief nach seiner Polia, dass es widerhallte. Neben diesem lag der Koloss einer Frau, deren Kopf allein sichtbar war. Dann wandte er sich dem Elefanten zu, der aus spiegelndem schwarzem Stein geschaffen war. Auf seinem Rücken trug er einen Obelisk. Auf seiner Decke stand: Cerebrum est in capite (das Gehirn ist im Kopf). Am

7 G. Polizzi l.c. p. 34.

Nacken ist ein Band mit der Inschrift "Fleiss und Mühe". Wieder kann er ins Innere steigen, wo er im Dunkel eine nackte männliche Gestalt findet, mit der Inschrift: Nudus eram, bestia ni me texisset. Quaere et invenies. Me sinito. (Ich war nackt, hätte mich nicht das Tier bedeckt. Suche und du wirst finden. Hasse mich). Beim Hinausgehen findet er ein anderes Grab mit einer weiblichen Gestalt und der Inschrift: Quisquis es, quantumcunque libuerit, huius thesaurus sume: at moneo, aufer caput, corpus ne tangito (Werimmer du bist, nimm vom Schatz soviel dir beliebt, aber ich warne dich, dass du vom Kopf nimmst und den Körper nicht berührst). Eine ausführliche Beschreibung von Verzierungen führt zur Inschrift: Ex labore deo naturae sacrificia liberaliter, paulatim reduces animum deo subjectum; firmam custodiam vitae tuae misericorditer gubernando, tenebit incolumemque servabit (Opfere freiwillig dem Gott der Natur von deiner Anstrengung, so wirst du allmählich deinen Geist Gott unterwerfen, der ein starker Hüter deines Lebens sein und es barmherzig führen und es gesund und heil erhalten wird). An der Stirne des Pferdes ist die Inschrift: ΓΕΝΕΑ (Geburt oder Schöpfung). Ein besonders schönes Portal wird eingehend beschrieben.

Die Pyramide war im Alten Ägypten ein wichtiges Symbol und Begräbnisort des Pharao. Sie verkörpert wie erwähnt den Urhügel, der sich aus dem Urozean erhob, womit auf das Wunder der Entstehung eines Bewusstseins aus dem Unbewussten hingewiesen wird. Im 3. Jahrtausend vor Christus entstand gleichsam aus der Barbarei im Niltal eine Hochkultur. Ein sprunghafter Fortschritt in der Bewusstwerdung hat sich ereignet und zu dieser Blüte geführt. Die Sehnsucht des Mannes nach der Geliebten hat im Persönlichen eine ähnliche Belebung des Bewusstseins zur Folge. Das Bild der Anima, was Polia für Poliphil darstellt, ist unbewusst im Manne eingegraben. Sie ist der Archetypus des Weiblichen, der viele Facetten hat. Er ist ein schöpferischer Anstoss. Das geflügelte Pferd ist der Pegasus der griechischen Mythologie, das Symbol des schöpferischen Dranges im Künstler. Hier klettern kleine Kinder auf ihm herum. Um schöpferisch sein zu können, braucht es eine kindlich unvoreingenommene Haltung. Die Kinder wären in diesem Zusammenhang eigentlich positiv. Colonna nennt das Pferd aber Unglücklichkeit, so dass man schliessen muss, dass er ein Problem hat mit seiner Schöpferischkeit. Da die Kinder immer wieder herunterfallen, würde ich meinen, dass sie darin besteht, dass er es zu spielerisch unverbindlich nimmt. Es kommt ihm nicht in den Sinn, dass seine Fantasien kein Spiel sind, sondern sein eigener Lebensmythus. Er trägt nicht die Verantwortung für das, was er schafft. Seine Fantasien werden durch das Gestalten der Zeitlosigkeit entrissen und gerinnen in der Zeit. Aber die Blumen, welche die Männer pflücken, werden ihnen von den Jungfrauen wieder entwendet. Colonna bezieht seine Schöpfung nicht auf sein Leben und seine Person, sondern freut sich an ihrer Üppigkeit. Auch bei den Figuren, die er nun beobachtet, bleibt er bei der Anschauung und dringt nicht zu einem Verständnis vor. Es handelt sich durchwegs um leblose Gestalten, an denen er seine Studien macht, aber sie werden nicht zu lebendigen Einsichten, sie sind tote Objekte. Diese Haltung hat in der Renaissance begonnen und sich in die modernen Wissenschaften fortgesetzt. Damals begann man sich für die Anatomie des Menschen zu interessieren, hat Leichen seziert und den Blutkreislauf entdeckt (Andreas Vesalius). Doch alles Interesse lag beim Objekt, nicht am Innenleben des Menschen. Letzteres besorgte in der Folge die Mystik eines JACOB BÖHME. Deshalb hat Colonna keine direkte Beziehung zu seiner Liebessehnsucht, sondern entdeckt sie als Seufzen im Herzen des Kolosses. Dadurch erst bemerkt er seine eigene Emotion und ruft nach seiner Polia. Da Emotionen direkt aus dem Unbewussten stammen, nehmen sie auch moderne Menschen häufig nicht wahr und reagieren sie an ihrer Umgebung ab. Die zahlreichen Inschriften, denen er bei seinen Erkundungen begegnet, müssen ihn auf seine Aufgabe aufmerksam machen, die er vor lauter Staunen vergisst. Diese Inschriften sind teilweise banal, weil er selbst einfältige Anweisungen nicht realisiert, teilweise sind sie enigmatisch, damit er sich bemühen muss, ihren Sinn zu enträtseln. Ich will nicht speziell auf sie eingehen. Das Portal weist auf eine Initiation hin, in welcher er sich befindet.

Kap. 5: Der Autor beschreibt wieder ausführlich alle Details, entschuldigt sich beim Leser für seine Langatmigkeit, um sich um so länger bei Einzelheiten aufzuhalten und sich zu entschuldigen, diese nicht genauer zu beschreiben. Bei einem Fries findet er die Inschrift: Diis Veneri et filio Amori Bacchus et Ceres de suis (s. substantiis) matri pientissimae (Der verehrungswürdigsten Mutter Venus und ihrem Sohn Amor haben Bacchus und Ceres zu Eigentum gegeben).

Kap. 6: Die detaillierte Beschreibung anderer Ruinen geht weiter bis er das Zischen einer Schlange hört, so dass sich seine Haare aufstellen und er einen furchteinflössenden Drachen sieht. Er flieht vor ihm in die Dunkelheit und glaubt sich verloren. Doch da sieht er in der Ferne ein kleines Licht. Wie er näherkommt, ist es ein schwaches Licht auf einem Altar. Dann findet er einen Lichtspalt und kommt in einen angenehmen Ort.

Die nur beobachtende Haltung des Poliphil wird jäh durch das Erscheinen des Drachens unterbrochen. Er ist das erste Lebewesen, das ihm begegnet, ein Symbol der verschlingenden Mutter. Sie war es, die ihn so lange in der Ruinenstadt aufgehalten hatte. Er war ja zur Suche nach seiner Polia aufgebrochen und hat vor lauter wunderbarer Dinge seine eigentliche Aufgabe fast vergessen. Seine Quest wurde mehr und mehr zu einem beschaulichen Sonntagsspaziergang. Das ist eine Gefahr im Individuationsprozess, dass man von den inneren Bildern fasziniert wird und sich immer mehr ihrem Reichtum und ihrer Vielfalt überlässt. Dabei verliert man das Ziel des Prozesses, die Einheit der Persönlichkeit, aus den Augen. Da braucht es dann eine solche Erschütterung wie die Bedrohung durch den Drachen, um wieder auf den rechten Weg zu kommen. Hier ist es zunächst die völlige Orientierungslosigkeit. Das schwache Licht im Dunkel ist die Erleuchtung von innen, die ihm nun richtungsweisend wird.

Kap. 7: Er kommt in eine liebliche Landschaft, worin er sich umschaut, um zu sehen, wie er aus der Dunkelheit des Berges entrinnen konnte. In einem kühlen Brunnen kann er endlich seinen Durst stillen. Da sieht er im Schatten eines Baumes eine Nymphe liegen, aus deren einer Brust sich kaltes, aus der andern warmes Wasser ergiesst. Sie heisst, die Mutter aller Dinge. Fünf Nymphen kommen ihm entgegen und beruhigen ihn, er sei einer tödlichen Gefahr entronnen. Sie sind die Gespielinnen der Königin Eleutherilida.

Jetzt hat sich sein Unbewusstes belebt mit lebendigen Wesen. Die Mater Natura, als welche die fruchtbringende Nymphe wohl gelten kann, ist zwar wieder ein Objekt, zu dem er keine Beziehung findet. Doch dann kommen die fünf Nymphen, die ihn zu ihrer Königin führen werden. Jedenfalls tritt jetzt das weibliche Element auf, welches doch sein eigentliches Ziel ist.

Kap. 8: Die Nymphen führen ihn zum Bad und erklären ihm ihre Namen: sie sind die fünf Sinne. Sie fragen auch ihn nach seinem Namen, der bedeutet "Freund der Polia". Sie fragen ihn, wo er sie gelassen habe und versichern ihm, dass er sie bald finden werde. Sie baden sich ungeniert mit ihm, so dass ihm ganz mulmig wird. Auf der andern Seite hielten zwei Nymphen einen Knaben, der kaltes Wasser pisste, das dem Poliphil ins Gesicht spritzte, als er sich näherte, was zu grossem Gelächter führte. Die Nymphen ölen und parfümieren sich und Poliphil. Sie führen ihn zu einem kunstvollen Brunnen und schliesslich zur Königin Eleutherilida (Kind der Freiheit).

Erstmals regt sich bei Poliphil ein erotisches Gefühl, nachdem er bisher nur ästhetische kannte. Ich vermute, dass Francesco Colonna ein Empfindungstyp ist, für welchen die Sinne die bewusste Orientierung vermitteln. Dafür spricht auch seine Liebe zum Detail. er gehört wohl der extravertierten Haltung an, die sich am äusserlich gegebenen orientiert. Seine Einstellung stimmte wohl vorzüglich mit jener seiner Zeit überein, die sehr sinnenfreudig war. Der "Männekenpiss" ist ein beliebtes Symbol der Alchemie für die *aqua permanens.* Der Mercurbrunnen, wie im Bildgedicht des Rosarium Philosophorum, ist der Ort der Wandlung wie übrigens auch das Bad. Dieses entspricht in der Alchemie der Ablutio (Reinigung), worin alle Unreinheiten abgewaschen werden. Wenn ich auf alchemistische Parallelen hinweise, so heisst das nicht, Colonna sei Alchemist gewesen, sondern in der Alchemie ist der Individuationsprozess im Opus dargestellt. Darum weist er dieselben Symbole auf. Darin spielt das geheimnisvolle Wasser als Wandlungssubstanz eine wichtige Rolle.

Kap. 9: Poliphil wird zur Königin Eleutherilida gebracht. An den Wänden des Palastes sind die Namen der sieben Planeten angebracht, und die Königin sitzt am Platz der Sonne. Der Palast hat die Form eines Mandalas. Sie unterhält den Gast mit einem Ballett und einem Schachspiel auf dem Fussboden, sowie einem exotischen Mahl. Poliphil setzt sich auf den Merkursessel.

Die Astrologie wurde in der Renaissance zu neuem Leben erweckt: der richtige Zeitmoment spielte eine grosse Rolle. Jeder Planet bedeutete eine Charaktereigenschaft und, wenn diese in der richtigen Beziehung zueinander standen, war es ein günstiger Augenblick. Die von Eleutherilida verkörperte Freiheit bedeutet die Wahl des Menschen im günstigen Augenblick. Sein Wille ist nur zum Teil frei. Seine Aufgabe ist es, so viel Freiheit zu nutzen wie ihm zur Verfügung steht. Das wird im nächsten Kapitel noch verdeutlicht.

> Kap. 10: Die Königin schickt ihn zu ihrer Schwester Königin Telosia (Ziel) und gibt ihm einen Zauberring auf seine Reise mit und zwei ihrer Jungfrauen zur Begleitung: Thelemia (Wille) und Logistica (Vernunft). Der Palast ihrer Schwester Telosia, "die alles zu einem Ende bringt", sei nicht so prächtig wie dieser und ihr Angesicht veränderlich. Wie er weggeht, sieht er über der Türe die Inschrift "Reichtum der Natur". Logistica zeigt ihm im Garten ein Labyrinth, in welchem sich ein Wasser zum Zentrum schlängelte, in welchem sich ein unsichtbarer Drache aufhält, der unerbittlich und grausam ist. Er ist der Wolf der Göttin, die kein Erbarmen kennt. Poliphil werden viele Symbole gezeigt und eine Inschrift: *Medium tenere beati* (glücklich sind die, welche die Mitte halten) und *Velocitatem sedendo, tarditatem surgendo tempera* (mässige die Hast durch Sich-setzen und die Verzögerung durch Sich-aufmachen). Dann kommt er zu drei in den anstehenden Fels gehauene Türen. Die linke heisst Gloria Dei, die rechte Gloria mundi und die mittlere Mater amoris. Wie sie an die rechte Tür klopfen, erscheint eine alte Frau wie eine Witwe, begleitet von sechs Jungfrauen. Sie heisst Pylurania (Himmelspforte), die Jungfrauen Keuschheit, Gebet, Askese, Unterwerfung, Bescheidenheit, Armut. Alles sieht ärmlich aus, und der Weg beschwerlich. Dann klopfen sie an die linke Türe. Eine wütende Matrone erscheint mit einem Degen in der Hand. Sie war von kräftiger Statur und hiess Ruhm. Sie ist ebenfalls von sechs Jungfrauen der entsprechenden Tugenden begleitet. Aber der Ort schien ihm rauh und voller Arbeit. Da kommen sie zur mittleren Türe, wo ihnen eine Dame mit laszivem, unstetem Blick begegnet. Sie heisst Liebeszauber und ist auch von sechs Tugenden begleitet. Poliphil fühlt sich zu ihr hingezogen, doch Logistica warnt ihn vor ihrer Rückseite, doch Thelemia ermuntert ihn, er werde hier das finden, was er suche. Sie küsst ihn wie eine kleine Taube und kehrt zu ihrer Königin zurück. Poliphil ist von den entzückendsten Nymphen umgeben, die ihn mit ihren Tändeleien in ihren Bann ziehen. Doch plötzlich sind sie verschwunden, und er befindet sich allein auf weiter Flur.

Die Szene hat sich belebt, Poliphil kann nicht mehr beschaulich sein, sondern muss sich sogar schicksalhaft entscheiden. Weil die Königin

Eleutherilida das voraus wusste, gab sie ihm zwei Begleiterinnen mit, die ihn beraten sollten: Wille und Vernunft. Der Wille ist in jener Zeit, in der noch keine Psychologie des Unbewussten besteht, die richtungsgebende Kraft im Menschen, omnipotent. Wie sich zeigt, können Wille und Vernunft im Widerstreit sein. Der Wille jener Zeit scheint uns eher dem zu entsprechen, was wir heute als Trieb oder Instinkt bezeichnen. Der mittelalterliche Mensch hätte wohl die rechte Türe gewählt, die ihm den Weg zur *Vita beata* gewiesen hätte, einem gottgefälligen Leben. Doch die mittelalterliche Weltanschauung ist zerbrochen, und ein heiligenmässiges Leben ist Poliphil zu beschwerlich. Das weltliche Leben als die andere Alternative würde zwar zum Ruhm führen, aber ist ihm zu anstrengend. Wir dürfen nicht vergessen, dass der Autor ein Mönch war, und es einigermassen erstaunt, dass er seinen Helden nicht die erste Türe wählen lässt, aber auch nicht die zweite. Der Autor hat lange Zeit ausserhalb der Klostermauern verbracht. Sein Leben ist der Suche seiner Seele geweiht, was ein Mittleres zwischen Askese und Lebewelt ist. Das Labyrinth, ein beliebtes Symbol der Renaissance, stellt das Schicksal dar, das einen auf unentwirrbaren Wegen zur eigenen Bestimmung führt. Es ist unerbittlich und unbeirrbar wie die Natur und läuft seinem Ziel entgegen wie das Wasser. Das muss Poliphil zur Kenntnis nehmen bevor er vor die Wahl der Türen gestellt wird, um zu merken, dass seine Wahl nur relativ frei ist. Er geht unmerklich den Weg, den ihn eine höhere Macht als Vernunft und Wille führt.

> Kap. 11: Poliphil findet sich allein und seufzt nach seiner Polia. Da sieht er in der Ferne junge Leute. Er ist verwirrt. Wie er unschlüssig dasteht, löst sich aus der Gruppe eine Nymphe mit einer Fackel in der Hand und kommt geradewegs auf ihn zu. Sie hatte ein Lächeln im Gesicht und war von solcher Anmut, dass er sie im Parisurteil sogar der Venus vorgezogen hätte. Im ersten Moment glaubt er, es sei seine Polia. Er beschreibt ihre wunderbare Erscheinung in Einzelheiten.

Bis hierher erscheint das Weibliche stets in deiner Vielheit, was für den Mann ungewöhnlich, aber für das Männliche der Frau typisch ist.[8] Wenn bisher für Poliphil das Weibliche als Vielheit auftrat, ist es der Ausdruck

8 Emma Jung: Animus und Anima, S. 37.

der Undifferenziertheit und Indiskrimination seines Bildes von der Frau. Der Mann ist gewöhnlich nach aussen polygam und nach innen monogam; die Frau umgekehrt. COLONNA hatte anscheinend aussen ein Liebeserlebnis mit einer Frau, was vielleicht zur inneren Polygamie führte. Jedenfalls begegnet er jetzt nur einer Frau, seinem *einen* Bild von der Frau. Dieses Bild spiegelt nicht bloss das Erleben des Mannes an der Frau, sondern ist das Bild, das der Mann in sich trägt und an welchem er die äussere Frau misst. Das Bild ist jedoch viel mehr als eine reale äussere Frau: Sie trägt göttliche oder dämonische Züge. Das zeigt sich schön in ihrer übernatürlichen Schönheit, die COLONNA eingehend beschreibt mit ihren goldenen Haaren. Der Archetypus gehört zum seelischen Inventar. Im Knaben ist bereits ein Erwartungssystem angelegt, das auf die Frau ausgerichtet ist. Seine Mutter als die erste Frau, mit welcher er in intensiven Kontakt tritt, trägt Wesentliches zur Ausformung des Bildes bei. Die Wahl der Frau zur Ehe wird wesentlich von diesem Bild bestimmt. Für COLONNA als Mönch war diese Wahl unerheblich, dafür trat die Quest nach dem inneren Bild an ihre Stelle.

Kap. 12: Für Poliphil ist diese Erscheinung übermenschlich und jener glücklich zu preisen, der eine solche Frau besitzt. Sie trägt in der rechten Hand eine Fackel, sie ist die 'lucifera' (Lichtbringerin), die den Mann erleuchtet. Sein Herz schlägt wie ein Trommelwirbel. Da streckt sie ihm ihren Arm entgegen, nennt ihn beim Namen und fordert ihn auf, mit ihr zu kommen. Ganz verwirrt geht er mit ihr und fühlt sich einer derartigen Gestalt völlig unterlegen. Er wird von Überlegungen und Zweifeln hin- und hergeworfen.

Dieses Kapitel schildert anschaulich die Verlegenheit des Mannes, der dem Bild seiner Anima begegnet. Diese Verwirrtheit weist auf die übermenschliche Natur der Anima. RUDOLF OTTO hat das Göttliche als das Numinosum, das Tremendum (Schauervolle), das Faszinosum (Anziehende, Bestrickende), das Mysterium (Geheimnisvolle), das Unheimliche, das Heilige (Sacrum) beschrieben.[9] Das trifft alles auf die Beschreibung und die Gegenwart der Nymphe zu. Es ist daher nicht übertrieben, sie als eine göttliche Gestalt zu bezeichnen.

9 R. Otto: Das Heilige: S. 8, 13, 42, 22, 27, 28, 53, 66.

Kap. 13: Poliphil glaubt, die Nymphe sei seine Polia, wird von Zweifeln herumgeworfen, getraut sich jedoch nicht, sie zu fragen während sie nebeneinander hergehen. Da kommen junge Männer und Frauen, reich bekleidet, sich gegenseitig liebkosend, in die Umgebung von vier Trimphwagen.

Triumphwagen sind ein Lieblingsbild der Renaissance. Sie sind das, was uns heute Bühnen, um eine Szene darzustellen. Am nächsten kommen ihnen unsere Wagen, die in Umzügen mit geführt werden. Sie stellen die Dynamik der Archetypen dar, die in immer neuer Reihenfolge sich abwechseln.

Kap. 14: Die vier Wagen stellen die Liebesabenteuer Jupiters mit der Entführung Europas, mit Leda, mit Danae und Semele dar. Sie stellen Stationen der Liebe dar. Die begleitenden Symbole haben erklärenden Sinn. Im ersten Wagen ist die Verwundung durch die Liebe hervorgehoben. Es besteht ein derartiger Reichtum an Szenen, dass sie hier nicht wiedergegeben werden können. Im zweiten Wagen mit Jupiter als Schwan, der Leda begattet, ist Cupido der Herr der Fantasie und des Schicksals der Welt. Im dritten Wagen befruchtet Jupiter als Goldregen die Danae. Hier ist Cupido Süssigkeit und Bitternis. Im vierten Wagen umfängt Semele Jupiter als Wolke, von der sie befruchtet wird. Hier ist Cupido selber verwundet von Psyches Ampel. Sieben Nymphen, die Bäume waren, erhalten ihre Gestalt. Bacchantischer Aufzug mit mädchenhaftem Bacchus, Mänaden, Faunen, Satyrn und zuhinterst die Frau mit der Getreideschwinge.

Colonna packt einen grossen Teil der griechischen Mythologie in diese Szenen. Jupiter, der Göttervater, kann sich als Stier, als Schwan, als Goldregen oder als Wolke manifestieren. Er ist der befruchtende Geist der Liebe. Selbst Danae, die von ihrem Vater in ein Verliess gesperrt wurde, damit kein Liebhaber sich ihr nahen könne, erreicht er als Goldstaub. Der Geist der Liebe will befruchten und zwar nicht nur körperlich konkret, sondern ebenso geistig symbolisch. Das gelingt ihm auch gegen den menschlichen Widerstand. Die vier Wagen stellen eine Ganzheit dar, vier Aspekte desselben. Cupido ist der Verwundete, der mit seinem Geschoss der Leidenschaften verwundet. Die Nymphen sind in ihrer archaischen Gestalt lediglich ein Naturgefühl, wie es in den ersten Kapiteln des Buches dargestellt wurde. Doch allmählich, durch die innere Anteilnahme, werden sie lebendig und erhalten menschliche Gestalt, das heisst, das schwärmerische Naturgefühl nähert sich dem Bewusstsein und erhält konkrete Form im menschlichen Leben, es wird verwirklicht in Taten. Das Bacchanale ist ebenfalls eine Verehrung der Natur mit den halbtierischen Gestalten. Aber noch viel mehr ist es Ausdruck der Lebensfreude.[10] In der Renaissance wandte sich der Mensch von der einseitigen mittelalterlichen asketischen Weltflucht zur Diesseitigkeit. Dabei spielte die Wiederentdeckung der Natur und der Lebensfreude am Irdischen eine grosse Rolle. Der Mensch der Renaissance trank den Becher des Lebens bis zur Neige. Nicht dass er die religiöse Dimension aus den Augen verloren hätte, aber er fand sie in der Welt, in der Schönheit der Natur, in der Schönheit der Architektur und der Kunst und im Genuss. Logistica, die Vernunft, ist damit oft im Widerstreit, da es das Irrationale ist. Bei Colonna kommt das durch die vielen rätselhaften und widersprüchlichen Inschriften zur Darstellung. Die Rationalität ist nur eine Seite des Lebens, das Irrationale nimmt einen ebenso wichtigen Platz ein. Der Eros ist meist auf dieser Seite, ein unverständliches Wunder. Die letzte Figur im Umzug ist Demeter, die Korn- und Fruchtbarkeitsgöttin auf der Suche nach der ihr von Pluto geraubten Tochter. Sie ist die zentrale Figur der Eleusinischen Mysterien von Tod und Auferstehung.

> Kap. 15: Poliphil befindet sich in einer arkadischen fruchtbaren Landschaft, wo alles ohne Arbeit gedeiht durch Ceres (= Demeter) und ihren Sohn Triptolemus. Seine Begleiterin sagt: “Wisse, dass kein Sterblicher je hierher gelangt, es sei denn die Fackel einer grossen Liebe und strenge Arbeit hätten ihn geführt. Ich muss nun um deiner Liebe willen meine Fackel im heiligen Tempel opfern”. In einem Zug von Männern und Frauen erklärt ihm seine Begleiterin, in welcher er immer mehr seine geliebte Polia vermutet, die berühmten Liebespaare der Antike.

Die Gegend ist Ausdruck der Stimmung der Liebenden. Da, wo die Liebe herrscht, scheint alles leicht, selbstverständlich und ohne Anstrengung vor sich zu gehen. Auch hier wieder demonstriert Colonna sein stupendes Wissen um die Antike.

10 R. Merkelbach: Die Hirten des Dionysos.

Kap. 16: Poliphil wundert sich über all die schönen Figuren, so dass er sich ganz vergisst und ihn seine Begleiterin hinüberziehen muss. Sie folgen einem klaren silbernen Gewässer, in welchem der unglückliche Narziss sein Ebenbild sah und sich darin verliebte. Jünglinge und Jungfrauen von lieblicher Gestalt vergnügen sich im Wasser, was seine Liebe mächtig anheizt. Er macht ein unhörbares Stossgebet an seine Polia.

Narziss ist das abschreckende Beispiel einer Person, die nicht zur Liebe fähig ist, ausser zu sich selber. Welcher Gegensatz zu den sich verlustierenden Paaren! Colonna schwelgt in diesen Liebesgefühlen, die durch die Paare und die Landschaft ausgedrückt sind und seine Liebe zu Polia verstärken.

Kap. 17: Seine Führerin führt Poliphil zum Triumphwagen des Fruchtbarkeitsgottes Vertumnus und Pomona, Göttin der Früchte. Auf einer Tafel steht: Denen, die mir dienen, verleihe ich körperliche Gesundheit, Stärke ihrer Persönlichkeit, keusche Köstlichkeiten des Tisches mit glücklich sicherem Geist. Der Zug führt zu einem riesigen Altar des Priapos mit aufgerichtetem Glied. Dort wird ihm ein Esel geopfert, und Flaschen mit seinem Blut und Wein werden gegen das Standbild geworfen. Dazu werden obszöne Hochzeitslieder gesungen. Im Weitergehen sieht er ein kunstvolles Gebäude, den Tempel der Venus Physizoë (des Lebens der Natur). Er war als Quadrat in einem Kreis gebaut, was genau beschrieben wird, und ein kunstvolles Mandala darstellt, dessen Zentrum eine Zisterne bildet. Wiederum findet er Inschriften an den Wänden: Trahit sua quemque voluptas[11] und "Jeder muss gemäss seiner Natur handeln." In einer feierlichen Zeremonie steckt seine Führerin ihre Fackel in die Mitte der Zisterne und bittet um Gnade für Poliphil bei der grossen Göttermutter, dass sie aus ihrem Brunnen trinken dürfen. Poliphil musste ihre Fackel übernehmen, in die Zisterne halten und dreimal bitten, dass, wie das Wasser die Flamme lösche, das Feuer der Liebe ihr kaltes Herz entzünden möge. Daraufhin wendet sie sich an Poliphil, um ihm zu versichern, dass sie jene Polia sei, nach welcher er sich so verzehrt habe und küsst ihn zum Zeichen ihrer Zuneigung. An einem Altar im Nebengebäude werden zwei weisse männliche Schwäne und zwei weisse Tauben in einer feierlichen Zeremonie geopfert.

11 Jeden zieht seine Begierde, Vergil, Bucolica II, 65.

Abb. 14: Standbild des Priapos, dem ein Esel geopfert wird.
Aus: Francesco Colonna: Hypnerotomachia Poliphili. Fest des Priapus mit Eselsopfer.

Offensichtlich gleichen gewisse Zeremonien dem christlichen Osternachtritual, sind jedoch antiker Herkunft. Das ist typisch für die Mentalität der Renaissance. Die Abwehr des Heidentums war die Hauptaufgabe des Mittelalters, weil es viele Jahrhunderte dauerte, bis diese Welt christlich geworden war. In der Renaissance dagegen konnte man mit freierem Blick auf die vergangenen Kulturen zurückschauen und ihre Errungenschaften würdigen. die antiken Religionen wurden als Vorläufer des Christentums geschätzt und die Parallelen gewürdigt, weil man ihren symbolischen Gehalt verstand. Überhaupt kam in der Renaissance ein umfänglicheres Verständnis für Symbolik auf, wovon zahlreiche Emblembücher zeugen.[12] Erst jetzt entdeckte man die universale Bedeutung des Symbols, das keineswegs auf den christlichen Bereich beschränkt ist. Das Symbol stammt immer aus archaischen Residuen, aus stammesgeschichtlichen Engrammen, über deren Alter und Herkunft man vieles spekulieren, aber nichts Bestimmtes ausmachen kann, schreibt C.G. JUNG.[13] Es wäre auch ganz unrichtig, die Symbole aus persönlichen Quellen ableiten zu wollen. Da die Sprache des Unbewussten bildhaft ist, liegt das Bild stammesgeschichtlich vor der logischen Sprache. Der Mensch dürfte daher schon in seinen Anfängen das Bedürfnis verspürt haben, gewisse wichtige psychische Inhalte bildhaft auszudrücken. Davon zeugen als zwar späte Zeugnisse die Felsenmalereien.[14] Das Symbol ist vom jeweiligen Sprachgebrauch abhängig, weil auch dieser sich symbolisch ausdrückt, was im semantischen Feld sichtbar wird. Die Symbole bilden sich stets im Feld der Archetypen. Es ist, wie JUNG schreibt[15], 'die bestmögliche Bezeichnung oder Formel für einen relativ unbekannten, jedoch als vorhanden erkannten oder geforderten Tatbestand.' 'Das lebendige Symbol formuliert ein wesentliches Stück, und je allgemeiner verbreitet dieses Stück ist, desto allgemeiner ist auch die Wirkung des Symbols, denn es rührt in jedem die verwandte Seite an', schreibt er weiter unten.[16]

12 z.B. Picinelli: Mundus Symbolicus, Alciatus: Emblematum Libellus.
13 Das Typenproblem in der Dichtkunst. GW 6 § 405.
14 H. Kühn: Die Felsbilder Europas.
15 GW 6 § 819.
16 l.c. § 825.

Die Begeisterung der Renaissance für das Symbolische stammt aus ihrer Freude am Bildhaften, was sich am deutlichsten in der bildenden Kunst ausdrückt. Darum kann sich Colonna kaum genug tun mit der Schilderung aller Einzelheiten einer Szene, der Kleidung, der Architektur und der Dekorationen. Sie war eine sehr sinnenfreudige Epoche, weshalb am Anfang des Buches die fünf Nymphen der Sinne auftreten. Nach der Introversion im Christentum[17] wendet sich das Interesse wieder der äusseren Welt zu und entdeckt ihre Schönheiten. Dazu gehört die Wertschätzung der Natur, die bei Colonna in mannigfaltiger Art zum Ausdruck kommt, und die den Beginn der modernen Naturwissenschaft ankündigt. Priapos ist hier mehr als nur der bäuerische Gartengott der Römer.[18] Im griechischen und römischen Altertum war er der Geber der Fruchtbarkeit. Es gab zahlreiche andere phallische Götter, die er schliesslich assimilierte in seiner Person. Er gehört mit Efeu umkränzt zum Thiasos des Dionysos. Ihm wurden tatsächlich Esel geopfert, weil dieser als das geilste Tier galt, weshalb der brünstige Lucius in Apuleius' Metamorphosen in einen solchen verwandelt wird.[19] Das Ganze gehört offensichtlich zu einem antiken Hochzeitsfest. Im klassischen Altertum war die Hochzeit von einem komplizierten Ritual begleitet.[20] Die Venus Physizoë ist der Gegenpart zur Venus Urania, der himmlischen Liebe, die irdische. In allen mittelalterlichen Stücken geht es letztlich stets um die Sublimierung der Liebe zur Marienminne. Hier sind wir dem Irdischen viel näher. Die Venus bedeutet der Renaissance nicht nur Göttin der Schönheit und der Liebe, sondern wird zur Göttermutter schlechthin. Die Fakkel, die ins Wasser der Zisterne gestossen wird, ist eine Parallele zum Osterritus der *benedictio fontis.* Dem Weihwasser wird etwas Salz beigegeben, womit es zur *aqua pontica* (Meerwasser) der Alchemisten wird. Am *Sabbatus sanctus* wird die brennende Kerze als phallisches Symbol dreimal hineingestossen, um das Taufwasser zu befruchten,

17 A. Ribi: Zeitenwende, S. 65.
18 Carmina Priapea. B. Kytzler herausg. und C. Fischer übers.
19 Apuleius: Der goldene Esel.
20 Carola Reinsberg: Ehe, Hetärentum und Knabenliebe im antiken Griechenland, S. 49f. (mit vielen Oasenbildern).

womit der Täufling wiedergeboren wird. Diese Symbolik muss dem Colonna als Mönch geläufig gewesen sein. Die Wiedergeburt ist hier Polias kaltes Herz, das durch das Feuer der Liebe entzündet wird. Im zweiten Buch der Hypnerotomachia erzählt sie, wie es dazukam, dass ihr Herz so verstockt wurde. Anscheinend war nicht nur ihr Herz erkaltet, sondern sie hatte sich auch in einen jenseitigen Bereich zurückgezogen, wo sie Poliphil nur im traumartigen Zustand erreichen konnte.

> Kap. 18: Zuerst werden die beiden Tauben geopfert, das Blut aufgefangen und die Körper verbrannt. Zum Zeichen, dass die Göttin das Opfer angenommen hat, steigt aus dem Rauch ein kleiner Geist wie Cupido auf. In die Asche werden Zeichen zum Bannen von der Liebe feindlichen Geister gezeichnet. Dann werden die Schwäne geopfert, ihr Blut mit dem der Tauben vermischt und ihre Körper verbrannt. Blut und Wasser werden in die Altarschale gegossen, aus welcher ein Rosenstock aufwächst mit roten Rosen und rosig weissen Früchten, von denen die beiden Liebenden essen, wodurch ihre Liebe erneuert wird. Sie nehmen Abschied von der Priesterin und kommen der Küste entlang zu den Ruinen des Polyandrion (Grabstätte der Vielen). Es sind die Gräber der unglücklich Liebenden, deren Tage tragisch endeten. Poliphil versucht ihre Namen zwischen den Rosenstöcken zu entziffern. Er wird von glühendem Verlangen nach seiner Polia ergriffen, die jedoch weiss, dass dies noch nicht der richtige Ort ist.

Tauben waren im alten Orient die Vögel der Liebes- und Fruchtbarkeitsgöttin, der Inanna oder Ištar oder Astarte. Bei den Griechen war es dann Aphrodite. Nach Platon soll es eine Aphrodite Pandemos und eine Aphrodite Urania geben, eine Göttin des Volkes, die alle Stände und Gemeinden friedlich verbindet, die etwa der Venus Physizoë in unserer Geschichte gleichkommt, und eine himmlische Göttin, die auf dem Gipfel des Berges verehrt wurde. Die Schwäne sind dem Apollo heilig. Schon bei seiner Geburt umflogen sie kreischend die Insel Delos auf der ihn seine Mutter Leto gebar. Von der Schwanenhochzeit des Zeus mit Leda hörten wir oben. In der Renaissance hatten die Symbole oft vielfältige und feststehende Bedeutungen. So bedeutete der Schwan auch Musik, weil es hiess, er liebe Musik und mache selber einen melodiösen Gesang (Singschwäne), wenn er sterbe (Schwanengesang). Er ist der Muse Erato (Poesie) und Clio (Geschichte) beigestellt, sowie der Liebe, der Melancholie, dem Tastsinn. Er steht für die Reinheit der Seele *(animi candor)* und für einen guten Tod.[21] Die Tauben waren in der Renaissance ein Symbol für den Frieden (Friedenstaube) (Gn 8, 10–12). In der Aeneis schickt Venus ihrem Sohn zwei Tauben, um ihn zum goldenen Zweig zu führen (Aeneis VI, 190). Sie ist ein Symbol für die Genusssucht, dargestellt als Frau mit einer Taube. Sie ist ein Bild für die Verführung in der Liebe. Sie steht für die Einfachheit begleitet von einer Schlange, für Eintracht als zwei sich gegenüberstehende Tauben.[22] Wie erwähnt haben die Emblembücher viel zur allgemeinen Kenntnis der Bedeutung dieser Symbole beigetragen. Dass diese Tiere der Liebe geopfert werden müssen, bedeutet wie jedes Opfer[23], dass ein höherer Bewusstseinsgrad erreicht werden soll. Das ist ein wichtiger Gesichtspunkt: Gerade in einer harmonischen Liebesbeziehung besteht die Versuchung, ins Unbewusste abzusinken. Man fühlt sich in der Harmonie aufgehoben und möchte "die Seele baumeln lassen". Damit gleitet man in den beseligenden kindlichen Zustand zurück, in welchem man sich gehalten und geborgen fühlte. Das sollte jedoch nicht geschehen, sonst ist die Beziehung gefährdet. Wenn sowohl die Tauben wie die Schwäne zu Asche verbrannt werden, entspricht das der alchemischen *Incineratio*, einer Reduktion auf das Wesentliche. Es gilt, sich bewusst zu machen, welches die Essenz der Beziehung sei. Der Geist der Beziehung ist das Wesentliche. Aus Wasser und Blut entsteht der Rosenstock, ein Symbol der Liebe und Erwählung, dem wir im Tannhäuserlied begegnet sind. Hier hat der Stock nicht bloss rote Rosen, sondern sogar rosig weisse Früchte, von denen die Liebe erneuert wird. Für den Mann ist es besonders charakteristisch, dass er glaubt, die Liebe sei ein konstantes Phänomen, wenn man sie einmal habe, sei sie für alle Zeiten da. Er weiss viel zu wenig, dass sie ein sehr flüchtiges Ding ist, das man kaum festzuhalten vermag und dass sie täglich erneuert werden muss, damit sie nicht unter-

21 Tervarent, Guy de: Attributs et Symbols dans l'Art profane 1450–1600, p. 138.
22 Tervarent l. c. p. 104.
23 A. Ribi: Anthropos Kap. Das Oper.

geht. Es ist daher folgerichtig, dass Polia ihn zur Ruinenstätte führt, wo die unglücklich Liebenden begraben sind. Sie gibt ihm ein warnendes Signal. Die Frau, deren eigentliches Lebensziel die Beziehung ist, weiss in der Regel um diese Gefahr für die Liebe, aber sie wird oft nicht gehört von ihrem Partner. Poliphil möchte nun seine Gefühle konkretisieren, um sie zu verewigen. Das ist jedoch der falsche Weg, sich ihrer zu versichern. So weist Polia ihn sanft daraufhin, es sei noch nicht der richtige Ort.

Kap. 19: Polia schickt ihn, einen antiken Tempel und seine Inschriften betrachten, während sie auf Cupidos Schiff wartet, das sie nach Kythera (Zypern) zu seiner Mutter bringen soll. Er geht zu diesem runden Tempel mit zahlreichen Inschriften, wovon eine heisst: *Pace ac concordia parvae res crescunt, discordia maximae dilabuntur* (durch Frieden und Harmonie wachsen ⟨auch⟩ kleine Dinge, durch Uneinigkeit zerfallen ⟨selbst⟩ die Grössten. Sallust). Dann kommt er zu den Grabstätten der unglücklich Liebenden: "Den unteren Göttern geweiht. Grab der elenden Körper, welche durch die Liebe in Wahnsinn verfielen". Er kommt zu einem Altar, welcher Pluto, dem König der Unterwelt und seiner lieben Gattin Proserpina von Cerberus, dem dreiköpfigen, geweiht ist. Er erlebt die ganze Unterwelt mit ihren grausamen Dämonen. Es ist ein eigentliches Inferno, wo sich die armen Seelen in den Eissee stürzen, oder vom Feuer verbrannt werden, ein ewiger Teufelskreis. Dort findet er die Inschrift: "Zum ewigen Feuer sind die Seelen derjenigen verdammt, die zu feurig liebten, sie quälen sich selber. In den Eissee werden jene gestürzt, die in der Liebe zu kalt waren, die die Gesetze verachtet haben und Cupidos Anordnungen". Er studiert alle Epitaphe, die vom unglücklichen Schicksal erzählen. Der Autor kann sich kaum genugtun mit den warnenden Inschriften von Schicksalen unglücklicher Liebe. Plötzlich fürchtet er, Proserpina könnte seine wartende Polia geraubt haben, und eilt zu ihr. Doch bald kommt Cupido mit seinem Boot im Hafen an, ohne welches niemand auf die Insel seiner Mutter gelangen kann. Das Schiff wurde von sechs leichtgekleideten Nymphen gerudert, deren Anblick Poliphil noch mehr in Not brachte. Alle Meerwunder zeigen sich bei der Überfahrt, so dass sich Poliphil für alle Anstrengungen seiner Quest entschädigt fühlt.

Es mag überraschen, dass Poliphil, auf dem Höhepunkt seines Glükkes, einen Abstieg in die Unterwelt machen muss. Schon die sumerische Inanna, die eigentlich eine Himmelsgöttin ist, steigt in die Unterwelt ab, wo sie von ihrer nächtlichen Schwester Ereškigal durch den "Todesblick" getötet wird. Dem Gott Enki gelingt es, sie mit dem "Kraut und Wasser des Lebens" wieder aufzuwecken. Dumuzi, ihr Geliebter wird statt ihr in die Unterwelt versetzt und von ihr betrauert. Er gilt als die Verkörperung der Frühjahrsvegetation und ist einer jener vielen frühsterbenden Sohngeliebten der grossen Mutter.[24] In Griechenland wird die Geschichte so erzählt, dass Myrrha von ihrem Vater ein Kind gebar, den Adonis, den Aphrodite in einer Lade barg, die sie Persephone zur Bewahrung übergab. Die Unterweltskönigin öffnete die Lade, sah den schönen Knaben und wollte ihn nie mehr zurückgeben. Die Götter bestimmten dann, dass er einen Teil des Jahres für sich sein durfte und einen Teil bei Persephone und einen bei Aphrodite verbringen solle. Aphrodite muss den toten Adonis beweinen.[25] Sie wird auch Melaina und Melainis, "die Schwarze", und Skolia, "die Dunkle" genannt. Sie heisst auch Androphonos, "die Mordende", Anosia, "die Unheilige", Tymborychos, "die Begrabende". Als Epitymbibia ist sie "die auf den Gräbern". Als Persephaessa ist sie die Unterweltskönigin und bei den Römern als Venus Libitina, die Todesgöttin.[26] Polia hat mit Recht Poliphil auf die dunkle, gefährliche und mörderische Seite der Liebesgöttin hingewiesen. Im Rausch der Liebe vergisst man leicht diese Seite und damit die Tatsache, dass die Liebe schon manchen zerrüttet und in den Tod getrieben hat. Da taucht die Frage auf, ob man auch zuviel lieben kann? Es gibt eine verzehrende Liebe, es gibt die unerwiderte Liebe. Nicht wenige Selbstmorde gehen zu ihren Lasten. Auch Geisteskrankheiten können, besonders bei Frauen, ihren Grund in der Liebe haben. C.G. JUNG beschreibt in seinen Erinnerungen den Fall einer Frau, die ihre beiden Kleinkinder verseuchtes Wasser trinken liess, worauf das vierjährige Mädchen, ihr Lieblingskind, an Typhus starb. Sie selber fiel in eine Depression. Sie

24 D.O. Edzard: Mesopotamien, in: Wörterbuch der Mythologie. H.W. Haussig herausg. Bd. I: Götter und Mythen im Vorderen Orient, S. 87 und 51/52.

25 K. Kerényi: Die Mythologie der Griechen. Die Götter- und Menschheitsgeschichten. S. 76.

26 Kerényi l.c. S. 81.

hatte das halb unbewusst zugelassen, als ihr ein alter Freund erzählte, dass ihre Heirat ein Schock war für einen Mann, für den sie heimlich geschwärmt, den sie jedoch für sozial unerreichbar gehalten hatte, weshalb sie einen andern Mann heiratete, von dem ihre Kinder stammten.[27] Ein anderer Fall betrifft eine 75-jährige kataton schizophrene Frau, die seit 40 Jahren im Burghölzli und völlig dement war. Sie konnte nicht mehr sprechen und nur mit grosser Mühe essen. Sie machte merkwürdige, rhythmische Bewegungen mit Händen und Armen, deren Natur die Ärzte nicht verstanden.

Eines Abends fragte JUNG die alte Oberschwester, ob sie immer so gewesen sei? Da erzählte ihm diese, ihre Vorgängerin habe ihr berichtet, früher habe sie Schuhe hergestellt. In ihrer alten Krankengeschichte hiess es, sie mache Bewegungen wie beim Schustern, wo man die Schuhe zwischen den Knien hielt und die Fäden durch das Leder zog. Als die Patientin kurz darauf starb, kam ihr älterer Bruder zum Begräbnis. Als JUNG diesen fragte, weshalb seine Schwester krank geworden sei, erzählte er ihm, sie habe einen Schuhmacher geliebt, der ihre Liebe nicht erwidert habe, worauf sie "übergeschnappt" sei. Die Schuhmacherbewegungen zeigten ihre Identität mit dem unerreichbaren Geliebten.[28] Meist wird nur die schöne Liebe besungen, die den Menschen in höhere Sphären versetzt. Dass es eine sehr dunkle Seite gibt, die den Menschen durch die Hölle führt, aus der er nur *deo concedente* (so Gott will) wieder auftaucht, wird oft verschwiegen. Viele Fälle der Höllenfahrt brauchen nicht so dramatisch zu verlaufen, aber gehören unabdingbar zur Liebe. Dass das Wort "Liebe" sich mit "Leiden" reimt, ist allbekannt und einfach die andere Seite der Medaille. Poliphil musste viele Prüfungen auf sich nehmen, bis er sich mit seiner Geliebten Polia vereinen konnte, aber wirkliche Enttäuschungen musste er nicht durchleiden. Sie gehören aber zum Leben und sind, wenn richtig verstanden, eine Herausforderung zu ihrer Überwindung und zum Bewusstwerden. Denn meistens sind bei Enttäuschungen unerfüllte Erwartungen im Spiel, welche psychologisch als Projektio-

27 ER S. 122.
28 ER S. 130–131.

nen zu bezeichnen sind. Meistens unterscheidet man naiverweise nicht zwischen dem geliebten Objekt und dem seelischen Bild. Letzteres ist viel umfänglicher und vollständiger als das geliebte "Menschentier" wie JUNG sich ausdrückt. In einem Brief an Graf Keyserling schreibt JUNG:

> Die Sehnsucht X.Y's nach Identifikation gilt eigentlich dem Animus, dessen sie sich in Ihnen bemächtigen möchte; sie verwechselt aber sie persönlich damit und ist infolgedessen natürlich aufs tiefste enttäuscht. Diese Enttäuschung wird sich stets und überall wiederholen, bis der Mensch gelernt hat, seine Seele vom Menschen zu unterscheiden. Dann kann seine Seele zu ihm zurückkehren. Diese Lektion ist eine Höllenqual für beide, aber äusserst nützlich.[29]

Mir scheint bemerkenswert, dass auch jene bestraft werden, welche zuwenig geliebt haben, die fallen in den gefrorenen See. Liebe ist eine Grundtätigkeit der Psyche, und Menschen, die nicht lieben können, sind im Eigentlichsten des Menschseins gestört, sei es die frigide Frau, der kaltherzige Manager oder der machtgeile Politiker. Ein menschliches Zusammenleben ist nur mit der Liebe möglich. Keiner kann für sich alleine leben, jeder ist auf andere Menschen angewiesen und sei er auch der reichste oder mächtigste Mann der Welt. Die Qualen im Inferno des Colonna drücken symbolisch den Defekt der Unglücklichen aus. Nur das Boot des Cupido kann Sterbliche auf die Insel zu seiner schönen Mutter bringen. Auf der Überfahrt, die zu einer Art Triumphzug wird, tauchen neben dem Segelboot alle Meerwunder auf wie in der Chymischen Hochzeit, oder im zweiten Teil von Goethes Faust. Das Meer ist ein Symbol der unbekannten Tiefen des Unbewussten, des Ursprungs des Lebens überhaupt.

> Kap. 20 und 21: Die Insel der Venus wird in allen Details als Mandala geschildert.

Der Mandalacharakter des Venusheiligtums weist auf ihre zentrale Position im Kosmos des Colonna. Jetzt ist gewissermassen die Lösung des Tannhäuserproblems erreicht. Dort war noch keine Vereinigung

29 Briefe I S. 101, vom 20.12.1929.

der christlichen Weltanschauung mit der verborgenen Welt der Frau Venus möglich. Tannhäuser musste sich entweder für die Eine oder die Andere entscheiden. In der Renaissance mit ihrer freieren Einstellung gegenüber der Antike hat sich Venus einen Platz erobert. Der wesentliche Fortschritt scheint mir in der religiösen Haltung der Venus gegenüber zu liegen. Tannhäuser geniesst einfach den angenehmen Ort mit den vielen reizenden Jungfrauen und dem ewigen Frühling. Poliphil dagegen ist tief von der Schönheit und der Macht der Göttin berührt. Tannhäuser ist nicht auf der Suche nach seiner Seele, sondern höchstens besorgt um sein Seelenheil. Letzteres ist ihm von der Autorität des Papstes gespendet oder eben versagt. Poliphil hat sich selber auf die beschwerliche Quest nach seiner Seele gemacht. Zwischen dem mittelalterlichen Tannhäuser und dem Renaissancemenschen Colonna, alias Poliphil, hat sich eine beachtliche Veränderung des Bewusstseins ereignet. Die Renaissance hat das Ich entdeckt, was sich in den zahlreichen Selbstbildnissen jener Zeit zeigt. Dadurch erhielt auch die individuelle Persönlichkeit, respektive die Seele eine Aufwertung. Im Mittelalter war die Seele nicht individuell, sondern in der Gemeinschaft der Ekklesia eingebunden. Jetzt ist sie eine Individualseele, die jedoch von jedem Einzelnen erst gefunden werden muss. Poliphils Quest ist daher auch *die* Aufgabe des Renaissancemenschen. Das wird deutlich, wenn Sie ein Madonnenbild der frühen Maler von Siena mit der Mona Lisa vergleichen. Dort das Andachtsbild einer kollektiven jungen Mutter auf goldenem Grund, hier das hintergründige Lächeln einer ewigen Schönheit. Das Bild der Anima trägt immer kollektive Züge und ist trotzdem in seiner persönlichen Ausgestaltung einmalig. Das ist ein Paradox, doch das Leben selber ist paradox und lässt sich mit logischen Aussagen nicht einfangen. Das kommt sehr deutlich im Bild der Anima zur Darstellung, das hier die Ganzheit ausdrückt.

Kap. 22: Cupido entsteigt der Barke, Nymphen empfangen ihn und führen ihn im Triumphzug zum Amphitheater im Zentrum der Insel. Polia und Poliphil werden die Hände mit Fesseln aus Rosen auf den Rücken gebunden. Die Herrlichkeit des Amphitheaters wird wieder ausführlich beschrieben. Schliesslich werden sie losgebunden und zum heiligen Brunnen der Venus geführt.

Im Triumphzug des Cupido versammeln sich wiederum alle Fruchtbarkeitsidole.

> Kap. 23: Wieder wird eingehend die Schönheit des Venusbrunnens beschrieben. Zwischen den beiden vorderen Brunnensäulen befindet sich ein kostbarer Vorhang: Hymen. Diesen zerreisst Poliphil mit einem Pfeil, den Cupido ihm reichte: Dahinter steht die nackte Göttin bis zur Hüfte im Wasser des Brunnens. Sie verspricht Polia, Poliphil werde unter die glücklichen Liebhaber gerechnet und durch ihren Tau von seinen Gebrechen gereinigt werden. Cupido schiesst einen Pfeil durch Poliphils Herz, der in Polias Brust stecken bleibt. (Abb. 11) Alle Lebensgeister entströmen seiner Herzwunde und zwei Körper werden zu einem. Venus besprengt die beiden mit Meerwasser, worauf sie sich wiedergeboren fühlen. Sie flüstert ihnen angenehme Dinge ins Ohr, die man nicht verraten darf, wie um ihre Liebe zu befestigen, sie noch mehr zu einen und ihnen langes Leben und ewige Freundschaft zu verleihen. Plötzlich bricht Mars in voller Rüstung herein, gefolgt von einem grimmigen Wolf und eilt zum Brunnen, wo er die Waffen und Rüstung wegwirft und Venus zärtlich umarmt. Polia und Poliphil entfernen sich.

Alles tönt sehr theatralisch wie in einem Schauspiel. In der Tat war für die Menschen der Renaissance das Leben ein Schauspiel, und sie liebten Schauspiele sehr als Darstellung des Lebens. Alles war ein bisschen übertrieben, ein bisschen überzeichnet, ein bisschen zu emotional. Leben und Schauspiel gingen nahtlos ineinander über. Darum die zahlreichen Triumphzüge: man liebte es, sich zur Schau zu stellen, man liebte Aufzüge, man liebte das Besondere, man liebte das Zeremoniell. Die Szene am Venusbrunnen mit dem Zerreissen des Hymens hat viel mehr theatralischen als religiösen Charakter. So auch der triumphale Einmarsch des Cupido mit seiner Begleitung. Man soll jedoch nicht vergessen, dass das Theater ursprünglich, zum Beispiel in Griechenland, religiöse Bedeutung hatte. Und wir befinden uns ja im Zentrum des Amphitheaters. Die Handlung schlägt hier vom Tatsächlichen ins Gleichsam-alsob um. Der Höhepunkt ist bereits überschritten, denn das Unaussprechliche der Liebe kann nicht dargestellt werden. Hier kommt Colonna mit seiner Kunst an eine Grenze. Doch der Leser erwartet, dass die Geschichte zu Ende geführt wird, und so muss er dafür einen Schluss finden.

Kap. 24: Sie kommen zu einem anderen Brunnen, wo ihnen die Nymphen die Geschichte von Adonis erzählen. Jedes Jahr feiert Venus sein Fest am Grab des Adonis, der von einem wilden Eber getötet wurde. Als Venus ihm zu Hilfe eilen wollte, verletzte sie sich an Rosen. In einer Muschel fing Cupido ihr Blut auf und legte es zum Leichnam. Auf dem Grab ist lebensgross die Statue der Venus den Cupido stillend. Die Inschrift sagt: "du saugst keine Milch, grausames Kind, sondern die bitteren Tränen, die du deiner Mutter wieder zurückgeben musst für die Liebe zu ihrem süssen Adonis". Die Nymphen erzählen ihnen die jährliche Zeremonie, bei der die Rosen weiss und dann wieder rot werden. Die Nymphen fragen Polia nach ihrer Lebensgeschichte, welche den zweiten Teil des Buches bildet.

Der Brunnen ist auch eine Quelle und damit der Ursprung des Lebens. Im vorangehenden Kapitel stand Venus hinter dem Vorhang nackt bis zu den Hüften im Wasser. Es ist der Ort der Erneuerung und der Wandlung. Adonis der Frühlingsgott drückt diese Symbolik sehr schön aus: jedes Jahr entsteht er neu, wird wieder vom gefährlichen Eber, der furchtbaren Mutter, getötet und von Venus beweint, um wieder zu auferstehen. Dieser Kreislauf von Tod und Auferstehung wird von vielen vorderasiatischen Vegetationsgottheiten (Osiris, Attis) verkörpert. So wie die Pflanzen und die Natur überhaupt jeden Herbst abzusterben scheinen und im Frühling als Wunder wieder aufblühen, ist alles im menschlichen Leben dem Wandel unterworfen, nichts hat Bestand. Das Leben drängt vorwärts und will sich wandeln. Wer sich der Wandlung verweigern oder entziehen will, wird krank oder stirbt vor seiner Zeit. Das ist ein unerbittliches Lebensgesetz. Immer wieder muss man das einmal Erreichte hinter sich lassen und vorwärts stürmen. Immer wieder muss dieses Opfer gebracht und darüber getrauert werden. Denn das Leben wie die Liebe drängen einem unbekannten Ziel von Vollständigkeit entgegen. Es ist im allgemeinen viel zu wenig bekannt, dass das Leben ein fortdauernder Prozess von Tod und Auferstehung ist, obwohl es im Ostergeschehen des Christentums ausgedrückt wäre. Dass Colonna als Kleriker das heidnische Drama von Venus und Adonis heranzieht, um das darzustellen, spricht dafür, dass ihm das heidnische Ritual weniger theologisch vorbelastet ist.

Den zweiten Teil des Buches, in welchem Polia ihre Lebensgeschichte erzählt, will ich nur kurz zusammenfassen und gleichzeitig kommentieren.

Polia stammt von einer Fee Morgane ab[30] in der Provinz Treviso. Eines Tages sah Poliphil, wie sie ihre goldenen Haare trocknete und verliebte sich in sie. Aber ihr Herz war kalt. Als sie an Pest erkrankte, die in Treviso wütete, gelobte sie, sich der keuschen Göttin Diana zu weihen, wenn sie sich erholen würde. Sie erholte sich und diente im Tempel der Diana, wo sie Poliphil wieder fand und ihr seine Liebe gestand. Aber sie weist ihn kaltherzig ab, so dass er in eine totenähnliche Starre fällt. Polia lässt ihn einfach in einer Ecke des Tempels liegen. Da träumt sie in der Nacht, der wütende Cupido töte und zerstückle zwei nackte Jungfrauen, die seinen Wagen zogen. Darauf nimmt sie den halbtoten Körper auf den Schoss und küsst ihn, worauf er erwacht. Die Priesterin der Diana kommt dazu und jagt die beiden aus dem keuschen Tempel. Sie geht zur Priesterin der Venus und beichtet ihr die Liebessünden.

Oft sind Mädchen Blaustrümpfe über die Zeit ihrer Pubertät hinaus, wo diese Haltung noch sinnvoller Schutz vor zu früher Sexualität war. Viele Frauen sind sich ihrer Sexualität bis weit ins Erwachsenenleben hinein nicht bewusst, obwohl sie zum Beispiel onanieren. Man hat die erstaunliche Feststellung gemacht, dass ein hoher Prozentsatz der Frauen die Ehe nicht wirklich vollzogen haben. Der Frau bedeutet die Sexualität im Gegensatz zum Mann nicht viel, bevor sie nicht erweckt worden ist. Oft ist es ein Verharren der Liebesfähigkeit der Frau in den Banden der Familie. Frauen mit einem Vaterkomplex können sich vom hohen Bild des Vaters nicht lösen, weshalb sie keinen passenden Partner finden oder in der Beziehung frigid bleiben. Diana ist die keusche Jägerin, ein sprechendes Bild für eine gewisse Art von sportlichen Frauen, die sich für alles mehr interessieren als für Liebe. Männer, die eine solche Mutter hatten, haben keinen Zugang zu ihrer weiblichen Seite, weil der Mutter Leistung wichtiger war als Gefühl. Sie sind gefühlsmässig unterernährt und finden keine Beziehung zu ih-

30 Laurence Harf-Lancner: Les Fées au Moyen Age, p. 199.

rer Seele. Auch Mütter der Kategorie "Nur-Mutter"[31] können den Eros des Sohnes nicht wecken, denn sie ersticken ihn mit übertriebener Zärtlichkeit. Denn wir müssen Polias Schilderung nicht nur als Geständnis einer Frau, sondern auch subjektstufig als den Zustand der Anima eines jungen Mannes verstehen. Es ist erschreckend zu sehen, wie unbedarft diese bei jungen Männern oft ist. Deshalb haben sie den Kopf voll sexueller Fantasien. Sie verwechseln Sex mit Liebe und meinen, wenn sie im Sex tüchtig seien, könnten sie einer Frau imponieren. Manche Mädchen glauben, sie müssten dieses Spiel mitmachen, weil sie noch unerfahren sind, bis sie merken, dass sie immer leer ausgehen. Frauen sind den Jungen im beginnenden Erwachsenenalter hinsichtlich seelischer Reife voraus. Jungen betrachten die Liebe noch allzulange als amüsantes Spiel. Daher suchen sich Mädchen oft ältere Partner.

Nun kommt noch sozusagen der Prolog im Himmel: In der Ohnmacht im Tempel der Diana entflog Poliphils Seele aus dem scheintoten Körper in den Himmel zu Venus, der sie ihr Leid klagte. Cupido brachte Polias Bild in den Himmel und durchbohrte es mit einem Goldpfeil, worauf es Poliphil ewige Treue schwor. Poliphil schaute in Polias Augen und wurde von ihrem Pfeil wie von der Sonne geblendet. Das war der Augenblick, da seine Seele in den Körper zurückkehrte und dieser von Polia auferweckt wurde. Nachdem die Priesterin die aufrichtige Reue der Polia erkannt hatte, gab sie beiden den Segen der Göttin.

Der Pfeil, von dem immer wieder die Rede ist, ist ein Projektil, das heisst psychologisch Projektion. Diese spielt in der Beziehung eine grosse Rolle, und man ist nie sicher, ob man die Wirklichkeit erkennt oder einer Illusion zum Opfer fällt. Man kann sich und seinen Fantasien gegenüber nie kritisch genug sein. Projektionen sind biologisch sinnvoll, damit überhaupt eine Beziehung zwischen zwei so gegensätzlichen Wesen zustandekommt wie Mann und Frau. Aber sie sind etwas wie ein erster Notsteg ans andere Ufer hinüber, der später wieder abgebrochen wird, wenn eine solidere Brücke gebaut wird. Man

31 C. G. Jung: Die psychologischen Aspekte des Mutterarchetypus. GW 9/I, 101.

darf sie nicht als lächerlich verachten. Sie sorgen dafür, dass man sich in der ersten Verliebtheit im siebenten Himmel wähnt. Die Poesie wäre ohne diese Phase um vieles ärmer. Aber sie kann nicht dauern. Besonders bei einer realisierten Liebe muss man früher oder später wieder auf den Boden zurückkehren. Das kann nur geschehen, wenn gewisse Projektionen zurückgenommen werden. Die Beziehung wird dadurch banaler, aber realer. Meist macht sich die Aufgabe der Rücknahme der Projektionen in Enttäuschungen von Erwartungen bemerkbar. Das ist oft mit viel Leiden verbunden. Das sind die vielen Tode, durch die Adonis hindurch muss, um wieder neu erblühen zu können. Eine Rücknahme der Projektion besteht darin, dass ich einsehe, dass die Erwartung mit *meinem* Bild von der Polia zu tun hat und nicht dem Objekt angehört. Das hört sich so einfach an, ist aber eine sehr anspruchsvolle Aufgabe, an welcher viele Beziehungen zerbrechen. Woher kommt denn die Projektion? Das Wort "hinauswerfen" suggeriert einen aktiven Vorgang eines Menschen und so wird er auch gemeinhin *missverstanden*. Mythologisch und in unserer Geschichte ist die projizierende Instanz ein Gott, das heisst psychologisch ein Archetypus. Also projiziert weder Poliphil seine Anima auf Polia, noch Polia ihren Animus auf Poliphil, wie man populärpsychologisch sagt. Sondern Cupido verschiesst seine Pfeile und durchbohrt Polia und Poliphil. Er ist derjenige, der mit seinen Pfeilen etwas in den beiden erregt, was das innere Bild aktiviert, das die Liebe zum Gegenüber erzeugt. Der Liebesgott setzt archetypische Energien in Aktion. Das heisst Projektion! Diese entfesselten Energien werden als Liebe erlebt, "die Berge versetzen kann" (Matt 17,20). Die Rücknahme von Projektionen ist ein wiederholter Vorgang, weshalb die lebenslange Beziehung eine lebenslange Aufgabe ist. Diese Auseinandersetzung führt dazu, dass ich meiner selbst bewusst werde. Das ist der Individuationsprozess. Ohne eine tiefe Beziehung ist Individuation, ist Selbsterkenntnis gar nicht möglich.[32] Denn in der Beziehung wird mir der Spiegel meines Unbewussten im Seelenbild des Gegenüber vorgehalten, in welchem ich unterscheiden muss, was zu mir gehört und was

32 C.G. Jung: Die Psychologie der Übertragung. GW 16 § 454 und Anm. 14, S. 174/5.

nicht. Das gibt dem Phänomen der Liebe das entscheidende Gewicht. Denn der Individuationsprozess ist das *opus magnum* des Lebens, das diesem Sinn verleiht. Ohne Liebe ist dieser Weg zur Mitte nicht auffindbar. Das ist ein ganz anderer Begriff von Liebe als der etwas bleichsüchtige der Agapē. Unsere Geschichte hat gezeigt, durch welche Abgründe hindurch der Individuationsprozess allenfalls führt. Man kann nicht zum Ziel gelangen unter Umgehung aller Gefahren. Der Held ist jener, der die Gefahren auf sich nimmt und lieber ehrenvoll untergeht als sein Ziel verliert. Es braucht auch in der Liebe Mut.

Während ihrer Erzählung hat Polia einen Rosenkranz für Poliphil geflochten. Sie umarmt ihn unter Schwüren ewiger Liebe und Treue. Eine wunderbare Röte verbreitet sich über ihre weisse Haut, ihre Augen füllen sich mit dem glänzenden Tau der Tränen. Seufzend löst sie sich in Luft auf und entschwindet ihm mit einem letzten Lebewohl. Mit einem Seufzer erwacht Poliphil aus seinem süssen Traum: Meine Polia, so lebe denn wohl!

Man kann sich fragen, ob dieser etwas überraschende Schluss befriedigt. Der Kranz ist ein Ganzheitssymbol und wenn er fertig geflochten ist, hat sich etwas erfüllt. Ist das alles? Über den Höhepunkt führt der Weg nicht weiter hinauf, sondern hinunter. Das Hinunter ist nicht negativ, sondern notwendig. Aus dem Traum führt er in die menschliche Wirklichkeit. Der Traum war vielleicht eine intuitive Vorausnahme dessen, was jetzt noch konkretisiert werden muss. Wir sind viel zu sehr gewohnt, dass es ständig aufwärts gehen sollte, und bedenken zu wenig, dass der Weg hinunter ebenso wichtig ist wie jener hinauf. Wir sind schliesslich in eine irdische Realität geboren, die wir zu erfüllen haben. Die Fantasien sollen konkretes Leben werden, sonst sind sie wertlos. Poliphil muss aus seinen Träumereien aufwachen und sein Leben mit den neuen Erkenntnissen, die ihn hoffentlich gewandelt haben, erfüllen. Die Anima ist die Beziehung zum Unbewussten und wenn diese gefestigt ist, löst sie sich auf. Es scheint, dass Colonna durch seine schöpferische Arbeit eine derart gute Beziehung zum Unbewussten aufgebaut hat, dass die Anima-Polia nicht mehr benötigt wird. Es ist ja merkwürdig, dass ein Mönch eine derart heidnische Fantasie hatte, um seine Anima zu finden. Vielleicht waren ihm die christlichen Figuren zu abstrakt für diese Aufgabe. Der Einbruch der antiken Götterwelt in der Renaissance hat anscheinend das Unbewusste der Menschen aufgewühlt, das von der christlichen Bilderwelt nicht mehr im gleichen Masse berührt worden war. Die Ergriffenheit liegt nicht mehr in der christlichen, sondern bei der antiken Welt, das spürt man durch das ganze Werk hindurch.

Francesco Colonna war kein Einzelfall, der vom Archetypus der Liebe ergriffen war. Herzog René d'Anjou (1409–1480) verlor 1453 seine erste Frau und heiratete 1454 eine um 14 Jahre jüngere. Er schrieb Le Livre du Cuer d'Amours espris (Vom liebentbrannten Herzen).[33]

> In der Nacht träumt der Autor, Amor nehme sein Herz aus der Brust und übergebe es dem Ritter Desir. Sein Herz als Ritter Cuer unternimmt eine lange Fahrt mit Desir, um die Dame Doulce-Mercy (süsser Dank) aus der Gewalt ihrer Kerkermeister Reffus (Zurückweisung), Honte (Scham) und Crainte (Furcht) zu befreien. Sie kommen zur Dame Esperance (Hoffnung), wo Amor eine Inschrift verfasst hat, man soll seiner ersten Liebe treu sein. In einem unheimlichen Wald kommen sie zur Hexe Jalousie (Eifersucht), welche Amors Boten Bel Accueil (Willkommen) eingesperrt und ihn statt zum Schloss Bon-Repos (gute Rast) nach Forest de longue-Attente (Wald des langen Harrens) gewiesen hat. In der Nacht trinken sie aus dem Brunnen Fontaine de la Fortune (Quelle des unbeständigen Schicksals), weshalb sie in ein schlimmes Gewitter geraten. Aus einem Löwenkopf entspringt der trübe Bach der Tränen, dem sie zur Hütte der Dame Melancholie folgen, dann zur Brücke Pas Perilleux (gefährlicher Übergang), auf welcher ihnen der Ritter Soucy (Gram) feindlich entgegentritt und den Ritter Cuer in den Fluss drängt, aus welchem ihn Esperance rettet. Sie kommen zum Schloss Courroux (Zorn) und der Dame Tristesse. Cuer besiegt Courroux, wird aber von Tristesse in ein finsteres Verliess gelockt. Desir begegnet Humble-Requeste (demütige Liebesbitte), einem Boten Amors, der ihn von der Entführung der Dame Doulce-Mercy unterrichtet. Desir kommt ins Zeltlager Honneurs (Ehre), den er bittet, den Ritter Cuer zu befreien. Dieser schickt einige Vasallen. Bald erreichen sie das Ufer des Meeres, wo sie mit einem Schiff zur Liebesinsel übersetzen. Sie erreichen die Insel mit

33 F. Unterkircher eingeleitet und erläutert.

dem prächtigen Schloss und dem Hospital d'Amours, wo die berühmten Liebenden der Vergangenheit und Gegenwart gepflegt werden (Paris, Theseus, Herkules). Im Liebesfriedhof sind Ovid, Boccaccio, Petrarca begraben. Sie werden im Chateau de Plaisance vom Liebesgott und seiner Mutter Venus empfangen. Cuer erhält von Amor die Erlaubnis, Doulce-Mercy zu befreien, wird aber überfallen. Desir fällt, Cuer wird schwer verwundet und Doulce-Mercy abermals gefangen. Cuer wird im Hospital d'Amours von Pitié (Mitleid) gepflegt. René erwacht froh, sein Herz unversehrt zu finden.

Ich habe dieses Buch kurz zusammengefasst, ohne es jedoch im einzelnen zu deuten, um dem Leser einen Eindruck von den Parallelen und Unterschieden zur Hypnerotomachia zu geben. Es ist ähnlich wie der berühmte Roman de la Rose geschrieben, in welchem Tugenden und Laster personifiziert werden, die auch bei Colonna noch oft so vorkommen. Es ist ebenfalls eine Traumwanderung. Es steht noch dem Minnesang nahe und weist alle typischen Stationen desselben auf. Im Minnesang ist das Werben an eine lebende Frau gerichtet, aber stark ritualisiert. Bei Colonna ist es eine innere Quest. Angers war ein Mittelpunkt des Minnedienstes, neben *caritas* trat immer mehr die irdische Liebe ins Zentrum.[34] Auch im deutschen Minnesang nahm die Liebe im gesellschaftlichen Leben die Stelle der Religion ein, wie *amor sancta* oder *amor divina* bei Dante. Was die Minnesinger *'reiniu minne'* nennen, ist untrennbar von der Sympathie für eine bestimmte Person und bleibt auch im sublimiertester Form Geschlechtsliebe. Bei den Provençalen kann die Liebe nie den Höhepunkt der Befriedigung erreichen; sie muss leidvoll und unglücklich sein.[35] Eine Verbindung von Christentum und Minnesang wird im Pseudo-Bonaventura-Traktat des Arbor amoris 'Der Minnebaum' angestrebt.[36] Das Kreuz, an welchem Christus leidet, ist der Maibaum. Der 'told' ist das Haupt, umgeben von dem "scharpfen hagedorn", dem Rosenkranz der Blutstropfen. Unter dem kalten Nordwind brechen die Wunden auf (= Geisselung);

34 H. Brinkmann: Entstehungsgeschichte des Minnesangs, S. 34.

35 Anna Lüderitz: Die Liebestheorie der Provençalen bei den Minnesingern der Staufenzeit, S. 91, 96 und 69.

36 U. Kamber l.c. S. 138.

in lieblichen Bächlein fliesst das rosenfarbene Blut[37] über Äste, Laub und Stamm nieder in das Erdreich des liebenden Herzens. Aus dem Stamme, aus tiefer Höhle bricht hervor ein lebendiger Brunnen, in dem des Maien ganze Gnadenkraft fliesst. Im Baum nistet zuoberst der Phoenix, dann der Adler, "das frej ledig adelich gemüt", die Nachtigall und zuunterst der Sittich. Das schwache Vögelein wird stärker und schwingt sich zum Saft des Maien auf und wird ein Adler und "schwingt sich in das rad der gothait".

RENÉ D'ANJOU steht in der Mitte. Der Tod seiner geliebten Frau gab wohl Anlass zu seiner Traumfahrt. Er kann seine Emotionen noch nicht so frei ausdrücken wie FRANCESCO COLONNA. Er ist noch in der starren Allegorik befangen. Doch stehen bereits Amor und Venus im Mittelpunkt des Geschehens. Das verwundete Herz wird in ihrem Hospital gepflegt. Doch es gibt kein *happy end*, keine Konjunktio, seine Dame bleibt auf ewig gefangen. Auch sein Gefühlsausdruck bleibt in der Konvention gefangen. Daran kann man den Fortschritt seiner Gefühlsbeschreibung in der Renaissance ermessen. Wir können hier säkulare Wandlungen im Ausdruck der Liebe verfolgen.

37 C.G. Jung: Der philosophische Baum. GW 13 § 390.

13. *Undine*

Der Dichter FRIEDIRICH DE LA MOTTE FOUQUE (1777–1843) wäre wegen seiner Ritterromane längst vergessen, hätte er uns nicht seine kostbare Erzählung *Undine* hinterlassen, die eine grosse Nachwirkung in der Literaturgeschichte hatte. Diese andauernde Wirkung wird verständlich, wenn wir ihren psychologischen Sinn verstehen, der so grundlegend und allgemein ist, dass er zum archetypischen Bestand der menschlichen Psyche zählt. Deshalb lohnt sich, näher darauf einzugehen.

Wem diese herrliche Geschichte nicht im Original zugänglich ist[1], der möge mit der folgenden Zusammenfassung Vorlieb nehmen:

> Dort wo Land und Wasser ineinander greifen, besass vor vielen hundert Jahren ein alter, guter Fischer seine Hütte auf einer Landzunge. Als er eines Abends arglos seine Netze flickte, rauschte es aus dem verwunschenen Wald hinter seiner Hütte, wie das Bild eines riesigen, schneeweissen Mannes, doch als er genauer hinschaute, war es das ihm längst wohlbekannte Bächlein, und ein schöngeschmückter Ritter trat aus dem Baumschatten. Dieser bat den Fischer um Obdach, was er ihm gern gewährte. Während der Fischer und seine Alte mit dem Gast über dessen Herkommen sprachen, spritzte Wasser gegen das Fenster und in die Stube, das von der Ungezogenheit der achtzehnjährigen Pflegetochter Undine herrührte. Schliesslich flog die Türe auf und ein wunderschönes Blondinchen schlüpfte lachend herein und blieb staunend vor dem schönen Jüngling namens Huldbrand stehen. Sie fragte ihn, weshalb er so lange habe in der Welt herumziehen müssen, bis er in ihre arme Hütte gekommen sei? Sie bat ihn, ihr von seinen Erlebnissen im verwunschenen Wald zu erzählen, wogegen sich der alte Fischer angesichts der Dunkelheit verwahrte, worauf Undine unwillig das Haus verliess. Trotz des Rufens beider Männer kam sie nicht zurück, worauf diese sich beim Wein niederliessen, und der alte Fischer seinem Gast erzählte, wie Undine zu ihnen gekommen war. Im ziemlich hohen Alter hatten sie nämlich ein wunder-

1 Undinenzauber. Geschichten und Gedichte von Nixen, Nymphen und anderen Wasserfrauen. Max, F. R. herausg.

> schönes Kind beschert bekommen, das mit zwei Jahren im See ertrank, indem es sich vorbückte, als sähe es etwas ganz wunderschönes im Wasser und hineinfiel. Als die verwaisten Eltern später eines Abends traurig in der Hütte sassen, sprang die Türe auf und ein wunderschönes Mägdlein von drei, vier Jahren stand auf der Schwelle, dem das Wasser aus Haaren und Kleidern tropfte. Die Fischersleute nahmen es an Kindesstatt, obwohl es über seine Herkunft absonderliche Dinge von goldenen Schlössern und kristallenen Dächern redete. Sie wurde auf den Namen Undine getauft, weil sie so von ihren Eltern geheissen worden sei. Da machte der Ritter den Fischer auf ein plötzliches Rauschen von Wasserfluten aufmerksam, und als sie aus der Türe traten, sehen sie den Waldbach als mächtigen Strom im Mondlicht, der die Halbinsel vom Festland abgeschnitten hatte.

Wir wollen hier einen Augenblick die Geschichte unterbrechen, um zu verstehen, was geschehen ist. Sie spielt am Übergang von Wasser und Land, dort, wo Unbewusstes und Bewusstes ineinander übergehen, wo die Grenzen zwischen beiden unscharf werden. Das kommt im Original in der Beschreibung der geheimnisvollen Natur zum Ausdruck, besonders des verwunschenen Waldes. Wer einsam im unberührten Forst wandert, versinkt leicht in eine derartige Stimmung, wo sich die Natur geheimnisgeladen belebt, wo aus schattigem Gezweige allerhand Fratzen oder liebliche Gestalten sich zeigen, die den Wanderer zu schrecken oder ergötzen vermögen. Die Stille belebt unbemerkt tiefere unbewusste Schichten in der menschlichen Seele, die der Tagwelt verborgen sind.

So lebte der Mensch die längste Zeit seines Daseins, und seine Umwelt war bevölkert mit den Wesenheiten seiner Psyche. Diese trat ihm ursprünglich in seiner Umwelt entgegen nicht als seine Innenwelt. Darum ist es noch heute für viele Leute schwierig zu verstehen, dass sie etwas in der Aussenwelt erleben, das aus ihrer Seele stammt. Wir haben trotz der Aufklärung unsere Seele noch nicht aus unserer Umwelt zurückgewonnen; das ist noch eine lebenslange Aufgabe.

Die Fischersleute sind, symbolisch gesehen, jene Funktion im Menschen, die an der Grenze von Bewusstsein und Unbewusstem, zwischen beiden vermittelt. Dadurch bekommen sie eine übernatürliche, das heisst, archetypische Bedeutung. In der Bibel macht Jesus die beiden Fischer Petrus und Andreas zu "Menschenfischern" (Matt 4,18–

19). Der wunderbare Fischfang (Luk 5,4–10) wird von ihm ebenfalls auf das Fangen von Menschen gedeutet. Damit wird er, wie der babylonische Oannes, zum *Kulturbringer*, einer *bewusstseinserweiternden Funktion*. Diese Funktion zeigt sich in der Handlung dieses ersten Abschnittes der Geschichte, wo den Fischersleuten das leibliche Kind ertrinkt, weil es sich zu weit in den See vorbeugte, wie wenn es "etwas ganz wunderschönes im Wasser" sehen würde. Dagegen erhält das Paar eine übernatürliche Tochter, Undine genannt, die aus dem Wasser stammt. Sie ist ein merkwürdiges Naturwesen, das den konventionellen Fischersleuten ihres neckischen und unartigen Wesens wegen zu schaffen macht. Ihre Erzählung von einem Palast unter dem Mittelmeer verstehen diese nicht, weil sie in ihrer gewohnten Weltanschauung gefangen sind und sich vor dem magischen Reich fürchten, aus dem Undine kommt. Sie lassen sie sofort taufen, um jenes zu bannen.

Erst im weiteren Verlauf der Erzählung lösen sich diese Rätsel. Undine erklärt ihrem Geliebten, dass es in den Elementen Wesen gebe, die wie Menschen aussähen: in den Flammen die wunderlichen Salamander, in der Erde die tückischen Gnomen, in den Wäldern die Waldleute, die der Luft angehörten und in Seen und Bächen der Wassergeister ausgebreitetes Geschlecht. Dieses wohnte in kristallenen Palästen auf dem Meeresgrund, weil die Fluten mit heimlichen Silberschleiern alles überzogen, was die alte Welt an Schönem besass, woran sich zu freuen die heutige nicht mehr würdig ist. Die Wasserweiber seien zarte, schöne Wesen, meist schöner als die Menschen, und würden Undinen genannt. Sie würden wie die anderen Elementargeister die Elemente bewegen, die ihnen gehorchen, aber zerstieben und vergingen mit ihnen, weil sie keine Seele hätten.

Diese Erklärungen verdankt der Autor dem PARACELSUS genannten PHILIPPUS THEOPHRASTUS BOMBASTUS VON HOHENHEIM. Dieser schrieb ein LIBER DE NYMPHIS, SYLPHIS, PYGMAEIS ET SALAMANDRIS ET CAETERIS SPIRITIBUS (Buch über die Nymphen, Sylphen, Pygmäen,

2 J. Huser: Der Bücher und Schrifften des […] Philippi Theophrasti Bombast von Hohenheim, Paracelsi genannt, IX. Theil, S. 45.
B. Aschner: Paracelsus Sämtliche Werke. IV. Bd.
G. Pörksen: Theophrast von Hohenheim: Das Buch von den Nymphen, Sylphen, Pygmaeen….

Salamander und die übrigen Geister)[2], welches auf FOUQUE nachhaltigen Eindruck gemacht hat. PARACELSUS lebte geistesgeschichtlich am Übergang von Mittelalter zur Neuzeit (1493–1541). Für ihn waren diese Geister noch Realitäten, die zu berücksichtigen waren. Er unterscheidet eben das "Fleisch aus Adam", das grob und stofflich ist, vom Fleisch, das nicht aus Adam ist, das durch Mauern und Wände geht und nichts zerbricht.[3] Diese Elementargeister würden sich jedoch von den gewöhnlichen Geistern dadurch unterscheiden, dass sie Blut, Fleisch und Gebein hätten, Kinder gebären, reden, essen und trinken. Sie stellen eine besondere Kreatur zwischen Mensch und Geist dar. "Dann sie sind in all weg wie die Menschen, allein ohn Seel, besser dann der Mensch".[4] Wenn eine Wasserfrau einen von Adam stammenden zum Manne nimmt, empfängt sie durch die Vermählung eine Seele, so dass sie wie andere Frauen vor Gott und durch Gott erlöst wird.[5] Das Bündnis mit dem Menschen gibt ihr die Seele. Deshalb sucht sie die Verbindung zum Menschen, damit sie eine Seele erlangt.

Diese Geister

> wissen auch alle zukünftige ding, gegenwertigs ding, und die beschedenen, so nicht vor Augen sind, sondern verborgen, dorin mögen sie den Menschen dienen und ihn erhalten, warnen, führen und dergleichen.[6]
>
> Die Nymphen erscheinen […] in menschlicher Kleidung, und mit menschlichem Aussehen und Begierden. Aber sie behalten die Art der Geister, was das Verschwinden betrifft.
>
> Als einer der ein Nymphen hat zu einem Weib, der lass sie zu keim Wasser kommen, oder beleidig sie nicht auf Wassern.[7] So sie bein Mannen erzürnt werden, auf den Wassern und dergleichen, so fallen sie nicht mehr dann in das Wasser, und niemandts findt sie mehr.[8] Darbey auch wissen, das er sie nicht soll für todt und gestorben halten, wiewol sie in das Wasser gefallen ist, sondern für lebendig: Und wissen dorbey, das er kein ander Weib soll nemmen. Dann wo das beschieht, so wirdt er sein Leben drumb müssen geben […]: dann die Ehe ist nicht geschieden, son-

3 J. Huser, l.c. S. 50.
4 id. S. 51.
5 id. S. 61.
6 id. S. 63.
7 id. S. 64.
8 id. S. 65.

> dern sie ist noch gantz.[9] "Nun also ist auch ein warhafftig Historien von der Nymphen in Stauffenberg [...] Nun war dieselbige Nymph ein Wasserfrawen, versprach sich demselbigen von Stauffenberg, bliebe auch bey ihm, so lang biss er ein ander Eheweib nam, und sie für ein Teuffelin hielt [...] drumb sie ihm auf der Hochzeit das Warzeychen gab durch die *Büne*[10], auf sein Tisch, bey ihrem Schenckel, und also am dritten Tag todt war.[11]

Dazu muss bemerkt werden, dass sich die Undine stets bei der Hochzeit durch ein Zeichen bemerkbar macht, das wie Spuk erscheint und nur von den Eingeweihten erkannt wird.

Diese Anschauungen des PARACELSUS waren zu seiner Zeit Volksglaube und damit Allgemeingut. Die Romantik hat diesen in seiner Bedeutung wieder neu als Naturgefühl entdeckt. ACHIM VON ARNIM (1781–1831) hat die Ursprungssage des Ritters PETER VON STAUFFENBERG nachgedichtet.[12] Diese Geschlechtersage ist in einem wahrscheinlich von EGENOLF VON STAUFFENBERG stammenden Gedicht (um 1320) erhalten, in welchem berichtet wird, der im Schwarzwald beheimatete Ritter Stauffenberg habe am Fusse seines Burgberges eine schöne Frau getroffen, die ihn seit seiner Jugend beschützt habe. Diese habe ihm ihre heimliche Liebe unter der Bedingung geschenkt, dass er nie heirate. Die Nichte des Königs, die ihm zur Ehe angetragen wurde, habe er ausgeschlagen und sein Geheimnis enthüllt, worauf er von der Geistlichkeit zum Bruch seines Versprechens gezwungen worden sei. Die Geliebte habe ihm darauf den Tod prophezeit, der drei Tage nach der Hochzeit eingetreten sei.[13] PARACELSUS hat diese Sage gekannt und sich ausdrücklich darauf bezogen. Ich habe die Stauffenbergsage nicht nur erwähnt, weil sie der Darstellung bei FOUQUE zugrunde liegt, sondern wegen der Parallele zum *Melusinenstoff*, von dem schon die Rede war, und der ebenfalls eine Geschlechtersage ist, nämlich der GRAFEN VON LUSIGNAN. Der Unterschied besteht hauptsächlich dar-

9 id. S. 66.
10 = Bühne, Podium, Brett, Tischplatte.
11 id. S. 69.
12 Undinenzauber S. 258 aus: Des Knaben Wunderhorn.
13 Frenzel, Elisabeth: Stoffe der Weltliteratur.

in, dass nicht der Verrat der übernatürlichen Herkunft, wie bei der Melusina die Katastrophe nach sich zieht, sondern die Beschimpfung zur Auflösung im Wasserelement und der Treuebruch zum Tode des Ritters führen. Die Könige haben ihr Geschlecht oft auf einen übernatürlichen Ahn zurückgeführt, der als Wappentier auftreten kann, um damit ihre übernatürliche Abstammung und ihre Auserwähltheit zu begründen.

Die Tatsache, dass die Wassergeister am Meeresgrund in dem wohnten, was "die alte Welt des Schönen besass" weist darauf hin, dass sie einer früheren Geistesverfassung angehören, wo der Mensch mit der Natur noch eins war. Dieses Naturgefühl wurde in der Romantik wieder entdeckt.[14] Die Romantiker können nach der Aufklärung *als Wiederentdecker des Unbewussten* gelten, das sie in Volksmärchen, Volkssagen und im Volkslied am Werk fanden. Allerdings hatten sie dafür noch keine Auffassung, wie sie uns die moderne Tiefenpsychologie C.G. JUNGs ermöglicht. Sie entdeckten das Gefühl in diesen der menschlichen Natur entsprungenen Produkten, in welchen sie das Einfache und Unverfälschte bewunderten. Dennoch hätten sie eines tieferen Verständnisses bedurft, damit ihre Sehnsucht nicht bloss nach der blauen Blume (Novalis) gegangen wäre, sondern eine echte Wandlung der Geisteshaltung nach sich gezogen hätte. Ihre Verehrung der Natur wäre dann nicht so idealistisch geblieben, sondern hätte die Technik davor bewahrt, die Natur zu zerstören und zu verschmutzen.

Die Elementargeister könnten einer aufgeklärteren Geisteshaltung, welche die Superstitionen eines PARACELSUS nicht mehr hinnehmen kann, den Zugang zum Lebendigen in der Materie eröffnen. Hier würde sie sich mit der Anschauung der Alten Alchemisten treffen, denen die Vorstellung des PARACELSUS von den Erdgeistern nahekommen, wenn sie von Anthroparien (Erzmännchen) sprechen, die im Erdinnern die Metalle bearbeiten. Der Alchemist selber ist nur der Fortsetzer von deren Arbeit, die er in viel kürzerer Zeit verrichtet. Der Wunsch solcher Geister nach Verbindung mit dem Menschen wird dadurch ver-

14 vgl. Aniela Jaffé: Bilder und Symbole aus E.T.A. Hoffmans Märchen "Der Goldene Topf".

ständlich. Psychologisch stellen sie konstellierte Inhalte des Unbewussten dar, die bewusst werden möchten. Der mittelalterliche wie der antike Mensch lebte noch weitgehend im Glauben an diese Naturgeister, vor denen er heilige Scheu empfand, weshalb er sich hütete, sie zu beleidigen. In der Aufklärung wurden diese dann durch die Vernunft als menschliche Fantasien abgetan, denen kein Realitätswert mehr zukam. Erst die moderne Psychologie des Unbewussten hat wieder erkannt, welcher Wirklichkeitswert solchen Fantasiegebilden als Produkten des Unbewussten und damit des Mutterbodens jeglicher schöpferischer Handlung zukommt. Sie erst vermochte dem romantischen Naturgefühl jenen festen Boden zu verleihen, dessen es für diese wichtige Entdeckung bedurfte. Wenn wir heutzutage in wenigen psychologischen Worten dem Sinn einer Erzählung wie jener von Undine Ausdruck geben können, so dürfen wir des langen Weges nicht vergessen, dessen es bis dahin bedurfte und auch des Umstandes, dass damit das tiefe Geheimnis der Natur nicht entschleiert ist.

Das ganze Geheimnis um ihre Herkunft erzählte Undine ihrem geliebten Huldbrand, auf derselben Insel, auf der dieser sie in jener Sturmnacht am andern Ufer des Flusses fand, nachdem sie im Trotz die Fischerhütte verlassen hatte. Ihr Vater, der mächtige Wasserfürst im Mittelländischen Meer, hätte gewollt, dass seine einzige Tochter einer Seele teilhaftig werde, auch wenn dies viel Leiden bedeuten würde. Ihr Ohcim Kühleborn sei dieser Fluss, der sie den Fischern zugeführt und ihnen ihr eigenes Kind entführt habe. Durch die innige Verbindung zum Ritter hätte sie nun eine Seele erhalten. Denn inzwischen war sie ihm angetraut worden, wodurch sie ihr neckisches, aggressives Wesen verloren und ein gesitteteres Benehmen erhalten hatte.

Der Ritter Huldbrand nahm mit seiner schönen Frau und dem durch Schiffbruch zu ihnen verschlagenen Priester, der sie getraut hatte, Abschied, um in die Stadt zurückzukehren, von der er gekommen war. Dort hatte er im Minnedienst der reizenden Jungfrau Bertalda gestanden, der Pflegetochter eines mächtigen Herzogs. Als er nun mit der wunderschönen Undine und dem Pater eintrat, war Bertalda natürlich sehr betrübt. Dennoch lebte sie mit Undine sehr freundlich, die man in der ganzen Stadt für eine Prinzessin hielt, die von Huldbrand von einem bösen Zauber erlöst worden war. Auch Bertalda gewann Undinen immer lieber, so dass man beschloss, gemeinsam nach dem Stammsitz Huldbrands aufzubrechen, der Burg Ringstetten an den Quellen der Donau. Als sie abreisen wollten, kam vom Springborn in der Mitte des Marktplatzes her ein langer Mann und sagte Undine etwas ins Ohr, die freudig in die Hände klatschte. Die neugierige Bertalda vertröstete sie auf ihren bevorstehenden Namenstag, an welchem sie es ihr verraten wolle, was ihr Kühleborn zugeflüstert hatte. Beim Namensfest singt Undine vom Verschwinden der Fischerstochter und vom Finden des unbekannten Kindes am Strand durch das herzogliche Paar. Doch statt Freude bemächtigte sich der armen Bertalda grenzenlose Wut, die von der stolzen Herzogstochter unversehens zum Fischermädchen geworden war. Sie schalt Undine eine Betrügerin, todesbleich über die Enttäuschung. Doch an Körpermalen konnte bewiesen werden, dass Undine keine Hexe war, sondern über Bertalda die Wahrheit gesagt hatte.

Am andern Morgen, als alle zur Abreise bereit waren, trat ihnen ein Fischermädchen in den Weg, das sie erst als Bertalda erkannten, als sie zu weinen anfing: Ihr herzoglicher Vater habe sie verstossen, nicht ohne eine reiche Aussteuer, und ihr leiblicher Vater habe sie auf die Probe gestellt, durch den verrufenen Wald zur Landzunge gehen zu müssen. Sie erregte so sehr Undinens Mitleid, dass diese vorschlug, sie nach Ringstetten mitzunehmen.

Der Oheim Kühleborn schaltet sich nun dauernd als Warner bei Undine ein, wie er es schon früher getan hatte. Er trat zu Undine, als diese mit Bertalda von der Feste aus die anmutige Landschaft betrachtete. Er trat als Spuk in den gewölbten Gängen des Schlosses auf, so dass Bertalda öfters gedachte, dieses zu verlassen und nur aus Liebe zu Huldbrand blieb. Eines Tages liess Undine einen grossen Stein auf den prächtigen Schlossbrunnen wälzen, obwohl sich Bertalda dagegen wehrte. Undine erklärte abends ihrem Gemahl, dass sie es getan hatte, um Kühleborn vom Schloss fernzuhalten.

Wir wollen hier einen Augenblick innehalten, um uns die Figur KÜHLEBORNs psychologisch näher zu bringen. Er ist ein Wassergeist, wie Undine, ein Vermittler zwischen dem Reich der Tiefe und den Menschen. Er ist der geheime Spiritus rector, der die Tochter des Fischers entführt hatte und statt ihrer Undine brachte. Im rechten Augenblick lässt er den Pater Heilmann Schiffbruch erleiden und ihn auf die einsame Insel kommen, um die Verbindung zwischen Huldbrand und Undine zu segnen, wodurch diese eine menschliche Seele erhält. Er ist der Bach, der aus dem verwunschenen Wald strömt und den verirrten Ritter zum Fischerpaar leitet, wo Undine lebt. Er klärt die *doppelte Elternschaft* auf: Undine ist die magische Tochter des Fischerpaares und Bertalda die leibliche, wodurch ein *Heiratsquaternio*[15] entsteht, der das Problem der ganzen weiteren Erzählung ist:

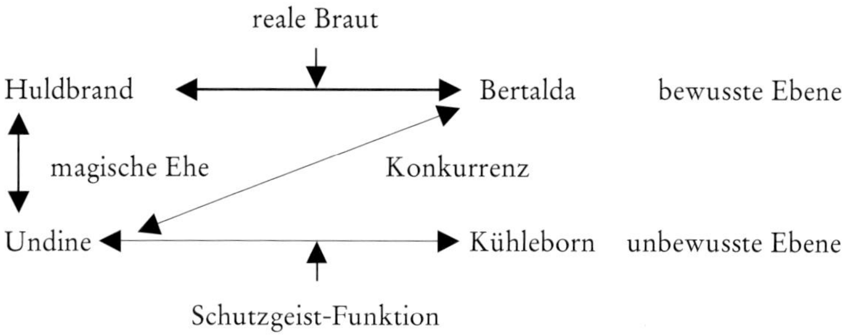

Wie JUNG in *Psychologie der Übertragung* ausführt, entspricht die *magische Ehe* einer endogamen Libido, was eine inzestuöse Beziehung darstellt, während die exogame Libido eine reale Beziehung anstrebt. Es ist typisch, dass in unserer Erzählung die magische Ehe im Vordergrund steht und die Beziehung zu Bertalda, die eigentlich die reale, exogame wäre, eine Gefahr für erstere darstellt, wie sich im weiteren Verlauf zeigen wird.

In der Romantik wurde das Unbewusste entdeckt. Aber man wusste noch nicht, was es war. Man fand es in der Natur, in Märchen, Sagen und Volksliedern. Psychologisch bedeutet das, dass ein gewisser Betrag an psychischer Energie einseitig die Anpassung des Bewusstseins an die äussere Realität in den Hintergrund drängt zugunsten einer Anpassung an die innere Realität (magische Ehe). Da bis anhin die äussere Anpassung überwog, stellt diese eine Gefahr für die neue Konstellation dar, denn die Libido fliesst leichter in altbekannten Formen. Sie sollte daher unterbunden werden, was die Aufgabe des Kühleborn ist. Er ist der geheimnisvolle Arrangeur hinter der Kulisse, der den "Fluss der Libido" regelt. Er ist der Geist Mercurius[16], ein Psychopom-

15 C.G. Jung: Psychologische Übertragung, GW 16 § 431 ff.
16 C.G. Jung: Der Geist Mercurius, spez. Der Mercurius als Quecksilber resp. Wasser, GW 13 § 255 und § 277.

pos (Seelenführer) und hier insbesondere der *Zeitgeist.* Dieser ist eine merkwürdige Erscheinung, bei welcher im Kollektiv einer Zeit ohne ersichtliche äussere Gründe die Libido aus dem Schatzhaus des kollektiven Unbewussten gewisse Bilder oder Ideen selektiv belebt. Diese ergreifen die Menschen einer bestimmten Zeit und prägen deren Interessen und Gesinnung. Man kann sich diesem unbewussten Geist in der Regel nicht entziehen und wird sich seiner erst allmählich bewusst, meist erst in der historischen Rückschau.

In der Romantik floss nun die Libido dank der Tätigkeit des Kühleborn in die endogame Beziehung zu Undine. In seinem historischen Abriss der Geschichte der Entdeckung des Unbewussten zeigt C.G. JUNG in den ETH-Lectures[17], wie im 18. und 19. Jahrhundert ein Interesse an psychischen Vorgängen erwachte. Die meisten Autoren waren Philosophen, welche jedoch im Gegensatz zu ihren Vorläufern begannen, die menschliche Seele als einen empirisch zu erforschenden Gegenstand der Naturwissenschaften aufzufassen. Das neue einer derartigen Betrachtungsweise war die Vermutung, dass in der Seele grosse Bereiche bestehen müssten, von denen der Mensch kein Wissen besass. Das Interesse wandte sich daher den "unerklärlichen Phänomenen" zu wie Mesmerismus und Okkultismus, Magnetismus und Spiritismus, welche über viele Um- und Abwege zur Entdeckung des Unbewussten führten.[18] Die logische Folge war, dass die Seele kein Gegenstand der Philosophie mehr war, das heisst, dass das Bewusstsein allein nichts Gültiges darüber aussagen konnte, sondern dass sie zum Gegenstand der Naturwissenschaften wurde. Im 19. Jahrhundert nahmen die Naturwissenschaften einen ungeahnten Aufschwung[19], so dass es nicht verwundert, dass die Seele des Menschen in der Folge mit den gleichen Methoden untersucht und als Objekt der Biologie betrachtet wurde. C.G. JUNG war eigentlich der erste, der wieder die geistige Dimension des Menschen entdeckte, ohne deswegen in den philosophischen Ansatz zurückzufallen. So wenig wir je die materielle Grund-

17 Modern Psychology: vol. 1. Winter Semester 1933/34. Notes on Lectures given at the Eidgenössische Technische Hochschule Zürich.

18 Ellenberger, H.F.: Die Entdeckung des Unbewussten, Band 1.

19 Rothschuh, K.E.: Geschichte der Physiologie.

lage des Lebens ganz verstehen werden, weil wir selber Materie sind, so wenig werden wir den Geist vollständig ergründen können. Beide sind für den menschlichen Geist transzendentale Bereiche vergleichbar dem infraroten und dem ultravioletten Ende des für uns wahrnehmbaren Spektrums.[20] Dennoch besitzt jede materielle Lebensäusserung, im Menschen zumindest, auch eine entsprechende geistige Dimension, welche sich als archetypisches Bild oder als archetypische Idee manifestiert.

Der Heiratsquaternio nun, um wieder darauf zurückzukommen, stellt das archetypische Bild eines zwischen Extraversion und Introversion, zwischen Anpassung an die Welt und Anpassung nach innen, zwischen materiell und geistig ausgewogenen Verhaltens dar. Infolge der vorwiegend extravertierten westlichen Geisteshaltung war dieses Gleichgewicht gestört und wurde nun in der Romantik bis zu einem gewissen Grad korrigiert. Man kann deshalb die Romantik als einen Vorläufer der modernen Tiefenpsychologie auffassen. Diese erst hat die traditionelle Einseitigkeit vollständig kompensiert und dazu gleich die Theorie, das Verständnis geliefert.

Im Falle der Beziehung Huldbrands zu Bertalda handelt es sich um die Anpassung an die Frau in der Umwelt, bei der Beziehung zu Undine um die Anpassung an die innere Frau, die Anima. Unter Anima versteht C.G. Jung den weiblichen Teil des Mannes und insofern sein Bewusstsein männlich ist, die unbewusste Psyche.[21] Die Beziehung zu Undine symbolisiert daher die *Beziehung zum Unbewussten* und jene zu Bertalda die *Beziehung zur realen Frau.* Das Wasser, sei es als das unendliche Meer, die unergründliche Tiefe, der Ursprung allen Lebens, oder das unfassbare Element, in welchem wir nicht leben können, wohl aber die Fische, galt stets als Symbol des Unbewussten. Undine als Wassergeist gehört diesem magischen Bereich an, was sich in unserer Geschichte durch allerhand merkwürdigen Spuk und ein unheimliches

20 Das Bild stammt von C.G. Jung: GW 8 § 414ff. Theoretische Überlegungen zum Wesen des Psychischen.

21 Die Beziehung zwischen dem Ich und dem Unbewussten. GW 7 § 296ff. und über den Archetypus mit besonderer Berücksichtigung des Animabegriffes. GW 9/I § 111ff.

Gefühl in ihrer Nähe bemerkbar macht. Der natürliche Mensch empfindet eine instinktive Scheu vor diesem unheimlichen Bereich. Darum hält er sich von ihm so lange fern, als er nicht schicksalshaft damit konfrontiert wird. Die Romantik war jene Zeit, in welcher der Zeitgeist viele erlesene Geister mit jenem magischen Bereich konfrontierte und nicht wenige haben dieser Konfrontation nicht standgehalten (Hölderlin, Schumann).

Die Beziehung zur Anima braucht nicht in Konkurrenz zu stehen zur realen Frau, doch ich habe in der Praxis oft beobachtet, dass, wenn ein Mann in der Analyse eine Beziehung zur Anima findet, die reale Frau eifersüchtig wurde. Wahrscheinlich geschah das deshalb, weil bisher seine Anima auf die reale Frau projiziert war. Infolge der Bewusstwerdung der Anima wird die Funktion der Beziehung zum Unbewussten von der realen Frau abgezogen, wodurch diese gewissermassen depotenziert wird. Die Eifersucht betrifft dann diese Depotenzierung, wobei die reale Frau nicht merkt, dass sie auch von allen jenen Erwartungen entlastet wurde, die früher auf ihr lagen. Sie spürt bloss, dass sie entbehrlicher geworden ist. Kann eine Frau diese Eifersucht überwinden, so wird sie merken, dass die Beziehung des Mannes zu ihr realer geworden ist. Unzugehörige Projektionen wurden zurückgenommen, wodurch sie eher als jene Person in die Beziehung eingeht, die sie wirklich ist. Wenn man weiss, wie viele Beziehungen an den Projektionen scheitern, dann kann man eine derartige Entwicklung nur begrüssen. Das muss hier deshalb betont werden, weil oft die Beobachtung gemacht wird, das eine Ehe während einer Analyse aufgelöst wird. Im Volk wird dann leichtfertig die Schuld der Analyse angelastet. Die Ablösung des Animalbildes von der Frau bedingt in der Tat auch eine Wandlung *ihrer* Einstellung in der Beziehung. Wenn sie dazu nicht fähig oder willens ist, degeneriert die Beziehung. Das ist allerdings nicht der Analyse als Methode anzulasten, sondern der Bewusstwerdung, welche in ihr stattfindet. Bewusstwerdung ist ein nicht umkehrbarer, gerichteter Prozess. Es gibt daher kein Zurück, nur ein Hindurch. Und wenn der Partner nicht nachziehen will oder kann, dann steht die Beziehung allerdings auf dem Spiel. Doch kann man sich fragen, ob das ein Verlust sei?

Es bleibt mir noch, kurz den Rest der Geschichte zu referieren:

Undine selber hatte Kühleborn ausgesperrt, indem sie den Brunnen mit dem Stein versiegelt hatte. Sie bat Huldbrand, ihr nie auf einem Wasser zu zürnen, sonst würden sie ihre Verwandten unerbittlich von ihm reissen und sie müsste lebenslang drunten in den Kristallpalästen wohnen. Bertalda indessen wurde immer eifersüchtiger auf Undine und konnte es einrichten, dass Huldbrand sie trotzdem nur mehr liebte, obwohl Kühleborn alles daran setzte, diese Verbindung zu zerstören. Auf der gemeinsamen Donaufahrt geschah dann das Schreckliche: Während Bertalda ihr goldenes Halsband in die Fluten hielt, griff plötzlich eine grosse Hand herauf und fuhr damit unter höhnischem Gelächter hinunter. Der Ritter schalt im Zorn alle Wassergeister, die sich in sein Leben drängten. Undine brachte aber aus der Flut ein wunderschönes Korallenhalsband herauf und reichte es der betrübten Bertalda als Ersatz. Der Ritter trat jedoch dazwischen, indem er Undine vorwarf, dass sie noch immer Kontakt mit dem Wasservolk habe. Da weinte Undine und verschwand über den Rand der Barke. Sie erschien noch oft in Huldbrands Träumen. Die Neigung zu Bertalda nahm ob der Einsamkeit des Ritters zu. Zwar versuchten Pater Heilmann und der Fischer eine Ehe mit Bertalda zu verhindern, da er noch einer andern gehöre, doch ohne Erfolg. Nach der Hochzeit liess Bertalda den Stein entfernen, der den Brunnen versiegelt hatte und eine feine Wassersäule wie ein bleiches, verschleiertes Weibsbild stieg daraus empor. Huldbrand war allein in seiner Kammer, als es leise an die Türe klopfte, wie einst Undine geklopft hatte. Die weisse Wanderin trat herein und kündete ihm den nahen Tod. Sie möge ihn nicht durch ein entsetzliches Antlitz schrecken, bat der Ritter, sondern ihm wie damals einen Kuss gewähren. Sie schlug den Schleier zurück, worunter ihm ein himmlisch schönes Antlitz hervor lächelte und ihn küsste, bis ihm der Atem ausging. Bei der Beerdigung sah man unter den vielen schwarzen Trauergästen eine weisse Frau im Trauerzug. Als der Grabhügel gehäuft war, fand man an der Stelle, wo die weisse Fremde gekniet hatte, eine silberne Quelle rieseln, die den Hügel umfloss und sich in einen stillen Weiher ergoss. Die Bewohner des Dorfes zeigten die Quelle noch in späteren Zeiten als die arme verstossene Undine, die mit freundlichen Armen ihren Liebling umfasste.

Dieser Anlauf der Wassergeister ist zwar gescheitert, nicht so sehr an der Konkurrenz zu Bertalda als an der emotionalen Unbeherrschtheit des Ritters. Emotionen entstehen immer dort, wo eine genügende Anpassung an die inneren Realitäten fehlt. Sie ist ein Zeichen relativer Unbewusstheit, das heisst ein unbewusster Inhalt, der in einer Situation bewusst sein sollte, kann nicht bewusst gemacht werden. Wenn wir uns fragen, was es im Falle unseres Ritters war, so ist es ganz klar ein *Zweifel an der Realität Undinens* und ein *Widerstand des Bewusstseins gegen die völlige Anerkennung ihres Bereiches*. Die Romantik hat zwar alle diese herrlichen Sagen und Märchen des Volkes entdeckt und geschätzt. Aber es blieb bei einem ästhetischen Genuss. Sie liebte diese zwielichtige geheimnisumwitterte Dämmerwelt, doch war sie ihr eher aufreizender Widerspruch zum Alltäglichen als eine neue Dimension. Die Romantik hat sich zu wenig um die Vereinigung der äusseren und inneren Realität bemüht, so dass diese Geisterwelt stets etwas Spielerisches an sich behielt. Erst C.G. JUNG unternahm es, in seiner Dissertation "Zur Psychologie und Pathologie sogenannter okkulter Phänomene"[22] derartige Dinge "entgegen der öffentlichen Meinung, welche [...] dafür nichts als ein geringschätziges Lächeln hat", ernst zu nehmen "und auf die zahlreichen wichtigen Fragen hinzuweisen, welche dieses unerforschte Gebiet noch für uns birgt". Sie sind nicht einfach ein amüsantes oder erbauliches Spiel der Fantasie. Sie entspringen nicht einfach einer mehr oder weniger krankhaften Persönlichkeit. Im Gegenteil stellen sie unsere einseitige Bewusstseinswelt in Frage und ergänzen sie durch eine Nachtseite, die ebenso wirksam ist. Die *Fantasie* ist der schöpferische Urgrund der Psyche. Sie ist die Tätigkeit des Unbewussten, welche jeder bewussten Aktion voraus geht. Sie ist daher nicht ein Nebenprodukt der psychischen Äusserungen, sondern deren Quelle. C.G. JUNG formuliert es so[23]:

> Die Psyche erschafft täglich die Wirklichkeit. Ich kann diese Tätigkeit mit keinem andern Ausdruck als mit Fantasie bezeichnen. Die Fantasie ist ebenso sehr Gefühl wie Gedanke, sie ist ebenso intuitiv wie empfindend. Es gibt keine psychische Funktion, die in ihr nicht ununterscheidbar mit den andern psychischen Funktionen zusammenhinge. Sie erscheint bald als uranfänglich, bald als letztes und kühnstes Produkt der Zusammenfassung alles Könnens. Die Fantasie erscheint mir daher als der deutlichste Ausdruck der spezifischen psychischen Aktivität. Sie ist vor allem die schöpferische Tätigkeit, aus der die Antworten auf alle be-

22 GW 1 § 1–150.
23 Über die Archetypen des Kollektiven Unbewussten. GW 9/I § 55–56.

antwortbaren Fragen hervorgehen, sie ist die Mutter aller Möglichkeiten, in der auch, wie alle psychologischen Gegensätze, Innenwelt und Aussenwelt lebendig verbunden sind. Die Fantasie war es und ist es immer, welche die Brücke schlägt zwischen den unvereinbaren Ansprüchen von Objekt und Subjekt, von Extraversion und Introversion [...] die Fantasie ist grösstenteils ein Produkt des Unbewussten. Sie enthält zwar zweifellos bewusste Bestandteile, aber es ist doch ein besonderes Charakteristikum der Fantasie, dass sie im wesentlichen unwillkürlich ist und dem Bewusstseinsinhalt eigentlich fremd gegenübersteht. Sie hat diese Eigenschaften mit dem Traum gemeinsam, welch letzterer allerdings in noch weit höherem Masse unwillkürlich und fremdartig ist.

Undine ist tatsächlich eine Fantasiegestalt, eine Schöpfung der Fantasie und ein Geschöpf der Fantasie. Aber was die Romantiker noch nicht wussten ist, dass sie eine *seelische Wirklichkeit darstellt*, nämlich die Seele im psychologischen Sinn. "Anima" heisst doch Seele und bezeichnet etwas sehr Wunderbares und Unsterbliches", führt JUNG dazu aus. "Dem war aber nicht immer so. Man darf nicht vergessen, dass diese Art Seele eine dogmatische Vorstellung ist, welche den Zweck hat, etwas unheimlich Selbsttätiges und Lebendiges zu bannen und einzufangen". Das Wort 'Seele' ist etymologisch mit 'See' verwandt[24], als 'die vom See herstammende, zum See Gehörende', was altem Glauben entspricht, nach welchem die Seele vor der Geburt und nach dem Tode im Wasser leben soll. "Beim Primitiven ist sie magischer Lebenshauch (daher "anima") oder Flamme", heisst es weiter unten.

"Beseeltes Wesen ist lebendiges Wesen", fährt er weiter. "Seele ist das Lebendige im Menschen, das aus sich selbst Lebende und Lebenverursachende; darum blies Gott dem Adam einen lebendigen Odem ein, damit er lebe. Die Seele verführt die nicht lebenwollende Trägheit des Stoffes mit List und spielerischer Täuschung zum Leben. Sie überzeugt von unglaubwürdigen Dingen, damit das Leben gelebt werde. Sie ist voll von Fallstricken und Fussangeln, damit der Mensch zu Fall komme, die Erde erreiche, sich dort verwickle und daran hängenbleibe, damit das Leben gelebt werde [...] Wäre die Bewegtheit und das Schillern der Seele nicht, der Mensch würde in seiner grössten Leidenschaft, der Tragheit,

24 Pfeifer, W.: Etymologisches Wörterbuch des Deutschen, s. v. Seele.

> zum Stillstand kommen. Eine gewisse Art von Vernünftigkeit ist ihr Anwalt, und eine gewisse Art von Moralität gibt dazu ihren Segen. Seele zu haben, ist das Wagnis des Lebens, denn die Seele ist ein lebenspendender Dämon, der sein elfisches Spiel unterhalb und oberhalb der menschlichen Existenz spielt."

Nicht dass die Romantik erst die Seele erfunden, und der Mensch bis dahin keine gehabt hätte! Bisher war sie Domäne der Kirche. Sie definierte, was *anima naturaliter christiana* (Tertullian) (die natürlicherweise christliche Seele) war und sorgte sich darum in der 'Seelsorge'. Die Romantik entdeckte jedoch ein *heidnisches Wesen als Seele*, was in unserer Erzählung angedeutet ist. Das war nun das Neue! Schon einmal, in der Renaissance nämlich, hatte die christliche Kultur den Zusammenstoss mit der heidnisch-mythologischen Welt erlebt und eine Synthese versucht. Damals war es die Wiederentdeckung der Gestalten der griechischen Mythologie. Diesmal ist es eine geheime Lebendigkeit in der Natur. Die Beseelung derselben war eine unbemerkte Projektion des eigenen Unbewussten in Form einer *participation mystique* (Lévy-Brühl) oder mystischen Teilhabe, was als *anima mundi* (Weltseele) bezeichnet werden kann.[25] Diese Beseeltheit der Natur war zwar nicht eine Erfindung der Romantik. Diese stiess vielmehr wieder auf die uralte Wirklichkeit durch ihr eigenes Erleben. Der Traum eines 33-jährigen Mannes mag das veranschaulichen:

> Ich bin in einer herrlichen Meeresbucht. Die Wellen wogen herein und brechen sich grossartig. Da sind verschiedene Frauen, die auf der Meeresoberfläche fangen spielen.

Die Natur war ja stets belebt, wie es die griechische Mythologie anschaulich beschreibt, wo sich Nymphen in den Quellen, Dryaden in den Bäumen, Satyrn und Pan ein fröhliches Stelldichein gaben. Dem archaischen Menschen war die Natur selbstverständlich belebt, weil er noch nicht zwischen sich und seiner Umwelt unterschied. Doch in der Spanne von den Griechen bis zu den Romantikern wurde die eigene Persönlichkeit entdeckt, die vieles in sich hereinnahm, was früher aus-

25 A. Ribi: Anthropos. Der ewige Mensch.

sen gelegen hatte. Dadurch war die Natur in zu hohem Masse entseelt worden. Die Romantik musste daher die Seele in der Natur wieder neu entdecken. Ein Gedicht JOSEPH VON EICHENDORFFS aus "Ahnung und Gegenwart":[26]

O Täler weit, o Höhen,
O schöner grüner Wald,
Du meine Lust und Wehen
Andächt'ger Aufenthalt!
Da draussen, stets betrogen,
Sonst die geschäft'ge Welt,
Schlag noch einmal die Bogen
Um mich, du grünes Zelt!...

Da steht im Wald geschrieben
Ein stilles, ernstes Wort
Vom rechten Tun und Lieben
Und was des Menschen Hort.
Ich habe treu gelesen
Die Worte, schlicht und wahr,
Und durch mein ganzes Wesen
Ward's unaussprechlich klar.

Bald werd' ich dich verlassen,
Fremd in der Fremde gehn,
Auf buntbewegten Gassen
Des Lebens Schauspiel sehn,
Wird deines Ernsts Gewalt
Mich Einsamen erheben,
So wird mein Herz nicht alt.

Durch die Romantik geht, wie dieses Gedicht deutlich ausdrückt, ein melancholischer Zug. Es ist die *Sehnsucht nach dem verlorenen Paradies*. Noch einmal war die Natur wie in der paradiesischen Urzeit zum Leben erwacht, doch die Notwendigkeit einer Anpassung an die äussere Wirklichkeit verscheucht diese Träume. Das ist in unserer Erzählung das Dilemma Huldbrands zwischen Undine und Bertalda. Es liegt ein *regressiver Zug in der Romantik* zu einer Wiederherstellung eines

26 Tempel Klassiker I, 492–493. P. Stapf herausg.

paradiesischen Naturzustandes. Möglicherweise war dies der Konflikt, an dem viele Romantiker zerbrachen. Sie wussten nicht, dass es eigentlich eine Vorwärtsentwicklung meinte, nämlich die Anerkennung der Natur im Menschen. Sein Unbewusstes, besonders dessen kollektiver Anteil, ist reine Natur. Der Konflikt stellt sich dann als ein solcher zwischen der *Anpassung an die innere Natur und an die äussere Kultur* dar. Psychologisch ist das der *Konflikt zwischen Anima und Persona.* C.G. JUNG hat sich eingehend zu diesem Thema unter dem Stichwort 'Seele' in seinen Definitionen geäussert.[27] "Die Persona ist also ein Funktionskomplex, der aus Gründen der Anpassung oder der notwendigen Bequemlichkeit zustande gekommen, aber nicht identisch ist mit der Individualität." Daraus ergibt sich ein gewisser Antagonismus zwischen beiden, wie er in obigem Gedicht zum Ausdruck kommt. Den Romantikern lag die Anpassung nach innen am Herzen und so standen sie in Gefahr, diese als das wichtigste zu verabsolutieren und die äussere Anpassung, ihre Verankerung in der Welt, zu vernachlässigen. Die Auseinandersetzung mit der inneren Welt ist nur fruchtbar, wenn deren Inhalte ständig in der äusseren verwirklicht werden. Die Entdeckung der Beseelung der Natur führte zu religiösen Gefühlen dieser gegenüber, was zum Aufkeimen der Naturwissenschaften im Geiste der Verehrung und zu einem zurückhaltenden Umgang mit der Natur hätte führen können. So aber blieb es bei einem schwärmerischen Gefühl ohne reale Folgen. Denn im Gedicht kommt deutlich zum Ausdruck, dass die Natur eine eigene *Ethik* beinhaltet. Daher bedeutet die heidnische Seele keineswegs Willkür, sondern etwas wie Naturreligion. Sie ist eine natürliche Ethik, wie sie dem Lebendigen eignet.

Wie schon erwähnt hat die Romantik die Elementargeister nicht in erster Linie aus der klassischen Mythologie geschöpft. sondern in der Folklore gefunden. Beim einfachen Menschen ist das Gefühl für die Beseelung der Natur immer erhalten geblieben. Der Artikel 'Wassergeister' im Handwörterbuch des Deutschen Aberglaubens[28] gibt einen Einblick in die Vielfalt entsprechender Vorstellungen. Die *weib-*

27 GW 6 § 877ff., bes. § 880ff.
28 Bd. IX Sp. 127ff.

lichen Wassergeister sind in der volkstümlichen Überlieferung seltener als die männlichen. Die Nixe hat einen menschlichen Oberkörper, doch bekanntlich einen Fisch- oder Schlangenschwanz. Eine brandenburgische Seejungfrau fängt sich in langen tiefschwarzen Locken Fische. Die Haare können bis auf die Fersen reichen und den ganzen Körper einhüllen. Im allgemeinen werden Nixen als bezaubernd schön beschrieben. Ihr Körper ist meergrün oder blau. Ihre Kleider oder ein Zipfel derselben ist stets nass und hinterlässt einen feinen Wasserstreifen. Sie können sich auch in Tierform zeigen oder als Wasserpflanze, worauf die Namen Nixblume für die gelbe Seerose *(Nymphea lutea)*, Nixhaar für den Fuchsschwanz hinweisen. Weibliche Wassergeister locken manchmal Jünglinge durch Musik und Gesang zu sich in die Tiefe. Ihre Leichname erscheinen am siebten Tag in feine Netze gewickelt mit einer Wasserlilie in der Hand am Ufer. Diese Geister tauschen gern Kinder aus, woher unsere Bezeichnung 'Wasserkopf' stammt, weil dem Wechselbalg ein grosser Kopf eigen ist. Man erkennt ein solches Kind daran, dass es nicht gehen noch sprechen lernt, sehr hässlich und behaart ist und den ganzen Tag schreit. Hier erkennt man, wie die Mythologische Fantasie des Volkes eine unverständliche Missgeburt *(Hydrocephalus)* assimiliert hat. Dass die Wassergeister die Kinder aus Brunnen, Teichen (Frau Hollen Teich), Seen und Bächen schöpfen, wurde anlässlich der Etymologie des Wortes 'Seele' erwähnt. Deshalb wird von den Brunnenweibern, die unter dem Wasser auf einer grossen Weide Herden von Kindern hüten, der Storch gelegentlich damit beauftragt, solche den Menschen zu bringen. Zwischen Menschen und Nixen besteht eine enge Verbindung, wenn es um die Geburt geht. Da wird eine Wehmutter entrafft, um der Nixe bei der Geburt zu helfen[29], oder Seejungfern in der Mark stehen kreissenden Frauen bei. Auf Helgoland zeigt sich das Meerweibchen den Schwangeren und steht ihnen allenfalls bei der Entbindung bei. Diese Vorstellungen haben mit der Erkenntnis zu tun, die wir noch heute teilen, dass das Leben im Wasser entstanden ist. Die Nixe sitzt gerne am Ufer, auf Steinen oder Weiden und kämmt sich das Haar, das nicht nur golden, sondern voller Läuse ist. Das scheint schlecht ins Bild zu passen, ist aber eine ur-

29 Deutsche Sagen herausg. von den Brüder Grimm Nr. 65.

alte Vorstellung. Sedna, die Herrin der Seetiere, sitzt nach der Vorstellung der Eskimos in einem grossen Haus auf dem Boden des Meeres. Sie schickt alle Tiere, die dem Menschen als Nahrung dienen, zur Erde empor. Wenn sich in ihrem Haar böses Ungeziefer eingenistet hat, verweigert sie den Menschen die Nahrung. Ein Schamane (Angakoq) muss sich zu ihr in die Tiefe begeben, um sie vom Ungeziefer zu befreien.[30] Das Ungeziefer symbolisiert schädliche Fantasien, welche diese chthonische Urmutter im Falle der Sedna oder die Anima im Falle der Nyx befallen, so dass sie ihre segensreiche Tätigkeit nicht mehr erfüllen.

Die Heilkraft verdanken Quellen wie jene von Haldenstein der Quelljungfer, die neben ihr sitzt. Die Tiroler Seefräulein verleihen den Wasserpflanzen Heilkräfte. Bertalda brauchte in unserer Erzählung das Wasser des versiegelten Brunnens im Burghof, um ihre Hautkrankheit zu heilen! Die Wassergeister zeigen das kommende Wetter oder Hunger an. Man hat diesen Geistern seit alters Opfer dargebracht, um sie günstig zu stimmen. Denn sie verfügen über geheimes Wissen, heute würden wir sagen, über das Wissen des Unbewussten.

Die Figur der Nixe oder Nymphe ist eine *primitive Form der Anima*. Im sogenannten stummen Buch *(Mutus liber)* der Alchemie[31] ist in der Mitte der Alchemist mit seiner *soror mystica* im Schiff. Diese ist über eine Schnur mit dem Meerkönig verbunden. Sie entspricht Undine unserer Erzählung, die ständig über Kühleborn mit dem Wasserreich und seinen Geistern verbunden war. Sie hält dem Mann im Schiff, wohl dem Alchemisten, die Angelrute hin, an welcher ein grosser Fisch ist. Im nächsten Kreis ist unten das Paar wiederholt, wobei er nun fischt und eine Melusine angelt, während sie ein Netz für den Vogelfang auslegt. Damit sind die verschiedenen Stufen des Prozesses angedeutet: die *Soror mystica* stellt die Beziehung zum Wasserreich, dem Unbewussten her. Dieser erste Schritt geht über die Beziehung zwischen Alchemist und *Soror mystica*. Auf der zweiten Stufe dagegen be-

30 Hedwig von Beit (und Marie-Louise von Franz): Symbolik des Märchens, S. 647.

31 Bibliotheca Chemica curiosa: J.J. Mangetus, Bd. I nach p. 938 als Anhang abgedruckt.

darf es dieser Projektion nicht mehr. Der Alchemist angelt sich seine Melusine selber, das heisst, er ist mit der magischen Person verbunden, indes auch seine *Soror mystica* “ihre Vögel” einfängt, das sind ihre Animusfantasien. Wir finden hier in subtiler Weise den Heiratsquaternio, von dem oben die Rede war.

> Die Nixe ist eine noch instinktivere Vorstufe eines zauberischen weiblichen Wesens, welches wir als Anima bezeichnen, führt JUNG[32] aus. Es können auch Sirenen, Melusinen, Waldfrauen, Huldinnen und Erlkönigstöchter, Lamien und Sukkuben sein, welche Jünglinge betören und ihnen das Leben aussaugen. Diese Figuren seien Projektionen von sehnsüchtigen Gefühlszuständen und von Fantasien verwerflicher Art, wird der moralische Kritiker sagen. Man kann nicht umhin, eine gewisse Berechtigung dieser Feststellung einzusehen [...] Zuerst wohl waren die Geister in Wald und Feld und Wasserläufen, längst bevor eine Frage von moralischem Gewissen existierte [...] Eine unheimliche Huldin von anno dazumal heisst heute ‘erotische Fantasie’, welche unser Seelenleben in peinlicher Weise kompliziert. Sie begegnet uns zwar nicht weniger als eine Nixe; sie ist obendrein wie ein Sukkubus; sie verwandelt sich in vielerlei Gestalten wie eine Hexe und zeigt überhaupt eine unerträgliche Selbständigkeit, die einem psychischen Inhalt von Rechts wegen eigentlich nicht zukäme. Gelegentlich verursacht sie Faszinationen, die es mit der besten Behexung aufnehmen können, oder Angstzustände, die sich von keiner Teufelserscheinung übertrumpfen lassen. Sie ist ein neckisches Wesen, das in vielen Verwandlungen und Verkleidungen uns über den Weg läuft, uns allerhand Streiche spielt, selige und unselige Täuschungen, Depressionen und Ekstasen, unbeherrschte Affekte usw. verursacht.

Diese Gestalt der Anima begegnet dem Mann in der Regel zuerst, wenn er seine Seele entdeckt. Meistens ist er dann von psychologischen Kenntnissen noch unbelastet. Deshalb tritt sie ihm oft in Gestalt einer realen äusseren Frau entgegen, deren Faszination er erliegt. Wir sprechen so leichthin von Projektion, wie wenn man eine solche erkennen könnte. Dem ist bei weitem nicht so. Der Mann verfällt zunächst beseligt der Faszination und fühlt sich am Ziel seiner Wünsche. Die Projektion, der er zum Opfer gefallen ist, erkennt er erst nach den

32 Über die Archetypen des kollektiven Unbewussten. GW 9/I § 53–54.

'Flitterwochen', die allenfalls Jahre dauern können. Dann löst sich die Faszination allmählich in Dunst auf, und dann entscheidet sich, ob mehr als Projektion der Anima hinter der Beziehung steht. Man darf andererseits nicht vergessen, dass es die Natur so klug eingerichtet hat, dass sich der Mann gern von diesen holden Geschöpfen becircen lässt, um zu ihrem Ziel, der Verbindung von Mann und Frau, den grössten denkbaren Gegensätzen, zu gelangen.

14. *Das Problem der schlafenden Venus der Chymischen Hochzeit*

In meiner Interpretation der Chymischen Hochzeit[1] habe ich dieses Problem kurz gestreift, dem ich hier einen ordentlichen Platz im Zusammenhang des Eros-Problems im Abendland einräumen will. Ich habe bereits auf die zwiespältige Zeitsituation des Autors der Chymischen Hochzeit, JOHANN VALENTIN ANDREAE (1586–1654), hingewiesen, der nicht mehr naiver Alchemist, aber noch nicht aufgeklärter Rationalist ist. Das Wort 'Barock' wurde zum Ausdruck von 'absonderlich', 'schwülstig', 'lächerlich', ähnlich dem italienischen *barocco.* Das stimmt für die Chymische Hochzeit als ersten Eindruck recht gut. Erst wenn man sich die Mühe nimmt, tiefer in die krausen Fantasien einzudringen, entpuppen sie ihre Tiefe.

Am fünften Tag erwachte der Held der Chymischen Hochzeit, Christian Rosencreutz, frühmorgens, als es im Schloss noch still war und bat seinen Knaben, ihn im Schloss herum zu führen. Dieser stieg mit ihm viele Treppen hinunter unter die Erde zu einer eisernen Türe, auf welcher in grossen kupfernen Buchstaben stand:

> Hie ligt begraben / Venus / die schon Fraw, so manchen / Hohen man / umbglück, ehr, segen und wolfart /gebracht hatt.

Weiter führt er ihn durch einen finsteren Gang zu einem Türchen, das bloss angelehnt war, weil man am Vortag die Särge der enthaupteten königlichen Personen herausgenommen hatte. Dann kamen sie in ein von einem riesigen Karbunkel erhellten Raum, in dessen Mitte sich ein Grab befand, das keines Menschen Auge je gesehen hatte. Es war dreieckig mit einem Kupferkessel in der Mitte, worin ein Engel stand mit einem Baum in den Armen, von dem es in den Kessel tropfte, so oft

1 A. Ribi: Chymische Hochzeit. In Vorbereitung.

eine Frucht abfiel. Der Knabe erklärte ihm, hier liege Venus begraben und wies auf eine kupferne Türe im Boden. Sie stiegen die Treppe hinunter in einen ganz finsteren Raum, wo nur ein ewiges Lichtlein brannte, an dem der Knabe eine Fackel entzündete. In ihrem Schein sah Rosencreutz ein köstliches Bett mit herrlichen Vorhängen, die der Knabe zurückschlug. Da sah Rosencreutz Frau Venus ganz nackt in voller Schönheit daliegen, wobei er nicht wusste, ob sie nur geschnitzt oder ein toter Mensch sei. Hinter dem Bett stand auf einer Tafel:

> Wann die Frucht meines / baums wirt vollends / verschmelzen, werde ich / aufwachen, und ein muter sein eines / Konigs.

Sie stiegen wieder hinauf, wobei ihm der Knabe die Bedeutung des schmelzenden und fruchtbringenden Baumes erklärte, als der kleine Cupido angeflogen kam, der sie fragte, welcher Geist sie hergebracht hätte. Rosencreutz log, er hab sich im Schloss hierher verirrt, wo ihn sein Knabe gefunden habe. Cupido meinte, leicht hätte der fürwitzige Alte eine grobe Unverschämtheit begangen, wenn er die Türe im Boden bemerkt hätte und legte ein starkes Schloss vor. Doch könne er das nicht ungerächt lassen, dass sie beinahe seine liebe Mutter belästigt hätten. Er nahm einen seiner spitzen Pfeile, erwärmte die Spitze im Lichtlein und stach ihn in die Hand. Rosencreutz war froh, dass die Sache so glimpflich (wie er meinte) abgelaufen war und begab sich zu den andern in den Frühstücksaal. Cupido folgte ihnen nach, nachdem er alles sorgfältig verriegelt hatte, und besah sich die Hand, wo sich ein Tröpflein Blut zeigte. Darüber lachte er und empfahl den übrigen Gesellen, auf Rosencreutz acht zu haben.[2]

Der alte Rosencreutz hat anscheinend nicht realisiert, was ihm unverhofft zugestossen ist. Schon im Tannhäuserlied lebt Venus im Berg, das heisst in einem Bereich ausserhalb der christlichen Weltanschauung. Sie war mit dieser inkompatibel. Doch immerhin lebte sie! In der Chymischen Hochzeit bildet sie die heimliche Grundlage der königlichen Wandlung. Sie ist noch weiter aus der bewussten Welt verbannt, tief unter dem Schloss, unzugänglich für gewöhnliche Menschen. Ro-

2 R. van Dülmen: Joh. Val. Andreae: Fama fraternitatis Confessio fraternitatis, Chymische Hochzeit Christiani Rosencreutz: anno 1459, S. 97–100.

sencreutz weiss nicht, ob sie geschnitzt ist oder nur schläft. Als Archetypus ist sie natürlich unsterblich und kann nur dem Bewusstsein mehr oder weniger zugänglich sein. In der Aufklärungszeit wurde die Ratio in den Vordergrund gerückt, so dass alles Irrationale in den Hintergrund gedrängt wurde. Der Eros ist das Irrationale *kat'exochen*. Selbstverständlich hat er immer gelebt, denn ohne Eros gibt es kein Leben. Doch er wurde schliesslich zu einer biologischen körperlichen Funktion degradiert, die bloss der Fortpflanzung dient. Für die "Wunder der Venus" war kein Platz mehr in dieser an Wundern armen aufgeklärten Welt. Unsere moderne Naturwissenschaft ist eine späte Blüte am Baum der Aufklärung, da sie so sachlich nüchtern von der Zweckhaftigkeit der Sexualität spricht. Man glaubt alles durch die Wirkung der Hormone erklären zu können. Das Geheimnis ist dem Bereich des Eros entschwunden.

Rosencreutz ist unversehens auf dieses Geheimnis gestossen und war gar nicht erschüttert davon, sondern nur ängstlich besorgt wie ein Bub, ertappt zu werden. Man fragt sich ja, weshalb Cupido so schnell sichere Schlösser vor den Zugang zum Geheimnis legt? Aber auch, weshalb man so nachlässig war, die geheimen Gemächer nicht gleich wieder sicher zu verschliessen, nachdem man ihnen die Särge entnommen hatte?

Was hatten dann die Särge mit den enthaupteten königlichen Personen dort unten zu tun? Diese Frage bleibt in der Geschichte der Chymischen Hochzeit unbeantwortet. Man kann nur aus der Kenntnis der Alchemie heraus spekulieren. Ich habe früher den Traktat 'De Sulphure' erwähnt[3], wo der Alchemist auf der Suche nach dem Schwefel in den Hain der Venus gelangt und dort wundersame Dinge erlebt. Sulphur, das männliche aktive Prinzip im Prozess, wird als *mille rerum artifex* (Schöpfer von tausend Dingen), als das Herz aller Dinge, als der, welcher den Lebewesen den Verstand beibringt, als der Erzeuger aller Blumen und Blüten auf Kraut und Baum und als *omnium colorum pictor* (Maler aller Farben) bezeichnet, was eine Schilderung des Eros sein könnte.[4] Der Alchemist fällt in tiefen Schlaf im Haine der

3 Musaeum Hermeticum p. 633 f.

4 C. G. Jung: Mysterium coniunctionis. GW 14/I § 136.

Venus, aus dem Diana, die Tochter-Schwester der Venus, hervortritt und im wunderbaren Fluss badet. Ein vorübergehender Fürst, Sol, der sie sieht, entbrennt in Liebe zu ihr. Sie fällt ihrer Liebe wegen in Ohnmacht und sinkt unter. Der Fürst stürzt sich in das gefährliche Wasser und wird von ihr in die Tiefe gezogen. Ihre Seelen erscheinen über dem Fluss und erklären, sie würden nicht mehr in *corpora tam polluta* (in so unreine Körper) zurückkehren.[5] Diese Parallele erinnert an die Episode der Chymischen Hochzeit, wo Rosencreutz in der Nacht um zwölf sieben Schiffe daherkommen sieht, auf welchen je eine Flamme hin und herfuhr als Geist der Enthaupteten. In diesen Schiffen wurden die sechs verdeckten Särge mit den Leichen der königlichen Personen verborgen.[6] Nach der Trennung von Körper und Geist kommt die schwierige Phase der Wandlung und Wiederbelebung, in welcher Venus eine zentrale Rolle spielt. Das ist das eigentliche Geheimnis des ganzen Prozesses, der dem bewussten Willen völlig entzogen ist.

Venus hat nahe Beziehungen zum Schwefel, aber nicht zum gewöhnlichen, zum Beispiel dem Ehrgeiz oder Machtstreben, "welcher brennt und verbrannt wird mit der Verbrennung des Feuers und der Verderbnis, sondern das Weisse der Venus der Weisen" ist, "welche Verbrennung die gänzliche Weissung (dealbatio) des ganzen Werkes ist."[7] Venus ist wie der Schwefel eine treibende Kraft im Werk, die zur Erleuchtung und Einsicht führt.

In der Alchemie gibt es ein *regimen Veneris* (Verfahren der Venus), von dem man nicht genau weiss, was darunter verstanden wird. Im *"Introitus apertus"*[8] wird die Mischung auf Geheiss Gottes *(iubente Deo)* mit Geist begabt, welcher nach oben fliegt und den Stein mit sich bringen wird. Auch wird er neue Farben erzeugen, vor allem das Venusische Grün *(viridem venerum)*. Gegen Ende dieser Prozedur des *regimen Veneris* verändert sich die Farbe in ein blasses, dunkles Purpur. Diese livide Purpurfarbe hat unverkennbar etwas Totes an sich. Das

5 Jung l.c. § 140.

6 R. van Dülmen: Joh. Val. Andreae: Fama fraternitatis Confessio fraternitatis, Chymische Hochzeit Christiani Rosencreutz: anno 1459, S. 96–97.

7 Jung l.c. § 135.

8 Musaeum Hermeticum p. 693 f.

Verfahren der Venus führt damit andeutungsweise zur *passio* (Leiden) und zum Tode. In der Symboltabelle des PENOTUS[9] ist der Pfau *(pavo)* dem *mysterium coniugii* (Geheimnis der Vereinigung), der grünen Eidechse *(lacerta viridis)* und der Venus zugeordnet, ausserdem dem *dii mortui* (toten Götter), wohl weil sie der Auferstehung bedürfen. Der Pfau ist nach alter christlicher Auffassung ein Symbol der Auferstehung wie der Phönix.[10] Bei ABU'L-QUASIM AL-IRAQUI, einem arabischen Alchemisten, hat Venus folgende Beinamen: Die Edle, die Unreine, grüner Löwe, Vater der Farben, Pfau der Pleiaden, Phönix.[11] Von der Arkansubstanz heisst es im *Tractatus aureus de lapide philosophorum*: "Jene vornehme Hure Venus ist von überquellender Farbe bekleidet und umhüllt". Diese Farbe nähere sich dem Rot an.[12] Der unter dem Pseudonym BASILIUS VALENTINUS schreibende Alchemist sagt von Venus, dem fünften Planeten: "Durchsichtig / grün / lieblich von Glantz / Bin ich von Farben gar und gantz / Doch stickt in mir ein rohter Geist / kein Nahmen weiss ich wie er heist"[13] Im *Arcanum hermeticae philosophiae opus* heisst es: "Jene kostbare Substanz ist die Venus der Alten, die hermaphroditische, welche über beiderlei Geschlecht verfügt."[14] Der Pfalzgraf MICHAEL MAIER schreibt: "In der Chemie gibt es Venus und Cupido, Venus und Adonis und auch Psyche und Cupido. Psyche nämlich ist das Weibliche, Cupido das Männliche, das für den Drachen gehalten wird."[15] NICOLAS FLAMELL fasst die Venus als wichtigen Bestandteil der Arkansubstanz und sagt von der Magnesia: "Du trägst in dir das vielgestaltige Bild der Venus, den Mundschenk und feuerspeienden Diener", wobei letzteres auf den

9 Theatrum Chemicum (1659) II S. 109.

10 Jung, GW 14/II § 53–55.

11 Jung l.c. § 74 A 186.

12 Nobilis illa meretrix Venus superabundante colore vestita et amicta est [...] propter suam abundantiam ad ruborum vergit. Musaeum Hermeticum p. 30–31.

13 Basilius Valentinus: Chymische Schriften I, S. 167.

14 Denique substantia illa pretiosissima est Venus priscorum Hermaphrodita utroque sexus pollens. Manget: Bibliotheca chemica curiosa II, p. 653 B.

15 In Chemia est Venus et Cupido, est Venus et Adonis; sic quoque Psyche et Cupido: Psyche enim foemina, Cupido mas est, Draco existimatus. Symbola aureae mensae p. 178.

Sulphuraspekt hinweist.[16] In andern Texten vertritt Venus die Königin bei der Hochzeit, so im *"Introitus apertus"*, wo es heisst:

> Sei dafür besorgt, dass du das Beilager der Venus sorgfältig vorbereitest, lege sie dann auf das Ehebett, und durch das richtige Feuer wirst du das Symbol des Grossen Werkes sehen, nämlich das Schwarze, den Pfauenschwanz, das Weisse, Gelbe und Rote.[17]

Die Beziehung der Venus zum Stein kommt schon in der griechischen Alchemie im kytherischen Stein und in der Perle der Kythere zum Ausdruck.[18] Die Venus entspricht dem erotischen Aspekt des Löwen, einer Vorstufe des Königs in der Konjunktion.[19] Wie alle anderen Komponenten der Konjunktion hat auch sie ambivalente Züge, indem sie sowohl vornehm *(nobilis)* und keusch *(casta)* ist, wie auch Hure *(meretrix)*. Cupido mit seinem Pfeil erscheint im Werk als Mercurius, der ebenfalls ein Bogenschütze *(sagittarius)* ist, der "ohne Bogen schiesst" und der "auf der Erde nirgends aufzufinden ist".[20] (vgl. Abb. 5)

Die Vereinigung der Gegensätze kann wegen ihrer unvereinbaren Natur nur dadurch zustandekommen, dass Frau Venus ihre Hand im Spiele hat. Die Wandlungssubstanz ist der alte König oder der alte Adam, von dem es in einem Gedicht des BASILIUS VALENTINUS heisst:

> Adam setz in ein Wasserbad /
> Darin Venus ihres gleichen hat /
> Welches hat bereit der alte Drach /[21]

In der Chymischen Hochzeit wird die Phase der *mortificatio* (Tötung) des alten Königs etwas zu spielerisch dargestellt. In Wirklichkeit ist

16 Theatrum chemicum (1659) I, 178. Nicolai Flamelli: Annotationes. Multiformem in te fers Veneris imaginem, pincernam, et ministrum ignivomum.

17 Cave ut Veneris connubia sollicite compares thoro suo impone igneque debito videbis Emblema Operis magni, nempe nigrum, caudam pavonis, album, citrinum, rubeumque. Musaeum Hermeticum p. 683.

18 Berthelot: CAG II 356; III 341.

19 Jung GW 14/II § 74–78.

20 Jung: Der Geist Mercurius. GW 13 § 278.

21 Chymische Schriften I p. 74.

sie ein kleiner Weltuntergang! Dieser kann sich im Individuum als eine Depression und Verlust der bisherigen Wertvorstellungen manifestieren. Bei einer schwachen psychischen Konstitution (latente Psychose) kann das zu einer ernsten Gefährdung der psychischen Gesundheit führen. Das haben schon die griechischen Alchemisten gewusst. So sagt OLYMPIODOR:

> Ohne viel Mühsal wird dieses ⟨Werk⟩ nicht vollendet; es wird Kampf, Gewalt und Krieg sein. Und dabei flösst der Dämon Ophiuchos Nachlässigkeit ein, indem er uns am Vorhaben verhindert; überall kriecht er herum, von innen und von aussen, bald Nachlässigkeiten, bald Furcht, bald Unerwartetes veranlassend, ⟨oder⟩ ein andermal, um uns durch Störungen und Schädigungen von der Arbeit abzuhalten.[22]

Der Dämon Ophiuchos scheint mir nächste Verwandtschaft mit dem Laster Acedia zu haben.[23] Sie bezeichnet die Sorglosigkeit, Gleichgültigkeit, Erschöpfung, Apathie, Verdruss, die dem Menschen den Kampf um die Eudämonie verleiden macht, Bedrängnis und Sorgenfülle. Im christlichen Bereich ist sie ein *terminus technicus* des Mönchtums. Sie trifft den Mönch beim Bibelstudium in seiner Einsamkeit. CASSIAN sagt: *quod Graeci akedian vocant, quam nos taedium sive anxietatem cordis possumus nuncupare* (was die Griechen akedia heissen, können wir entweder Überdruss oder Ängstlichkeit des Herzens nennen). Sie wurde zu einem Bestandteil der Achtlasterlehre. Die Schriftsteller des frühen Mönchtums haben sich intensiv mit ihrer Erscheinung und Therapie beschäftigt.

An anderer Stelle drückt sich OLYMPIODOR noch stärker aus, indem er den Philosophen Petasios (Petesis) zitiert: "Von solcher dämonischer Besessenheit und Unverschämtheit sei das Blei, sagt er, dass die, welche forschen wollen, in Raserei verfallen oder den Verstand verlieren."[24] Die Chymische Hochzeit weiss von solchen Gefahren kaum mehr, sondern verschiebt sie mehr auf die moralische Ebene wie

22 Berthelot: CAG II p. 86; Übersetzung bei Jung: Mysterium coniunctionis GW 14/II § 158.
23 A. Vögtle in: RAC 1, Sp. 62–63.
24 Berthelot: CAG II 95; III 104.

die Wägeszene zeigt. In dieser werden die Adepten gegen Tugenden aufgewogen. Wer nicht besteht, wird nicht zum Werk zugelassen.

Auch das "Stüpfen" mit dem Pfeil des Cupido an der Hand des Rosencreutz ist anscheinend harmlos im Vergleich zum alchemistischen Durchbohrtwerden mit dem *telum passionis* (Wurfgeschoss der Leidenschaft) des Mercurius. In anderen Abbildungen wird der alte Adam oder Christus von der Lanze der Melusine durchbohrt.[25] (s. Abb. 1) Im Traktat 'De Sulphure' sind wir bereits einer Melusine begegnet, der Göttin Diana, die sich in jenem gefährlichsten Wasser badete, in welches sie den Fürsten, der sie retten wollte, hinunterzieht, so dass beide ertrinken. Im vorangehenden Kapitel habe ich auf die Gefährlichkeit und Erlösungsbedürftigkeit dieser Gestalten hingewiesen. Sie stehen für die Ausgangsmaterie, das heisst die konkrete Wirklichkeit, die erlösungsbedürftig ist und den Adepten in alle seine dafür nötigen Verstrickungen seines Lebens führt. Jetzt versteht man, dass der 'Stein der Weisen' schon in der *prima materia* vorhanden ist, jedoch noch in seinem unerlösten Zustand. Er muss erst zum Stolperstein und zum Stein des Anstosses (Jes 8,14) werden, um den Adepten auf sich aufmerksam zu machen, damit er an seiner Erlösung zu arbeiten beginnt. JUNG betont immer wieder, die grösste Leidenschaft des Menschen sei seine Trägheit. Deshalb würde er ohne den Pfeil des Mercurius oder die Lanze der Melusine in seiner oberflächlichen Lebensweise fortfahren.

Erst am Ende der Chymischen Hochzeit werden die Folgen des 'Stüpfens' mit dem Pfeil des Cupido offensichtlich: Nachdem Rosencreutz mit dem jungen König zurückkehrt, erzählt ihm dieser, der Hüter am Tor sei bei seinem Vater ein berühmter Astrologe gewesen, doch habe er sich vergangen, indem er Frau Venus auf ihrem Ruhebett besichtigt habe. Er würde von seinem Amt erst erlöst, wenn wieder einer der Mercurialisten dasselbe begehen würde. Rosencreutz bekannte seine Tat, hoffte durch dieses Bekenntnis den Türhüter zu erlösen, aber selber ungeschoren davon zu kommen. Aber die Regeln konnten nicht gebogen werden, und so musste Rosencreutz den Platz des Türhüters einnehmen bis wieder ein Adept sich desselben Vergehens

25 Barbara Obrist: Les débuts de l'imagerie alchimique, Le livre de la Sainte Trinité, p. 142, Abb. 10, 17, 29.

schuldig machen würde. Diese Aussicht brachte ihn fast zur Verzweiflung. Er tröstete sich lediglich damit, dass er ohnehin bald sterben und seines Amtes ledig sein werde. Nachdem sich alle freundlich von ihm verabschiedet hatten, wurde er von zwei Alten in sein Kämmerlein geführt, wo er am nächsten Tag seinen Dienst antreten sollte.

Nun, die Arbeit als Türhüter vor dem Königsschloss ist wohl nicht sehr anstrengend, denn selten werden sich Leute zum Königshof verirren, um dem König den Dienst zu erweisen *(operari regi)*. Die Alchemisten klagten darüber, dass so wenige sich dazu bereit finden. Dafür müsste man nämlich seinen Egoismus aufgeben, um dem Grösseren im Menschen zu dienen. Bekanntlich finden nur wenige eine solche Aussicht attraktiv. So ist abzusehen, dass Rosencreutz für lange Zeit im Dienste des Königs bleiben wird, nämlich so lange, bis der junge König alt und erneuerungsbedürftig geworden ist. Bekanntlich gibt man seine einmal gewonnene Weltanschauung nicht so schnell und nur aus wirklicher Not auf. Daher wird Rosencreutz einige Zeit fern von seinem wissenschaftlichen Getriebe verbringen müssen. Ob dannzumal wieder jemand so neugierig sein wird, die schlafende Venus im Untergeschoss zu finden, ist eine andere Frage. Jedenfalls fanden sich in den letzten vierhundert Jahren, seit die Chymische Hochzeit geschrieben wurde, nicht viele. Vielleicht gehörten JOHANN WOLFGANG GOETHE und einzelne romantische Dichter zu den nach Frau Venus Suchenden. Unter den modernen Analytikern finde ich nur sehr wenige, ausser C.G. JUNG.

Der Autor der Chymischen Hochzeit, JOHANN VALENTIN ANDREAE hat sich mit einem *salto mortale* aus der Affäre gezogen: Seine Geschichte endet damit, dass er schreibt:

> Hie mangeln ungefehr zwey quart Bletlin, und ist er (Autor huius), da er vermeinet, er muste morgens Thorhüter sein, heim kommen.

Die Frage des Eros hat auch am Vorabend des Dreissigjährigen Krieges keine befriedigende Antwort gefunden. Die Chymische Hochzeit ist gewissermassen Zusammenfassung und Abschluss der Alchemie. Diese ist dem Problem einen wesentlichen Schritt näher gekommen, weil sie die irrationale Aufgabe der Vereinigung der Gegensätze *(mys-*

terium coniunctionis) erkannt hat. Da sie bis auf wenige Ausnahmen das Werk aussen sah, konnte sich aus ihr keine Seelenkunde entwickeln, obwohl sie ihr sehr nahe kam. In der Aufklärung entfernte man sich jedoch wieder von diesen Erkenntnissen. Es brauchte einen C.G. JUNG, um den abgerissenen Faden wieder aufzunehmen, und der Alchemie einen festen Boden, nämlich die analytische Psychologie, zu geben, auf welchem ihre Erkenntnisse bedeutungsvoll wurden. ANDREAE hatte eine ambivalente Einstellung zur Alchemie. Sein Vater hatte mit unnützen alchemistischen Experimenten sein Geld vertan und war früh gestorben. Er liess die Familie in Armut zurück, was ihm sein Sohn verübelte. Doch konnte sich dieser anscheinend selber dem säkularen Traum nicht verschliessen. Er hat zwar, soviel wir wissen, nie laboriert. Aber die väterliche Faszination hat ihn unterirdisch infiziert. Leider war er zu aufgeklärt, als dass er sich diesem Traum hätte ganz hingeben können. Er tut die Chymische Hochzeit als seine persönliche Fantasie ab, wo er den jungen König zu Rosencreutz sagen lässt, "Ich wer sein Vatter"[26] Das Besondere der Alchemie und der Grund dafür, dass die Alchemisten mit chemischen Stoffen laborierten, war, dass sie die objektive Psyche entdeckt hatten. Das ist ein psychischer Bereich ausserhalb des Persönlichen. Deshalb war es für sie so schwierig, das Werk mit der eigenen Person in Verbindung zu bringen. Das fällt den meisten Menschen auch heute noch schwer. Man ist derart in seiner kleinen Welt befangen, dass man sich nicht vorstellen kann, dass es auch eine grosse Welt im Menschen gibt.

26 R. van Dülmen l.c. S. 119.

15. Nachträgliche Gedanken zum Thema Eros

Der Leser, der mit viel Geduld und Ausdauer mein Buch bis hierher gelesen hat, wird sich vielleicht fragen, wann ich ihm endlich Ratschläge zur Lösung seines eigenen Erosproblems erteilen werde? Auf dem Markt gibt es eine Unmenge von Büchern, die dem Leser vorgaukeln, eine Antwort auf sein eigenes Liebesproblem zu geben. Sie mögen Antworten auf "die sexuelle Frage" (FREUD) sein, doch wenn man hofft, mehr über den Eros zu erfahren, ist man enttäuscht. Die medizinischen Ratgeber behandeln das Thema rein biologisch, was ein zu enger Gesichtswinkel ist, andere erklären es vom theologischen Standpunkt aus, und jedesmal ist es bloss ein kleiner Ausschnitt des ungeheuer weiten Feldes des Eros. Deshalb bescheide ich mich zuzugeben, dass es mir unmöglich ist, das Thema wirklich zu erfassen. Das mag für den Leser zunächst enttäuschend sein, aber es ist ehrlicher zuzugeben, dass unser Bewusstsein diesen Dämon nicht gültig zu fassen vermag, weil er den Umfang des Bewusstseins bei weitem übersteigt. Das Kleinere vermag das Grössere nicht zu begreifen. Der Eros ist ein zu mächtiger Daimon oder Gott, als dass ihn menschliche Sprache auszudrücken vermöchte. Ich müsste dazu alle Dichtergenies der Menschheit aufrufen, die das mit grösserem oder geringerem Glück zu tun versucht haben. Ich könnte mich nicht mehr einer nüchternen wissenschaftlichen Sprache bedienen, sondern müsste eine hymnisch-dichterische benutzen, um auch die emotionalen und gefühlsmässigen Untertöne auszudrücken. Ich hatte in meinem Leben das Glück, der "Grossen Liebe" zu begegnen. Und weil ich spürte, dass ich hier etwas Übermächtigem begegnet war, drückte ich es dadurch aus, dass ich den *"Canticus Canticorum"* (Hohelied) lateinisch in Zierschrift niederschrieb und mit Miniaturen illustrierte. Es waren auch altägyptische Liebeslieder und Bibelstellen dabei. Ich spürte, das es zwar mein ganz persönliches, einmaliges Erlebnis und gleichzeitig der Traum der Menschheit seit Anbeginn ist. Neben den Liebesäusserungen und -briefen, schien mir diese Form, die das Allgemeingültige des Erlebnisses ausdrückte, adäquat zu sein. In diesem Sinne versuchte ich unserem Leser den allgemeinmenschlichen Apsekt der Liebe nahe zu bringen. Jedesmal, wenn der Liebesgott wieder ein Opfer verwundet hat, meint dieses, es sei das erste Mal, dass so etwas Gewaltiges einem Menschen zustosse und es sei einzigartig. Das ist es auch. Doch das ist nur die eine Seite des Geschehens, nämlich dass man der alltäglichen Welt durch das Wunder der Liebe enthoben ist. Die andere Seite jedoch ist der kollektive Aspekt, dass das seit Menschengedenken immer wieder geschehen ist und auch immer wieder geschehen wird, dass einer von diesem Gott ergriffen wird. Selig der Mensch, dem solches zustösst, er hat einen verstohlenen Blick ins Paradies getan! Gesegnet die Menschheit, der es immer wieder vergönnt ist, Dichter hervorzubringen, die diesem Erlebnis gültig Ausdruck zu geben vermögen! Gesegnet die Menschheit, in welcher der Eros allen Finsternissen und Abgründen die Stirne zu bieten vermag! Das Dunkel hätte die Schöpfung schon längst wieder verschlungen, wenn ihm nicht der Eros widerstanden hätte. Die Menschen hätten sich selbst längst ausgerottet, wenn ihrem Morden nicht der Eros entgegenstünde. Wir sind zu gering, um zu verstehen, weshalb ein Schöpfer das so wunderbar eingerichtet hat, wir können es nur staunend zur Kenntnis nehmen.

Selbstverständlich ist eine derartige Wundergabe auch mit Komplikationen, mit Leiden und mit Verantwortung verbunden. Wir können sie nicht einfach geniessen. Sondern sie ist auch ein Prüfstein, an dem unsere besten Fähigkeiten geschärft werden. Sie ist auch ein schmerzhaftes Höllenfeuer, in welchem wir zur Unsterblichkeit geglüht werden. Sie ist die ambivalente Göttergabe, die unsere Bewusstwerdung antreibt. Sie ist der stärkste Motor, der uns unserem Schicksal zuführt. Wo immer Eros die Hand im Spiel hat, da wird ein Schicksal geschrieben. Wo immer Eros ins menschliche Leben eingreift, da handelt es sich um höchste Höhen oder tiefste Schlünde. Er ist der Beweger unseres Lebens, die geheime Kraft im Hintergrund, die uns zur höchsten Leistung oder zur prometheischen Niederlage antreibt. Wir können uns nicht genügend Rechenschaft geben, was er alles in unserem Leben bewirkt. Kaum etwas Wesentliches geschieht uns, ohne dass Eros an seiner Wurzel stünde. Keine schöpferische Leistung, kein Kunstwerk, keine Erfindung, keine Entdeckung würde ohne ihn hervorgebracht.

Wir glauben, wir würden mit unserer Ichpersönlichkeit, mit unserem Bewusstsein das Leben gestalten. Weit gefehlt! Dahinter steht eine Motivation, deren unbewusster Antreiber Eros ist. Ohne ihn würde die Schöpfung stille stehen. Ohne ihn würde sie sich nicht erhalten und erneuern können. Die Natur will Wandel. Das Leben will Wandel. Nichts bleibt wie es einmal war. Das ist manchmal für unser Bewusstsein fast schwindelerregend. Die treibende Kraft hinter allem Wandel ist Eros, der das Leben unaufhaltsam seinem Ziel entgegentreibt. Im menschlichen Leben ist es der Individuationsprozess, der den individuellen Menschen seiner einmaligen Bestimmung zuführt.

Eros ist daher der geheime Anordner und Lenker unseres Lebens. Wie sollte man ihm da nicht göttliche Qualitäten zumessen? Bestimmt er doch unser Schicksal, unser Glück oder Unglück. Wenn das Neue Testament vom Gott der Liebe kündet, so hat es dabei vor allem den hellen Aspekt im Visier. Eros aber ist beiderlei fähig, uns zu übermenschlichem Glück zu führen, aber auch in tiefste Verzweiflung zu stürzen. Er ist nicht der neckische harmlose Putte, wie ihn der Barock darstellte, sondern ein gewaltiger Daimon.[1] Er ist die Verbindung der Menschen untereinander und des Menschen zu seinem inneren Kern.

Die Beispiele, in denen ich sein Wirken in der Vergangenheit dargestellt habe, sind Zeugen unserer Geistesgeschichte, die unsere gegenwärtige Situation geprägt haben. An ihnen wird sichtbar, inwieweit wir mit den vergangenen Problemen zurechtgekommen sind. Sie sind Stationen auf dem Weg, den unsere Geistesgeschichte gegangen ist. Sie zeigen uns allenfalls auch, wo der Weg in die Zukunft führen könnte. Kein Problem, das sich uns gestellt hat, kann übergangen werden. Obwohl es sich um kollektive Probleme handelt, können sie nur durch die Beiträge jedes Einzelnen gelöst werden. Wir sind in unserem individuellen Leben in unabsehbarem Masse von den kollektiven Problemen bestimmt. Hier mündet unser individuelles Leben in den breiten Strom des Kollektiven. Das enthebt uns der Enge des nur Persönlichen und gibt unserem Leben Bedeutung und Sinn. Wir können uns daher nicht um unsere Geschichte und kollektiven Probleme drücken. Wir

1 A. Ribi: Was tun mit unseren Komplexen? S. 123.

müssen uns ihrer bewusst werden und am grossen Strom der Menschheit mitarbeiten. Unser Erosproblem ist daher nie nur unser persönliches, sondern in unabsehbarem Masse auch unser Anteil an der Menschheit, ob wir wollen oder nicht. Das heisst darum auch, dass wir dafür verantwortlich sind, dass in der Welt genügend Eros vorhanden ist, um die Gegensätze zusammenzuhalten, damit kein Krieg ausbricht. Krieg ist sowohl beim einzelnen wie im Kollektiv das Zeichen eines akuten Gegensatzkonfliktes. Die Gegensätze werden, wenn sie ins Bewusstsein treten, virulent und führen zu einem Konflikt. Ein gefestigtes und reifes Bewusstsein weiss um die Gegensätzlichkeit der Welt und kann die Gegensätze mittels des Eros zusammenhalten. Ein schwaches und einseitig rationales Bewusstsein kann das Gemeinsame der Gegensätze nicht erkennen, sondern reisst sie auseinander, wodurch es zum offenen Konflikt kommt. Beim Individuum bedeutet das Uneinssein mit sich selber oder wie JUNG sagt: "Der Bürgerkrieg in der eigenen Seele".[2] Wenn wir bedenken, wieviele Menschen in unserer Zivilisation an einer Neurose, wenn nicht an noch Schlimmerem leiden, wundern wir uns nicht mehr, dass auch die Welt gespalten ist. Der Zustand der Welt ist der Spiegel des Zustandes der vielen Einzelnen. Selbstverständlich denkt jedermann, dass ich übertreibe, weil mein Beitrag zum Problem in der Welt stets nur ein infinitesimal kleiner sein kann. Aber auch der kleinste Beitrag ist mehr als Null, sowohl im Positiven wie im Negativen. Durch die Gleichschaltung der Massen summieren sich diese infinitesimalen Einzelbeiträge aber zu gewaltigen Potenzen, die letztlich den Ausschlag über Krieg und Frieden geben. Die Entscheidung über Krieg oder Frieden liegt nicht bei den Politikern. Diese sind nur das Sprachrohr des Kollektivs und die Akteure auf der Weltbühne. Sie werden wie Marionetten von unbewussten seelischen Kräften gleichsam an Fäden bewegt. Sie können sich ihnen gar nicht entziehen. Diese Fäden werden auch nicht vom kollektiven Bewusstsein des Volkes, etwa in einer Demokratie, gezogen, sondern sind unseren bewussten Absichten entzogen. Das ist eine unheimliche Tatsache, die uns fast hilflos erscheinen lässt.

2 A. Ribi: Der normal kranke Mensch.

Glücklicherweise haben wir im Bewusstsein ein Instrument, das fähig ist, die Vorgänge im Unbewussten zu beobachten. Wenn es zu einem Zusammenspiel von Bewusstsein und Unbewusstem kommt, sind wir letzterem nicht mehr hilflos ausgeliefert. Denn der Eros ist die mächtigste Instanz im Unbewussten, dessen Ziel die Erhaltung des Lebens und nicht seine Zerstörung ist. Die zerstörende Funkton des Eros ist eine Entgleisung des harmonischen Systems. In der Regel ist er lebensfördernd und -erhaltend, sowohl im Individuum wie im Kollektiv. Dass die Welt unserer Tage so zerrüttet ist, demonstriert, wie weit wir von der natürlichen Funktion des Eros entfernt sind. Wir müssten uns mehr des segensreichen Eros bewusst werden und ihn in unserem Leben kultivieren.

Das könnte nun ganz leicht völlig falsch verstanden werden im Sinne einer sentimentalen christlichen Nächstenliebe. Darum habe ich dem Unterschied zwischen Eros und Agapē ein eigenes Kapitel gewidmet. Sentimentalität hat nichts mit Eros zu tun, sondern ist unentwickeltes Gefühl. Echter Eros ist eine Kraft, die nicht dem Bewusstsein zur Verfügung steht, sondern aus dem Unbewussten wirkt. Man kann niemandem befehlen zu lieben. Man kann diese Funktion nur pflegen und differenzieren. Sie wird ihre Autonomie immer behalten. Doch durch ihre Berücksichtigung *(religio)* wird sie in unserem Leben zunehmend wichtiger. Dabei tritt der Logos als sein Gegenprinzip, das die Gegensätze auseinanderreisst, mehr und mehr in den Hintergrund.

Der Eros, das Beziehungsprinzip, ist eigentlich die *Domäne der Frau.* Für sie ist es das eigentliche Lebenselement. Das ist nicht eine Rolle, welche ihr unsere Zivilisation zugeteilt hat. Es ist ihre Natur. Das heisst nicht, dass der Mann keinen Eros hätte, aber er ist ihm weniger wichtig und darum undifferenzierter. Für den Mann ist der Eros erst in der zweiten Lebenshälfte ein echtes Anliegen. Während die Frau die Erfüllung ihres Eros in der Ehe und Familie in der ersten Lebenshälfte findet, ist der männliche Eros anderer Natur. Er manifestiert sich in einer vertieften Beziehung zu seinen Mitmenschen und zur Welt als Ganzem. Der Eros der Frau ist persönlich, jener des Mannes allgemein. Der Eros der Frau gilt den ihr nächststehenden Menschen, der Familie oder allenfalls den Armen oder Kranken. Der Eros des Mannes ist diffuser und umfassender, er kann sogar abstrakt sein und einer Idee gelten.

In diesem Buch habe ich nach Möglichkeit das Wort 'Liebe' vermieden, weil es zu vieldeutig ist. Jeder Verliebte beteuert seiner Geliebten, wie sehr er sie 'liebe'. Weiss er denn überhaupt, was Liebe ist? Kann man Liebe messen? Denn er behauptet, er liebe sie 'über alle Massen', sie sei ihm 'das Liebeste auf der Welt', er liebe sie 'mehr als alle andern'. Liebe mache blind, sagt man. Stimmt das? Ist er blind, wenn er so etwas sagt? Oder macht allenfalls 'Verliebtheit' blind? Das subjektive Erleben eines autonomen psychischen Faktors ist oft ein derart überwältigendes Erlebnis, dass man alle Vernunft und realistischen Massstäbe verliert. Man spürt nur noch die Gewalt dieses Nicht-Ich-Ereignisses, das alles bisher Erlebte in den Schatten stellt. So plötzlich wie es einen überfallen hat, so plötzlich kann es auch wieder abflauen. Dann wundert man sich oft, wie einem solches geschehen konnte. Die Verliebtheit ist eine Besessenheit durch einen unbewussten Faktor.[3] Das Bewusstsein ist dabei weitgehend ausser Gefecht, weshalb das Volk sagt, "Verliebtheit sei eine Krankheit". Man fühlt sich krank vor Liebe oder Sehnsucht nach dem geliebten Menschen. Man kann sich lange zureden, vernünftig zu sein, es will nicht verfangen. Man kann sogar körperlich krank werden. Das ist das Überwältigtwerden vom Eros, ein Erlebnis der Autonomie der objektiven Psyche *kat' exochen.*

Es gibt ausser der Stärke der Liebe verschiedene Arten: Die vielbesungene Mutterliebe, die im Grunde nichts anderes als der auch im Tierreich vorkommende Mutterinstinkt mit dem Pflege- und Ernährungsinstinkt ist. Manche Menschen kommen ein Leben lang nie über diesen Instinkt als Form des Eros hinaus. Alles Kindliche, Hilflose, Schutzbedürftige, Unentwickelte löst ihren Instinkt aus. Es sind besonders Frauen, die mit diesem Instinkt identisch oder Männer, die nie dem Kindesalter entwachsen sind. Während dieser Instinkt im Tierreich unsentimental funktioniert, indem überzählige junge Katzen von der Mutter gefressen und herangewachsene Hunde aus dem Nest gestossen werden, ist er beim Menschen oft verkrüppelt und führt zur übertriebenen "Affenliebe", welche die Kinder an sich bindet und nicht ins Leben entlässt. Manche aufopfernde Mutterliebe erscheint daher

3 A. Ribi: Was tun mit unseren Komplexen? S. 49f.

von der unbewussten Seite her gesehen als purer Egoismus. Die Aufgabe des Muttertieres besteht darin, ihre Jungen für den Überlebenskampf so gut als möglich zu rüsten und nicht durch Verzärtelung lebensunfähig zu machen. Hier lässt sich eine falsch verstandene christliche Familienatmosphäre manches zu Schulden kommen. Heisst es doch bei Matthäus 10, 34–38: "Meinet nicht, dass ich gekommen sei, Frieden zu bringen, sondern das Schwert [= Unterscheidung]. Denn ich bin gekommen, einen Menschen mit seinem Vater zu entzweien und eine Tochter mit ihrer Mutter und eine Schwiegertochter mit ihrer Schwiegermutter, und "des Menschen Feinde werden die eigenen Hausgenossen sein" [Micha 7,6]. Wer Vater oder Mutter mehr liebt als mich, ist meiner nicht wert; und wer Sohn oder Tochter mehr liebt als mich, ist meiner nicht wert; und wer nicht sein Kreuz nimmt und mir nachfolgt, ist meiner nicht wert."[4] Merkwürdigerweise hört man über diese Stelle kaum je predigen! Es gibt Höheres im Leben als die Anhänglichkeit innerhalb der Familie.

Heute beobachtet man oft eine Verkümmerung des Mutterinstinktes, indem sich junge Menschen nicht mehr durch Familienpflichten in ihrer Freiheit einengen lassen wollen. Ihre Unabhängigkeit von jeglicher Verantwortung geht ihnen vor. Vielleicht ist das ein Schachzug der Natur gegen die Übervölkerung. Leider führt sie oft zur Wohlstandsverwahrlosung der Kinder, welchen an gar nichts mangelt ausser an affektiver Zuneigung. Sie verkümmern seelisch und gleiten in Drogen oder Sekten ab. Sie stammen meist aus sogenannt 'gutem Hause', und die Umgebung kann nicht verstehen, weshalb sie 'aus der Art schlagen'. Sowohl ein Zuviel wie ein Zuwenig an Elternliebe ist für die Kinder schädlich. Das versteht jedermann, bloss ist es schwierig, bei sich selber zu erkennen, wo man in der ganzen Skala steht. Die Selbsterkenntnis ist überhaupt etwas vom schwierigsten und der Grund, weshalb psychologische Kenntnisse so wenig nützen. Man glaubt immer für die anderen zu wissen, was ihnen frommt. Bei sich selber, wo man schliesslich anfangen sollte, gebricht es am Elementarsten. Man kann sich nicht objektiv sehen, ausser man würde die eigenen Träume verstehen. Sie halten uns den unparteilichen Spiegel vor.

4 Zürcher Bibel 1982.

Ausserhalb der instinktiven Liebe gibt es viele Schattierungen von Liebe. Die bekannteste und verteufelste ist die *Eigenliebe.* Sie gilt als schlecht, weil man doch den Nächsten lieben soll. Das ist ein völlig falsches Verständnis des Bibelwortes: "Du sollst deinen Nächsten lieben wie dich selbst" (Lev 19,18; Matth 19,19). Man glaubt, jedermann würde sich selbst ohnehin lieben, weshalb man die Nächstenliebe in den Vordergrund rückt. Jene Eigenliebe, die den Egoismus meint, ist nicht das Ziel des Bibelwortes, sondern jene schwierige, die das Annehmen des eigenen Soseins meint, wo wir uns ablehnen, wo wir uns schämen, wo wir uns minderwertig fühlen und was wir vor der Welt verbergen. Das Annehmen dieser Seiten unserer Persönlichkeit ist die Voraussetzung dafür, dass wir auch den Nächsten so annehmen können wie er eben ist. Sonst beginnen wir ihn nämlich zu kritisieren und wollen ihn "verbessern" oder erwarten ihn so, wie wir ihn uns wünschen. Eines der grössten Hindernisse, den Nächsten zu lieben, sind unsere Erwartungen. Nur wenn er ihnen entspricht, können wir ihn lieben. Das ist versteckte Eigenliebe: Wir lieben nicht das Gegenüber, sondern unsere Erwartungen. Das ist eine der grossen Täuschungen, denen wir erliegen, wenn wir glauben zu lieben. Das sind regelmässige Täuschungen in der Beziehung der Eltern zu ihren Kindern, der Kinder zu ihren Eltern oder unter Partnern. Plötzlich stellt sich bei tieferer Analyse heraus, dass wir in ein Bild vernarrt sind, das wir vom andern haben. Aber es ist unser Bild, nicht die Realität des andern. Der Eros ist auch ein grosser *Trickster*, der uns Dinge vorgaukelt, die gar nicht der Wirklichkeit entsprechen. Das ist die neckische Seite des Eros, der uns die grössten Schätze oder Abenteuer vorgaukelt, nach denen wir haschen, bis wir realisieren, dass wir an der Nase herumgeführt worden sind. Er täuscht uns in unendlichen Verwandlungen. Er spiegelt uns 'das grosse Glück' vor und lockt uns in die Falle. Die Ent-täuschung ist die Ernüchterung, in der wir wieder auf den Boden der Wirklichkeit zurückkehren. Zur Liebe gehört daher auch eine tüchtige Portion Verstand, damit sie echte Liebe und nicht Illusion ist.

"Die Enttäuschung nun", schreibt JUNG[5]

5 Mysterium Coniuntionis I. GW 14/I § 328.

> als ein Schock für das Gefühl, ist nicht nur die Mutter der Bitterkeit, sondern auch die mächtigste Triebfeder der Gefühlsdifferenzierung [...] Das der Erwartung nicht entsprechende Benehmen einer geliebten Person bildet den Anstoss entweder zu einem mehr oder weniger brutalen Affektausbruch oder zu einer Modifikation und Anpassung des Gefühls, und damit zu einer höheren Entwicklung desselben. Diese gipfelt in der Weisheit, und zwar dann, wenn sich zum Gefühl auch die Nachdenklichkeit und die 'verstandesmässige Erkenntnis gesellen'.

Das ist die hohe Schule der Liebe, die in den Prozess der Selbsterkenntnis (Individuation) mündet. Darin findet der Eros in der Begegnung mit dem geliebten Menschen sein höchstes Ziel. Man könnte kühn behaupten, der Schöpfer habe ihn zu *diesem Zwecke* – und nicht zur Fortpflanzung – geschaffen.

JUNG äussert im Seminar zu Nietzsches Zarathustra zum Kapitel 22 "Von der schenkenden Tugend" zu den bedeutenden Gedanken Nietzsches einige erleuchtende Kommentare. Wer selber leer ist, hat am meisten das Bedürfnis, anderen zu helfen. "that all the empty sacks want to give themselves in order to be filled I can unterstand, but this is no gift".[6] Es gibt eine positive Selbstsucht, die sich selber sucht. "But if you don't love yourself, how can you love anybody else? You come to him as a begging bowl, and he has to give. While if you love yourself, you are rich, you are warm, you have abundance; then you can say that you love because you are really a gift, you are agreeable".[7] Das heisst, um wirklich lieben zu können, muss man zuerst sich selber annehmen. Das scheint so einfach, ist aber äusserst schwierig. Es heisst nämlich nichts Geringeres, als dass man sich selber kennen lernen muss. Man kann sich nicht als ein unbekanntes Objekt annehmen, denn sonst hätte man gar nichts angenommen. Sich selber zu wissen ist eine sehr schwierige Aufgabe, weil es nicht darum geht, für was

6 p. 798: Dass alle leeren Windbeutel sich geben wollen, um gefüllt zu werden, kann ich verstehen, aber das ist kein Geben.

7 p. 799: Wenn man sich selbst nicht liebt, wie kann man einen anderen lieben? Man kommt zu ihm als Bettelschale, und er muss sie füllen. Während wenn man sich selber liebt, ist man reich, man ist warm, man hat Überfluss; dann kann man sagen, man liebt, weil man selber eine Gabe ist, man ist angenehm.

ich mich halte oder wie ich der Welt erscheinen möchte, sondern wie ich objektiv bin. Dazu brauche ich einen Spiegel, die Reaktion des Unbewussten oder meiner Umwelt. Denn mit unserem Bewusstsein allein können wir unseren Hintergrund so wenig sehen als der arme Mann in ADALBERT VON CHAMISSOs tragischem Gedicht vom Zopf, der ihm hinten hing.[8] Die Schwierigkeit bei der Selbsterkenntnis fängt eben gerade dort an, wo wir unbedingt anders sein möchten als wir wirklich sind. Dort, wo wir narzistisch in uns verliebt sind, können wir uns gar nicht objektiv sehen. Für die Objektivität brauchen wir einen gewissen Abstand zu uns selber.

Unversehens gerät man, wenn man sich mit dem Eros tiefer beschäftigt, in die Abgründe menschlichen Lebens. Das gehört zum Eros als Motor des Lebens. Er bewegt uns, animiert uns zu dieser oder jener Tat, belebt unsere Interessen, verleiht unseren Ideen Flügel, lässt uns nach höheren Zielen streben, gibt uns den Mut, etwas zu wagen, holt uns aus Lethargie und Gleichgültigkeit heraus, inspiriert uns beim Schöpferischen. Er ist auch die Weltseele *(anima mundi)*, das allesbelebende Prinzip in der Welt. Er ist ein Licht, das uns auf dem dunklen Lebensweg leuchtet und uns zu neuen Horizonten führt.

Im jungen Erwachsenenalter werden die schicksalsträchtigen erotischen Entscheide getroffen, ohne dass man eine Ahnung vom Wesen dieser Macht hat. Sie führt uns unbewusst jenen Komplikationen und Problemen zu, die für unseren Lebensweg und unser Schicksal typisch sind. Blindlings stolpern wir in alle Fallstricke, die uns das Schicksal bereitet hat. Man heiratet nicht den falschen Mann oder die falsche Frau, sondern das eigene Problem, um daran zu wachsen und bewusst zu werden. Stellt man sich dem Schicksal, so reift man, andernfalls ist man vom Leben enttäuscht und verbittert.

Im Seminar Traumanalyse[9] diskutiert JUNG das Problem des Ursprungs von Unheil oder Leiden als notwendig für den Beginn der Erkenntnis. Das Erwachen psychischen Lebens ist stets von Problemen und Leiden begleitet. Die Schöpfungsgeschichte der Bibel (Gn 3)

8 Chamissos Werke 1. Teil, Gedichte, S. 61: 's war einer, dem's zu Herzen ging, Dass ihm der Zopf so hinten hing, er wollt' es anders haben…

9 S. 272f.

schiebt dem Menschen die Schuld daran zu. In Träumen zeigt sich jedoch, dass der Ursprung viel tiefer in der Differenzierung des menschlichen Wesens liegt. In der Beziehung zweier Menschen beginnt das Leiden damit, dass ich ich bin und du du bist. Da öffnen sich die Abgründe des Gegensatzkonfliktes. Ohne Unterscheidung gibt es aber keine Bewusstwerdung. Wer im Fruchtwasser des mütterlichen Uterus schwimmt, dem fehlt nichts ausser Bewusstsein. Eine echte Beziehung ist mit dem Verlust der seelischen Unschuld verbunden, einer seelischen Defloration, und zugleich der Beginn der Bewusstwerdung. An diesem Punkt entscheidet sich, ob einer das Leben umarmen oder seine seelische Jungfräulichkeit bewahren will. Natürlich ist es nicht leicht, das Leiden willkommen zu heissen, doch nur so wird man beziehungsfähig und bewusst. Der Eros ist daher auch der stärkste Antrieb zur Bewusstwerdung und zum Eintritt ins Leben. Die Gegensätze würden ewig nebeneinander bestehen bleiben, wenn nicht ein Bewusstsein sie heraufholen und miteinander konfrontieren würde. Aber Konfrontation bedeutet zunächst Leiden und zwar nicht wegen menschlicher Schuld, sondern aus Gründen der Bewusstwerdung.

Dass in heutiger Zeit so viele Ehen geschieden werden, hat zwei Ursachen. Einerseits ist es ein Spiegel für die Instinktlosigkeit unserer Zeit. Die Ehen werden rein rational eingegangen nach Zweckabsichten und Nützlichkeitskriterien. Der Eros bleibt dabei auf der Strecke, was sich schliesslich in einer gleichgültigen Unbezogenheit zeigt, in welcher die Kinder zwar verwöhnt werden, jedoch das Wesentlichste, die Liebe, nicht mitbekommen, was sich wiederum in deren Leben ungünstig auswirkt. Andererseits stellen sich die Paare nicht dem auftauchenden Problem. Wer weiss denn schon, wenn er heiratet, dass eheliche Schwierigkeiten sinnvoll sein können? Man geht vielleicht, wenn man ganz aufgeklärt ist, in eine Paartherapie. Doch die Seele ist kein Multipackphänomen, sondern ein individuelles. Oder man geht in eine Ehetherapie, wo man Ratschläge erhält, damit sich das Sexualleben wieder verbessert, als ob sich das Glück der Ehe allein im erfüllten Sexualleben manifestierte. Die Therapeuten sind oft vom materialistischen Zeitgeist angesteckt und kennen die Bedürfnisse der Seele zu wenig.

Beziehungsschwierigkeiten zeigen sich nicht nur in der Scheidungsrate, sie sind überall im Alltag, als Mobbing am Arbeitsplatz, als

Gewalttätigkeiten unter Jugendlichen, als Sachbeschädigungen und Krawallen bei Demonstrationen für den Frieden und gegen die Globalisierung. Weltweit ist eine enorme Zunahme der Gewaltbereitschaft in allen Sparten zu beobachten, zum Beispiel auch gegen Zöllner und andere Amtspersonen. Sobald einem etwas nicht passt, ist man bereit, dreinzuschlagen. Die Sprayereien an öffentlichen Gebäuden und Sachbeschädigungen an öffentlichen Einrichtungen sind ein Ausfluss diffuser, ungerichteter Aggression. Im Kollektiv liegt ein riesiges Potential an unterschwelliger Aggression, das jederzeit zu einer katastrophalen Eruption führen kann. Im Strassenverkehr ist es besonders gefährlich, weil es zum rücksichtslosen Verhalten den anderen Verkehrsteilnehmern gegenüber führt, was leicht tödliche Folgen haben kann.

Diese erhöhte Gewaltbereitschaft ist eine Folge des Niederganges der bisherigen moralischen Werte unserer Kultur und des Fehlens neuer Werte. Man sucht dem Übel mittels einer Flut von neuen Gesetzen und Vorschriften Herr zu werden. Doch mit noch engmaschigeren Gesetzen beschneidet man nur die Freiheit, aber dämmt nicht das organisierte Verbrechen entscheidend ein. Die Unmoral des einzelnen, die vielleicht bloss in seiner Fantasie und nicht einmal in Taten besteht, ist wieder der infinitesimale Beitrag, welcher die Mafia am Leben erhält. Wir denken vielleicht, wenn wir nicht mit dem Gesetz in Konflikt geraten, seien wir gute Menschen, unbescholtene Bürger. Aber Menschsein besteht in einer Ethik, die den Rahmen des Strafgesetzbuches bei weitem übersteigt. Man glaubt, man könne die Menschen bessern, wenn man Gewalt in der Ehe unter Strafe stelle! Weit gefehlt! Der Eros setzt die Massstäbe, keine bewusst erfundene Strafnorm. *Wir ermangeln des Eros.* Denn der setzt die inneren Regeln des menschlichen Zusammenlebens. Er ist das Fundament jeglicher Gesellschaftsbildung. Er ist der unsichtbare Anordner des kosmischen Gesetzes des Anthropos.[10] Er ist das, um, mit GOETHEs Faust zu reden, "was die Welt im Innersten zusammenhält". Ohne ihn würde sowohl der Makro- wie der Mikrokosmos wegen der Gegensätze auseinanderfallen. Bei der Schizophrenie ist nach meiner Erfahrung ein fundamentaler Mangel an Eros vorhanden. Dieser wirkt sich sowohl auf die innere

10 A. Ribi: Anthropos, S. 135ff.

Kohärenz wie auf die zwischenmenschlichen Beziehungen destruktiv aus.

Wegen des Mangels an Eros in unserer Übergangszeit von einem Aeon, dem der Fische, in einen anderen, den des Wassermannes, grassiert der Egoismus. Dieser ist die pathologische Hypertrophie des Selbsterhaltungstriebes. Wegen einer tiefsitzenden unbewussten Lebensangst, die sich in allen Bereichen beobachten lässt, entsteht kompensatorisch dieser Egoismus: Jeder will wenigstens seine eigene Haut retten, ganz gleichgültig ob er dadurch seinen Nächsten Schaden zufügt. Dadurch entsteht ein Teufelskreis, indem keiner sich mehr auf den Nachbarn verlassen kann, sondern ihn fürchtet und dadurch selber zum Egoismus getrieben wird. Es herrscht allenthalben eine grosse Verunsicherung unter den Menschen. Jeder traut dem andern nur noch Schlechtes zu. Das führt zu einer Polarisierung, die sich besonders in der Politik bemerkbar macht. Dies zeigt sich in einer Verteufelung des politischen Gegners. Das ist der Grund für die derzeitige Politikverdrossenheit im Volk. Jede Partei verdammt die regierende, weil sie alles verkehrt mache und verspricht radikale Verbesserungen, falls sie das Ruder übernehmen kann. Und wenn es soweit ist, beginnt das Spiel, bloss mit umgekehrten Vorzeichen von neuem. Alles bleibt beim Alten, nichts bewegt sich, keine Fortschritte sind möglich. Man kann eine zunehmende Radikalisierung feststellen. Die Parteien können gar nicht mehr miteinander sprechen, sondern nur noch polemisieren. Politische Diskussionen in den Medien vor Abstimmungen entarten zu Schlammschlachten, was das Publikum geniesst und damit selber zur Polarisierung beiträgt. Würde sich das Publikum aufgrund seines gesunden Instinktes degoutiert abwenden und den Fernseher ausschalten, müssten sich die Programmverantwortlichen etwas Dezenteres einfallen lassen. Wurden im Alten Rom Christen den Löwen vorgeworfen oder Gladiatoren in der Arena aufeinander gehetzt, so sind es heute die Politiker. Wir sind jenen barbarischen Zeiten noch keineswegs entronnen. Die Gemeinsamkeit unserer mit jener dekadenten römischen Zeit ist nur zu augenfällig, weil sie beidemale eine Übergangszeit war. Im "Gespräch eines Lebensmüden mit seinem Ba"[11] fin-

11 H. Jacobsohn in: Zeitlose Dokumente der Seele, S. 1.

det der Leser eine eindrückliche Schilderung einer solchen Übergangszeit und der entsprechenden Verzweiflung der Menschen.

Das Ziel des Eros ist Synthese und Bewusstwerdung, aber nicht unbedingt Harmonie. Manchmal erreicht Eros sein Ziel durch die Konfrontation der Gegensätze, die er vereinen will. Schon Heraklit, der Dunkle genannt (480 v. Chr.) sagte, der Krieg sei der Vater von allem.[12] Eros wird daher oft in kriegerischer Aufmachung dargestellt: *Militat omnis amans* (Jeder Liebende kämpft).[13] Zum Eros gibt es in der Mythologie den Anteros, sein brüderliches Gegenteil. Man straft die Kinder aus Liebe, wenn man ein guter Erzieher ist. Verwöhnen der Kinder ist nicht Liebe, sondern das Gegenteil, meist ist es Bequemlichkeit. Echte Liebe ist nie sentimental, sondern ein strenger Zuchtmeister. Denn der Eros in der Welt ist stets vom Chaos bedroht, die aufbauende Ordnung von Unordnung, Willkür, Ungerechtigkeit, Unbewusstheit, Triebhaftigkeit u.a. Differenzierter Eros führt einen ständigen Kampf gegen diese Mächte der Zerstörung. Gerade in Übergangszeiten sind diese Mächte besonders stark, denn sie zertrümmern die alte Ordnung. Würde nicht gleichzeitig Eros im Hintergrund an einer neuen Weltordnung arbeiten, wäre die Gefahr, dass die ganze Welt zerstört würde. Es ist daher gerade in unserer Zeit besonders wichtig, zu verstehen, was in der Welt geschieht, weil wir im Unbewussten von diesen säkularen Vorgängen infiziert werden. Wir können die Mächte der Zerstörung nicht aufhalten, wir sind als einzelne zu schwach, aber wir können in unserem Unbewussten Geburtshelfer sein für die Geburt einer neuen Welt (Offb. 21,1). Dafür müssen wir im Unbewussten die Zeichen der Zeit verstehen. Unser Individuationsprozess ist nur zum Teil persönlich, zu einem unabsehbar grossen Teil sind wir Kinder unserer Zeit und unserer Welt.

Wir müssen noch einen wichtigen Aspekt des Eros streifen: den *heilenden Eros*. Die menschliche, anteilnehmende, einfühlsame Zuwendung zum leidenden Menschen hat zu allen Zeiten und in allen Kulturen eine therapeutische Wirkung gehabt. Heute spriessen immer neue

12 Die Vorsokratiker, J. Mansfeld übers. und herausg., S. 259, Nr. 50.
13 Emblemata. Handbuch zur Sinnbildkunst des XVI. und XVII. Jahrhundert, S. 1762.

Heilverfahren auf, doch der entscheidende Faktor der Wirkung ist nicht die Methode, sondern die Zuwendung. Gerade weil es in unserer Welt an Eros fehlt, wirkt allein schon die liebevolle Zuwendung, das Interesse und Ernstnehmen am Leidenden Wunder. Es ist bedenklich, wenn heute das Pflegepersonal aus Gründen der Rationalisierung keine Zeit mehr hat für ein Gespräch am Krankenbett. Krankheit ist immer eine sensible Phase im Leben eines Menschen, in welcher er offen ist für archetypische Eindrücke. Wenn diese verpasst wird, entsteht keine Wandlung. Denn die Krankheit ist oft ein sinnvolles Geschehen, das einen Wendepunkt im Leben bedeuten kann. Daher ist die richtige medizinische Versorgung nur die eine Seite der Heilung.

Eine entscheidende Rolle spielt der Eros in der *Psychotherapie.* Der Therapeut muss ein aussergewöhnliches Mass an Liebe zu den Menschen ganz allgemein haben. MARIE-LOUISE VON FRANZ hat in ihrem Buch "C. G. Jung. Sein Mythos in unserer Zeit" den Kindheitstraum vom unterirdischen Phallus interpretiert als jene ausserordentliche Menschenliebe, die den genialen Arzt ausmacht.[14] Der Patient kommt vielleicht zum ersten Mal in seinem Leben mit seinem Problem an einen Menschen, der ihm nicht nur ein Ohr leiht, sondern mit Einfühlung und Verständnis auf ihn eingeht. Dafür ist es wichtig, dass der Therapeut von allen Theorien und Voreingenommenheiten frei ist. Das ist für ihn eine schwierige Anforderung, weil man sich nur allzu gern an eine Methode klammert, um von ihr Sicherheit zu erhalten. Doch weshalb fühlt man sich sonst unsicher? Weil man sich dem Patienten ungeschützt, ohne ärztliches Mäntelchen, preisgeben muss. Das aber ist gerade das, was hilft: der Arzt stellt sich dem kranken Menschen als Mensch! Er stellt sich ihm nicht als der Wissende, der Überlegene, der Weise, der Übermensch, der selber keine Probleme hat, sondern als gleichwertiger Mensch. Sein überlegenes Wissen in seinem Spezialfach kommt erst in zweiter Linie. Um den Mut zu einer derartigen Konfrontation aufzubringen, muss sich der Therapeut selber kennen, das heisst, er muss zuerst selber den schmerzhaften Prozess der Selbsterkenntnis durchmachen, den er dem Patienten zu dessen Heilung zumutet. Denn, wenn der Therapeut selber schwarze Löcher in seiner

14 op. cit. S. 29–30.

Seele hat, führt er seinen Patienten genau dorthin und beide fallen hinein. Die gründliche eigene Analyse ist die Voraussetzung zur ehrlichen Konfrontation mit dem Patienten. Denn der Arzt selber ist die Medizin, und ein Arzt kann nur dann verantwortungsvoll handeln, wenn er Nutzen und Schaden seiner Medizin kennt. Das ist zwar eine grundlegende und einfache Wahrheit, aber sie wird immer mehr vernachlässigt.

Der Patient, dem es vielleicht zum ersten Mal in seinem Leben geschieht, dass ein anderer Mensch ihm so viel Interesse, Wärme und Verständnis entgegenbringt, ist davon oft so überwältigt, dass er sich in den Therapeuten verliebt, was FREUD als *Übertragung* bezeichnet hat. In der Regel ist das keine hindernde Komplikation im Prozess, denn der *Eros ist der wandelnde Faktor.* Die Sympathie zwischen Patient und Therapeut ist eine Voraussetzung, damit ein Wandlungsprozess überhaupt ingang kommt. Die Liebe liefert die Wärme für den Prozess im alchemistischen Ofen. Meistens entsteht dadurch eine belebte Atmosphäre, in welcher Arzt und Patient gedeihlich zusammenarbeiten können. Entgegen verbreiteter Meinung ist das sich in den Therapeuten Verlieben keine *conditio sine qua non.* Zwar schmeichelt es oft der Eitelkeit des Therapeuten, wenn sich eine Patientin in ihn verliebt. Das ist allerdings nicht der Sinn der Übertragung. Sondern in ihr werden Inhalte von den Eltern abgelöst und auf den Therapeuten übertragen (wie der Name sagt), um über diese Zwischenstation zum Patienten zurückzukehren. Im Grunde geht es um die Ablösung von infantilen Projektionen. Der Therapeut wird von der Psyche des Patienten als Zwischenträger benutzt, weil ihm die direkte Rücknahme nicht möglich ist. Die Übertragung ist daher nicht als Ersatz für eine Liebesbeziehung gemeint, sondern als Vehikel zum Transport von einer Psyche zur andern. Es gibt Analysanden, bei denen dieser Prozess ohne grössere Komplikationen vor sich geht und andere, die in der Übertragung stecken bleiben. Dann ist eine eigentliche Übertragungsanalyse nötig, um die kostbaren Inhalte bewusst zu machen. Da Bewusstwerdung immer in Unterscheidung besteht, gilt es für Patient wie für Therapeut das Gemeinsame vom Unterscheidenden zu trennen. Eine echte Beziehung ist nur zwischen distinkten Personen möglich. Die Übertragung ist noch keine echte Beziehung, sondern eine

Obsession, eine Unfreiheit. Echte Liebe ist die schenkende, freie Beziehung zweier Menschen.

Man hat lange darüber diskutiert, ob noch eine Beziehung bleiben würde, wenn alle Reste von Übertragung aufgearbeitet wären. Ich weiss, dass erst dann eine Beziehung in der Ewigkeit entsteht, frei von Projektionen irgendwelcher Art. Diese Auffassung vertritt auch JUNG, wie er in seinen Erinnerungen schreibt:

> Es war nach dem Tode meiner Frau. Da sah ich sie in einem Traum, der wie eine Vision war. Sie stand in einiger Entfernung und sah mich voll an. Sie befand sich in der Blüte ihrer Jahre, war etwa dreissig Jahre alt und trug das Kleid, welches ihr vor vielen Jahren meine Cousine, das Medium, angefertigt hatte. Es war vielleicht das schönste Kleid, das sie jemals getragen hatte. Der Ausdruck ihres Gesichtes war nicht freudig und nicht traurig, sondern objektiv wissend und erkennend, ohne die geringste Gefühlsreaktion, wie jenseits des Nebels der Affekte. Ich wusste, es war nicht sie, sondern ein von ihr für mich gestelltes oder veranlasstes Bild. Es enthielt den Beginn unserer Beziehung, das Geschehen während der dreiundfünfzig Jahre unserer Ehe und auch das Ende ihres Lebens. Angesichts einer solchen Ganzheit bleibt man sprachlos, denn man kann sie kaum fassen.
>
> Die Objektivität, die ich in diesem Traum [...] erlebte, gehört zur vollendeten Individuation. Sie bedeutet eine Loslösung von Wertungen und von dem, was wir als gefühlsmässige Verbundenheit bezeichnen. An der gefühlsmässigen Verbundenheit liegt den Menschen im allgemeinen sehr viel. Aber sie enthält immer noch Projektionen, und diese gilt es zurückzunehmen, um zu sich selbst und zur Objektivität zu gelangen. Gefühlsbeziehungen sind Beziehungen des Begehrens, belastet mit Zwang und Unfreiheit; man erwartet etwas vom anderen, wodurch dieser und man selber unfrei werden. Die objektive Erkenntnis steht hinter der gefühlsmässigen Bezogenheit; sie scheint das zentrale Geheimnis zu sein. Erst durch sie ist wirkliche Coniunctio möglich.[15]

Projektionen in einer Beziehung sind eben das, was die Liebe blind macht. Die Liebe ist nicht notwendigerweise blind, Blindheit gehört nicht zum Wesen der Liebe. Aber Beziehungen sind stets mit einer unabsehbaren Menge von Erwartungen, Wünschen, Vorurteilen und Ver-

15 C.G. Jung: ER S. 300.

kennen belastet. Nur lange geduldige Arbeit an der Beziehung, sowohl in der Auseinandersetzung mit dem Gegenüber wie einer kritischen Einstellung seinen eigenen Auffassungen gegenüber kann diese belastenden Projektionen allmählich abbauen. Oft fehlt jedoch der Wille zu dieser schmerzlichen Prozedur, weil man sich gerne vom Hochgefühl einer Faszination beleben lässt und befürchtet, es bleibe nachher aus. Tatsächlich fällt bei dieser Arbeit die Faszination wie eine Seifenblase oder ein angestochener Ballon zusammen. Da ist es dann wichtig, zu verstehen, dass das, was die Faszination bewirkte, nicht im Gegenüber liegt, sondern zur eigenen Seele gehört. Erst wenn eine Beziehung zu diesem Faktor in der eigenen Seele zustande gekommen ist, ist die Projektion abgelöst worden und kein Wert verloren gegangen. Kommt man nicht zu diesem Ziel, so ist Ent-täuschung und Verbitterung das Resultat.

Das Ringen um eine echte Beziehung ist ein lebenslanger Prozess und ein zentrales Anliegen im Individuationsprozess. Individuation wird oft mit Egoismus verwechselt. Davon kann keine Rede sein, denn jemand, der beziehungsunfähig ist, kann auch nicht zu sich selber kommen. Wir kommen wieder zur Feststellung, dass es ohne Eros keine Individuation gibt. Oder: dass Individuation kein verstandesmässiger Vorgang ist; der erotische ist der irrationale Aspekt.

Nicht umsonst ist Eros in der griechischen wie in vielen anderen Mythologien (zum Beispiel indisch Kama) ein Gott, eine autonome, von unserem Willen völlig unabhängige Macht. Wir sind seine Opfer, doch ist es an unserem Bewusstsein, dem Geschehen nicht blindlings zu verfallen, sondern zu verstehen, was mit uns geschieht. Wir können uns dem Eros nur zu unserem eigenen Schaden widersetzen, aber wir sollten uns bemühen, wenigstens den Kopf über Wasser zu halten. Gerade die rationalsten Menschen sind in Gefahr, völlig vom Eros überschwemmt zu werden. Je einseitiger jemand lebt, desto mehr ist er einer Überflutung durch den Gegensatz ausgesetzt. Wir tun daher besser, uns ein Leben lang, dem Eros zu öffnen, ohne ihm ständig zu verfallen. Er ist der belebende Faktor, der dem Leben Farbe und Spannung verleiht.

Die Liebe wurde als "Himmelsmacht" besungen. Tatsächlich ist sie eine stärkste Macht im menschlichen Leben. Ihr steht allerdings der

Machtrieb entgegen. Die beiden schliessen sich gegenseitig aus: ...denn wo Liebe ist, da herrscht nicht die Macht des einzelnen, und wo die Macht des einzelnen ist, da herrscht keine Liebe, schreibt JUNG.[16] Die beiden stehen aber immer sehr nahe beieinander, und es besteht ständig die Gefahr, dass das eine ins Andere mutiert. Im Individuationsprozess steht die Liebe höher als die Macht, und es ist ein Privileg des Alters, dass sich das, was einstmals Macht war in Liebe wandeln kann.

Dass heutzutage ein hoher Prozentsatz der Ehen wieder geschieden wird, hat mit einer Wandlung im Verständnis der Ehe zu tun. Früher war sie eine soziale Einrichtung zur Erzeugung und Aufzucht von Nachkommen. In den kinderreichen Familien war die Mutter vollauf beschäftigt mit den Geschäften des Haushaltes. Der Kindersegen war ohne Familienplanung der Natur überlassen. Die Ehefrau ging in der sinnvollen Aufgabe völlig auf. Der Ehemann musste sich bei kärglichem Lohn um die Ernährung der grossen Kinderschar abrackern. Die psychische Energie beider Eltern war in diesen Alltagsaufgaben gebunden. Heute ist das sehr anders geworden: Energien beider Eltern sind frei geworden und suchen eine sinnvolle Betätigung, die Sexualität ist nicht mehr bloss zur Erzeugung von Nachkommen, sondern um ihrer selbst willen erwünscht; sie spielt eine viel grössere Rolle als ehedem. Die Ehe wird zu einer Institution, in welcher man die Erfüllung des Eros erwartet. Diese Erwartung stellt sich unbewusst ein, ohne dass die jungen Menschen besser auf die geanderte Rolle der Ehe vorbereitet wären. Zwar vermitteln die Medien mehr sexuelle Aufklärung als wünschenswert, aber der Eros kommt zu kurz. Wir sind in dieser Hinsicht schmerzlich unterentwickelt. Man glaubt, wenn die sexuelle Harmonie erreicht sei, sollte sich der Eros von selber einstellen. Über weite Strecken besteht eine bedenkliche Ahnungslosigkeit in diesem Gebiet. Wen wundert es, dass sich Paare enttäuscht von einer derartigen Nicht-Beziehung aus der Ehe schleichen? Sie verstehen meist gar nicht, wo der Haken liegt und stehen in Gefahr, in eine neue Beziehung zu wechseln. So lange man nicht versteht, wo der Haken liegt, ist die Chance gross, dass es wieder gleich herauskommt. Man glaubt, die falsche Person geheiratet zu haben, wo die Ursache doch

16 Das Typenproblem in der Dichtkunst. GW 6 § 408.

viel tiefer liegt. Wenn mein Buch hier etwas zum besseren Verständnis des Wesens des Eros beitragen kann, so schätze ich mich glücklich. Es will aber kein "Ehebuch" sein, in welchem man Ratschläge für gewisse Schwierigkeiten erhält, sondern es versucht, mehr Verständnis für das Wesen des Eros zu vermitteln. Da dieses mit zu den grossen Rätseln des Lebens gehört, lässt es sich nicht einfach vom Bewusstsein her erfassen. Man kann sich ihm nur über unzählige Irr- und Umwege annähern. Aber das ist die Art, welche das Wesen des Grossen Gottes erheischt. Letztlich bleibt er das grosse Geheimnis des Lebens und entwischt allen unseren Bemächtigungsversuchen.

Literaturverzeichnis

Agaësse, P. et A. Solignac, trad. introd. et notes: S. Aurelis Augustinus. La Genèse au sens Littéral. De Genesi ad Litteram. Bibliothèque Augustinienne, vol. 48 + 49. Desclée de Brouwer. 1972.

Afanasjew, Alexander, N.: Russische Volksmärchen, Band I + II. Aus dem Russischen neu übertragen von Swetlana Geier. Nachwort von Lutz Röhrich. Deutscher Taschenbuchverlag, München, 1985.

Ammann, A. N.: Tannhäuser im Venusberg. Origo, Zürich, 1964.

d'Anjou, René: Vom liebentbrannten Herzen. Eingeleitet und erläutert von Franz Unterkircher. Akademische Druck- und Verlagsanstalt, Graz, 1975.

Ariès, Philippe, Duby, Georges, Hrsg.: Geschichte des privaten Lebens. 2. Vom Feudalzeitalter zur Renaissance. Duby G., Hrsg.: S. Fischer, Frankfurt am Main, 1990.

Aurelius Augustinus. Vom Gottesstaat. De civitate Dei. Buch 11–22. Thimme Wilhelm, lat. Übertragung; Andresen, Carl, Einleitung und Kommentar. Deutscher Taschenbuchverlag München, 1977, Bd. 6087 u. 6088 ^{2}1978. Artemis, Zürich, 1955.

Bächtold-Stäubli, Hanns, Hoffmann-Krayer, E., Hrsg.: Handwörterbuch des Deutschen Aberglaubens. Band V. Walter de Gruyter, Berlin und Leipzig, 1933.

Barto, Philip Stephan: Tannhäuser and the Venusberg. Germanic Literature and Culture. Oxford Univ. Press, New York, 1916.

Bayer, Karl, Fuhrmann, Manfred, Jäger, Gerhard, Hrsg: Horaz. Sämtliche Werke, lateinisch und deutsch. Artemis, München und Zürich. ^{10}1985.

Beinert, Wolfgang und Petri, Heinrich, herausg.: Maria – Minnesang. Handbuch der Marienkunde. F. Pustet, Regensburg, 1984.

von Beit, Hedwig, (von Franz, Marie-Louise): Symbolik des Märchens, Francke, Bern. ^{2}1960 (1952).

Berthelot, M. avec collaboration de Ch. E. Ruelle: Collection des Anciens Alchimistes Grecs.
Tome III: Traduction. Otto Zeller, Osnabrück, 1967. Réimpression de l'édition 1888.

Betz, Hans Dieter, Hrsg: The Greek Magical Papyri in Translation, including the Demotic Spells. The University of Chicago Press, Chicago & London, 1985.

Bibel – Zürcher Bibel 1982.
Biblia Sacra. Iuxta Vulgatam Versionem. II. Proverbia-Apocalypsis. Appendix. Fischer, Bonifatio, Gribmont Ianne, Sparks, H.F.D., Thiele, W., Weber Robertus. Württembergische Bibelanstalt, Stuttgart, 1969.
Brandt, Edward, Ehlers, Wilhelm, Hrsg.: Apuleius. Der goldene Esel. Heimeran, München, 1957. 3. verbesserte Auflage 1980.
Bräuer, Rolf, Hrsg.: Geschichte der Deutschen Literatur. Mitte des 12. bis Mitte des 13. Jahrhunderts. Volk und Wissen, Berlin, 1990.
Brost, Eberhard, übertragen und herausgegeben: Abaelard. Die Leidensgeschichte und der Briefwechsel mit Helosia. Lambert Schneider, Heidelberg, 1979.
Brown, Peter: Die Keuschheit der Engel. Carl Hanser, München, Wien, 1991.
Capelle, Wilhelm, übers: Die Vorsokratiker. Die Fragmente und Quellenberichte. Alfred Kröner, Stuttgart, 1968.
Casella M.-T. et Pozzi G.: Francesco Colonna, biografia e opere. Padoue, Antenore, 1959, 2 vol.
Chamissos Werke 1. Teil. Max Sydow herausg. Deutsches Verlagshaus Bong, Berlin-Leipzig-Wien-Stuttgart, 1907.
Colonna, Francesco; Dronke, Peter: Introduction, Hypnerotomachia Poliphili. Las Ediciones des Portico. Reproduccion facsimil del 1324 de la Biblioteca nacional, Madrid, 1981. Original, Venedig, Aldo Manuzio 1499.
Colonna, Francesco. Le Songe de Poliphile. Jean Martin, übers., Gilles Polizzi, Hrsg. Imprimerie Nationale Editions. 1994.
Curtius, Ernst, Robert: Europäische Literatur und lateinisches Mittelalter. Francke, Bern, 1948.
Dante: Die göttliche Komödie. La Divina Commedia. Das neue Leben. La Vita Nuova. E. Laaths herausg. Vollmer, München, o.J.
Denzinger, Henricus, Hrsg: Enchiridion Symbolorum. Herder Verlag KG, Freiburg im Breisgau, 1963.
Desonay, Fernand: Der italienische Ursprung der Tannhäuser-Sage. Universitas 3, 1948. S. 149–160.
Dronke, Peter, Hrsg: A History of Twelfth-Century Western Philosophy. Cambridge University Press. 1988.
Dronke, Peter: Abelard and Heloise in Medieval Testimonies. Univ. of Glasgow Press, 1976.
Duby, Georges, Perrot, Michelle, Hrsg.: Geschichte der Frauen. Band I. Antike. Pauline Schmitt Pantel, Hrsg. Campus, Frankfurt/New York, 1993.
Dülmen van, Richard, Hrsg, Andreae, Johann Valentin: Fama fraternitatis: (1614). Confessio fraternitatis: (1615). Chymische Hochzeit Christiani Rosenkreutz: anno 1459: (1616). Calwer Verlag, Stuttgart, ^{3}1981, 1973.

Ellenberger, Henry F.: Die Entdeckung des Unbewussten. The discovery of the Unconcious. Gudrun Theusner-Stampa, übertragen. Band 1. Hans Huber, Bern, 1973.
Fahrner, Rudolf, Bianca, Stefano, Hrsg: Westöstliches Rittertum. Das ritterliche Menschenbild in der Dichtung des Europäischen Mittelalters und der islamischen Welt. Akademische Druck- und Verlagsanstalt, Graz, 1964.
Fierz-David, Linda: Der Liebestraum des Poliphilo. Rhein, Zürich, 1947.
Förster, Werner, Krause, Martin, Haenchen, Ernst: Die Gnosis. 1. Band. Zeugnisse der Kirchenväter. Artemis, Zürich und Stuttgart, 1969.
Frank, Rainer, Max, Hrsg., Klessmann, Eckart, eingel: Undinenzauber. Geschichten und Gedichte von Nixen, Nymphen und anderen Wasserfrauen. Philipp Reclam, Stuttgart, 1991.
von Franz, Marie-Louise: C. G. Jung. Sein Mythos in unserer Zeit. Verlag Huber, Frauenfeld, 1972.
von Franz, Marie-Louise: Spiegelungen der Seele. Kreuz, Stuttgart-Berlin, 1978.
Frenzel, Elisabeth: Stoffe der Weltliteratur. Ein Lexikon dichtungsgeschichtlicher Längsschnitte. Alfred Kröner, Stuttgart, [7]1988.
Friedländer, Ludwig: Sittengeschichte Roms. Parkland Verlag, Stuttgart, o.J.
Georges, K. E.: Ausführliches lateinisch-deutsches Handwörterbuch. 2 Bände. Hahnsche Buchhandlung, Hannover, 1969.
Girod Robert, Hrsg.: Origenes: Commentaire sur l'Evangile selon Matthieu. Sources Chrétiennes No. 162 (Livres X et XI), Editions du Cerf, Paris, 1970.
Goethe, Johann Wolfgang: Sämtliche Werke. Artemis, 1977.
Gost, Roswitha: Der Harem. Dumont, Köln, 1993.
Grimm, Gebrüder: Deutsche Sagen. Zwei Bände in einem Band. Wissenschaftliche Buchgesellschaft, Darmstadt, 1977.
Guggenbühl-Craig, Adolf: Macht als Gefahr beim Helfer. Psychologische Praxis. Schriftenreihe für Erziehung und Jugendpflege, Prof. Dr. phil. E. Probst, Basel, Hrsg. S. Karger, Basel, 1971.
Harf-Lancner, Laurence: Les Fées au Moyen Age. Morgane et Mélusine. La naissance des Fées. Nouvelle Bibliothèque du Moyen Age 8. Librairie Honoré Champion, Paris, 1984.
Haskins, Charles Homer: The Renaissance of the Twelfth Century. Harvard University Press, Cambridge, Massachusetts and London, England, 1979.
Haussig, Hans Wilhelm, Hrsg.: Götter und Mythen im Vorderen Orient. Wörterbuch der Mythologie. Band I. Ernst Klett, Stuttgart, 1965.

Heller, Friedrich: Erscheinungsformen und Wesen der Religion. W. Kohlhammer, Stuttgart, 1961,
Henkel Arthur und Schöne Albrecht, Hrsg: Emblemata. Handbuch zur Sinnbildkunst des XVI und XVII Jahrhunderts. Sonderausgabe. J.B. Metzlersche Verlagshandlung und Carl Ernst Poeschel Verlag, Stuttgart, 1978.
Honko, Lauri, Hrsg: Krankheitsprojektile. FF Communications edited for the Folklore Fellows. Suomalainen Tiedeaketemia, Helsinki. 1968.
Homer: Ilias und Odyssee. Voss, Heinrich, übertragen, Von der Mühll, Peter, Hrsg. R. Löwit, Wiesbaden. 1793.
Horaz. Sämtliche Werke, lateinisch und deutsch. Bayer, Karl, Fuhrmann, Manfred, Jäger, Gerhard, Hrsg: Artemis, München und Zürich. [10]1985.
Huser, Johannes, Hrsg.: Paracelsus, Theophastrus. Bücher und Schrifften. Teil 8 und 9. Georg Olms, Hildesheim, New York. 1972. Nachdruck der Ausgabe Basel 1590.
Jacobsohn, H., von Franz M.-L., Hurwitz S.: Zeitlose Dokumente der Seele. Rascher, Zürich, 1952.
Jaffé, Aniela: Bilder und Symbole aus E.T.A. Hoffmans Märchen "Der Goldene Topf". Psycholog. Abh. Bd. VII. C.G. Jung herausg. Rascher: Zürich, 1950.
Jankowski, Alice, Hrsg: Die Königin von Saba und Salomo: Die amharische Version der Handschrift Berlins. Or. 3542. Helmut Buske, Hamburg, 1987.
Jung, C.G.: Gesammelte Werke. 4. Band. Freud und die Psychoanalyse. Rascher, Zürich und Stuttgart, 1969.
Jung, C.G.: Gesammelte Werke. 6. Band. Psychologische Typen. Walter, Solothurn und Düsseldorf, 1995.
Jung, C.G., Gesammelte Werke. 7. Band. Zwei Schriften über Analytische Psychologie. Walter, Solothurn und Düsseldorf, 1995.
Jung, C.G., Gesammelte Werke. 9/I Band. Die Archetypen und das Kollektive Unbewusste. Walter, Solothurn und Düsseldorf, 1995.
Jung, C.G., Gesammelte Werke. 9/II Band. Aion. Beiträge zur Symbolik des Selbst. Walter, Solothurn und Düsseldorf, 1995.
Jung, C.G., Gesammelte Werke. 10. Band. Zivilisation im Übergang. Walter, Solothurn und Düsseldorf, 1995.
Jung, C.G., Gesammelte Werke. 11. Band. Zur Psychologie Westlicher und Östlicher Religion. Walter, Solothurn und Düsseldorf, 1995.
Jung, C.G., Gesammelte Werke. 13. Band. Studien über Alchemistische Vorstellungen. Walter, Solothurn und Düsseldorf, 1995.
Jung, C.G: Gesammelte Werke. 14/I Band. Mysterium Coniunctionis. Untersuchungen über die Trennung und Zusammensetzung der seelischen Gegensätze in der Alchemie. Walter, Olten und Freiburg i.Br., [5]1990.

Jung, C. G., Gesammelte Werke. 14/II Band. Mysterium Coniunctionis. Untersuchungen über die Trennung und Zusammensetzung der seelischen Gegensätze in der Alchemie. Walter, Olten und Freiburg i. Br., [5]1990.
Jung, C. G: Gesammelte Werke. 16. Band. Praxis der Psychotherapie. Beiträge zum Problem der Psychotherapie und zur Psychologie der Übertragung. Walter, Solothurn und Düsseldorf, 1995.
Jung, C. G.: Briefe. I. 1906–1945. Jaffé, Aniela, Hrsg. Adler, Gerhard, Mitarbeiter. Walter, Olten und Freiburg i. Br., 1972.
Jung, C. G.: Briefe. III. 1956–1961. Jaffé Aniela, Hrsg., Adler, Gerhard, Mitarbeiter. Walter, Olten und Freiburg i. Br., 1973.
Jung, C. G: Die Frau in Europa. Rascher Paperback, Zürich und Stuttgart, 1948.
Jung, C. G., Jaffé, Aniela, Hrsg: Erinnerungen, Träume, Gedanken. Rascher, Zürich und Stuttgart, 1962.
Jung, Emma: Animus und Anima. Rascher Paperback, 1967.
Jung, Emma, von Franz, Marie-Louise: Die Graals Legende in psychologischer Sicht. Walter, Olten und Freiburg i. Br., [2]1983. 1980.
Justum a Balbian: Dicta Alani Philosophi de Lapide Philosophico Theatrum Chemicum 1659, vol. III, p. 722–743.
Kamber, Urs: Arbor Amoris, der Minnebaum. Erich Schmidt Verlag, Berlin, 1964.
Kautzsch, E: Die Apokryphen und Pseudepigraphen des Alten Testaments. Band II. Georg Olms Verlagsbuchhandlung, Hildesheim, 1962.
Kerényi, Karl: Die Mythologie der Griechen. Rhein Verlag, Zürich, 1951.
Kerényi, Karl: Die Heroen der Griechen. Rhein Verlag, Zürich und Stuttgart, 1958.
Kluge, Friedrich, Seebold Elmar, bearbeitet, Etymologisches Wörterbuch der deutschen Sprache. Walter de Gruyter, Berlin, New York, 1989.
Krantz, Wolfgang, Hrsg.: Abailard, Peter: Gespräch eines Philosophen, eines Juden und eines Christen. Wissenschaftliche Buchgesellschaft, Darmstadt, 1995.
Kühn, Herbert: Die Felsbilder Europas. Kohlhammer, Stuttgart, 1952.
Kytzler, Bernhard, ausgewählt und erläutert, Fischer, Carl, übersetzt: Carmina Priapea. Gedichte an den Gartengott. Artemis Verlag, Zürich und München, 1978.
Lassner, Jacob: Demonizing the Queen of Sheba. The University Press, Chicago & London, 1993.
Layton, Bentley, Ed.: Nag Hammadi Codex II, 2–7. Vol. I. Gospel According to Thomas. Gospel According to Philip. Hypostasis of the Archons. Indexes. The Coptic Gnostic Library. E.J. Brill, Leiden, New York, Kobenhavn, Köln, 1989.

Leclercq, Jean Dom: La femme et les femmes dans l'oeuvre de Saint Bernard. Téqui, Paris, 1982.
Leibbrand, Annemarie und Werner: Formen des Eros. Kultur- und Geistesgeschichte der Liebe.
Bd. I: Vom antiken Mythos bis zum Hexenglauben. K. Aler, München/Freiburg, 1972.
Licht, Hans; Lewandowski, Herbert, bearbeitet und herausgegeben: Sittengeschichte Griechenlands. Hans E. Günther, Stuttgart, 1959.
Lot-Borodine, Myrrha: De l'amour profane à l'amour sacré. Etudes de psychologie sentimentale au Moyen Age. Librairie Nizet, Paris, 1979.
Lüderitz, Anna: Die Liebestheorie der Provençalen bei den Minnesängern der Stauferzeit. Literarhistorische Forschungen Heft 29. E. Felber, Berlin und Leipzig, 1904. Reprint Kraus-Thomson, Nendeln, Lichtenstein, 1976.
Luscombe, D.E., Introduction,Translation and Notes: Peter Abelard's Ethics. Oxford University Press. First published 1971. Reprinted 1979.
Mackrell, Estelle, Vivienne: The Healing Dog of Asklepios. Diploma Thesis C.G. Jung-Institute Zürich, 1987.
Maier, Michael: Symbola Aureae Mensae Duodecim Nationum. Akademische Druck- u. Verlagsanstalt, Graz, Austria, 1972. Photomechanischer Nachdruck. Typis Antonij Hummij, impensis Lucae Iennis. 1617.
Mann, Golo, Heuss, Alfred, Hrsg: Propyläen Welt Geschichte. Islam. Die Entstehung Europas. Band 5/1. Ullstein, Frankfurt/M., Berlin, Wien, 1963.
Mangeti, Jo, Jacobi: Bibliotheca Chemica Curiosa. G. De Tournes, Geneva, Vol. I+II. 1702.
Mansfeld, Jaap, übersetzt und erläutert: Die Vorsokratiker. Griechisch/Deutsch. Philipp Reclam, Stuttgart, 1987.
Merkelbach, Reinhold: Die Hirten des Dionysos. B.G. Teubner, Stuttgart, 1988.
Mertens, V., Müller, U., Hrsg: Epische Stoffe des Mittelalters. Alfred Kröner, Stuttgart, 1984.
Mertens, Michèle, éd.: Les Alchimistes Grecs. Tome IV. Zosime de Panopolis. Mémories Authentiques. Les Belles Lettres, Paris. 1995.
Moser, Dietz-Rüdiger: Die Tannhäuser-Legende. Eine Studie über Intentionalität und Rezeption katechetischer Volkserzählungen zum Buss-Sakrament. Suppl.-Serie zu Fabula Reihe B. Bd. 4. W. de Gruyter, Berlin, New York, 1977.
Muckle, U.T.: The Personal Letters between Abelard and Heloise. Mediaeval Studies 15, 47–94, 1953.

Murray, A. Victor: Abelard and St. Bernard. A Study in twelfth century 'modernism'. Barnes + Noble, New York, 1967.
Musaeum Hermeticum Reformatum et Amplificatum. Akademische Druck- u. Verlagsanstalt, Graz, 1970. Photomechanischer Nachdruck der Ausgabe 1678.
Obrist, Barbara: Les Débuts de l'Imagerie Alchemique (XIVe–XVe siècles). Edition le Sycomore, 1982.
Ohly, Friedrich: Hohelied-Studien. Grundzüge einer Geschichte der Hoheliedauslegung des Abendlandes bis um 1200. Schriften der Wissenschaftlichen Gesellschaft an der Joh. Wolfg. Goethe-Univ. Frankfurt a.M. Geisteswiss. Reihe Nr. 1. Steiner, Wiesbaden, 1958.
Origenes: Commentaire sur l'Evangile selon Matthieu. Girod Robert, Hrsg. Sources Chrétiennes No. 162 (Livres X et XI), Editions du Cerf, Paris, 1970.
Origenes: Homélies sur le Cantique des Cantiques. Rousseau, Dom Olivier, Hrsg: Sources Chrétiennes No. 37 bis. Les Editions du Cerf, Paris, 1966.
Origène: Commentaire sur le Cantique des Cantiques. Band II. Brésard, Luc, Crouzel, Henri; Borret, Marcel, Hrsg. Sources Chrétiennes No. 376. Les Edition du Cerf, Paris, 1992.
Paracelsus, Theophastrus: Bücher und Schrifften. Johannes Huser, Hrsg. Teil 8 und 9. Georg Olms, Hildesheim, New York, 1972. Nachdruck der Ausgabe Basel 1590.
Paret, Rudi, Übers.: Der Koran. W. Kohlhammer, Stuttgart, Berlin, Köln, Mainz. 1962.
Pernoud, Régine, Hrsg: Die Kreuzzüge in Augenzeugenberichten. Deutscher Taschenbuch-Verlag, München. 1. Aufl. 1971 / 2. Aufl. 1972.
Pernoud, Régine: Leben der Frauen im Hochmittelalter, Centaurus-Verlagsgesellschaft, Pfaffenweiler, 1991.
Picinelli, Filippo; Donat, Dietrich, Einleitung: Mundus Symbolicus. Nachdruck Georg Olms, Hildesheim – New York. Original: Coloniae Agrippinae, Hermanni Demen, 1687 (Emblematisches Cabinet, Band VIII), 1979.
Platon: Sämtliche Werke, I. Lambert Schneider, Heidelberg.
Podlech, Adalbert: Abaelard und Heloisia oder die Theologie der Liebe. Piper Verlag, München, 1990.
Pollmann, Leo: Die Liebe in der hochmittelalterlichen Literatur Frankreichs. Versuch einer historischen Phänomenologie. Analecta Romanica Heft 18. V. Klostermann, Frankfurt a. Main. 1966.
Pomeroy B., Sarah: Frauenleben im Klassischen Altertum. Alfred Kröner, Stuttgart, 1985.

Pörksen, Gunhild: Theophrast von Hohenheim: Das Buch von den Nymphen, Sylphen, Pygmaeen, Salamandern und den übrigen Geistern. Faksimile der Ausgabe Basel 1590. Übertragen und mit einem Nachwort versehen von Gunhild Pörksen. Basilisken-Presse, Marburg an der Lahn, 1996.

Rahner, Hugo: Symbole der Kirche. Otto Müller, Salzburg, 1964.

Reinsberg, Carola: Ehe, Hetärentum und Knabenliebe im antiken Griechenland. C.H. Beck, München, 1989.

Ribi, A.: Gerhard Dorn. Ein verkannter Fortsetzer paracelsischer Alchemie und paracelsischer Philosophie: Das Problem von Drei und Vier. Nova Acta Paracelsica, NF 16, P. Lang, Bern, Berlin, Bruxelles, Frankfurt/M., 2002.

Ribi, Alfred: Was tun mit unseren Komplexen? Über die Dämonen des modernen Menschen. Kösel, München, 1989.

Ribi, Alfred: Die feindlichen Brüder. Extraversion – Introversion. Kundschafter Verlag, Brugg, 1993

Ribi, Alfred: Anthropos. Der ewige Mensch. Der ewige göttliche und kosmische Mensch in Geschichte, Politik und Tiefenpsychologie. Peter Lang, Bern, Berlin, Bruxelles, Frankfurt a.M., New York, Oxford, Wien. 2002.

Ribi, Alfred: Die Suche nach den eigenen Wurzeln. Peter Lang, Bern, Berlin, Frankfurt a.M., New York, Paris, Wien, 1999.

Ribi, Alfred: Zeitenwende. Peter Lang, Bern, Berlin, Brüssel, Frankfurt a.M., New York, Oxford, Wien, 2001.

Ribi, Alfred: Chymische Hochzeit. In Vorbereitung.

Ribi, Alfred: Der normal kranke Mensch. Neurose und Lebenssinn. Die Neurosen aus der Sicht C.G. Jungs. Stiftung für Jungsche Psychologie, Küsnacht, 2002.

Riedel, Wilhelm: Die Auslegung des Hohenliedes in der jüdischen Gemeinde und der griechischen Kirche. Deichert, Leipzig, 1898.

Riedlinger, Helmut: Die Makellosigkeit der Kirche in den lateinischen Hoheliedkommentaren des Mittelalters. Beitrag zur Geschichte der Philosophie und Theologie des MA, Bd. 38, H. 3. Aschendorffsche Verlagsbuchhandlung, Münster, 1958.

Rothschuh, E.K.: Geschichte der Physiologie. Lehrbuch der Physiologie. Springer, Berlin, Göttingen, Heidelberg, 1953.

Rousseau, Dom Olivier, Hrsg: Origenes: Homélies sur le Cantique des Cantiques. Sources Chrétiennes No. 37 bis. Les Editions du Cerf, Paris, 1966.

Rousselle, Aline: Der Ursprung der Keuschheit. Kreuz, Stuttgart, 1989. Aus dem Französischen übersetzt von R. Voullié. Französische Originalausgabe: Porneia, Presses Univ. de France, 1983.

Ruhe, Ernstpeter: De Amasio ad Amasiam. Zur Gattungsgeschichte des mittelalterlichen Liebesbriefes. Beiträge zur romanischen Philologie des Mittelalters. Fink, München, 1975.

Ruska, Julius: Tabula Smaragdina. Ein Beitrag zur Geschichte der Hermetischen Literatur. Winter, Heidelberg, 1926.

Ruska, Julius: Turba Philosophorum. Springer, Berlin, 1931.

Russische Volksmärchen, Band I+II. Afanasjew, Alexander, N. Deutscher Taschenbuchverlag, München, 1985.

Rypka, Jan: Iranische Literaturgeschichte. Veb Otto Harrassowitz, Leipzig, 1959.

Santos, Gregory John: Psychological Parallels in C.G. Jung and St. Bernard's Sermons on the Song of Songs. (The Role of the Feminine in the Transformation of a Monk). Diploma Thesis at the C.G. Jung-Institute Zurich, 1980.

Schimmel, Annemarie: Mystische Dimensionen des Islam. Eugen Diederichs, Köln, 1985.

Schirokauer, Arno, Tax, Petrus W. Hrsg.: Hartmann von Aue. Das Büchlein. Erich Schmid, Berlin, 1979.

Schneemelcher, Wilhelm: Neutestamentliche Apokryphen. I. Evangelien. J.C.B. Mohr (Paul Siebeck) Tübingen. 1987.

Schroeter-Reinhard, Alexander: Die Ethica des Peter Abaelard. Übersetzung, Hinführung und Deutung. Universitätsverlag Freiburg, Schweiz, 1999.

Schweizer-Vüllers, Regine: Die Heilige am Kreuz. Studien zum weiblichen Gottesbild im späten Mittelalter und in der Barockzeit. Peter Lang, Bern, Berlin, Frankfurt a.M., New York, Paris, Wien, 1999.

Sezgin, Fuat: Geschichte des Arabischen Schrifttums. IV. Alchimie – Chemie Botanik – Agrikultur. E.J. Brill, Leiden, 1971.

Seznec, Jean: Das Fortleben der Antiken Götter. Wilhelm Fink, München. 1990.

Siems, Andreas Karsten, Hrsg: Sexualität und Erotik in der Antike. Wissenschaftliche Buchgesellschaft, Darmstadt, 1988.

Stock, Brian: Myth and Science in the twelfth century. Princeton University Press, Princeton, New Jersey, 1972.

von Ström, Ake, Biezais Haralds: Germanische und Baltische Religion: W. Kohlhammer, Stuttgart, Berlin, Köln, Mainz, 1975.

Telle, Joachim: Sol und Luna. Pressler, Hürtgenwald. 1980.

Telle, Joachim: Rosarium Philosophorum. Ein alchemisches Florilegium des Spätmittelalters. VCH Verlagsgesellschaft, Weinheim, 1992, Faksimile der illustrierten Erstausgabe Frankfurt, 1550. 2 Bände.

Tervarent, Guy: Attributs et Symboles dans l'Art profane 1450–1600. Dictionnaire d'un language perdu. Droz, Genève, 1958. Travaux d'Humanisme et Renaissance XXIX–XXX.

Thorndike, Lynn: A History of magic and experimental Science. Vol. III. Columbia University Press, New York and London, 1934.

Treu, Max: Sappho Lieder. Artemis, München. [8]1991.

Valentinus, Basilius: Chymische Schriften. H.A. Gerstenberg. Hildesheim. 1976. Band I+II. Reprografischer Nachdruck der Ausgabe Hamburg 1677.

Vogel, Claus, Erläuterungen, Dienst, Paulgünther, Gestaltung: Tempel der Liebesfreuden. Sonderausgabe für Wissenschaftler und Forscher. Reichelt Verlag, Wiesbaden, 1963.

Voss, Heinrich, übertragen, Von der Mühll, Peter, Hrsg: Homer, Ilias und Odyssee. R. Löwit, Wiesbaden. 1793.

Wassmann, Xaver. Der Tod des grossen Pan. Zum Untergang des Naturgottes in der Antike. Stiftung für Jungsche Psychologie, Küsnacht, 2003.

Weber, Werner: Liebe, Liebe. Gedichte der Antike. Artemis, Zürich und München. 1972.

von Wilamowitz-Moellendorf, Ulrich: Der Glaube der Hellenen. Wissenschaftliche Buchgesellschaft, Darmstadt, 1959.

Williams, Frank, Translation: The Panarion of Epiphanius of Salamis. Book I. (Sects 1–46) Nag Hammadi Studies, Vol. XXXV. E.J. Brill, Leiden, New York, Kopenhavn, Köln, 1987.

Wis, Marjatta: Ursprünge der Deutschen Tannhäuserlegende. Zur Geschichte mittelalterlicher Pilgertraditionen. I. Neuphilologische Mitteilungen 61, 8–58 (1960).

Zürcher Bibel 1982.

Index

Personenregister

Abälard, Peter 152, 209, 212, 213, 215, 216, 217, 218, 220, 221, 222, 223, 224, 225, 228, 230, 232, 234, 235, 236, 237, 238, 241, 242, 244
Abraham Eleazar 165
Abu'l-Qasim al-Iraqui 325
Aegidius von Paris 154
Agaesse P. et A. Solignac 68
Alanus von Lille 154
Alciatus, Andreas 280
Aldus Manutius 263
Alexander König von Mazedonien 193
Ambrosius von Mailand 67, 148, 149, 150, 256
Ammann, Adolf 245, 252, 253, 254, 257, 258
Andreae, Johann Valentin 135, 321, 322, 329
Andreas da Barberino 248
Andreas Vesalius 270
Anselm von Laon 221
Aphrodite 48, 51
Apuleius 49, 136, 281
Archelaos 184
Archilochos 60
Ariès, Ph. und G. Duby 35
Aristoteles 39, 193
Arnold von Brescia 243
Aschner, B. 301
Astrolabius, Sohn des Abälard und der Heloisa 224
Augustus, röm. Kaiser 32
Augustinus, Aurelius 68, 69, 74, 184, 237
Bachofen, Joh. Jac. 44
Bächtold-Stäubli, H. 196, 247, 316
Balduin von Canterbury 153
Barlett, V. J. 242
Barto, Ph. St. 247, 248, 250, 251
Basilius Valentinus 325, 326
Beethoven, Ludwig van 250
Beinert, W. und H. Petri 255
Berengar von Tours 219
Bernardus Sylvestris 185
Berhard von Clairvaux 151, 152, 153, 238, 240, 241, 242, 244
Beroald de Verville 263
Berthelot, Marcelin 129, 327
Betz, Hans Dieter 87
Bräuer, R. 192, 193
Brandt, E. und W. Ehlers 136
Brésard, L. et H. Crouzel 147
Brinkmann H. 296
Brost, E. 209, 213, 217, 221, 225, 226, 227, 229, 230, 231, 232, 235, 236, 244
Brox, Norbert 73
Brown, Peter 72
Capelle, W. 48
Casella, Maria-Teresa et G. Pozzi 265
Catull, C. Valerius Catullus 60, 62
Cejpek, J. 194
Clemens Alexandrinus 255
Colonna, Francesco 136, 263, 275, 279, 295, 297

Curtius, R. 185, 187
Cyrill von Jerusalem 167
Dante Alighieri 225
De la Motte Fouqué, Friedrich 299, 302, 303
Demeter 34, 277
Demokrit 184
Denzinger-Schönmetzer 154, 255, 256
Desonay, F. 248
Dionysius 220
Dionysos 51, 52
Diotima 10
Dorn, Gerhard 112, 114, 115, 134
Dronke, Peter 187, 237, 244
Duby, G. und Michelle Perrot 33
Ebenbauer, A. 193
Edzard, D.O. 285
Egenolf von Stauffenberg 303
Ellenberger, H.F. 308
Ephräm der Syrer 255
Epikur 184
Epiphanius von Salamis 70
Etienne de Garlande 211
Euripides 39, 47
Fahrner, R. 191
Fehling, D. 55
Ferguson, John 159
Fierz-David, Linda 264
Floyres und Blantseflur 193, 194
Förster, W. 72
Freud, Sigmund 56, 76, 246, 331, 346
Friedländer, Ludwig 32, 33, 87
Georges, K.E. 9, 54
Georgius Riplaeus 114, 116, 117, 118
Geyer, B. 242
Girod, R. 255
Gladigow, B. 36
Goethe, Johann Wolfgang von 12, 96, 342
Gost, Roswitha 197
Gottfried von Strassburg 247
Gregor der Grosse 237
Grimm Gebrüder 137, 317
Grimmelshausen, H.J.Ch. von 253
Grunebaum, G.E. 189
Guggenbühl, A. 11, 78
Harf-Lancner, Laurence 249, 291
Häring, N.M. 241
Hartmann von Aue 202
Haskins, Ch.H. 185, 188
Heiler, F. 167
Helm, R. 62
Heloisa 209, 212, 213, 215, 216, 217, 218, 222, 223, 224, 225, 227, 228, 229, 231, 234, 235, 236, 237, 244
Henkel, A. und A. Schöne 61, 344
Henricus Madathanus 158
Heraklit 12, 184
Hesiod 58
Hieronymus, latein. Kirchenlehrer 145, 150
Hiob 13, 18
Hippolytus von Rom 145
Homer 57, 266
Honko, Lauri 109
Horaz, Quintus Horatius Flaccus 32, 60
Huser, Johannes 251, 301, 302
Irenaeus von Lyon 72
Isidor von Sevilla 151
Isis 34
Jacob Böhme 270
Jacobsohn, H. 343
Jaffé, Aniela 14, 304
Jankowski, Alice 161

Johannes, Autor der Briefe und Apokalypse 18
Johannes Nider 248
Johannes Prätorius alias Hans Schultze 245, 246, 247
Johannes Roscelinus von Compiègne 210, 211
Jolivet, I. 188
Jung, C. G. 11, 13, 14, 15, 16, 17, 18, 21, 22, 25, 44, 55, 58, 70, 71, 77, 79, 81, 87, 88, 90, 91, 92, 94, 97, 100, 102, 109, 110, 113, 114, 117, 118, 130, 134, 135, 139, 142, 143, 153, 157, 165, 167, 178, 190, 202, 210, 211, 214, 218, 220, 221, 227, 228, 233, 234, 239, 240, 241, 262, 264, 280, 286, 287, 292, 293, 297, 304, 307, 308, 309, 312, 316, 319, 323, 324, 325, 326, 330, 338, 339, 340, 345, 347, 349
Jung, Emma 274
Jung, Emma und Marie-Louise von Franz 103, 189, 190
Justin Martyr 255
Justus a Balbian: Dicta Alani 186
Kamber, Urs 296
Kautzsch, E. 175
Kerényi, Karl 48, 50, 52, 53, 101, 102, 137, 285
Keyserling, Hermann Graf 142, 287
Kluge, E. 209
Koester, H. 167
Krantz, H.-W. 236
Kroll, W. 32, 36
Kühn, Herbert 280
Kunrath, Heinrich 122
Kytzler, B. 56, 57,281
Lamperts von Hersfeld 192
Lassner, J. 161
Leibbrand, Annemarie und W. 58, 70, 74, 75
LeClerq, Dom J. 239, 240
Leutzsch, M. 87
Lewandowski, H. 36
Licht, H. (Pseudonym für P. Brandt) 36, 37
Lot-Borodine, Myrrha 206
Lüderitz, Anna 296
Luis, R. und J. Jolivet 241
Lukretius 60, 184
Luscombe, D. E. 236
Lusignan, Grafen von 303
Mackrell, Estell Vivienne 101
Maier, Michael 125, 126, 128, 171, 172, 325
Mangetus, Joh. Jac. 112, 318, 325
Mansfeld, J. 12, 344
Marbod von Reims 207
Martin, Jean 263
Martin de Brega 249
Max, F. R. 299
McLaughlin, M. M. 241
Merkelbach, Reinhold 277
Mertens, Michèl 110
Monfrin, J. 209, 210
Mörike 60
Morin, P. 237
Moser, D.-R. 258, 259, 260, 261
Muckle J. T. 209, 210, 212, 213, 216, 217, 219, 225, 226, 227, 230, 231, 232, 235
Murray, A. V. 242, 243
Mylius, Johann Daniel 108, 122
Neumann, Erich 94
Nicolas Flamell 325, 326
Nikolaus Cabasilas 256
Nygren, Anders 68

Obrist, Barbara 59, 328
Ohly, F. 145, 149, 150, 151, 152
Olympiodor 127, 327
Origenes 66, 103, 104, 105, 145, 146, 147, 148, 150, 218, 255
Osiris 34
Otto, Rudolf 275
Ovid, Publius Ovidius Naso 32, 61, 62, 205, 207
Pan 51, 183
Paracelsus, Philippus Theophrastus Bombastus von Hohenheim, genannt 93, 251, 301 302, 303, 304
Paret, Rudi 161, 162, 195
Paulus 15
Pernoud, Régine 189, 206, 239
Persephone 51
Pestalozzi 106
Petrus Chrysologus 255
Petrus Heliae 153
Petrus Riga 154
Petrus Venerabilis 244
Pfeifer, W. 313
Philaletha 120, 121
Platon 10, 39, 40, 43, 184
Plutarch 86, 183
Podlech, A. 209, 219, 223, 238
Polizzi, G. 267, 268
Pollmann, L. 60, 63, 68
Polyarchos 36
Pomeroy, Sarah 44
Poppelin, C. 264
Pörksen, Gunhild 301
Portmann, Adolf 75
Pozzi, G. und L. Ciapponi 263
Properz, Sextus Propertius 32, 33, 62
Rahner, Hugo 190
Reinsberg, Carola 37, 38, 39, 40, 42, 281
René d'Anjou 295, 297
Ribi, Alfred 10, 16, 31, 42, 48, 56, 66, 72, 73, 97, 102, 110, 135, 146, 149, 152, 163, 168, 184, 190, 197, 205, 225, 238, 250, 259, 264, 281, 283, 314, 321, 333, 334, 336, 342
Richard von Saint Victor 153
Riedel, W. 145
Riedlinger, H. 154
Riklin, Franz jun. 99, 251
Röcke, W. 194
Rose, J.J. 49
Rosinus (= Zosimos) ad Sarratantam Episcopum 124
Rothschuh, K.E. 308
Rousseau, O.D. 66, 145, 147
Rousselle, Aline 33, 34, 72
Rubens, Peter Paul 33
Rufinus, Tyrannius von Aquileia 145
Ruhe, E. 207, 208
Ruska Julius 125, 166
Rypka, J. 194
Sachsenheim 252
Santos, G.J. 153
Sappho, griechische Dichterin 58
Scheid, J. 87
Schimmel, Annemarie 195
Schirokauer, A. und P.W. Tax 203
Schmitt-Pantel, Pauline 33
Schneemelcher, Wilhelm 95, 208
Schroeter-Reinhard, A. 211, 224, 236, 237
Schweizer-Vüllers, Regine 163
Sezgin, Fuat 188
Seznec, J. 61
Seneca, Lucius Aeneus 33
Siems, A.K. 32, 35, 36, 36
Skitskij Paterik 259
Sokrates 10, 67

Söll, G. 255, 256
Sophokles 46
Stapf, P. 315
Stoa 36
Stock, B. 185, 186, 188
Ström, A. V. und H. Biezais 102
Telle, Joachim 214
Tervarent, Guy de 283
Theobald de Hoghelande 170
Theokrit 60
Thierry von Chartres 187
Thomas Murner 250
Thomas von Aquino 74, 75, 155, 157
Thomas von Vercelli 154
Thorndike, Lynn 158
Treu, M. 58
Unterkircher, F. 295
van Dülmen, Richard 135, 322, 324, 330
van Lennep, J. 115
Veldeke 198
Vergil, Publius Vergilius Maro 62, 198, 205, 247, 278
Venus 36, 47
Veyne, P. 35, 36, 83, 84, 85, 86
Vogel, C. 141
Vogt, J. 35
Vögtle, A. 32
von Beit, Hedwig 130, 137, 196, 318
von Chamisso, Adalbert 340
von Flüe, Niklaus 106
von Franz, Marie-Louise 11, 106, 107, 109, 137, 157, 159, 196, 211, 345
von Wilamowitz-Moellendorf, Ulrich 50
Wassmann, Xaver 66, 183
Weber, W. 60
Wilhelm von Champeaux 210, 211, 221, 222
Wilhelm von Saint Thierry 153, 238, 239, 241
Williams, Frank 70
Wis, Marjetta 247
Wolf, Toni 45
Wolfram von Eschenbach 103
Zeno von Verona 255
Zosimos von Panopolis 110, 160

Bibelstellenregister

ALTES TESTAMENT

Geschichtsbücher

Genesis (1. Mos.) 29, 36, 96, 97, 109, 112, 114, 165, 166, 179, 185, 205, 283, 340
Exodus (2. Mos.) 168, 180
Leviticus (3. Mos.) 338
Numeri (4. Mos.) 115, 258

Buch der Richter 256
Erstes Buch Samuel (1. Sam.) 168
erstes Buch der Könige (1. Kön.) 160, 162, 170

Poetische Bücher

Buch Hiob (Hiob) 13, 109, 230
Psalmen (Ps.) 105, 109, 144, 144, 174, 175, 230, 256
Sprüche (Spr.) 208
Hohelied (H.L.) 99, 141, 143, 145, 147, 148, 157, 162, 163, 164, 165, 166, 168, 169, 170, 171, 177, 179, 180, 204, 331

Prophetische Bücher

Jesaja (Jes.) 78, 93, 103. 104, 108, 109, 143, 144, 169, 328
Klagelieder 109
Ezechiel (Ez.) 109, 256
Hosea (Hos.) 143, 144
Micha (Mi.) 337
Habakuk (Hab.) 109
Sacharja (Sach.) 109

Apokryphe Bücher

Buch Tobit (Tob.) 125

NEUES TESTAMENT

Evangelien

Evangelium nach Matthäus (Mat.) 10, 29, 36, 121, 122, 166, 168, 211, 241, 258, 260, 293, 300, 337, 338
Evangelium nach Markus (Mark.) 10, 36
Evangelium nach Lukas (Luk.) 72, 90, 95, 146, 242, 256, 259, 260, 301
Evangelium nach Johannes (Joh.) 71, 73, 74, 79, 84, 117, 141, 163, 178, 220

Briefe des Paulus

an die Römer (Rm.) 10, 98, 165
erster Brief an die Korinther (1. Kor.) 34
an die Galater (Gal.) 10, 67
an die Epheser (Eph.) 105, 141, 164
an die Philipper (Phil.) 15
an die Kolosser (Kol.) 103, 104, 164

Übrige Briefe

Brief des Jakobus (Jak.) 10, 165
erster Brief des Petrus (1. Pet.) 78, 165
erster Brief des Johannes (1. Joh.) 18, 98, 105, 208, 215

Offenbarung des Johannes (Off.) 119, 120, 154, 179, 34

Sachregister

abaissement du niveau mental 261
ablutio 215
Adam 59, 112, 113, 114, 129, 160, 165, 167, 261, 302, 326, 328
Adler 101
Adoptionsritus 118
"Affenliebe" 336
Agapē, griechisch 9, 66, 67, 75, 89, 215, 250, 294, 335
Agnosia 168
Albedo 174
Alchemisten/Alchemie 20, 99, 110, 168, 186, 323, 329, 330
Alkoholismus 15
All 10
Allegorie/allegorisch 65
Allmacht 15
Alter 80
Alter der Tage 116
Alter König 116
Amazone 45
Ambivalenz 257
Amor (Gott) 61, 136, 147, 295
amor sanctus 153, 296
amor, lateinisch 9
Anima 22, 61, 91, 178, 205, 264, 269, 275, 288, 292, 294, 309, 310, 313, 318, 319
anima mundi (Weltseele) 314
Animalisch 76
Animismus 53
Anonym 207
Anpassung 201
Anthropos 225, 342
Antichrist 247
Antike 31
Apokalypse 18
Apokatastasis 186
Apologie (Rechtfertigung) 244
aqua permanens 129, 272
Araber/arabisch 188
arbor amoris 296
arbor philosophica 113, 129
Archetypus 47, 61, 85, 109, 142
Archonten 107
Argentum vivum 132
Aristokratie/aristokratisch 44
Armut 83
ars dictaminis 207, 209, 224
Arzt 19, 99, 103, 132, 176, 345, 346
Asket 72
Asklepius 186
Assumptiio Mariae 81
Ästhetik 268
Astrologie 87, 272
Auferstehung 34, 179, 290, 325
Aufstieg 72
aurea catena 185
Ausdauer 21
Auserwähltheit 258
Aussenwelt 38, 300, 307, 313
autonom 53, 54, 55, 336
Autorität 90
Axiom 77
Azoth 175
Bande, magische 201
Bart 247
Baum 104, 123, 297, 321
Baum der Erkenntnis 12, 97
Beau Alman 253
Befriedigung 39
Begehren 13
Begierde 49, 89, 92, 119, 347
Beichte 25, 90
benedictio fontis 281
Beruf 23

Berufung 196
Besessenheit 336
Bewusstsein 16, 20, 68, 80, 108, 116, 125, 129, 130, 134, 155, 202, 215, 233, 266, 267, 268, 269, 277, 288, 300, 307, 308, 309, 312, 333, 340
Bewusstseinseinstellung 221
Bewusstwerdung (Gnosis) 20, 25, 58, 59, 74, 96, 97, 116, 167, 201, 310, 341, 344, 346
Beziehung 24, 26, 28, 206, 348
Bezogenheit 80
Bild, inneres 26, 40, 45, 117, 139, 275, 287, 293, 309, 338, 347
Bitterkeit 228
Blei 327
Blitz 61
Blume 61, 304
Blut 118, 125, 133, 135,190, 322
Blut, rosenfarbenes 297
Bogenschütze 49, 118, 147
Bordell 32, 39, 40
Böse, das 12, 18, 95, 99, 105, 106
Braut 143, 145, 146, 150, 151, 153, 163, 235
Bräutigam 143, 145, 146, 151, 235
Briefwechsel 209
Bürgersfrau 40
caritas, lateinisch 9, 41, 67
Chaos 58
Christentum 17, 31, 63, 65, 69, 72, 74, 75, 81, 83, 86, 90, 92, 94, 100, 103, 140, 141, 183, 250, 255, 257, 267, 280, 290, 296
Christus 61, 67, 84, 94, 102, 107, 145, 154, 257, 328
compassio (Mitempfinden) 106
complexio oppositorum 13
cupiditas 41
Cupido (Gott) 61, 276, 282, 284, 287, 290, 291, 322, 328
cupido, lateinisch 9
Daimon/dämonisch 10, 13, 15, 57, 61, 160, 215, 241, 257, 314, 331
Demiurg 12
Demut/demütig 20, 261
Denken 211
Denktypus 216, 223, 229
Denudatio 165
Diamant 173
Dichter 33
Dicta philosophorum 193
Differenzierung 62, 75, 341
dilectio latein. 67
Diotima 10
Dissoziation 18
document humain 209, 234
Doppelaspekt Gottes 19
Drache 125, 126, 271, 273, 325
Drachentöter 189
Drittes (Tertium) 20
Dynamik 276
Ebenbildlichkeit 152
Egoismus 77, 329, 337, 343, 348
Ehe 22, 23, 34, 36, 37, 38, 39, 216, 225, 275, 291, 302, 303, 310, 311, 335, 341, 342, 347, 349
Ehefrau 34
Ei 48
Eiche 267
Eindeutigkeit 20
Eine, das 162
Einfühlung 106, 152
Einheit 79, 144, 271
Einmaligkeit 25
Einsamkeit 109
Elefant 268
Elementargeister 302, 316
Elixir 127

Eltern 24, 25, 218, 221
Emanzipation 205
Emotion/Affekt 28, 68, 176, 201, 208, 230, 235, 270, 311
Empfindungstypus 272
Enantiodromie 219
Endogame/exogame Libido 307, 308
Energie (Libido) 24, 69, 91, 102, 104, 163, 349
Engel 103, 114
Enthaltsamkeit, sexuelle 34, 35
Entrückter 247
Entwicklungshilfe 16
Epik 192
Erastés 42, 43, 44
Erbsünde 97, 115, 237, 257
Erde 256
Erektion 54
Ergriffenheit 105, 236
Erleuchtung 215, 324
Erlöser 256
Erlösung 97, 261
Erlösungssehnsucht 65
Erômenes 42
Eros 9, 10, 11, 12, 13, 14, 15, 22, 23, 24, 28, 30, 31, 32, 39, 41, 43, 44, 48, 49, 50, 51, 57, 59, 58, 60, 61, 62, 66, 67, 75, 76, 77, 79, 80, 81, 97, 98, 106, 132, 141, 154, 158, 191, 196, 197, 198, 205, 208, 211, 215, 217, 218, 223, 227, 233, 234, 255, 277, 292, 321, 323, 329, 331, 332, 333, 334, 335, 336, 338, 339, 341, 342, 343, 344, 348, 349, 350
Eros, pädagogischer 42
Eroten 50
Erotik 10, 96
Ertüchtigung, körperliche 42
Erwartung 338
Esel 278, 279, 281
Ethik 94, 95, 96, 236, 316
Eva 112, 255, 256, 261
Experiment 25
extractio animae 165
Extraversion/extravertiert 16, 212, 218, 219, 238, 239,272, 309, 313
Fackel 274, 277, 281, 322
Fahne 258
Familie 24, 291, 335
Familienpolitik 36
Familienstruktur 35
Fantasie 160, 292, 294, 312, 313, 318, 319, 342
Faszination 56, 119, 252, 257, 319, 320, 330, 348
Faust von Goethe 11, 225, 287, 342
Fehler 24, 25
Feind 11
felix culpa 97, 261
femina candida 197
Feuer 101, 104, 108, 174, 175, 180, 208, 222, 282, 284, 285, 324, 326
filius Philosophorum 79, 127
Fisch 61, 195, 317
Fischer 299
Fischteich 177
Fleisch (im moralischen Sinne) 149
foetus spagiricus 165
Fortpflanzung 75, 323
Frau 23, 24, 26, 28, 35, 36, 37, 38, 39, 42, 44, 46, 53, 86, 88, 89, 99, 125, 126, 127, 163, 205, 206, 239, 240, 241, 275, 292, 310, 311, 319, 335
Frau, alte 92, 93, 135, 169, 170, 172, 173, 174, 176
Frauendienst 205, 240
Freundschaft 39
Frieden 334

Fruchbarkeitsritus 70
Fruchtbarkeit 45, 70, 278, 281, 282
Funke 142
Ganze, das 29
Ganzheit 79, 105, 116, 157, 163, 190, 234, 294
Garten 177, 187
Gebot 10
Gefängnis 240
Gefühlsdifferenzierung 228, 339
Gefühlsfunktion 211, 221, 223, 228, 229, 235, 260, 268, 272, 304, 312, 316, 339
Gefühlstypus 26, 239
Gegensatz 17, 19, 20, 21, 26, 27, 75, 79, 80, 95, 111, 142, 168, 174, 184, 195, 206, 214, 215, 233, 255, 268, 320, 326, 334, 341, 342, 348
Gegensätzlichkeit 20
Gegensatzproblem 20, 334
Gegenwart 16
Geheimnis 16, 163, 323
Geist, heiliger 185
Geist/geistig 112, 137, 151, 228, 309, 324
Geisterwelt 312
Geistesgeschichte 16, 333
Geistesströmung 16
Geliebte/r 123, 124, 169, 265, 285, 286, 301, 303, 329
Gemeinschaft 90
Genitalien 33
Genius 50
Gerechtigkeit 94, 114
Geschichtsschreibung 16
Geschlechtskrankheiten 15
Geschlechtsliebe 296
Gesellschaft 23, 206
Gespaltenheit 227
Getreideschwinge 52, 276
Getriebensein 134
Gewalt 342
Gewissen 90, 91, 92, 94, 141, 224
Gier 213, 224
Gift 125, 127, 132, 200, 223, 239, 241
Glaube 219
gloria Dei 273
gloria mundi 273
Gnostiker/Gnosis 71, 93, 96, 98, 146, 168, 240
Gold 132, 150, 159
Gott, ausserweltlicher der Gnostiker 185
Gott/göttlich 10, 11, 14, 15, 18, 49, 56, 67, 78, 84, 89, 90, 91, 93, 104, 110, 114, 117, 152, 173, 178, 184, 187, 204, 208, 215, 218, 224, 230, 232, 237, 246, 260, 269, 293, 302, 331, 332, 333, 348
Gottähnlichkeit 29
Götter 35, 47, 54, 61, 71, 85, 86, 87, 107, 167, 249
Gottesbild 15, 16, 18, 19, 116, 163, 166, 215
Gottesdienst 224
Gotteserkenntnis 153, 187, 188
Gotteserlebnis 208
Gottesfurcht (deisidaimonia) 85, 208
Gottesliebe 239
Gotteswille 257
Göttin Minne 192, 201
Gottsuche 29
Gottvertrauen 78
Gralslegende 189, 191, 247
Griechenland/griechisch 36, 41
Grün (venusisches) 324
Gute, das 95, 106
Gutsein 17

Haltung, religiöse 54, 225, 252, 260, 288
Hängen 102
Harem 162, 168, 170, 196, 197
Harmonie 267
"hässlichster Mensch" 29
Heidentum 85, 103
Heiler 137
Heilkunst 100, 102
Heilmittel 101, 127, 128
Heilung 345
Heiratsquaternio 307, 309, 319
Held 110, 266, 294
Heldentum 79, 86
Hellenismus 65, 72
Herma 50
Hermaphrodit 120
Herrengebet 241
Herrin Seele 90
Herz 50, 203, 204, 205, 268, 275, 282, 291, 295, 297, 315, 323
Herzensgemeinschaft 212
Herzwunde 136, 289
Hetäre 36, 38, 39, 40, 41, 45, 49
Hexe/Hexenwahn 241, 295, 319
Hilfswerke 76
Hintergrundsvorgänge 47
Hirt des Hermas 87, 92, 93
Hochzeit 39, 48,141, 181, 278, 281
Homoerotik 36
Homosexueller/Homosexualität 232
Honig 166
Hund 101
Hyazinthe 195
Hymen 289
Hypnagoges Erleben 264, 266
Ich 261, 288
Ichfestigkeit 107
Ideal 36, 46, 80, 256, 257, 261
Idee 219, 309, 335
Imagination 251
Impotenz 24
increatum 186
Individuationsprozess 29, 79, 102, 140, 153, 265, 271, 272, 293, 294, 333, 339, 347, 348, 349
Individuum 42
Initiation 270
Inkarnation 72
Inkubation 197
Innenwelt 300, 307, 313
Instinkt 53, 274, 336, 343
Instinktlosigkeit 217, 341
Instinktsicherheit 223
Introversion 91, 219, 281, 309, 313
Inzest 118
Irrational 217, 323
Irrationale, das 65, 277
Judentum/Jude 143, 145
Jugendliche 208
Jungfrau 165, 166, 169, 171, 172, 173, 178, 181, 187
Jungfrau Diana 133, 249, 324, 328
Jungfrau Maria 61, 154, 178, 240
Jungfräulichkeit 34, 37, 72
Jüngling (juvenis) 50, 187
Kairos 267
Kalakagathia griech. 42
"Kampf der Geschlechter" 26
Karbunkel 321
Kästchen 173, 174, 176
Kastration 218, 222, 231, 236
Kausalität 16
Kentauer 100, 101
Kerze 281
Keuschheitsideal 141, 208
Kind 25, 28, 34, 37, 38, 52, 79, 121, 196, 218, 219, 300
Kinder Gottes 18
Kindersterblichkeit 33

Kindheitstraum 107
Kirche 67, 83, 93, 94, 103, 145, 154, 314
Kirchenväter 66, 76
Kleider, schmutzige 123, 164, 169, 171, 172, 173
Kloster 224
Knabe (s. auch pais) 49, 50, 272, 275
Kollektiv 332, 333, 334, 342
kompensatorisch/Kompensation 11, 17, 80
Komplementarität 74, 212
Konflikt 19, 89, 91, 96
König 117, 124, 150, 214, 326, 329
Königin 160, 161, 166, 201, 206, 214, 256
Konjunktion 179, 202
Konkretismus/konkret 67, 69, 71, 151
Konkubine 34, 35, 38
Konsumgesellschaft 78
Konzeptualismus 212
Konzil 219, 222, 243
Körper/körperlich 54, 72, 112, 203, 204, 205, 215, 229, 240, 324
kosmogonos 13, 58, 97
Krankheit 201, 208
Kraut 121, 204
Kreuz 102, 146
Kreuzzug 189, 191, 206
Krieg 12, 189, 334, 344
Krise, geistige 189
Kröte 127, 128
Kult 83
Kultur 17, 28, 45, 74
Kultur, höfische 191
Kulturbringer 301,
Kunst 33
Kuss 194, 199
Labyrinth 273, 274
Lanze 102, 103, 109, 189, 190
Lebensbaum 102, 161, 256
Lebenserwartung 33
Lebensfreude 32, 277
Lebensmitte 79
Lebensmythus 270
Lebenswasser 123
Leiden 25, 208, 209, 286, 332, 340
Leistungsgesellschaft 78
Lesben 232
Licht 58, 186, 271, 275, 340
Licht der Natur (lumen naturae) 135
Lichtbringer (Phosphorus) 134
Liebe 9, 15, 17, 18, 20, 24, 26, 30, 36, 67, 69, 76, 104, 114, 117, 133, 144, 148, 149, 150, 152, 153, 175, 176, 180, 191, 194, 195, 197, 198, 199, 200, 203, 204, 206, 207, 212, 213, 216, 217, 223, 224, 226, 227, 231, 232, 233, 234, 237, 258, 267, 276, 277, 278, 284, 286, 287, 294, 295, 297, 324, 331, 332, 333, 338, 341, 347, 349
Liebe Gottes 98
Liebe, objektive 202
Liebe, unglückliche 284
Liebende 244, 282, 284
Liebesabenteuer 276
Liebesakt 38
Liebesäpfel (dudaim) 159
Liebesbeziehung 283
Liebesbrief 207
Liebeserfahrung 266
Liebesfähigkeit 29
Liebesfreuden 231
Liebesfriedhof 296
Liebesgedicht 236
Liebesgefühl 208, 278

Liebesgericht 206
Liebesgöttin/-gott 285, 293
Liebesinsel (Insel der Venus) 295
Liebesleidenschaft 119
Liebesproblem 331
Liebesschwur 208
Liebessehnsucht 270
Liebessünden 291
Liebestrank 198
Liebesverhältnis 80
Liebeswahnsinn 198, 284
Liebeswunde 99, 103, 147, 204
Liebeszauber 273
Liebhaber 43
Lilie 193, 194, 195, 196
Literatur 40, 45, 46, 49, 191, 202, 209
Logik 16
Logos 21, 80, 81, 97, 145, 154, 184, 233, 234, 335
Lolium (Lolch) 121, 122
Löwe 61, 118, 295, 325, 326, 343
lunar 21
Lust 37, 227, 237
Lüstling 84
Macht 15, 55, 76, 77, 217, 218, 238, 252, 348, 349
Machtkomplex 152
Mädchen 34, 61, 208
Magie 65, 85
Makellosigkeit 153
Makrokosmos 180, 186, 187, 205
Mana 55
Mänaden 53
Mandala 163, 278
Mann 26, 28, 31, 38, 39, 41, 44
Männekenpiss 272
Männlichkeit/männlich 23, 35, 158, 198
Männlichkeitswahn 83
Marienverehrung 151, 154, 240, 246, 254, 255, 256, 257, 281
Mater Alchemia 121, 122
mater amoris 273
mater dolorosa 256
mater generationis 186
mater natura 271
Materialismus 15
Materie 66, 137, 185, 304
Matriarchat 40, 45
Matrone 87
Medizin 132
Meer 287
Meerwasser (aqua pontica) 136, 281, 289
Melusine 12,. 59, , 249, 254, 303, 304, 319, 328
Mensch 186
Mensch, prometheischer 261
Menschlichkeit 17
mentis religio 73
Mercurius 118, 134, 179, 272, 307, 326, 328
Messe 110
Metalle 132
Mikrokosmos 180, 186, 205
Milch 149, 165, 166
Minderwertigkeit 211, 234
Minne 246, 248
Minnedienst 203, 305
Minnesang 155, 191, 195, 201, 205, 240, 257, 296
Minnesänger 258
Mitmensch 24
Mitte 261
Möglichkeit 79
Mönch 264, 274, 327
Mond 123, 125, 129, 130, 135, 171, 180, 185
Mondfeuchte 123, 124, 131

Monotheismus 85
Moral 36, 47, 74, 86, 94
Morgenröte (aurora) 154, 155, 158, 180
Mutter 28, 40, 41, 42, 121, 170, 177, 238, 256, 271, 275, 278, 281, 284, 285, 287, 292, 318, 322, 336, 349
Mysterium coniunctionis 67, 80, 141
Mystik/Mystiker 29, 81, 87, 103, 151, 153, 155, 194, 195, 239, 270
Nächste, der 29
Nächstenliebe 79, 335, 338
Nachtmeerfahrt 125
Nachtseite 312
Nacktheit 8, 96, 167
Narzisse 195, 278
Natur 165, 167, 184, 186, 187, 249, 250, 269, 300, 304, 305, 307, 314, 315, 316
Natur, faustische 211
Naturfeindlichkeit 66
Naturgefühl 277, 303
Naturgeist 59, 183, 301, 305
Naturgewalt 61, 184
Natürlichkeit 33
Naturverehrung 91
Naturvolk 15, 17
Naturwissenschaft 53, 281, 308, 316, 323
Neuplatonismus 66
Neurose 19, 24, 141, 334
Nixe 317, 318
Nominalismus 210, 211
Nonne 61
Nous (Noys) 185
Numinosität 19, 140
Nuss 177
Nymphe 249, 251, 267, 271, 272, 273, 274, 275, 276, 290, 302, 303, 314, 318
Objekt 26, 119, 218, 224, 270, 287, 293, 313
Objektivität 19, 340, 347
Offenbarung 18, 19
Oikos 37, 44
Okkultismus 308
Opfer 10, 84, 102, 120, 283, 318
opus contra naturam 11, 116, 141
opus magnum 124
Ordnuing 186, 187
Organ 55
Päderastie 42, 44
Pais 42 43, 44
Pan 183, 314
Papst 246, 257, 262
Paradies 12, 17, 197, 257, 315, 332
Paradoxie 14, 19, 93, 94
Paraklet 18, 222, 241, 244
participation mystique 98, 196, 250, 314
pater familias 35
Patriarchat 45
Penis 55, 70
Perle 326
Persona 21
Persönlichkeit 20, 29
petra scandali 93
Pfau 325
Pfeil 61, 102, 108, 109, 110, 113, 122, 123, 124, 135, 137, 146, 230, 252, 289, 292, 293, 322, 326, 328
Pferd 268, 269
Pflichtenkollision 94
Phallus 51, 53, 55, 70
Phanes 48, 52, 58
Pharisäer 94
Philosophie/Philosophen 45, 65, 83, 84, 87, 183, 236, 308
Phoenix 297, 325
Physis 184

Planeten 272
Polarisierung 343
Polytheismus 85
Pornographie 250
posteriora Dei 230
prima materia 113, 124, 130, 164
Prinzip 184
Problem 15
Projektion 73, 109, 110, 119, 142, 201, 202, 214, 215, 292, 293, 310, 314, 319, 346, 347, 348
Projektionsschirm 215
Prostituierte/Prostitution 39, 41
Protogonos 48
Prozess 29
Psyche 300, 325, 330, 336
Psychiater 99
Psychopompos 44, 162, 307
Psychose, latente 327
puer 132
putrefactio 179
Pyramide 267, 269
Qual 110
Quelle 118, 177, 311, 318
Quest (Suchwanderung) 288, 296
Rationalität 277
Realist/Realismus 211
Regenbogen 179
Regression/regressiv 315
Reinigungsmittel 172, 173, 174
religio latein. 54
Religion 65, 85, 196
Reliquie 120
Renaissance 263, 267, 270, 280, 283, 288, 295, 314
Reue 259
Revolution 65
Ritter 299, 305, 311
Ritterkultur 191, 210
Ritus 85, 192
Rom/römisch 36, 88, 100, 238, 241, 243, 244, 246, 253, 257
Rose 193, 194, 195, 197, 258, 282, 290, 294, 296
Rot 325
Rundtanz 268
Sage 247
Salamander 301
Salböl 162
Salomo 160, 161, 170, 172, 176, 177, 179, 197
Salz (sal) 132, 227
Saturn 133, 172
Schaf 258, 259
Scham 74, 153, 218
Schatten 17, 77, 96, 120, 171, 198, 232, 260, 261
Schicksal 20, 54, 274, 332, 340
Schicksalszwang (Heimarmene) 86
Schizophrenie 342
Schlange 50, 52, 100, 115, 248, 271, 283
Schleier 34
Schlüssel 162, 163
Scholastik 219
Schöpferischkeit 24, 269, 312, 340
Schöpfung 167, 170, 184, 188
Schriftsteller 31
Schuld 231
Schuld, prometheische 108
Schuldbrief 107
Schule 25
Schwäche 234
Schwan 278, 282
Schwangerschaft 216
Schwefel 108, 130, 131, 133, 134, 135, 323, 324
Schwert 114, 135, 201, 337
Schwester 180
Secreta Secretorum 193

Seejungfrau 317
Seele 34, 67, 73, 124, 145, 146, 149, 150, 196, 205, 215, 234, 240, 274, 283, 288, 292, 301, 305, 306, 308, 313, 314, 315, 316, 341, 346
Selbst 29, 105, 109, 110, 122, 145, 196, 205, 261
Selbsterhaltungstrieb 343
Selbsterkenntnis 152, 337, 340, 345
Selbstkritik 91
Selbstopfer 110, 234
Selbstwertgefühl 97
senex 132
Sentimentalität 80, 335
servus rubeus 197
Sexualität 24, 31, 32, 33, 41, 43, 55, 71,74, 90, 96, 140, 141, 142, 183, 218, 235, 250, 257, 291, 323, 341, 349
"sexuelle Revolution" 76
Siebengestirn (Plejaden) 180
Siegelring 160
Sinn, innerer 25, 74
Sinneseindruck 91
Sittenkodex 94
Sklave 42
Sklaventum 32, 65
Sohn 112, 123
Sohn Gottes 88, 98
Sohn, uralter der Mutter 170
Sohngeliebter, frühsterbender 285
sol niger 227, 228
solar 21
Sonne 123, 124, 130, 135, 171, 180, 256, 267, 272, 292, 324
Sonnenfinsternis 178, 179
soror mystica 318 , 319
Soter (Heiland) 100
Sozialismus 76, 78
Spanien 190, 194
specialis amor 207
Spiegel 132, 293, 337, 340
Spiritualisierung 69
Spiritualität 67
spiritus rector 306
Stab 257
Stein 49, 50, 78, 94, 122, 123, 131, 133, 134, 170, 192, 193, 306, 311, 324, 328
Stier 50, 52, 131
Stimme, innere 229
Stimmung 277
Stoa 36
Storch 317
Strafe 217, 231, 235, 236, 254
Streit 26, 28
Stufen 75, 122, 149
Subjekt 313
Succubus 253, 319
Sulamith 165
summum bonum 106
Sünde 25, 75, 89, 90, 91, 92, 95, 96, 114, 174, 228, 231, 235, 237, 240, 253, 254, 257, 259, 260,
Sündenfall 74, 97, 98, 116
Sünder, reuiger 258, 259
Symbiose 214
Symbol/symbolisch 20, 49, 55, 67, 70, 71, 73, 125, 151, 193, 195, 198, 240, 247, 271, 272, 276, 280, 283
Sympathie 346
Symposion 39, 41
Symptom 78
Synode 242
Synoptiker 93
Synthese 257, 344
Syzygie 143
Tabu 76

Tau 129, 131, 215
Taube 162, 176, 273, 282, 283
Täuschung 214
Tempel 141
Teufel 75, 134, 183, 231
Theologe/Theologie 19, 81, 91, 96, 97, 141, 151, 154, 215, 217, 221, 238, 243, 260
Tiere 85
Tod 60, 100, 112, 117, 124, 125, 132, 137, 153, 157, 173, 183, 197, 203, 207, 230, 238, 242, 256, 283, 285, 290, 303, 311
Transzendente Funktion 20, 80
Transzendenz 10
Traum 99, 132, 138, 160, 190, 201, 202, 208, 294, 296
Trickster 338
Trieb 39, 53, 62, 74, 76, 97, 198, 213, 257, 274
Triumphwagen 276
Triumphzug 289
Troubadour 207
Tugend 87
Tulpe 195
Übergangsriten 44
Übertragung 346, 347
Übervölkerung 337
Umverteilung 83
Unbewusstes 18, 20, 28, 45, 55, 68, 80, 90, 91, 93, 94, 130, 142, 168, 181, 221, 227, 233, 234, 240, 247, 250, 261, 264, 266, 269, 270, 280, 300, 304, 305, 307, 308, 309, 313, 316, 318, 335
Unbewusstes, kollektives 15
Undifferenziert 77
Ungerechtigkeit, soziale 76
unio mystica 67, 214
Universalwissen 263
Universum 186
Unsterblich/keit 97, 323, 332
Unterirdisch 54
Unterirdische 250
Unterscheidung 21, 79, 167
Unterströmung 65, 247
Unterwelt 58, 266, 268, 284
Urania 185
Urgestalt 100
Urmensch 167, 214
Ursprung 16
Vagina 34
Vaterkomplex 291
Vaterstocher 46
Vegetationsgott 56
Venusberg 251, 252
Veränderung 122
Verantwortung 94, 332
Verborgenes 169
Verdrängung 20, 201, 221
Vereinigung 141, 157, 214, 229
Vereinigungsprodukt 127
Verführung 283
Vergangenheit 16
Vergeistigung 139
Verliebtheit 201
Vernunft 219, 273, 274, 277, 305
Verstand 338
Verwandlungsmotiv 121
Verweiblichung 83
Verwundung 9, 100, 101, 103, 106, 107, 108, 110, 112, 116, 122, 125, 127, 129, 130, 135, 146, 153, 164, 207, 276
Vielheit 274
Vision 88, 157
Volk 144
Völkerwanderung 192
Vollkommmenheit 17
Vollständigkeit 17, 214, 290

Votivgaben 34
vox Dei (Stimme Gottes) 94, 261
Vulgata 9, 147
Wahlfreiheit 273
Wahnsinn 201, 226
Wahrheit 211, 234, 259, 346
Wald 266, 295, 299, 306, 315
Wandel 290, 333
Wandlung 16, 112, 117, 120, 155, 180, 189, 272, 290, 297, 304, 310, 322, 324, 345, 349
Wandlungsmysterium 110, 114, 197
Wandlungssubstanz 117
Wasser 114, 190, 302, 309, 317, 318
Wassergeister 304, 306, 311, 316, 317, 318
Wasserweiber 301, 302
Weib, sonnenbekleidetes der Apokalypse 154
Weiblichkeit/weiblich 23, 46, 158, 163, 192, 198, 225, 228, 257
Weinkeller 168
Weinstock 52
Weisheit 132, 228, 339
Weiss 197
Weissagekunst 10
Weizenkorn 178
Welt 97, 204, 205, 226, 227, 315, 334, 344
Weltflucht 277
Weltgesetz 220
Weltseele (anima mundi) 185, 340
Werte (moralisch) 342, 348
Widder 131
Widerstand 29, 232, 312
Wiedergeburt 117, 178, 282
Wiederherstellung 20
Wille 95, 273, 274
Wirklichkeit 215, 294, 328
Wissenschaft 210, 213, 216, 270
Wohlstandsgesellschaft 78
Wohlstandsverwahrlosung 337
Wolf 267, 273, 289
Wunde 110, 123, 133, 137, 163, 190, 198, 226, 230, 247, 258, 296
Wunder 258, 290, 345
Würde 35
Wurzeln 16
Wüste, innere 260
Zaubermacht 198
Zauberwesen 87
Zeit 268
Zeitgeist 308, 310
Zentrum 278, 288
Zeugungskraft 55
Ziel 339
Zirkumambulation 162
Zivilisation 192
Zorn Gottes 19, 144
Zuneigung 337
Zusammensetzung 19
Zweifel 312
Zweig, goldener 283
Zwiesprache 94

Summary

In ancient Greece, Eros was a cosmogonic, or cosmos-creating, demon. In the Dialogue of his Symposium, Plato is informed by Diotima that Eros is a powerful daimon who mediates between the Gods and human beings. In Christianity, the inferior, chthonic tail of this great demon has been amputated, leaving only the heavenly part, called Agape, intact. This amputation has had a far-reaching effect upon the entire spiritual history of the occident. This book discusses the negative consequences and difficulties of this amputation, but also looks at attempts which have been made towards a positive development, for example, the minstrel songs of the 12th century from the "pays d'Oc" in which the Minnesinger proclaimed his devotion to his lady love through the lyrics of his song. Or the "Tannhauser Song" in which the remnants of the conflict between the orthodox church and paganism can be recognized: the hero lives with the goddess Venus in a beautiful place where it is always springtime, where flowers are always blooming and where young women entertain the mountain folk with their dancing. But there is an unresolved conflict between the hero's Christian attitude towards life and the actual life he is leading on the mountain of Venus. Or the Song of Songs from the Bible, which was written for a wedding, which has been given many different interpretations over the course of the centuries. There is also an interesting account written during the Renaissance by a monk (who we now know was a Venetian) of a long fantasy he had which he called the 'Hypnerotomachia Poliphili', meaning the "Love Dream of Poliphil". In it he recounts his quest to find his beloved Polia, his feminine counterpart, which Jung has called the anima in man. In the Musaeum Hermeticum, there is an interesting alchemical parallel of 1678 called the "aureum saeculum redivivus". During the Romantic period, nature inspired poets to write of its beauty, but the synthesis of their conscious Christian attitude with this rather heathen, natural realm could not take place, as the novel, 'Undine', shows. Undine is a waterbeing, a waterlady, who wants to marry a human being in order to be redeemed. There is also the famous fairytale of Hans Christian Andersen, "The Little Mermaid" of which there is the famous statue in the harbour of Copenhagen.

These various examples illustrate that in our western culture there have been various positive attempts to overcome the split in man's soul but, up until now, they have not been successful. This book deals with the far-reaching consequences of the unresolved problem of Eros today.